北京高等教育精品教材

高等学校经济与工商管理系列教材

税收理论与实务

（第 4 版修订本）

主　编　王冬梅

副主编　姚爱群

清 华 大 学 出 版 社

北京交通大学出版社

·北京·

内 容 简 介

本书主要介绍了税收的基本概念、原理和我国税收体系中主要税种的基本内容。全书分为 11 章，主要内容为：概论、流转税制、增值税、消费税、关税、所得税制、企业所得税、个人所得税、资源课税、财产课税和行为目的课税。本书对我国营业税改征增值税的有关规定进行了梳理，相关内容在教材中得到了体现。

本书根据高等院校经济学类和工商管理学类专业的教学要求及特点编写，力求简明扼要、重点突出、条理清晰、具体务实，可作为高等院校经济学类和工商管理学类各专业本、专科学生教材，也可作为相关专业在职人员的培训教材和自学参考用书。

图书在版编目（CIP）数据

税收理论与实务/王冬梅，姚爱群主编 . —4 版 . —北京：北京交通大学出版社：清华大学出版社，2018.7（2020.9 重印）

　　ISBN 978－7－5121－3635－9

Ⅰ. ①税…　Ⅱ. ①王…　②姚…　Ⅲ. ①税收理论-中国　②税收管理-中国

Ⅳ. ①F812.42

中国版本图书馆 CIP 数据核字（2018）第 167482 号

税收理论与实务
SHUISHOU LILUN YU SHIWU

责任编辑：黎　丹

出版发行：清 华 大 学 出 版 社　　邮编：100084　　电话：010－62776969　　http://www.tup.com.cn

　　　　　北京交通大学出版社　　邮编：100044　　电话：010－51686414　　http://www.bjtup.com.cn

印　刷　者：北京时代华都印刷有限公司

经　　销：全国新华书店

开　　本：185 mm×260 mm　　印张：22.25　　字数：556 千字

版　　次：2018 年 7 月第 4 版　　2020 年 2 月第 1 次修订　　2020 年 9 月第 4 次印刷

书　　号：ISBN 978－7－5121－3635－9/F·1780

印　　数：3 101～4 600 册　　定价：59.00 元

本书如有质量问题，请向北京交通大学出版社质监组反映。对您的意见和批评，我们表示欢迎和感谢。

投诉电话：010－51686043，51686008；传真：010－62225406；E-mail：press@bjtu.edu.cn。

前　言

本书第 4 版修改时，我们按照我国最新税收政策对教材的全部内容进行了梳理和调整，例如按照 2017 年 11 月 19 日发布的《国务院关于废止〈中华人民共和国营业税暂行条例〉和修改〈中华人民共和国增值税暂行条例〉的决定》（中华人民共和国国务院令第 691 号）及 2018 年 5 月 1 日起执行的财政部、国家税务总局关于统一增值税小规模纳税人标准、调整增值税税率等政策变化修改了相应的增值税内容，按照 2018 年 5 月 7 日财政部、国家、税务总局发布的《关于企业职工教育经费税前扣除政策的通知》调整了相应的企业所得税内容，按照 2018 年 5 月 22 日国务院关税税则委员会关于降低汽车整车及零部件进口关税的公告调整了相关内容。

本书在介绍税收的基本概念和基本理论的基础上，对我国现行税制按照征税对象不同进行分类，并分别进行介绍，这样条理比较清楚，结构也比较紧凑。本书第 1 章为概论，主要包括税收制度的概念、税制构成因素、税制的分类等。从第 2 章开始，依据征税对象的不同，按流转税、所得税、资源税、财产税、行为目的税的顺序介绍我国现行税制的主要税种。

本书具有简明扼要、重点突出、条理清晰、具体务实的特点。每章的结构基本上包括 5 个部分：学习要求、正文、本章小结、主要法律依据、习题。各章以学习要求作为开始，按照重点掌握、一般掌握、理解、了解 4 个层次对该章的学习内容作了总括性的要求。

在正文部分，针对重点、难点内容及容易混淆的内容以自问自答的方式设置了小思考问题；为增加教材的可读性，以即问即答的方式引入了小资料，介绍与教材内容相关的小趣闻、税收历史等内容；为了避免对税法条款的枯燥介绍，在编写过程中注意了理论与实务的结合，便于学生对内容的理解。另外，实体税的章节均有例题。

本章小结对该章的内容进行了提炼，便于读者掌握教材的重点，以及对知识进行回顾。

主要法律依据列示了教材在编写过程中依据的主要税收法律、法规，这样可以便于读者进一步深入学习。

每章习题包括：思考题、单项选择题、多项选择题、判断题、实务题多种题型，在教材的最后给出了习题参考答案。

本书由北京交通大学经济管理学院王冬梅主编。其中第 1、2、4 章由王冬梅编写，第 3 章由马子婧编写，第 4 章由孙圣智编写，第 5 章由范铁燕编写，第 6、7、8 章由姚爱群编写，第 9、10、11 章由陈傲编写，在本书的编写过程中犹春莲做了大量的资料收集及文字整理工作，在此表示感谢。同时还要特别感谢北京交通大学出版社的黎丹编辑对本书出版给予的指导和帮助。

本书在编写过程中，参阅了大量的书刊和网络资源，在此谨向所有参考文献的作者和网络资源的提供者表示深深的感谢！

由于编者水平有限，教材中难免存在不妥、疏漏等有待完善之处，敬请各位同行专家和广大读者赐教。

为了便于教学的需要，本教材可以提供电子课件和各章习题的详细解答，使用本书的任课教师可以从网站 http：//www. bjtup. com. cn 下载或发电子邮件至 cbsld@jg. bjtu. edu. cn 索取。

编　者

2018 年 6 月

目 录

第1章

概　论

1.1　税收的概念

1.1.1　税收的定义

税收（tax）是国家为向社会提供公共品，凭借政治权力，按照法定标准向单位和个人强制地、无偿地征收而取得的财政收入。

关于税收的概念，中外学者给出了许多定义表述，但是不很一致。这除了对税收理解的角度不同和表述方面的文字差异外，主要是由于税收本身也是一个发展的概念，因此不同时期的学者对税收的认识和理解就会有差异。

现代西方国家一些工具书中对税收定义的描述比较具有代表性的有以下几种。

《美国经济学辞典》将税收定义为："税收是居民个人、公共机构和团体向政府强制转让的货币（在某些条件下也可采取实物或劳务的形式）。它的征收对象是财产、收入或资本收益，也可以来自附加价格或其他来源。"

英国的《新大英百科全书》将税收定义为："在现代经济中，税收是国家收入的最重要的来源，税收是强制地和固定地征收，它通常被认为是对政府财政收入的捐献，用于满足政府开支的需要，而并不表明是为了某一特定的目的。税收是无偿的，它不是通过交换来取得。这一点与政府的其他收入大不相同，如出售公共财产或发行公债等。税收总是为了全体纳税义务人的福利而征收，每一个纳税义务人在不受任何利益支配的情况下承担了纳税的义务。"

日本的《现代经济学辞典》将税收定义为："税收是国家或公共团体为了筹集满足社会公共需要的资金而按照法律的规定，以货币的形式对私营部门的一种强制性的课征。因此，税收与其他财政收入形式相比，具有以下特征：税收是依据课税权进行的，它具有强制的、权力课征的性质；税收是一种不存在直接返还性的特殊课征；税收以取得财政收入为主要目的，调节经济为次要目的；税收的负担应与国民的承受能力相适应；税收一般以货币形式课征。"

我国经济学界对税收的认识也有所不同的，有代表性的观点如下。

陈共教授指出："根据马克思主义学说，可以对税收做如下界定：其一，税收是与国家的存在直接联系的，是政府机器赖以存在并实现其职能的物质基础，也就是政府保证社会公共需要的物质基础；其二，税收是一个分配范畴，是国家参与并调节国民收入分配的一种手段，是国家财政收入的主要形式；其三，国家在征税过程中形成一种特殊的分配关系，即以国家为主体的分配关系，因而税收的性质取决于社会经济制度的性质和国家的性质。"[①]

胡怡建教授认为："税收是国家为向社会提供公共品，凭借行政权力，按照法定标准，向居民和经济组织强制地、无偿地征收而取得的财政收入。"[②]

新中国成立后，理论界与实务工作中对于税收基本概念的认识是一个从以往的"国家分配论"税收观向"公共需要论"税收观的转变，这种转变是以我国经济模式转轨为背景的。

（1）不同税收观的共识

① 无论哪一种税收观，对于税收这种特定经济范畴外延的界定都是共同的，都将其界定为"社会再生产的分配范畴"。"国家分配论"直接强调税收是政府财政分配两大环节（财政收入与财政支出）中收入环节的主要手段，并据此强调了税收关系到国民收入"初次分配"与"再分配"的作用与地位。"公共需要论"的税收观则是从公共产品需求的特点出发，强调税收是满足公共产品需要而进行资源配置的手段。

② 两种税收观都明确了税收征收管理的主体是国家，或者是代表国家行使权力的政府。强调政府在税收活动中的主导地位。"国家分配论"从税收分配的集中性，税收是凭借国家政治权力进行分配，税收分配为实现国家职能等角度阐述国家在税收分配中的主导地位。"公共需要论"在对满足公共产品需要的途径进行分析时认为，在现代社会，只有作为社会管理者的国家（或政府）可以通过征收税收的方式实现上述目的，且为保证社会公众的共同利益，政府在税收的征收管理中必须处于主导地位。

（2）不同税收观的不同点

① 对税收目的的强调各有侧重。"国家分配论"的税收观强调税收活动的目的是"满足政府执行职能的需要"，并从国家的政治职能、经济职能、社会职能的不同层面展开分析，指出税收是国家履行各项职能的资金来源。"公共需要论"以公共产品的供求为理论阐述的出发点，论证税收在公共需要满足中的作用，其最终目的是满足社会公共需要。在税收活动中，尽管国家（或政府）始终处于主导地位，但这种主导地位是为公共需要最终目的服务的。

② 不同税收观决定了税收立法宗旨的不同。"国家分配论"把税收法律关系理解为国民对国家课税权的服从关系，而国家总是以优越的权力主体的身份出现，因此体现为典型的权力关系，并将税收立法宗旨确定为对国家财政收入的保护。"公共需要论"则体现了广泛的"契约精神"，突出税收立法中相关主体的平等地位以及涉税法律法规权利、义务的平等分配。

③"公共需要论"更强调了税收的无偿性、强制性、固定性等形式特征与税收本质上的

---

① 陈共. 财政学. 8版. 北京：中国人民大学出版社，2015.
② 胡怡建. 税收学. 3版. 上海：上海财经大学出版社，2012.

返还性之间的联系，以及对纳税主体自觉遵从意识的要求，更能体现现代社会人性化管理的要求，更有利于推动和谐社会的建设。

实际上不同税收观对于税收基本概念的认识有很多共识。对于税收的定义，应把握的要点包括以下 5 个方面。

（1）税收是国家财政收入的最主要形式

在现代经济社会，国家财政收入除了税收之外，还有债务、收费、利润等多种形式。其中，债务是指国家作为债务人，以债券的形式向国内外居民或经济组织发行，有偿使用，到期还本付息的公共债务；收费是指国家在向社会提供各种服务过程中，收取的工本费或服务费；利润是指国家从国有企业或国有资产经营收益中获得的利润。在上述各种财政收入形式中，税收是取得财政收入的最主要、最普遍和最可靠的形式，也是各国财政最主要的收入来源。20 世纪 80 年代中期以来，我国税收收入占财政收入的比重都在 90％以上。

（2）行使征税权的主体是国家

征税的主体是国家，除了国家之外，任何机构和团体都无权征税。税收又称为国家税收，是国家为了履行其向社会提供公共品职能的需要而存在的，它随着国家的产生而产生，并随着国家的消亡而消亡。因此，行使征税权的主体必然是国家，税收法律由国家制定，征税活动由国家组织进行，税收收入由国家支配管理。由于政府是国家的具体形式和现实体现，因此征税权具体由代表国家的政府行使。

（3）国家凭借行政权征税

国家征税依据的是其政治权力或者说是公共权力。这种公共权力是社会全体成员集体让渡或授予给政府的，政府凭借这种权力征收税款。这种政治权力凌驾于财产权力之上，没有国家的政治权力为依托，国家征税就无法实现。而与公共权力相对应的必然是对公共产品的提供和管理的义务。所以国家一般具有双重身份，既是社会公共品的提供者，又是公共财产的所有者。

（4）征税目的是为社会提供公共产品

公共产品是社会全体成员共同享用的产品或劳务。与私人产品相比，公共产品具有以下特征：不可分割性、收益的非排他性、非竞争性。税收活动的根本目的是满足整个社会对公共产品的需要，公共产品的特征决定了只有征税才是其资金提供的最有效方式。

国家在履行其公共职能的过程中，必然会有相应的人力和物力消耗，形成一定的支出。国家履行其公共职能的支出，一般具有受益的非排他性和享用的非竞争性特点，也就是国家提供的公共品能使社会成员普遍受益，不存在一部分社会成员享用，而排斥另一部分社会成员享用。因此，国家履行公共职能的公共支出一般不可能采取自愿出价的方式，只能采取强制征税方式，由居民和经济组织来负担。反过来也就是说，国家征税的目的是满足国家提供公共品的财政需要。

西方有一句税收谚语："税收是我们为文明社会所付出的代价。"美国财政学家薄徕恩新说过："租税是一种强制性的分担，取自私有财产或所得为公共目的。最主要的目的有三：一是公安；二是公道；三是社会福利。"

（5）税收必须借助法律形式实施

调整经济关系是法律规范的重要作用之一，法律调整与其他规范调整相比，具有体现国家意志、强制执行、普遍适用的特点。由于征税会引起经济组织或个人一部分利益的减少，因此必然会使国家与纳税义务人之间发生利益冲突，这就决定了税收必须借助于法律这一手段来实施。国家只有运用法律的权威性，才能把税收秩序有效地建立起来；也只有通过法律形式，才能保证国家及时、足额地取得税收收入。

1.1.2 税收的特征

税收是国家重要的一种财政收入，它体现了以国家为主体，凭借国家政治权力对社会产品进行分配的特殊分配方式。税收作为收入分配方式，既是一个经济范畴，又是一个历史范畴。作为经济范畴，税收具有区别于其他分配形式的特点；作为历史范畴，税收具有一个时期的税收区别于其他时期的税收的特点。前者称之为税收的形式特征，后者称之为税收的本质特征。

1. 税收的形式特征

税收作为凭借国家政治权力所进行的特殊分配，具有自己鲜明的特征。税收同国家取得财政收入的其他方式相比，具有无偿性、强制性和固定性的形式特征。这 3 种特征通常被称为税收"三性"，是税收本身所固有的，是一切社会形态下税收的共性。

（1）税收的无偿性

税收的无偿性或不直接返还性，即国家或政府征税后，税款作为政府财政收入，用于提供各种公共物品和劳务，满足各种社会需要，不再直接归还给纳税义务人。这种无偿性的特征是由于征税过程和税款使用过程的分离而产生的。由于这两个过程的分离和彼此独立，也使得每个纳税义务人从政府支出中所获利益与所纳税款在价值量上不一定相等，由此在形式上体现为不直接返还性。税收的这一特征也使得税收与公债、规费等其他财政收入形式相区别。

（2）税收的强制性

税收的强制性是指在国家税法规定的范围内，任何单位和个人都必须依法纳税，否则就要受到法律的追究。纳税义务人在发生纳税行为时，除依法履行纳税义务外，别无其他选择。税收的强制性是税收无偿性的必然要求。因为税收的无偿性必然引起社会的局部利益与整体利益之间的矛盾，整体的规模越大，矛盾就越突出。因此税收必须具有强制性，才能保证国家财政收入的可靠和稳定，才能保证社会整体利益不受侵犯。

（3）税收的固定性

税收的固定性是指国家通过法律形式，预先规定实施征税的范围和标准，以便征纳双方共同遵守。这种固定性首先表现在国家通过法律，把对什么征税、征多少税和向谁征税等问题在征税之前就明确下来，而不是任意确定；其次，征税的标准必须是统一的；最后，税收征纳关系是以法律为依据，并且在一定时期内是相对稳定的。税收的固定性是国家财政收入的需要，国家的存在、国家机器的正常运转及国家行使其职能都需要稳定可靠的财政收入，财政收入要求的这种固定性，必然要求财政收入的重要来源——税收也必须具有固定性。

税收无偿性、强制性和固定性，是古今中外一切税收的共性，它们是相互联系、相辅相成、密不可分的。其中，无偿性是其核心，强制性是其基本保障。税收的无偿性决定着税收的强制性，强制性和无偿性又决定和要求税收征收的固定性。税收的特征是税收区别于其他财政收入形式，如上缴利润、国债收入、规费收入、罚没收入等的基本标志，集中体现了税收的权威性。

2. 税收的本质特征

从本质上看，税收体现的是一种凭借国家政治权力实现的特殊的分配关系。税收是一个特殊的分配范畴，它的特殊性表现在它是凭借国家政治权力实现的分配。分配解决社会产品归谁占有、归谁支配及占有多少、支配多少的问题。分配的结果必然发生社会产品所有权或支配权的单方面转移，一方有所得，另一方必有所失。这就决定了社会产品分配的实现要依据一定的权力。依据财产权力进行的分配是社会再生产中的一般分配形式，是以生产资料的占有为前提条件的；税收分配不同于这种一般分配形式，而是凭借国家政治权力实现的特殊分配。国家征税不受所有权的限制，对不同的所有者普遍适用，因此国家税收能够成为财政收入的最普遍形式。

1.1.3　税收原则

税收原则（principle of taxation）是指政府在设计税收制度、实施税法过程中所应遵循的基本指导思想，也是评价税收制度优劣、考核税务行政管理状况的基本标准。在现代经济社会中，税收是政府实现资源配置优化、收入分配公平、经济稳定和发展的手段。如何使税收制度的建立和实施达到这几个方面的目的，是税收原则讨论的基本内容。

> **【小资料 1-1】**
>
> ### 税收原则的提出和发展
>
> 从历史上看，首先比较明确提出税收原则的经济学家是英国重商主义前期的托马斯·霍布斯，重商主义后期的威廉·配第、詹姆斯·斯图亚特及德国新官房学派代表尤斯蒂等。他们的观点对后人的理论产生了重要影响。把税收原则明确化、系统化的第一人是古典政治经济学派的创始人亚当·斯密，他在 1776 年发表的《国民财富的性质和原因的研究》中，根据他的经济思想提出了平等、确实、便利、最小征收费用四大课税原则。这些原则为理论界对税收原则进行深入的研究奠定了基础。之后，英、法、德等国家的经济学家，如西斯蒙第、穆勒、萨伊、赫尔德、诺曼等，又相继提出了一些税收原则，试图从不同角度对斯密的税收原则予以补充。其中，发展最为完备的当属德国社会政策学派的代表人物瓦格纳，他打着社会政策学派的旗帜，反对自由主义经济政策，认为国家对经济活动具有积极的干预作用，应谋求改正收入分配不公的现象。在这种指导思想下，他提出四项税收原则：财政政策原则、国民经济原则、社会公正原则和税务行政原则，极大地丰富了税收原则理论。

从古至今，关于税收原则的讨论，无论是形式上还是内容上都日趋深入，其中有些原则已为世界各国所广泛采用，对各国的税制建设具有重要意义。但是，税收原则又是一定时代的产物，不是永恒不变的，不同国家在不同时期对税收原则的选择往往有所侧重。纵观税收原则发展演变的历史，现代税收原则基本上有公平、效率和稳定三项原则。

1. 税收公平原则

税收公平原则是指政府征税要使每个纳税义务人承担的税收负担与其经济状况相适应，并使各纳税义务人之间的税收负担水平保持均衡。

税收是在市场对个人收入分配已经决定的前提下，对个人收入进行的再分配。在市场经济下，个人收入的初次分配是按要素报酬进行的。劳动取得工资，资本取得利息和股息，土地供应取得地租。个人的劳动能力、拥有的资本规模大小直接决定了个人收入的水平和结构。由市场决定的个人收入分配，从公平分配的意义上来看存在很大的局限性。这种市场分配的缺陷也不可能由市场本身解决，需要由政府运用税收来予以解决。从纠正市场分配缺陷的角度，税收的公平原则应是创造平等竞争环境，按受益征税，依据能力负担。简单地说，可以概括为竞争原则、受益原则和能力原则。

（1）竞争原则

税收的竞争原则是着眼于收入分配的前提条件，通过税收为市场经济的行为主体——企业和个人创造平等竞争环境，鼓励平等竞争。因此，在市场已经为行为主体创造了平等竞争环境的前提下，税收不应干预经济活动。对于在由于市场的缺陷而无法为行为主体提供平等竞争环境的前提下，税收应为行为主体的平等竞争创造条件。如由于企业资源条件差异、行业垄断、个人的遗产继承等原因而导致不平等竞争，形成收入和财富的差异，税收就应对形成不平等竞争和收入财富差异的条件进行调节，促进平等竞争。

（2）受益原则

受益原则是指各社会成员应按各自从政府提供的公共产品中享用的利益来纳税，或者说政府提供公共产品的成本应按各社会成员享用的份额进行承担。显然，这一原则是来自市场经济的"自由交换"的法则，即各社会成员以纳税形式来购买政府提供的公共产品。如果这一原则得以实施，政府提供公共产品的成本就可以同它的边际效益挂钩，而各社会成员若能如实纳税，那么公共产品提供中的"免费搭车"现象就可以避免。

问题在于公共产品是一种集合性消费，通常具有非排他的内在属性，每个人的享用程度难以量化，因而受益原则就难以普遍应用。有些情形受益原则可以直接应用，如对桥梁和公路征收燃油税、实行社会保障制度征收社会保障税等；有些情形由于享用程度不可分解，受益原则则不适用，如国防费和行政管理费等。

【小思考 1-1】普遍征税是税收公平原则的体现吗？

答： 所谓普遍征税，通常是指征税遍及税收管辖权之内的所有法人和自然人，换言之，所有有纳税能力的人都应毫无例外地纳税。根据受益原则，享受政府提供公共产品利益的人都应该纳税。这一税收公平原则最初是针对特权阶级如皇室、贵族在税收上享有的不合理豁免权确立的，后来演化为对所有人一视同仁征税。当然，征税的普遍性也不是绝对的，国家出于政治、经济、国际交往等方面的考虑，给予某些特殊的纳税义务人以减免税照顾，并不违背这一原则。相反，这应看成是对这一原则的灵活运用。

（3）能力原则

能力原则是指税收征收以各社会成员的支付能力为标准，而不考虑各自对公共产品的享用程度。或者说，提供公共产品的成本按各社会成员的实际支付能力分摊。纳税能力大的多纳税，纳税能力小的少纳税，无纳税能力的不纳税。显然，这一原则具有收入再分配的作用，有利于实现社会公平。

按照能力原则，国家征税的比例或数额要与纳税义务人的负担能力相称。被现代社会广泛接受的税收公平原则，具体有两个方面的含义：一是纳税能力相同的人同等纳税，即所谓"横向公平"；二是纳税能力不同的人不同等纳税，即所谓"纵向公平"。

能力原则的关键问题在于如何确定纳税支付能力的标准，也就是按什么标准来度量每个人的纳税支付能力。关于度量标准，有客观说和主观说之分。客观说主张按个人的所得、财产和消费支出为标准；主观说主张以在享用公共物品时个人感受到的牺牲程度为标准。纵观世界各国税制，实际上都是以客观标准作为度量支付能力的标准，主观说难以度量，会演变为人为的标准，难以付诸实施。

反映个人纳税能力的指标主要有所得、支出、财富 3 种。

① 以个人所得作为衡量纳税能力的指标。所得的主要组成部分是劳动所得、来自资本所有权的所得、资本所得（拥有资本的价值增值）、获得的赠予及遗产等。所得一般被认为是衡量纳税能力的最好尺度，因为所得最能反映一个人在一定时期内的消费或增加财产的能力，所得多的表示能力大，它也最能体现公平合理性。另外，以个人所得作为衡量个人纳税能力的指标，具有资料全面、基础广泛、易于掌握的特点。但也有一些人持反对意见，他们认为在纳税义务人的各种所得中，若不区分劳动所得与不劳而获的意外所得或其他所得，而统一按一般所得来征税，也是不公平的；纳税义务人用所得税后的收入而进行投资、储蓄等，若对其所获取的股息、利息征税，这显然存在重复征税的问题。由于具有同等能力的个人因不同偏好，如对劳动和闲暇的选择偏好不同，从而具有不同收入；同样收入的纳税义务人因不同的个人情况，从而具有不同的纳税能力，因而给纳税能力的确定也带来了技术上的困难。

② 以个人支出作为衡量纳税能力的指标。以支出作为测定纳税能力的标准，是因为消费支出可以充分反映一个人的支付能力。消费多者，其纳税能力大；反之，消费少者的纳税能力小。一般而言，个人支出可以通过纳税义务人的总收入来估算，然后根据消费支出来设计税率。其优点是：第一，不需计算净财富的增加，特别是应计资本利得，可以减轻征管的困难；第二，按消费支出征税可以避免所得税对储蓄决策等的扭曲性。但以支出作为税基也有一些不足，其主要缺陷是：在管理上不如收入易于掌握，这是因为个人收入相对集中，而支出极其分散；具有相同支出的纳税义务人因个人情况（如婚否、子女的多少、健康和疾病等差异）不同，纳税能力也有所不同，由于个人、家庭的消费支出结构的不同，如果按相同支出同样征税会有失公平性。

③ 以个人财产作为衡量纳税能力的指标。财产代表个人的财富，以财产来测定纳税能力是较公平的。对财产征税相当于对个人的未来所得征税，从这一点上说财产税与所得税相同。对财产征税，其理由是：纳税义务人可以利用财产取得收入，且拥有财产也会使其具有某种满足；二是个人通过遗产继承或受赠等而增加的财产拥有量，都会给纳税义务人带来好处而增加其纳税能力。但按纳税义务人的财产来测定纳税能力也有一些缺陷，表现在：第一，数额相等的财产不一定会给纳税义务人带来相等的收益；第二，财产的拥有者中负债者与无债者的情况不同，财产中的不动产与动产情况也不同；第三，财产情形多样，财产估价困难，征管难度较大。

从所得、支出、财富 3 种指标的比较分析中可以看出，相对而言，所得基础广泛，管理上可行，是反映个人纳税能力的最重要的指标；而支出、财富也是反映个人纳税能力的重要指标，因此公平税收应主要以个人所得为课税基础，同时还可以选择支出和财富为课税基础。

2. 税收效率原则

税收效率原则是指政府课税必须使社会所承受的非税款负担最小，即以较少的税收成本换取较多的税收收益。税收收益不仅包括取得的财政收入，还包括因税收的调节，优化了产业结构，提高了资源配置效率而产生的正效应，即"间接收益"。

征税给社会带来的非税款负担具体可分为两类：一类是税收的超额负担；另一类是征税

过程中本身承担的负担，亦称征纳费用。税收的效率也因此分为税收的经济效率和税收本身的效率（即税收的行政效率）两个方面。

（1）税收的经济效率

税收的经济效率是指税收对经济资源配置、对经济机制运行的消极影响越小越好。税收要促进社会生产力的发展，不影响或很少影响国民经济的正常运行。超额负担越小，税收的经济效率越高；反之，税收的经济效率越低。超额负担是指由于征税所产生的某种影响，这种影响使得社会因征税而付出的代价超过了政府从征税中得到的好处，也可以说是税收给社会带来的福利损失。

在西方经济学家看来，降低税收超额负担的根本途径在于尽可能保持税收对市场机制运行的"中性"。所谓税收中性，包括两方面的含义：其一，政府征税使社会所付出的代价应以征税数额为限，除此之外，不能让纳税义务人或社会承受其他的经济牺牲或超额负担；其二，政府征税应当避免对市场机制运行产生不良影响，特别是不能超越市场而成为影响资源配置和经济决策的力量，而应当依靠市场机制的那只"看不见的手"。后一种含义在西方经济学界占有重要地位。

在现实经济生活中，税收对经济的影响不可能仅限于征税数额本身而保持"中性"，也就是说，税收超额负担的发生通常不可避免。因此，倡导税收中性的实际意义在于尽可能减少税收对经济的干扰作用"度"，尽量压低因征税而使纳税义务人或社会承受的超额负担"量"。

【小资料 1-2】

英国以前开征的"窗户税"

"窗户税"1696 年诞生于英国。那时，窗户是富足的象征，富人的住宅大都开有很多漂亮的窗户，而穷人房屋的窗户则很少。当时，具体计算每户居民收入多少比较困难，政府难以依据居民收入多少来确定其税收。这样，用窗户数量作为计税依据便成为一种非常奇特的管理办法，那些住宅窗户多的人，就须缴纳较多的税款，而窗户少的人则少缴税。据研究，"窗户税"并未给政府增加多少财政收入，倒是制造了一个独特的英国式奇观。为了保持房屋的美观，许多人从里面堵上了窗户，却保持了窗户的外体，一些人则干脆在房屋的外墙画上假窗。窗户税的开征一方面政府没有得到税收，另一方面导致人们的居住不舒适。这种福利的损失是无谓的，可视为税收超额负担，违反了税收效率原则。

（2）税收的行政效率

税收行政效率就是要求以尽可能少的税收成本取得尽可能多的税收收入，即单位税收收入的税收成本——税收成本率越低越好。所谓税收成本，是指在税收征纳过程中所发生的各类费用支出，它有狭义和广义之分。

狭义的税收成本亦称"税收征收费用"，是指政府部门在实施税收计划、征管各个税种中所支出的费用，包括税务机关的人员工资、薪金和奖金支出，办公用具和办公设备支出；税务部门在征税过程中因实施或采用各种方法、措施而支出的费用；改变税种和设立新税种所付出的代价等。

广义的税收成本除税务机关征税的行政管理费用外，还包括纳税义务人在按照税法规定的纳税过程中所支付的费用，即西方所称的"税收遵从费用"，如纳税义务人填写纳税申报表、雇用会计师、税务顾问或职业报税者所花费的费用，企业为个人代缴税款所花费的费用，纳税义务人在纳税方面花费的时间费用和交通费用，纳税义务人为逃税、避税所花费的时间、精力、金钱及因逃税、避税未成功而遭受的惩罚等。

税收征收费用相对来说容易计算，即使有些费用不明显，也可大致估计。税收遵从费用则相对不易计算，特别是纳税义务人所花费的时间、心理方面的代价，无法用金钱来计算，没有精确的指标加以衡量。亦有人将其称为"税收隐蔽费用"。因此，各国政府对其税收本身效率的考察，基本上是以税收征收费用占全部税收收入的比重为主要依据。比重越低，说明税收行政效率越高，以较小的税收成本换取了较多的税收收入；比重越高，说明税收行政效率越低，取得税收收入是以较大的税收成本为代价的。

【小思考 1－2】如何辩证地看待税收公平原则与效率原则的关系？

答：税收的公平原则与效率原则是密切相关的。公平原则强调量能负担，但可能干扰生产和消费决策，影响经济发展，破坏税收效率；而效率原则强调税收应尽量避免对经济产生干扰，实现资源有效配置和经济增长，这就有可能拉开贫富之间差距，从而破坏公平原则。处理好公平与效率之间的矛盾，对一国经济的发展、社会的安定具有重要意义。在处理这个矛盾时要兼顾公平的需要和效率的提高，既要考虑经济的稳定发展，又要考虑到贫富之间的差距不能过分拉大，不能片面追求效率或片面追求公平，要兼顾公平与效率。

---

3. 税收稳定原则

税收的稳定原则是就税收的宏观调控而言的，也就是税收对经济发展的宏观调控应依据稳定准则，实现稳定目标，促使经济稳定发展。

税收稳定原则是指税收对经济发展的宏观调控应能实现和促使经济的稳定发展。在市场经济条件下，市场机制具有自动调节经济平衡、保持经济稳定的功能。但是在现代货币制度下，市场经济也有很大的局限性，经常会发生由于总需求小于总供给而导致需求不足，失业率上升；或总需求大于总供给而导致需求过旺，引发通货膨胀，进而引发经济的过快增长或停滞增长，使经济不能保持稳定发展。市场经济缺陷导致的经济失衡不可能由市场本身解决，需要由政府运用各项经济政策来调节总供给和总需求。税收是平衡总供给和总需求的重要经济杠杆。因此，在宏观经济方面，税收应同财政支出、货币等其他政策手段协调配合，依据稳定原则调节经济，实现稳定经济的宏观政策目标。

1.1.4　税收的负担

税收负担（tax burden）是纳税义务人因国家征税而产生的经济利益的损失。税收负担问题不仅涉及国家集中财力的多少，还涉及纳税义务人承受能力的大小，直接关系到国家和纳税义务人之间、地区之间、行业之间、各种经济成分之间、各类纳税义务人之间的利益分配，体现国家的分配政策，是税收分配的核心问题。

1. 税收负担的分类

税收负担按考察的层次和角度不同可分为：宏观税收负担，是指全社会总税收负担；局部或中观税收负担，是指某个地区、某个行业、某个税种、某个阶层的税收负担；微观税收负担，是指某个企业、某个自然人纳税的税收负担等。

税收负担按实际纳税的情况不同可分为：名义税收负担，指纳税义务人按税法规定的税率计算的应纳税额占纳税义务人负担能力的程度；实际税收负担，指纳税义务人实际交纳的税额占纳税义务人负担能力的程度。由于存在着税前扣除、税收减免、税收优惠等，纳税义务人的实纳税额有可能小于按法定税率计算的应纳税额，因而纳税义务人的实际税收负担水平往往会小于名义税收负担水平。

税收负担按其是否能转嫁可分为：直接税收负担，是指纳税义务人所纳税款不能转嫁给他人，只能自己承受的税收负担；间接税收负担，指纳税义务人可转嫁给他人的税收负担。

2. 税收负担的衡量指标

1）宏观税收负担指标

宏观税收负担是指一个国家中所有的纳税义务人税收负担的总和，也称总体税收负担，它反映一个国家或地区税收负担的整体状况。反映宏观税收负担的指标，主要有国内生产总值税负率、国民生产总值税负率和国民收入税负率。

（1）国内生产总值税负率

国内生产总值（gross domestic product，GDP）是在一个国家（或地区）内一段特定时间（一般为一年）里所有生产活动的最终成果。国内生产总值税负率，指一定时期（通常为一年）一个国家（或地区）的税收收入总额占同期国内生产总值的比率。它反映一个国家（或地区）在一定时期内在国内提供的全部产品和服务所承受的税收负担状况，其计算公式为

$$国内生产总值税负率（T/GDP）= \frac{税收收入总额}{同期国内生产总值} \times 100\%$$

（2）国民生产总值税负率

国民生产总值（gross national product，GNP）是指一个国家（地区）在一定时期内（通常为一年）收入初次分配的最终成果，它等于国内生产总值加上来自国外的劳动报酬和财产收入减去支付给国外的劳动者报酬和财产收入。国民生产总值税负率，是指一定时期（通常为一年）一个国家（或地区）的税收收入总额占同期国民生产总值的比率。它反映一个国家在一定时期内提供的全部产品和服务所承受的税收负担状况，其计算公式为

$$国民生产总值税负率（T/GNP）= \frac{税收收入总额}{同期国民生产总值} \times 100\%$$

（3）国民收入税负率

国民收入（national income，NI）是指一个国家（或地区）在一定时期（通常为一年）内物质资料生产部门的劳动者新创造的价值的总和，即社会总产品的价值扣除用于补偿消耗掉的生产资料价值的余额。国民收入税负率是指一定时期（通常为一年）一个国家（或地区）的税收收入总额占同期国民收入的比率。它反映一个国家（或地区）在一定时期内新创造的价值所承受的税收负担状况，其公式为

$$国民收入税负率（T/NI）= \frac{税收收入总额}{同期国民收入总值} \times 100\%$$

国内生产总值税负率、国民生产总值税负率和国民收入税负率作为宏观税收负担的主要指标，它不仅是评价国家总体税收负担的重要指标，也是国家之间进行总体税收负担比较的指标。在上述三项衡量宏观税负指标中，国内生产总值税负率运用最普遍。

宏观税负水平的高低直接关系到国家财政收入的多少，关系到政府的支出能力，也关系到整个社会经济资源配置的合理性及国民经济产出水平的高低，是政府制定税收政策的重要依据。

经济合作与发展组织（OECD）部分成员国内生产总值税负率如表 1-1 所示。

表 1-1　OECD 部分成员国内生产总值税负率

成　员	2012 年	2013 年	2014 年	2015 年	2016 年
奥地利	25.9%	26.4%	26.4%	26.8%	25.7%
比利时	25.7%	26.2%	26.2%	24.7%	23.1%
加拿大	11.7%	11.7%	11.8%	12.3%	12.2%
智利	19.0%	17.4%	16.9%	17.5%	17.6%
捷克共和国	14.7%	14.9%	14.2%	14.6%	14.7%
丹麦	33.4%	33.8%	36.5%	33.9%	33.7%
爱沙尼亚	1.3%	1.3%	1.3%	1.4%	1.4%
芬兰	20.3%	20.7%	20.8%	20.7%	21.0%
法国	22.6%	23.3%	23.2%	23.2%	23.1%
德国	11.6%	11.6%	11.5%	11.4%	11.2%
希腊	23.6%	23.7%	24.4%	24.9%	26.7%
匈牙利	22.9%	22.7%	23.0%	23.4%	23.4%
冰岛	22.1%	22.7%	25.3%	23.5%	38.5%
爱尔兰	22.5%	22.8%	23.2%	18.9%	18.8%
以色列	22.1%	23.0%	23.3%	23.4%	23.4%
意大利	23.6%	23.7%	23.5%	23.4%	23.7%
卢森堡	25.7%	25.9%	25.6%	25.0%	25.7%
新西兰	26.8%	26.7%	26.8%	27.7%	27.8%
挪威	27.0%	25.1%	23.5%	22.1%	22.0%
葡萄牙	20.9%	22.8%	22.7%	22.9%	22.5%
斯洛伐克共和国	15.0%	15.9%	16.7%	17.6%	17.4%
斯洛文尼亚	18.0%	18.0%	18.2%	18.5%	18.6%
西班牙	12.2%	14.0%	14.3%	14.4%	13.8%
瑞典	26.1%	26.2%	26.3%	27.0%	27.7%
瑞士	9.5%	9.6%	9.4%	9.8%	9.8%
土耳其	18.4%	18.5%	18.1%	18.2%	18.3%
英国	25.2%	25.2%	24.9%	25.2%	25.6%
菲律宾	12.9%	13.3%	13.6%	13.6%	13.7%
日本	9.7%	10.4%	11.5%	11.4%	11.1%
韩国	14.7%	14.3%	13.9%	13.9%	14.9%
俄罗斯	13.7%	12.9%	13.2%	10.6%	9.1%
新加坡	13.9%	13.5%	13.9%	13.6%	14.3%
美国	9.8%	10.6%	11.0%	11.2%	10.9%

资料来源：世界银行公开数据库

由于 OECD 成员的税收收入中包含相当大部分的社会保障收入，而中国这部分收入不包含在税收收入之中，为了统一口径，对中国税收收入进行调整后的宏观税收负担如表 1-2 所示。

表1-2 2001—2016年中国小口径宏观税负

年份	全部税收收入/亿元	社保基金收入/亿元	小口径税收收入/亿元	GDP/亿元	宏观税负/%
2001	14 934.52	3 101.90	18 036.42	110 863.10	16.27
2002	16 441.47	4 048.70	20 490.17	121 717.40	16.83
2003	19 350.23	4 882.90	24 233.13	137 422.00	17.63
2004	24 565.87	5 780.30	30 346.17	161 840.20	18.75
2005	28 560.43	6 968.60	35 529.03	187 318.90	18.97
2006	34 493.17	8 642.70	43 135.87	219 438.50	19.66
2007	45 608.50	10 812.00	56 420.50	270 844.00	20.83
2008	54 223.79	13 696.10	67 919.89	321 500.50	21.13
2009	59 521.59	16 115.60	75 637.19	348 498.50	21.70
2010	73 210.79	18 823.00	92 033.79	411 265.20	22.38
2011	89 738.39	24 043.00	113 781.39	484 753.20	23.47
2012	100 614.28	28 909.00	129 523.28	539 116.50	24.03
2013	110 530.70	35 253.00	145 783.70	590 422.40	24.69
2014	119 175.31	39 828.00	159 003.31	644 791.10	24.66
2015	124 922.20	46 012.00	170 934.20	686 449.60	24.90
2016	130 360.73	53 563.00	183 923.73	740 598.70	24.83

注：① 全部税收收入来源于《中国统计年鉴》财政项下各项税收表；
② 社保基金收入来源于2001—2016年度《人力资源和社会保障事业发展统计公报》；
③ 小口径税收收入=全部税收收入+社保基金收入；
④ GDP来源于《中国统计年鉴》国民经济核算项下国内生产总值表；
⑤ 宏观税负为全部税收收入与GDP的比值。

将调整后的我国宏观税负的数据与OECD成员宏观税负进行比较发现：我国宏观税负目前仍处于世界较低水平；但增长趋势明显，税负差距逐步缩小。政府收入制度缺乏规范性和我国社会保障收入水平较低可能是我国宏观税负水平较低的重要原因。

由于中国政府资金成分的复杂性，存在过多的不可比因素，中国学者提出了不同口径的宏观税收负担。国内关于宏观税负主要有小、中、大三种分类口径："小口径"是指一定时期内，税收收入占GDP的比重；"中口径"是指一定时期内，财政收入占GDP的比重，除税收收入外，还包括国有资产收入、规费收入、基金收入、罚没收入等；"大口径"是指一定时期内，政府收入占GDP的比重，除财政收入外，还包括预算外收入及制度外收入等。产生不同分类口径的主要原因是我国政府收入来源多元化，除一般意义的税收收入外，还包括预算内非税收入、预算外收入、制度外收入等多种形式。采用不同分类方法，虽然有助于全面考察居民税收负担水平和政府收入结构，但是也造成了研究结论的巨大争议。

2）局部或中观税收负担指标

局部或中观税收负担是指某个地区、某个行业、某类纳税义务人、某个税种（或税类）的税收负担。在评价某个地区、某行业的税收负担时，衡量指标可用某个地区、某个行业组织的税收收入与其相应GDP的比值。某个地区、某个行业税收负担率的公式分别为

$$某地区税收负担率=\frac{该地区税收收入总额}{该地区同期地区生产总值}\times100\%$$

$$某行业税收负担率 = \frac{该行业税收收入总额}{该行业同期地区生产总值} \times 100\%$$

在评价某类纳税义务人的税收负担时，衡量指标可用这类纳税义务人实现的税收收入与其相应的 GDP（或计税依据）的比值。某类纳税义务人税收负担率的公式为

$$某类纳税义务人税收负担率 = \frac{该类纳税义务人实现税收收入}{该类纳税义务人实现国内生产总值（或计税依据）} \times 100\%$$

在评价某个税种或税类的税收负担时，衡量指标可用某个税种或税类实现的税收收入与该税种或税类的计税依据的比值。某个税种或税类税收负担率的公式为

$$某个税种（或税类）税收负担率 = \frac{某税种（或税类）实现的税收收入总额}{该税种（或税类）的计税依据} \times 100\%$$

研究中观税负对税收政策的制定和经济均衡发展具有重要意义。通过对中观税负的对比，有助于分析地区差异、促进地区间协调发展；有助于掌握国民经济各部门的纳税能力、合理调整产业结构、促进国民经济协调发展。

3）微观税收负担指标

微观税收负担是指单个纳税义务人的税收负担，它反映税收负担的结构分布和各种纳税义务人的税收负担状况。衡量微观税收负担的指标有纳税义务人综合税收负担率、纳税义务人某一税种（或税类）税收负担率等，常用指标有企业综合税收负担率、企业增值税税负率、企业所得税税负率、个人所得税税负率等。

（1）企业综合税收负担率

企业综合税收负担率是指一定时期内，企业实际缴纳的各种税收总额与同期企业的盈利或各项收入总额的比率。其公式为

$$企业综合税收负担率 = \frac{企业实际缴纳的税收总额}{企业利润（或收入）总额} \times 100\%$$

（2）企业增值税税负率

企业增值税税负率是指在一定时间内，企业所缴纳的增值税税款总额与同期企业实现的收入总额的比率。其公式为

$$企业增值税税负率 = \frac{企业实际缴纳的增值税}{企业收入总额} \times 100\%$$

（3）企业所得税税负率

企业所得税税负率是指在一定时间内，企业所缴纳的所得税税款总额与同期企业实现的利润总额的比率。其公式为

$$企业所得税税负率 = \frac{企业实际缴纳的企业所得税}{企业利润总额} \times 100\%$$

（4）个人所得税税负率

个人所得税税负率是指一定时期内个人所缴纳的所得税与个人所得总额的比率。其公式为

$$个人所得税税负率 = \frac{个人实际缴纳的个人所得税}{个人所得总额} \times 100\%$$

1.2 税收制度

税收制度，简称"税制"，是国家以法律形式规定的各种税收法令和征收管理办法的总称。它包括各种税收法律法规、条例、实施细则、征收管理办法等。

税收作为财政收入的一种最主要形式，必须通过制定各种具体的法律、法规和规章并付诸实施，才能将这种理论上的收入形式转换为现实的财政收入。当今世界各个国家都是通过确立税收制度来达到这一目的的。由此，可以对税收制度这样表述：税收制度是国家为取得税收收入而制定的调整国家与纳税义务人在征税与纳税方面权利与义务关系的法律规范的总称。通过确立这些法律规范，一方面可以约束纳税义务人，规定纳税义务人必须履行的纳税义务；另一方面也是为了约束税务机关，规定税务机关必须履行的征税职责。可见，税收制度是国家以税收形式取得财政收入的法律规范，这些规范既是国家征税的依据，也是纳税义务人纳税的准则，是实现税收职能作用的具体体现。

税收制度有广义和狭义之分。广义的税收制度指的是国家的各种税收法规、税收管理体制、税收征收管理制度及税务机关内部的管理制度的总称。狭义的税收制度则是指国家的各种税收法规和征收管理制度，包括各种税法条例、实施细则、征收管理办法和其他有关的税收规定等。

税收制度是税收本质的具体体现。税收的本质是国家凭借政治权力对社会剩余产品进行分配的一种特定的分配关系，这种分配关系要得以实现，必须通过具体的、外在化的税收制度予以落实。税收制度正是通过对税收构成要素的设置，使得国家和社会经济主体的分配关系确定下来，从而使税收的本质规定性得以具体体现。

1.2.1 税制要素

税制要素是税收制度的构成要素，又是税收制度的表现形式。国家在制定税收制度时有些基本要素必须明确地加以规定，如对什么征税、对谁征税、征多少税及征税的环节和期限等。税制要素包括纳税义务人、课税对象、税率、纳税环节、纳税期限、纳税地点、税收减免等。其中，纳税义务人、课税对象、税率是构成税收制度的 3 个最基本要素。

1. 纳税义务人

纳税义务人（tax payer），也称纳税主体或纳税义务人，是税法中规定的直接负有纳税义务的单位和个人。它主要解决向谁征税或由谁纳税的问题。纳税义务人是纳税的主体，包括自然人、法人和其他组织。所谓自然人，是指基于自然出生而成为民事法律关系主体的人。所谓法人，是指具有民事权利主体资格的社会组织，即被法律承认的有民事权利能力和民事行为能力的组织。作为纳税义务人的自然人，即平常所说的公民个人，主要指城乡居民和个体工商户；作为纳税义务人的法人和其他组织，主要是指各类企业和部分事业单位、国家机关、学校及部队等单位。

在实际纳税过程中，代扣代缴义务人是与纳税义务人相关的概念。代扣代缴义务人是指按照税法的规定，负有代扣代缴税款义务的单位和个人。为了实行源泉控制，保证国家财政收入，税法除规定纳税义务人以外，有时还规定扣缴义务人。扣缴义务人是有义务从特有的纳税义务人的收入中扣除其应纳税款并代为缴纳的企业或单位。如《中华人民共和国个人所得税法》规定："个人所得税，以所得人为纳税义务人，以支付所得的单位或者个人为扣缴义务人。"税务机关按规定应付给扣缴义务人代扣手续费。同时，扣缴义务人必须按税法规定代扣税款，并按规定期限缴库，否则依税法规定要受法律制裁。《中华人民共和国税收征收管理法》规定："扣缴义务人应扣未扣、应收而不收税款的，由税务机关向纳税义务人追缴税款，对扣缴义务人处应扣未扣、应收未收税款百分之五十以上三倍以下的罚款。"征税机关一般对收入零星、纳税义务人分散的税源，采用源泉控制的征收方法，在税法上明确规定扣缴义务人。这样可以保证国家财政收入，防止偷逃税，简化纳税手续，提高征管效率。

【小思考 1 - 3】负税人与纳税义务人的区别是什么？

负税人与纳税义务人是两个既有联系又有区别的概念。负税人是指最终承受税收负担或最终实际负担税款的单位和个人。纳税义务人是直接向税务机关缴纳税款的单位和个人，纳税义务人如果能够通过一定途径把税款转移出去，纳税义务人就不再是负税人；否则，纳税义务人同时也是负税人。例如，在我国对生产烟、酒、化妆品等应税消费品的企业征收消费税，但这些纳税义务人可以将缴纳的消费税税款计入应税消费品的销售价格，转移给消费者负担，因此使得纳税义务人和负税人不一致。纳税义务人和负税人是否一致，主要取决于税种的性质。一般来说，对所得和财产征税，纳税义务人同时又是负税人，二者是一致的。而对商品和劳务征税，容易引起商品和劳务价格的变化，使税收负担由生产者或销售者转移到消费者或购买者身上，在这种情况下，负税人和纳税义务人往往是不一致的，这种情况也称为税负转嫁。

2. 课税对象

课税对象（tax object），又称征税对象，是征税的客体，表明对什么征税，是征税的标的物。课税对象是税收制度最基本的要素之一，原因有三。第一，一种税的课税对象界定了该税种的征税范围，凡列入课税对象的，就属于该税种的征税范围，否则就不属于该税种的征税范围，就不征这种税。例如，个人所得税的征税对象是个人所得，在个人的各种所得中哪些列入征税范围、哪些不列入征税范围，必须在个人所得税税法中加以明确界定。如果一种税没有自己的课税对象，那么这种税就失去了存在的意义。第二，课税对象是一种税区别于另一种税的最主要标志，也就是说税种的不同最主要的起因在于课税对象的不同。第三，其他要素的内容一般都是以课税对象为基础确定的。例如纳税义务人，国家开征一种税，所以要选择这些单位和个人作为纳税义务人，而不选择其他单位和个人作为纳税义务人，其原因是这些单位和个人涉及税法或税收条例中规定的课税对象，或者是发生了规定的课税行为。可见，纳税义务人同课税对象相比，课税对象是第一位的。凡涉及课税对象或发生了课税行为的单位和个人，才有可能成为纳税义务人。

课税对象随着社会生产力的发展变化而变化。自然经济时期，土地和人丁是主要的课税对象。随着商品经济的发展，以人丁为课税对象的税收逐渐被淘汰。商品的流转额、企业利润和个人所得逐渐成为主要的征税对象。在可以成为课税对象的客体比较广泛的情况下，选择课税对象一般应遵循有利于保证财政收入、有利于调节经济和适当简化的原则。

在税收理论和实际工作中，与课税对象有关的概念主要有税目、计税依据等。

（1）税目

税目（tax item），又称课税品目，是课税对象的具体项目，反映具体的征税范围，代表征税的广度。确定税目对于征税对象比较复杂的税种来说是十分重要的。每一种税都有自己的征税对象，也有各自不同的征税范围。有的税种的征税对象比较简单，征税范围比较明确，征收中易于掌握，没有另行规定税目的必要。但是，从大多数税种来看，各自的征税对象一般都比较复杂，征税范围内的项目繁多，在征收中不易掌握，且税种内不同的项目之间又需要采用不同的税率档次进行调节，这就需要对征税对象作进一步的划分，做出具体的界定，这个规定的界限范围就是税目。例如，我国消费税的课税对象是应税消费品，而税目按照应税消费品的类别划分为烟、酒及酒精、化妆品、贵重首饰及珠宝玉石、鞭炮和焰火、高档手表、高尔夫球及球具、木制一次性筷子、实木地板、游艇、成品油、汽车轮胎、摩托车、小汽车 14 个税目。

（2）计税依据

计税依据（tax basis），又称课税依据或税基，是指税收制度中规定的计算各种应纳税额的依据或标准。纳税义务人的应纳税额是按照计税依据和适用税率计算出来的。课税对象与计税依据的关系是：课税对象是指征税的目的物，计税依据则是在目的物已经确定的前提下，对目的物计算税款的依据或标准；课税对象是从质的方面对征税所做的规定，而计税依据则是从量的方面对征税所做的规定，是课税对象量的表现。

3. 税率

税率（tax rate）是应纳税额与计税依据之间的关系或比例，是计算税额的尺度，代表课税的深度，关系着国家的收入多少和纳税义务人的税收负担程度，因而它是税收政策的中心环节。税率在实际应用中可分为 3 种形式：比例税率、定额税率、累进税率，如图 1-1 所示。

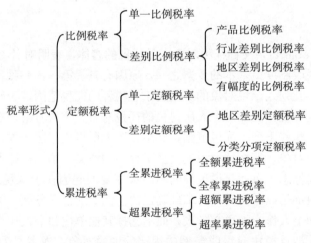

图 1-1 税率的形式

（1）比例税率

比例税率（proportional tax rate）是指应纳税额与征税对象数量之间的等比关系。这种税率对同一征税对象或同一税目，不论征税对象的数额大小，只规定一个比例的税率，它适用于从价计征的税种。比例税率有两种形式：单一比例税率和差别比例税率。在具体应用上，差别比例税率又可分为以下几种。

① 产品比例税率。即一种（或一类）产品采用一个税率，如消费税、增值税。

② 行业差别比例税率。即对不同行业采用不同的税率，如营业税。

③ 地区差别比例税率。即对同一课税对象，按照不同地区的生产水平和收益水平采用

不同的税率，如城市维护建设税。

④ 有幅度的比例税率。即对同一课税对象，税法只规定最低税率和最高税率，在这个幅度内，各地区可以根据自己的实际情况确定适当的税率，如我国现行征收的契税。

（2）定额税率

定额税率（fixed tax rate），又称固定税率，这种税率是根据课税对象的计量单位直接规定固定的征税数额，税额的多少只同课税对象的实物数量有关，同价格无关，它适用于从量计征的税种。定额税率在表现形式上分为单一定额税率和差别定额税率两种形式。差别定额税率有以下表现形式：地区差别定额税率，如资源税、土地使用税、耕地占用税；分类分项定额税率，如车船税。

（3）累进税率

累进税率（progressive tax rate）是指同一课税对象随着累进依据数量的增加，征收比例也随之升高的税率。其特点是：计算方法比较复杂；税收负担较为合理；边际税率和平均税率不一致，税收负担的透明度较差。

累进税率的累进依据是指对课税对象划分级数时其数额的具体表现形式，累进税率中一般有绝对额和相对率两种表示课税对象数额的形式，因此累进税率的累进依据也分为绝对额和相对率两种形式。凡累进税率，无论是按绝对额累进还是按相对率累进，在累进方法上都可分为全累税率和超累税率。全累税率是指按税义务人的全部纳税对象都按照与之相应的那一级的税率计算应纳税额；超累税率是指把纳税义务人的纳税对象按规定划分为若干等级，每一等级分别采用不同的税率，分别计算税款。超累税率按累进依据划分为超额累进税率和超率累进税率。

① 超额累进税率。把征税对象按数额的大小分成若干等级，每一等级规定一个税率，税率依次提高，纳税义务人的征税对象依据所属等级同时适用几个税率分别计算，将计算结果相加后得出应纳税款。目前采用这种税率的有个人所得税。

② 超率累进税率。以征税对象数额的相对率划分为若干级距，分别规定相应的差别税率，相对率每超过一个级距的，对超过的部分就按高一级的税率计算征税。目前，采用这种税率的有土地增值税。

4. 纳税环节

纳税环节（tax payment stage）是指税法上规定的课税对象从生产到消费的流转过程中应当缴纳税款的环节。商品从生产到消费往往要经过许多流转环节，每一种税应当在哪个环节缴纳，税法须有明确规定，一般是根据有利于生产或流通、便于征收管理、确保财政收入等原则确定。按照纳税环节的多少，可将税收制度分为两类，即一次课征制和多次课征制。一次课征制即同一税种在商品流转的全过程中，只选择一个环节征收的制度。多次课征制，即同一税种在商品流转的全过程中，选择两个或两个以上环节课征的制度。

5. 纳税期限

纳税期限（tax calendar）是指纳税义务人发生纳税义务后缴纳税款的期限，是纳税义务人向国家缴纳税款的法定期限。我国现行税制的纳税期限有以下 3 种形式。

① 按期纳税。即根据纳税义务的发生时间，通过确定纳税间隔期，实行按期纳税。例如，《中华人民共和国增值税暂行条例》规定，增值税的纳税期限分别为 1 日、3 日、5 日、10 日、15 日、1 个月或者 1 个季度。纳税义务人的具体纳税期限，由主管税务机关根据纳税义务人应纳税额的大小分别核定；不能按照固定期限纳税的，可以按次纳税。纳税人以 1

个月或者 1 个季度为 1 个纳税期的，自期满之日起 15 日内申报纳税；以 1 日、3 日、5 日、10 日、15 日为 1 个纳税期的，自期满之日起 15 日内预缴税款，于次月 1 日起 15 日内申报纳税并结清上月应纳税款。

② 按次纳税。即根据纳税行为的发生次数确定纳税期限。如关税、契税、耕地占用税及临时经营者，均采用之。

③ 按年计征、分期预缴。即按规定的期限预缴税款，年度结束后汇算清缴，多退少补，如企业所得税、房产税、土地使用税等。

6. 纳税地点

纳税地点（tax payment place）是指纳税义务人申报缴纳税款的地点。明确纳税地点，一是为了避免对同一应税收入、应税行为重复征税或漏征税款，二是为了保证各地财政按规定取得收入。不同税种的纳税地点不完全相同，如我国现行增值税的纳税地点大致可分为以下几种。

① 固定业户向其机构所在地主管税务机关申报纳税。

② 固定业户到外县（市）销售货物的，应根据具体情况或回业户所在地向主管税务机关申报纳税，或向销售地主管税务机关申报纳税。

③ 非固定业户和临时经营者，向销售地主管税务机关申报纳税。

④ 进出口货物向报关地海关申报纳税。

⑤ 扣缴义务人应当向其机构所在地或者居住地的主营税务机关申报缴纳其扣缴的税款。

7. 税收减免

税收减免是对某些纳税义务人或课税对象的鼓励或照顾措施。减税（tax credit or tax cut）是从应征税款中减征部分税款；免征（tax exemption）是免征全部税款。减免税包括以下三项内容。

① 起征点。起征点是课税达到征税数额开始征税的界限。课税对象未达到起征点的不征税，达到或超过起征点的就课税对象的全部数额征收。

② 免征额。免征额是税法规定在课税对象中免予征税的数额，它是按照一定标准从全部课税对象总额中预先减除的部分。

③ 减税免税规定。减税免税规定是对特定的纳税义务人和特定的课税对象所做的某种减征或免征税款的规定。

【小思考 1-4】计税依据和起征点、免税额是怎样的关系？

答：征税对象的数量＜起征点，计税依据＝0；

征税对象的数量＞起征点，计税依据＝征税对象的数量；

征税对象的数量＜免征额，计税依据＝0；

征税对象的数量＞免征额，计税依据＝征税对象的数量－免征额。

1.2.2 税收分类

税收分类，是按照一定的标准，将具有相近或相似特点的税种归并成若干类别的一种研究方法。科学合理的税收分类有助于研究各类税种的特点、性质、作用和它们之间的内在联系，有助于分析各税种在税制结构中的功能、作用及其对社会经济发展和宏观经济运行的影响程度，从而为完善税制提供依据。

税收可以依据不同的标准进行分类，采用何种标准分类，主要考虑分类的目的和所要说明的问题。一般地，税收存在下列分类方法。

（1）以征税对象为标准的税收分类

以征税对象为标准的税收分类是世界各国在进行税收分类时采用的一种最基本、最重要的分类方式。以征税对象为标准，税收可以分为流转税类、所得税类、资源税类、财产税类和行为目的税类等。

流转税类是对商品的流转额和非商品（劳务）的营业额为课税对象征收的一类税。其基本特点是：以销售商品或提供劳务的流转额为计税依据，在销售商品或提供劳务的环节征收，计征管理较为简单，税收成本比较低。

所得税类是以所得额为课税对象的一类税。其基本特点是：以总收入扣除各种成本费用及其他法定扣除项目金额后的纯收入额，即应纳税所得额，作为该类税种的计税依据。由于应纳税所得额是经过复杂的计算得出的，而且要加以核实，因此相对于流转税来讲，所得税计征管理较为复杂，征税成本较高。从税负转嫁角度看，所得税税负不易转嫁，属于直接税。

资源税类是以自然资源的绝对收益和级差收益为征税对象的一类税。其基本特点是：税负高低与自然资源的级差收益程度密切相关，征税范围的选择较为灵活，一般采用从量定额征收。

财产税类是对纳税义务人所有的财产或所支配的财产的数量或价值额征收的一类税。财产包括不动产、有形动产和无形资产。一般来说，各国的财产税并不是对所有的财产都征税，而是有选择地对某些财产征税，其中以对不动产征税为主。财产税一般以财产的市场评估价值作为计税依据，也有国家选择以财产的净值或财产的租值作为计税依据。财产税具有征税范围固定、收入稳定、税负难以转嫁的特点。

行为目的税类是国家为实现某些（种）特定目的以某些特定行为为征税对象征收的一类税。其基本特点是：课税对象单一，税源分散，税种灵活。征收行为税的目的主要是加强对某些特定行为的监督、管理或限制，或者是对某些特定行为的认可，对特定对象和特定行为发挥调节作用。

（2）以税收管理权限为标准的税收分类

以税收管理权限为标准，税收可以分为中央税、地方税、中央地方共享税。以税收管理权限为标准进行税收分类，有利于分析中央和地方收入来源和责权关系。

中央税是指由一个国家的中央政府征收管理，税收收入归属中央一级的一类税。这类税种一般收入较大，征收范围较广，在税收政策上需全国统一立法。例如，国内消费税、车辆购置税、关税、海关代征增值税和消费税。

地方税是指由一个国家的地方政府征收管理，收入归属地方一级的一类税。这类税种一般收入稳定，税基具有非流动性，并且与地方政府经济利益关系密切。例如，城镇土地使用税、耕地占用税、土地增值税、房产税、车船税、契税、烟叶税等。

中央地方共享税一般是指由中央政府与地方政府共同管理，并按一定比例分别支配其收入的一类税。例如，国内增值税、企业所得税、个人所得税、资源税、城市维护建设税、印花税。

（3）以税收负担能否转嫁为标准的税收分类

以税负能否转嫁为标志，可以把税收分为直接税和间接税两类。直接税是指税负不能由纳税义务人转嫁出去，必须由自己负担的各种税；间接税是指税负可以由纳税义务人转嫁出去，由他人负担的各种税。划分直接税和间接税的意义在于可以分析税收负担、税负转嫁及税收归宿。

（4）以计税依据为标准的税收分类

以计税依据为标准，税收可分为从价税和从量税两大类。从价税是以课税对象的价值量作为计税依据征收的一类税，一般实行比例税率和累进税率。其主要优点是：课征范围广，凡有价格计量的情况，都可以从价计征。从量税是以课税对象的实物量（如以重量、容积、面积等为标准）作为计税依据征收的一类税，一般实行定额税率。其主要优点是：便于计征和管理，税收收入不受价格变化影响，纳税义务人的税负也相对稳定，但只适用于计量单位明确、实物形态易于把握的课税对象。

（5）以税收与价格的关系为标准的税收分类

以税收与产品、劳务价格的关系为标准，可将税收分为价内税和价外税两种。凡税金构成产品、劳务价格组成部分的，称为价内税；凡税金不构成产品、劳务价格组成部分的，称为价外税。与之相适应，价内税的计税依据为含税价格，价外税的计税依据为不含税价格。

税收的主要分类如图 1-2 所示。

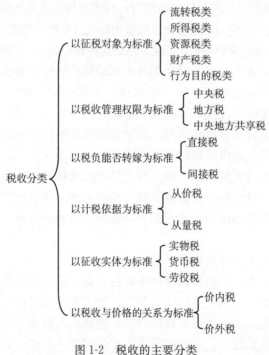

图 1-2　税收的主要分类

【小资料 1－3】

OECD 的税收分类

OECD（经济合作与发展组织）对其成员进行财政统计时，把税收分为以下 6 类。

① 对所得、利润和资本利得征的税。包括对个人和企业净所得或利润征收的各种税，也包括对个人和企业的资本利得征的税和对赌博收益征的税。

② 社会保险税。

③ 对工薪和劳动力征的税。包括由雇主、雇员或自营职业者或按工薪的一定比例或

按每个人固定数额缴纳的，并且不指定专门用于社会保障支出的各种税。

④ 财产税。包括对不动产或净财富征的税、对通过继承或赠予改变财产所有权征的税、对金融和资本交易征的税。

⑤ 商品和劳务税。包括对商品的生产、采掘、销售、转让、租赁或交付，劳务提供，或就商品的使用或获准使用商品，或获准从事活动征收的所有税种。

⑥ 其他税。

1.2.3　税制结构

1. 税制结构的概念

税制结构是指一个国家根据其生产力发展水平、社会经济结构、经济运行机制、税收征管水平等各方面情况，合理设置各个税类、税种和税制要素，从而形成的相互协调、相互补充的税制体系和布局。

由于税制体系的设置合理与否在相当程度上决定了一个国家税收政策功能的发挥和目标的实现。如何确定较为适合本国国情的税收体系，是各国普遍关心的问题。一般而言，一国的税收体系并非固定不变，而是随着社会经济环境的变化不断调整。在正常情况下，这一过程同时也是一国税制不断优化的进程。

一个国家的税收体系总是由具体的税种组成，但组成的方法可以有不同的选择。回顾整个税收理论演变历史，关于税制结构的组成，主要有两种不同的理论：一是单一税制论，即认为一个国家的税收体系应该由单个税类组成或者以单个税类为主，如单一的所得税、单一的消费税、单一的土地税或单一的财产税等；二是复合税制论，即认为一个国家的税收体系应该由多种税类的多个税种组成，通过多种税类的互相配合，组成一个完整的税收体系。当然，复合税制并不是否定各税种在功能、作用和地位上的差别，恰恰相反，它往往以某一类税种或某几类税种作为主体税种，并作为筹集财政收入和调节经济活动的主导，在不影响其他各税种作用、效果的前提下，优先或突出主体税种的作用。

单一税制便于征收管理，税收成本低，但是税种单一，缺乏弹性，不能普遍征收，难以充分发挥筹集财政收入和调节经济的功能。复合税制课税范围广，税源充裕，税制具有较大的弹性，能适应财政需要的变化，保证财政收入。从世界各国的税收实践来看，并没有哪个国家真正实行过单一税制，世界各国普遍实行的是复合税制。

尽管各国的税制都是由若干税种组成的复合税制，但几乎每个国家都有其主体税类，可以是一个或者多个主体税类。如果以流转税作为主体税类，则该国呈现以流转税为主的税制结构；如果以所得税作为主体税类，则该国呈现以所得税为主的税制结构；如果以财产税作为主体税类，则该国呈现以财产税为主的税制结构；如果以流转税和所得税并重或同时作为主体税类，则呈现直接税与间接税并重的双主体税制结构。

（1）以流转税为主体税种的税制结构模式的主要特点

由于流转税是以商品和劳务的流转额为课征对象，只要有商品（含劳务）的流转额发生，就能课征到税款。所以，该类税种征税范围广，而且不受生产经营成本费用变化的影响，税源充裕，不仅具有保证财政收入的及时性和稳定性的特点，而且还有征管简便的特点。在实行价内税的情况下，该类税的税金又是价格的组成部分，它能够与价格杠杆配合，调节生产消费，并在一定程度上调节企业的盈利水平。由于该类税种只是在生产与流通领域形成收入过程中对国民收入进行调节，因此这种税制结构的缺点是调节功能相对较弱，而且容易产生税负转移，其中有些税种还存在累退性，有些税种存在重复征税等缺陷。

（2）以所得税为主体税种的税制结构模式的主要特点

这类税收体系以纳税义务人的所得额为计税依据，对社会所有成员普遍征收，不仅对生产经营者征税，对非生产经营但有收入的人也征税。所得税还可与累进税率配合，具有按负担能力大小征收、自动调节经济和公平分配的特点。缺点是这类税收体系存在收入不稳定，计算复杂，相应的社会核算程度要求较高，征管难度较大。

（3）以财产税为主体税种的税制结构模式的主要特点

由于财产税课税依据是纳税义务人现有财产的价值，一般不受社会经济变动的影响，课征对象相对稳定，税收收入比较稳定。纳税义务人使用其占有的财产，一般不与他人发生经济联系，故没有机会和条件转嫁税负。但是财产税课税难以普遍，税收收入少，而且缺乏弹性，不能随着财政需要的多寡缓急提供资金。另外，由于财产的估价一般都比较困难，这给财产税的征收管理带来不少问题。

（4）流转税和所得税双主体税收体系的主要特点

这类税收体系的主要特点是在发挥流转税征收范围广、税源充裕、能保证财政收入的及时性和稳定性、征收简便等特点的同时，也发挥所得税按负担能力大小征收、自动调节经济和公平分配等特点，形成了两个主体税类优势互补的税收体系。这类税收体系不仅在发展比较快的发展中国家采用，而且也开始受到采用所得税为主体税种的发达国家的重视。

主要税制结构模式如图 1-3 所示。

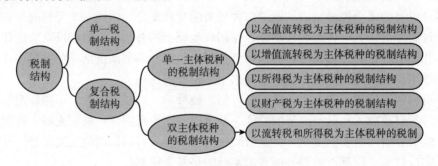

图 1-3　主要税制结构模式

2. 不同类别国家税制结构的特点

一个国家的税制结构模式受到经济要素、制度要素、政策要素、管理要素等多种要素的影响。

从世界各国税制结构的发展规律来看，世界上最先出现的是以原始而古老的直接税为主体的税制结构。这些简单的直接税按外部标志直接课征，简单粗糙，收入少，无弹性。商品经济发展起来以后，各国政府先后利用商品市场日益发展的条件，大力推行间接税制，广泛实行商品课税，以代替一些简单的直接税，这样既可以满足财政收入的需要，又可以利用税负转嫁，把税负不知不觉地转嫁到广大劳动人民身上。所以，以间接税为主体的税制结构在大多数国家里延续了很长时间。但是由于对商品课征的间接税不利于商品经济的自由发展，因此

19 世纪以来，一些国家则继续保留以间接税为主的税制结构，一些国家则由间接税体系改革为现代的直接税——所得税体系，而另一些国家则采取间接税和直接税并重的税制结构。

根据资料统计，大部分高收入国家的税收收入主要依赖于所得税，其余少数高收入国家是采取所得税与流转税并重的税制结构。中等收入国家基本上处于所得税和流转税并重的阶段，有的国家对所得税的依赖程度略高于对流转税的依赖程度，有的国家正好相反。低收入国家税收收入在很大程度上依赖于流转税，而对所得税的依赖比较小。

经济发达国家之所以选择以所得税为主体的税制结构模式，主要是因为所得税与现代市场经济关系密切。所得税以纳税义务人的所得为课税对象，税收收入能准确反映国民收入的增减变化，同时能灵活调节纳税义务人的实际收入，对消费、储蓄和投资等行为能产生迅速而强有力的影响和制约作用。

发展中国家税制结构以间接税为主，是由发展中国家主、客观条件决定的：一是发展中国家的经济发展水平较低，人均收入水平也较低，如果勉强推行以所得税为主的税收体系，必然使税源大量流失，难以保证国家财政的需要；二是流转税在征收管理上简便易行，且不受企业盈亏状况的影响，更适合发展中国家目前征收管理水平；三是流转税不直接作用于企业所得和个人所得，对私人投资和个人储蓄的影响较小。

发展中国家以间接税为主体的税制，随着本国商品经济的发展，已经暴露出它的弊端，许多国家开始采取相应的措施，因而税制发展出现一些新的趋势。一是为了克服全额流转税的重复征税，开始推行增值税。但全面推行增值税，要求具备健全的纳税登记制度和财务会计制度，要求有较高的税务管理水平，而许多发展中国家目前还不完全具备这些条件。二是为了开拓新的税源，逐步扩大以所得税为主的直接税的征收范围，但在发展中国家征收所得税必然受企业利润水平低和人均收入水平低的制约。

经济合作与发展组织（OECD）部分成员 2012 年各税种收入占税收总收入比率如表 1-3 所示。

表 1-3　OECD 部分成员 2012 年各税种收入占税收总收入比率

单位：%

成　员	所得税	社会保障税	财产税	商品劳务税	其他
奥地利	29.14	34.41	1.32	27.53	7.61
比利时	34.72	32.04	7.52	24.94	0.78
加拿大	47.19	15.53	10.68	24.42	2.18
智利	39.72	5.23	4.19	50.66	0.20
捷克共和国	20.65	43.89	1.51	33.48	0.48
丹麦	61.69	1.88	3.82	31.63	0.98
爱沙尼亚	20.90	35.32	1.04	42.23	0.52
芬兰	34.41	29.76	2.78	32.75	0.30
法国	23.62	37.44	8.56	24.40	5.98
德国	30.44	38.25	2.44	28.43	0.45
希腊	24.75	31.81	5.89	37.30	0.25
匈牙利	16.99	32.55	2.31	45.02	3.13

成　员	所得税	社会保障税	财产税	商品劳务税	其他
冰岛	45.79	10.44	6.68	34.79	2.31
爱尔兰	42.81	14.67	6.51	34.88	1.13
以色列	30.59	17.14	9.05	39.29	3.94
意大利	32.84	30.46	6.16	25.47	5.08
韩国	29.89	24.67	10.62	31.20	3.63
卢森堡	35.49	29.19	7.10	27.99	0.24
新西兰	54.61	0.00	6.41	38.97	0.01
挪威	48.01	22.72	2.91	26.36	0.00
葡萄牙	26.88	27.86	3.89	40.48	0.89
斯洛伐克共和国	18.87	43.63	1.55	34.48	1.47
斯洛文尼亚	19.08	40.64	1.76	37.91	0.61
西班牙	30.09	35.81	6.16	26.56	1.38
瑞典	34.95	23.30	2.37	28.81	10.57
瑞士	46.12	25.09	7.11	21.67	0.00
土耳其	21.84	27.18	4.22	45.02	1.75
英国	35.66	19.18	11.81	32.82	0.53
美国	47.68	22.30	12.16	17.87	0.00

资料来源：http://www.oecd.org

1.3　中国现行的税法体系

1.3.1　我国现行的税法体系

1. 税法的定义

税收制度的确立总是以法律形式来加以体现的，这种法律就是税法，它是国家与纳税义务人之间权利与义务关系的规范。税法付诸实施后，就转化为税收制度，成为社会经济秩序的有机组成部分。税法是国家制定的用以调整国家与纳税义务人之间在征纳税方面权利与义务关系的法律规范的总称。我们所说的税法有广义和狭义之分。广义概念上的税法包括所有调整税收法律关系的法律、法规、规章和规范性文件，是税法体系的总称；而狭义概念上的税法是特指由全国人民代表大会及其常务委员会制定和颁布的税收法律。

税收与税法密不可分，税法是税收的法律表现形式，税收则是税法所确定的具体内容；税收是经济学的概念，税法是法学的概念。有税必有法，有什么样的税收，就要制定什么样的税法，以保证税收活动的正常运行。

2. 税收法律关系

税收法律关系是税法所确认和调整的国家与纳税义务人之间在税收分配过程中形成的权利义务关系。

1) 税收法律关系的构成

任何法律关系都是由权利主体、权利客体、法律关系的内容三要素构成的，税收法律关系也不例外，其三要素之间互相联系、不可分割，形成统一的整体。

（1）权利主体

权利主体即税收法律关系的参加者，是指税收法律关系中享有权利和承担义务的当事人。在我国税收法律关系中，其中一方是征税主体，即代表国家征税的税务机关、海关（关税、船舶吨税和进出口环节的增值税和消费税由海关负责征收）；另一方是纳税主体，即税法规定的负有纳税义务的人，包括法人、自然人和其他组织。权利主体双方的法律地位平等，但双方的权利与义务并不对等，这是税收法律关系的一个重要特征。

在我国税收法律关系中，对纳税主体的确定采用的是属地兼属人原则。处理税法对纳税主体的效力时，国际通行的原则有以下3个：其一，属人主义原则，凡是本国的公民、居民或单位，不管其身居国内还是国外，都要受本国税法的管辖；其二，属地主义原则，凡是本国领域内的公民、居民或单位，不管其身份如何，都要受本国税法的管辖；其三，属人兼属地原则，我国税法即采用这一原则。

（2）权利客体

权利客体是税收法律关系主体的权利、义务所共同指向的对象，也就是税法构成要素中的征税对象。例如，流转税法律关系的权利客体就是流转额（即货物销售收入或提供劳务的营业收入）；所得税法律关系的权利客体就是生产经营所得和其他所得；财产税法律关系的权利客体即是财产。税收法律关系权利客体是国家利用税收杠杆调整和控制的目标，国家在一定时期根据客观经济形势发展的需要，通过扩大或缩小征税范围调整征税对象，以达到限制或鼓励国民经济中某些产业、行业发展的目的。

（3）税收法律关系的内容

税收法律关系的内容即权利主体所享有的权利和所应承担的义务，是税收法律关系中最实质的东西，是税法的灵魂。作为征税一方的国家税务主管机关，其权利主要有：依法征税、进行税务检查、对违章者进行处罚；其义务主要有：宣传辅导税法、把征收的税款及时结缴国库、依法受理纳税义务人对税收争议申述等。

国家税务总局《关于纳税义务人权利与义务的公告》中规定纳税义务人在履行纳税义务过程中，依法享有下列权利：

- 知情权；
- 保密权；
- 税收监督权；
- 纳税申报方式选择权；
- 申请延期申报权；
- 申请延期缴纳税款权；
- 申请退还多缴税款权；
- 依法享受税收优惠权；
- 委托税务代理权；
- 陈述与申辩权；
- 对未出示税务检查证和税务检查通知书的拒绝检查权；
- 税收法律救济权；
- 依法要求听证的权利；

● 索取有关税收凭证的权利。

纳税义务人在纳税过程中负有以下义务：

● 依法进行税务登记的义务；
● 依法设置账簿、保管账簿和有关资料，以及依法开具、使用、取得和保管发票的义务；
● 财务会计制度和会计核算软件备案的义务；
● 按照规定安装、使用税控装置的义务；
● 按时、如实申报的义务；
● 按时缴纳税款的义务；
● 代扣、代收税款的义务；
● 接受依法检查的义务；
● 及时提供储备的义务；
● 报告其他涉税信息的义务。

2）税收法律关系的特点

（1）主体的一方只能是国家

税收是国家参与社会产品分配而形成的特殊关系，没有国家的直接参与，就不能称其为税收分配，其法律关系自然也就不是税收法律关系。这与民法、经济法等法律部门中公民、法人等当事人之间也能构成法律关系主体双方完全不同。构成税收法律关系主体的一方可以是任何具有纳税义务的法人和自然人，但另一方只能是国家。

（2）体现国家单方面的意志

任何法律都体现国家的意志，但在这一前提下有些法律也在一定程度上体现其主体的意志。例如，民事法律关系要依据双方意思表示一致方可成立。而税收法律关系只体现国家单方面的意志，不体现纳税义务人的意志，即税收法律关系的成立不以征纳双方意思表示一致为要件，纳税事宜不可能由国家同纳税义务人商量确定。

（3）权利义务具有不对等性

在税收法律关系中权利主体双方法律地位平等，但是因为主体双方是行政管理者与被管理者的关系，所以双方的权利与义务不对等（国家享有较多的权利，承担较少义务；纳税义务人则相反）。因此，与一般民事法律关系中主体双方权利与义务平等是不一样的，这是税收法律关系的一个重要特征。

3. 我国现行的税法体系

按照税法基本内容和效力的不同，可分为税收基本法和税收普通法。税收基本法是税法体系的主体和核心，在税法体系中起着税收母法的作用。其基本内容一般包括：税收制度的性质、税务管理机构、税收立法与管理权限、纳税义务人的基本权利与义务、税收征收范围（税种）等。我国目前还没有制定统一的税收基本法，随着我国税收法制建设的发展和完善，将研究制定税收基本法。税收普通法是根据税收基本法的原则，对税收基本法规定的事项分别立法实施的法律，如《中华人民共和国个人所得税法》《中华人民共和国企业所得税法》《中华人民共和国车船税法》《中华人民共和国环境保护税法》《中华人民共和国烟叶税法》《中华人民共和国船舶吨税法》《中华人民共和国税收征收管理法》等。

我国现行税法体系由税收程序法和税收实体法构成。税收程序法是指以国家税收活动中所发生的程序关系为调整对象的税法，是规定国家征税权行使程序和纳税义务人纳税义务履行程序的法律规范的总称。其内容主要包括税收确定程序、税收征收程序、税收检查程序和税务争议的解决程序。税收程序法强调的是如何具体实施税法的规定，是税法体系的基本组成部分。我国现行税收程序法是以《中华人民共和国税收征收管理法》为核心，同时包括《中华人民共和国税收征收管理法实施细则》《中华人民共和国发票管理办法》《中华人民共和国发票管理办法实施细则》《税务登记管理办法》《税务行政复议规则》《税收违法行为检举管理办法》等。

税收实体法是规定税收法律关系主体的实体权利、义务的法律规范总称。其主要内容包括征税范围、纳税义务人、计税依据、税目、税率、减税、免税等，是国家向纳税义务人行使征税权和纳税义务人负担纳税义务的要件。只有具备这些要件时，纳税义务人才负有纳税义务，国家才能向纳税义务人征税。税收实体法直接影响到国家与纳税义务人之间权利义务的分配，是税法的核心部分。没有税收实体法，税法体系就不能成立。

我国现行税制就实体法而言，是新中国成立后经过几次较大的改革逐步完善演变形成的，已经初步建立了适应社会主义市场经济体制需要的税收制度。目前，我国的税收制度共设有 18 个税种，以课税对象为标准可以分为 5 类。

① 流转税类（4 个税种）。包括增值税、消费税、关税和烟叶税。这些税种是在生产、流通或者服务业中，按照纳税义务人取得的销售收入或者营业收入征收的。

② 所得税类（2 个税种）。包括企业所得税和个人所得税。这些税种是按照生产、经营者取得的利润或者个人取得的收入征收的。

③ 资源税类（3 个税种）。包括资源税、城镇土地使用税和耕地占用税。这些税种是对从事资源开发或者使用城镇土地者征收的，可以体现国有资源的有偿使用，并对纳税义务人取得的资源级差收入进行调节。

④ 财产税类（3 个税种）。包括车船税、契税、房产税。这些税种是以纳税义务人拥有或使用的财产作为征税对象征收的。

⑤ 行为目的税类（6 个税种）。包括城市维护建设税、土地增值税、印花税、环境保护税、车辆购置税、船舶吨税。这些税种是为了达到特定目的，对特定对象和特定行为征收的。

【小资料 1 - 4】

牛羊放屁要纳税

新西兰政府决定，凡饲养牲畜的农场主都要为牲畜排放的臭气缴税。新西兰政府认为，牛羊排放出的臭气中含有大量甲烷，而甲烷会损害地球臭氧层，由此可加速地球升温。按照新西兰政府出台的这项税收政策，"屁税"将按头计征，每只羊约为 9 新西兰分（1 新西兰元相当于 5.7 元人民币），每头牛为 54～72 新西兰分。每户畜牧农家的此项负担每年约为 300 新西兰元。此举每年可为政府筹集约 840 万新西兰元收入，税款将专项用于牲畜气体排放及减少温室气体排放的研究。为此，新西兰政府制定了为期 10 年的削减家畜温室气体排放的研究计划，研究内容包括如何抑制家畜体内产生甲烷的细菌及开发甲烷生成少的牧草等。

1.3.2　我国现行税法的制定和实施

1. 我国现行税法的制定

按税法法律级次的不同，我国现行税法体系由税收法律、税收法规、税收规章构成。也就是说，凡有权制定税法的机关根据国家立法体制的规定，所制定的一系列税收法律、法规、规章和规范性文件，共同构成了我国现行的税收法律体系。只是由于制定机关不同，其法律级次不同，法律效力也不相同。

我国有权制定税收法律法规和政策的国家机关主要有全国人民代表大会及其常务委员会、国务院、财政部、国家税务总局、海关总署、国务院关税税则委员会等。

（1）全国人民代表大会及其常务委员会制定的法律和有关规范性文件

《中华人民共和国宪法》规定，全国人民代表大会和全国人民代表大会常务委员会行使国家立法权。税收基本制度，只能由全国人民代表大会及其常务委员会制定法律。税收法律在中华人民共和国主权范围内普遍适用，具有仅次于宪法的法律效力。目前，由全国人民代表大会及其常务委员会制定的税收实体法律有：《中华人民共和国个人所得税法》《中华人民共和国企业所得税法》《中华人民共和国车船税法》《中华人民共和国烟叶税法》《中华人民共和国船舶吨税法》《中华人民共和国环境保护税法》；税收程序法律有：《中华人民共和国税收征收管理法》。

（2）国务院制定的行政法规和有关规范性文件

我国现行税法绝大部分都是国务院制定的行政法规和规范性文件，归纳起来，有以下几种类型。

一是税收的基本制度。根据《中华人民共和国立法法》第九条的规定，税收基本制度尚未制定法律的，全国人民代表大会及其常务委员会有权授权国务院制定行政法规。比如，现行增值税、消费税、车辆购置税、土地增值税、房产税、城镇土地使用税、耕地占用税、契税、资源税、印花税、城市维护建设税、关税等诸多税种，都是国务院制定的税收条例。

二是法律实施条例或实施细则。全国人民代表大会及其常务委员会制定的《中华人民共和国个人所得税法》《中华人民共和国企业所得税法》《中华人民共和国车船税法》《中华人民共和国环境保护税法》《中华人民共和国税收征收管理法》，由国务院制定相应的实施条例或实施细则。

三是税收的非基本制度。国务院根据实际工作需要制定的规范性文件，包括国务院或者国务院办公厅发布的通知、决定等。比如，2017年12月22日国务院发布《关于环境保护税收入归属问题的通知》（国发〔2017〕56号），为促进各地保护和改善环境、增加环境保护投入，环境保护税全部作为地方收入。

（3）地方人民代表大会及其常务委员会制定的地方性法规和有关规范性文件，地方人民政府制定的地方政府规章和有关规范性文件

省、自治区、直辖市人民代表大会及其常务委员会和省、自治区人民政府所在地的市，以及经国务院批准的较大的市的人民代表大会及其常务委员会，可以制定地方性法规。省、自治区、直辖市人民政府，以及省、自治区人民政府所在地的市及经国务院批准的较大的市的人民政府，可以根据法律和国务院行政法规制定规章。

根据我国现行立法体制，无论是中央税、中央地方共享税还是地方税，立法权都集中在

中央，地方只能根据法律、行政法规的授权制定地方性税收法规、规章或者规范性文件，对某些税制要素进行调整。比如，《城镇土地使用税暂行条例》规定，税额标准由省、自治区、直辖市人民政府在规定幅度内确定。再如，《民族区域自治法》第三十四条规定："民族自治地方的自治机关在执行国家税法的时候，除应由国家统一审批的减免税收项目以外，对属于地方财政收入的某些需要从税收上加以照顾和鼓励的，可以实行减税或者免税。自治州、自治县决定减税或者免税，须报省、自治区、直辖市人民政府批准。"

（4）国务院财税主管部门制定的规章及规范性文件

国务院财税主管部门，主要是财政部、国家税务总局、海关总署和国务院关税税则委员会。国务院财税主管部门可以根据法律和行政法规的规定，在本部门权限范围内发布有关税收事项的规章和规范性文件，包括命令、通知、公告等文件形式。具体为：一是根据行政法规的授权，制定行政法规实施细则；二是在税收法律或者行政法规具体适用过程中，为进一步明确界限或者补充内容而做出的具体规定；三是在部门权限范围内发布有关税收政策和税收征管的规章及规范性文件。

（5）省以下税务机关制定的规范性文件

省或者省以下税务机关在其权限范围内制定的适用于其管辖区域内的具体税收规定。通常是有关税收征管的规定，在特定区域内生效。这些规范性文件的制定依据，是税收法律、行政法规、规章及上级税务机关的规范性文件。

（6）中国政府与外国政府（地区）签订的税收协定

税收协定是两个或两个以上的主权国家，为了协调相互之间在处理跨国纳税人征税事务和其他涉税事项，依据国际关系准则，签订的协议或条约。税收协定属于国际法中"条约法"的范畴，是划分国际税收管辖权的重要法律依据，对当事国具有同国内法效力相当的法律约束力。中国自20世纪80年代初开始对外谈签税收协定，截至2017年年底，已对外谈签了103个避免双重征税协定，其中101个已经生效执行。这些协定和安排在避免双重征税、吸引外资、促进"走出去"战略的实施及维护国家税收权益等方面发挥着重要作用。《税收征管法》规定，中华人民共和国同外国缔结的有关税收的条约、协定同本法有不同规定的，依照条约、协定的规定办理。

目前，中央人民政府不在特别行政区征税，特别行政区实行独立税收制度，参照原在香港、澳门实行的税收政策，自行立法规定税种、税率、税收宽免和其他税务事项。立法会是特别行政区的立法机关，其制定的税收法律在特别行政区内具有仅次于基本法的法律效力。特别行政区法律须报全国人民代表大会常务委员会备案，但备案不影响生效。

2. 税法实施遵循的原则

税法实施遵循的原则，即税法适用原则，是指税务行政机关和司法机关运用税收法律规范解决具体问题所必须遵循的准则。税法适用原则在一定程度上体现着税法的立法原则，但相比之下，税法适用原则含有更多的法律技术性准则，更为具体化。税法适用原则的功能和目的主要在于明确各种税法效力所及的范围和效力的强弱，以期解决税法由于其体系庞杂和修改频繁而造成的法律适用上的困难。我国税法适用原则一般包括以下原则。

（1）法律优位原则

法律优位原则，其基本含意是，层次高的法律优于层次低的法律。法律优位原则明确了税收法律的效力高于税收行政法规的效力，税收行政法规的效力高于税收行政规章的效力。如果效力低的税法与效力高的税法发生冲突，则效力低的税法就是无效的。法律优位原则在税法中的作用主要体现在处理不同等级税法的关系上。

（2）法律不溯及既往原则

法律不溯及既往原则是绝大多数国家所遵循的法律程序技术原则。其基本含义是，一部新税法实施后，对新税法实施之前人们的行为不得适用新法，而只能延用旧法。该原则的出发点在于维护税法的稳定性和可预测性。在实际运用该原则时，也有一些国家从税收合作信赖主义出发，采取"有利溯及原则"，对纳税义务人有利的予以承认，对纳税义务人不利的，则不予承认。

（3）特别法优于普通法原则

特别法优于普通法原则是指在同一层次的法律中，特别法优于普通法。这一原则的含义是：对同一事项两部法律分别订有一般和特别规定时，特别规定的效力高于一般规定的效力；凡是特别法中作出规定的，即排斥普通法的适用，不过这种排斥仅就特别法中的具体规定而言，并不是说随着特别法的出现，原有的居于普通法地位的税法即告废止；当对某些税收问题需要做出特殊规定但是又不便于普遍修订税法时，即可以通过特别法的形式予以规范。

（4）新法优于旧法原则

新法优于旧法原则也称后法优于先法原则。其含义是，当新法、旧法对同一事项有不同规定时，新法的效力优于旧法。其作用是避免因法律修订带来新法、旧法对同一事项有不同的规定，从而给法律适用带来混乱。新法优于旧法原则的适用以新法生效实施为标志，新法生效实施以后准用新法，新法实施以前包括新法公布以后尚未实施这段时间仍延用旧法，新法不发生效力。

（5）实体从旧、程序从新原则

实体从旧、程序从新原则提供了处理新法和旧法关系的原则。其含义包括两个方面：一是实体税法不具备溯及力，新税法与旧税法的界限仍是新税法的实施日期，在此之前发生的纳税义务，当时有效的旧税法仍具有支配力；二是程序性税法在特定条件下具备一定的追溯力，即对于新税法公布实施以前发生的纳税义务在新税法公布实施以后进入税款征收程序的，原则上新税法具有约束力。

（6）国际法优于国内法原则

这是国家处理涉外税收业务时遵循的一个原则，即在处理某项税收业务时，该业务国内法和国际法同时有规定且规定不同时，应遵循国际法的规定。

1.3.3　我国现行税制结构

我国现行税制结构是以流转税和所得税并重为双主体，其他税种配合发挥作用的税制体系。

流转税是我国现行税制中的主体税种之一。作为流转税制三大支柱的增值税、消费税和关税，占税收总收入的50％左右，它们对于保证国家财政收入可靠、及时、稳定获得具有重要的作用。流转税可以通过税目、税率设计，从经济利益上引导生产和消费，因此在调节经济方面有着独特的作用。

所得税也是我国现行税制中的主体税种。我国所得税收入占税收总收入的30％左右。所得税有利于以法律形式处理国家与企业、个人的分配关系，有利于体现公平税负的原则，调节各种经济成分的收入水平。

其他辅助税种包括特定行为税、资源税和财产税，这些税种的收入不大。但是，这些税种在整个税制体系中的辅助作用还是很重要的，特别是一些特定行为类的税种，是国家为了达到某一目的而设置的税种，可以直接体现国家的政策，实现国家的宏观控制。这些税种在发挥调节积累和消费的比例关系，引导社会消费，调节财力、物力和人力的流向方面都有较为突出的作用。

2015—2017 年我国主要税种税收收入情况如表 1-4 所示。

表 1-4　中国 2015—2017 年税收总收入和主要税种收入表　　单位：亿元

	2015 年	2016 年	2017 年
一、税收总收入	124 892	130 354	144 360
国内增值税	31 109	40 712	56 378
国内消费税	10 542	10 217	10 225
进口货物增值税、消费税	12 517	12 781	15 969
营业税	19 313	11 502	0
关税	2 555	2 603	2 998
出口税务退增值税、消费税	−12 867	−12 154	−13 870
企业所得税	27 125	28 850	32 111
个人所得税	8 618	10 089	11 966
城市维护建设税	3 886	4 034	4 362
印花税	3 441	2 209	1 069
房产税	2 051	2 221	2 604
车辆购置税	2 793	2 674	3 281
城镇土地使用税	2 142	2 256	2 360
土地增值税	3 832	4 212	4 911
耕地占用税	2 097	2 029	1 652
资源税	1 034	951	1 353
契税	3 899	4 300	4 910
二、国内生产总值	686 449.60	740 598.70	827 122.00
三、宏观税负	18.19%	17.60%	17.45%
四、流转税占税收总收入的比率	50.58%	50.37%	49.67%
五、所得税占税收总收入的比率	28.62%	29.87%	30.53%

资料来源：税收收入数据来源于中华人民共和国财政部税政司网站，国内生产总值来源于中国统计年鉴。

注：本表中的宏观税负为当年税收收入与国内生产总值比值，流转税包括增值税、消费税、营业税及关税，所得税包括企业所得税和个人所得税。

我国现行税制设立的税种已经深入到社会再生产过程的各个环节，各税种互相配合，对生产、交换、分配和消费发挥调节作用，通过对微观诱导的方法达到宏观调节作用。根据不同的征税对象及其实现收入和缴纳税款的先后次序，大体上可分为以下 4 个层次。

第一个层次是对生产和流通阶段形成收入的过程进行调节，如增值税、消费税、营业税等流转税。这是对生产经营企业与个人的收入进行的第一次普遍调节，主要通过调节产品或企业的盈利水平来指导生产、流通和消费。

第二个层次是对利润形成阶段、对生产经营者的各种级差收入进行调节，如资源税、城镇土地使用税等。这主要是通过调节各种级差收益，消除因客观因素造成的盈利水平过分悬殊的问题，给生产经营者创造一个平等的外部条件，有利于他们能在同一水平上展开竞争。

第三个层次是在分配阶段对生产经营者实现的利润进行调节，如企业所得税。通过所得税的征收，使各种生产经营者有一个均衡适度、相对合理的留利水平，税后利润由自己安排使用，实现自负盈亏。

第四个层次是对个人财产和收入进行调节，如房产税、契税、个人所得税等，以此来调节社会成员的财产收入水平，缩小社会成员之间的收入差距。

我国现行生产经营环节涉及的主要税费分布如表1-5所示。

表1-5　我国现行主要税费在生产经营环节的分布

税费＼环节	投资创建	生产经营					终止清算
		购进	生产	销售	费用结算	利润结算	
增值税		＊	＊	＊			＊
关税		＊		＊			
城市维护建设税				＊			＊
教育费附加				＊			＊
资源税				＊			
企业所得税						＊	＊
个人所得税						＊	
土地增值税				＊			
城镇土地使用税	＊					＊	
房产税	＊					＊	
车船税	＊					＊	
印花税	＊	＊	＊	＊		＊	

1.3.4　我国税制改革

1. 我国税制改革大事记

1980年8月30日至9月10日，全国人大五届三次会议讨论通过《中华人民共和国中外合资经营企业所得税法》和《中华人民共和国个人所得税法》。

1981年3月10日，财政部发布《关于国营工业企业试行以税代利的几项规定》。

1982年4月19日，财政部发布《增值税暂行办法》。

1982年8月6日，财政部发出《对银行征收工商税有关事项的通知》。

1983年4月24日，国务院发出通知，批转财政部《关于全国利改税工作会议报告》和《关于国营企业利改税试行办法》。

1983年9月2日，六届全国人大常委会修改《中华人民共和国中外合资经营企业所得税法》。

1984年6月28日，国务院发布《国营企业奖金税暂行规定》。

1984年11月15日国务院发布《关于经济特区和沿海十四个港口城市减征、免征企业所得税和工商统一税的暂行规定》。

1985年2月8日，国务院发布《中华人民共和国城市维护建设税暂行条例》。

1986 年 1 月 7 日，国务院发布《中华人民共和国城乡个体工商业户所得税暂行条例》。

1986 年 3 月 10 日，财政部做出《关于国营工业企业试行以税代利的几项规定》。

1989 年 1 月 3 日，国务院办公厅转发国家税务局关于清理整顿和严格控制减免税意见的通知。

1989 年 2 月 21 日，国务院发布《关于切实做好耕地占用税征收工作的通知》。

1990 年 2 月 21 日，国家税务局颁发《关于个人收入调节税有关政策问题的通知》。

1993 年 12 月 12 日，国务院批准财政部上报的《中华人民共和国发票管理办法》。

1993 年 12 月 13 日，国务院发布《中华人民共和国增值税暂行条例》、《中华人民共和国消费税暂行条例》、《中华人民共和国营业税暂行条例》、《中华人民共和国企业所得税暂行条例》和《中华人民共和国土地增值税暂行条例》，均自 1994 年 1 月 1 日起施行。

1993 年 12 月 15 日，国务院发布《关于实行分税制财政管理体制的决定》。

1994 年 1 月 1 日，分税制财政体制和新税制开始实施。

1995 年 12 月 28 日，国务院发出通知，决定改革和调整我国进口税收政策。

2000 年 4 月 11 日，中共中央、国务院发出通知，决定在安徽全省和由其他省、自治区、直辖市选择少数县（市）进行农村税费改革试点。

2001 年 2 月 17 日，全国农村税费改革试点工作会议在安徽省合肥市召开。

2001 年 11 月 16 日，财政部决定调整证券（股票）交易印花税税率。

2002 年 7 月 2 日，财政部印发《农业税收征管经费管理办法》。

2004 年 7 月 1 日，为支持东北老工业基地振兴，经国务院批准，财政部、国家税务总局下发通知，在黑龙江省、吉林省、辽宁省和大连市实行扩大增值税抵扣范围、调整资源税税额标准和企业所得税优惠等税收政策。

2005 年 2 月，财政部和国家税务总局下发通知，对东北地区企业固定资产折旧年限优惠政策中的相关时间进行明确。

2005 年 10 月，十届全国人大常委会审议通过了国务院关于调整个人所得税工薪所得费用减除标准的议案，决定将工薪所得费用扣除标准由 800 元提高至 1 600 元，并从 2006 年 1 月 1 日开始施行。

2006 年 3 月 21 日，经国务院批准，财政部、国家税务总局联合下发通知，规定自 2006 年 4 月 1 日起，对我国现行消费税的税目、税率及相关政策进行调整。

2007 年 1 月 14 日，为提高我国企业的核心竞争力及自主创新能力，促进装备制造业的发展，财政部、国家发展改革委、海关总署、国家税务总局等四部门联合发布了《关于落实国务院加快振兴装备制造业的若干意见有关进口税收政策的通知》。

2007 年 12 月 1 日，中华人民共和国国务院令第 511 号 公布《中华人民共和国耕地占用税暂行条例》，自 2008 年 1 月 1 日起施行。

2008 年 1 月 1 日起统一内外资企业所得税，实行新的《中华人民共和国企业所得税法》，"二税合一"的实现，标志着从 1994 年的内外资企业所得税率的"双轨制"就此终结，原来内外资分别为 33％和 30％的企业所得税率正式统一为 25％。

2008 年 3 月 1 日起个人所得税工薪所得费用扣除标准由 1 600 元提高至 2 000 元。

2008 年 4 月 23 日，经国务院批准，财政部、国家税务总局决定从 2008 年 4 月 24 日起，调整证券（股票）交易印花税税率，由 3‰调整为 1‰。即对买卖、继承、赠与所书立的 A 股、

B 股股权转让书据，由立据双方当事人分别按 1‰ 的税率缴纳证券（股票）交易印花税。

2008 年 11 月 10 日，修订《中华人民共和国增值税暂行条例》、《中华人民共和国消费税暂行条例》和《中华人民共和国营业税暂行条例》。2008 年 12 月 15 日财政部、国家税务总局公布了修订后的《中华人民共和国增值税暂行条例实施细则》、《中华人民共和国消费税暂行条例实施细则》和《中华人民共和国营业税暂行条例实施细则》。新修订的三个条例和三个税收实施细则将自 2009 年 1 月 1 日起施行。从 2009 年全面实施增值税转型改革，将机器设备纳入增值税抵扣范围，它标志着我国增值税类型开始由"生产型"向"消费型"过渡。修订后的增值税条例降低小规模纳税人的征收率，对小规模纳税人不再设置工业和商业两档征收率，将征收率统一降至 3%。

国务院决定自 2009 年 1 月 1 日起废止《城市房地产税暂行条例》，按照《房产税暂行条例》对外商投资企业、外国企业和外国人征收房产税。

为了进一步统一税制、公平税负，创造平等竞争的外部环境，国务院决定统一内外资企业和个人城市维护建设税和教育费附加制度，自 2010 年 12 月 1 日起，外商投资企业、外国企业及外籍个人适用国务院 1985 年发布的《中华人民共和国城市维护建设税暂行条例》和 1986 年发布的《征收教育费附加的暂行规定》。

中华人民共和国第十一届全国人民代表大会常务委员会第二十一次会议于 2011 年 6 月 30 日通过修改《中华人民共和国个人所得税法》的决定，2011 年 7 月 19 日国务院决定对《中华人民共和国个人所得税法实施条例》进行修改。自 2011 年 9 月 1 日起，个人所得税工薪所得费用扣除标准由 2 000 元提高至 3 500 元，并修改了相应税率。

2011 年 2 月 25 日，第十一届全国人民代表大会常务委员会第十九次会议通过了《中华人民共和国车船税法》，2011 年 11 月 23 日国务院第 182 次常务会议通过《中华人民共和国车船税法实施条例》，新的车船税规定自 2012 年 1 月 1 日起施行。

2011 年 9 月 21 日，国务院第 173 次常务会议通过修改《中华人民共和国资源税暂行条例》的决定，2011 年 10 月 28 日《中华人民共和国资源税暂行条例实施细则》经财政部部务会议和国家税务总局局务会议修订通过，新的资源税规定自 2011 年 11 月 1 日起施行。

为进一步解决货物和劳务税制中的重复征税问题，完善税制制度，支持现代服务业的发展，国务院决定，将交通运输业和部分现代服务业从 2012 年 1 月 1 日开始，在部分地区和行业开展营业税改征增值税试点。2013 年 8 月 1 日，交通运输业和部分现代服务业营业税改征增值税试点在全国范围内展开。2014 年 1 月 1 日，铁路运输和邮政业纳入营业税改征增值税试点。2014 年 6 月 1 日，电信业纳入营业税改征增值税试点。2016 年 5 月 1 日，建筑业、房地产业、金融业、生活服务业纳入营业税改征增值税试点。至此，全部营业税纳税人纳入试点范围，由缴纳营业税改为缴纳增值税。营改增不仅优化了税制结构，有助于从制度上消除重复征税，而且结构性减税效应明显，推动了经济结构优化和经济发展新动能的孕育成长。

为了规范纳税信用管理、促进纳税人诚信自律，提高税法遵从度，推进社会信用体系建设，2014 年国家税务总局发布了《纳税信用管理办法（试行）》（国家税务总局公告 2014 年第 40 号）和《纳税信用评价指标和评价方式》（国家税务总局公告 2014 年第 48 号）的公告等纳税信用管理制度文件，初步建立了现代的纳税信用管理体系。按规定参与纳税信用评价的企业获得了相应的纳税信用级别。随着我国信用体系建设不断推进，企业的信用状况已在招投标、融资等领域得到广泛利用，成为企业参与市场竞争的必要条件，纳税信用已成为企业参与市场竞争的重要资产。

根据《国务院办公厅关于加快推进"三证合一"登记制度改革的意见》（国办发〔2015〕50 号）、《工商总局等六部门关于贯彻落实〈国务院办公厅关于加快推进"三证合一"登记制度改革的意见〉的通知》（工商企注字〔2015〕121 号）及有关文件精神，2015 年 9 月 10 日国家税务总局发布《关于落实"三证合一"登记制度改革的通知》（税总函〔2015〕482 号）。为配合"三证合一"登记制度改革，2015 年 11 月 2 日国家税务总局发布了《国家税务总局关于"三证合一"登记制度改革涉及增值税一般纳税人管理有关事项的公告》（国家税务总局公告 2015 年第 74 号）。

2016 年 12 月 25 日，第十二届全国人民代表大会常务委员会第二十五次会议通过了《中华人民共和国环境保护税法》。2017 年 12 月 25 日国务院又公布了《中华人民共和国环境保护税法实施条例》，细化了有关规定，并与环境保护税法同步实施。自 2018 年 1 月 1 日起，《中华人民共和国环境保护税法》及其实施条例正式实施，一个新的税种——"环境保护税"自此取代了已存在十余年的"排污费"。

近几年我国全面推开资源税改革。为促进资源节约集约利用和环境保护，推动转变经济发展方式，规范资源税费制度，自 2014 年 12 月 1 日起，在全国范围内实施煤炭资源税从价计征改革，同时清理相关收费基金。自 2015 年 5 月 1 日起，实施稀土、钨、钼资源税清费立税、从价计征改革。为了加强水资源管理和保护，促进水资源节约与合理开发利用，我国自 2016 年 7 月 1 日起，在河北省率先实施水资源税改革试点，由水资源费改征水资源税。2017 年 11 月 28 日，《扩大水资源税改革试点实施办法》正式发布。自 2017 年 12 月 1 日起，我国将水资源税改革试点扩大至北京、天津、山西、内蒙古、河南、山东、四川、陕西、宁夏 9 个省区市。

2017 年 12 月 27 日中华人民共和国第十二届全国人民代表大会常务委员会第三十一次会议通过《中华人民共和国烟叶税法》，自 2018 年 7 月 1 日起施行。2006 年 4 月 28 日国务院公布的《中华人民共和国烟叶税暂行条例》同时废止。

2017 年 12 月 27 日中华人民共和国第十二届全国人民代表大会常务委员会第三十一次会议通过《中华人民共和国船舶吨税法》，自 2018 年 7 月 1 日起施行。2011 年 12 月 5 日国务院公布的《中华人民共和国船舶吨税暂行条例》同时废止。

2. 我国税制改革方向

中共中央政治局审议通过的《深化财税体制改革总体方案》提出：深化税收制度改革，优化税制结构、完善税收功能、稳定宏观税负、推进依法治税，建立有利于科学发展、社会公平、市场统一的税收制度体系，充分发挥税收筹集财政收入、调节分配、促进结构优化的职能作用。党的十九大报告指出，深化税收制度改革，健全地方税体系。

伴随着税制改革走向纵深，税制改革面临的问题和阻力也会越大，这就对改革的系统性和协同性提出了更高要求。在这个过程中，"落实税收法定原则"成当务之急。按照党中央审议通过的《贯彻落实税收法定原则的实施意见》的要求，开征新税的，应当通过全国人大及其常委会制定相应的税收法律，同时对现行 15 个税收条例修改上升为法律或者废止的时间做出了安排。力争在 2019 年完成全部立法程序，2020 年完成"落实税收法定原则"的改革任务。

本章小结

  税收是国家为向社会提供公共产品，凭借政治权力，按照法定标准，向单位和个人强制地、无偿地征收而取得的财政收入。税收同国家取得财政收入的其他方式相比，具有无偿性、强制性和固定性的特征。税收原则是指政府在设计税收制度、实施税法过程中所应遵循的基本指导思想，也是评价税收制度优劣、考核税务行政管理状况的基本标准。现代税收原则基本上有公平、效率和稳定三项原则。税收负担是纳税人因国家征税而产生的经济利益的损失，在评价税收负担时可采用宏观税收负担指标、中观税收负担指标、微观税收负担指标衡量。税收作为财政收入的一种最主要形式，必须通过制定各种具体的法律、法规和规章并付诸实施，才能将这种理论上的收入形式转换为现实的财政收入。税收制度是国家为取得税收收入而制定的调整国家与纳税义务人在征税与纳税方面权利与义务关系的法律规范的总称。税制要素是税收制度的构成要素，又是税收制度的表现形式。税制要素主要包括课税对象、纳税义务人、税率、纳税环节、纳税期限、纳税地点、税收减免等。税收制度的确立总是以法律形式来加以体现的，这种法律就是税法，它是国家与纳税义务人之间权利与义务关系的规范。我国现行税法体系由税收实体法和税收程序法构成，它包括税收法律、税收法规和税务规章。我国现行税制结构是以流转税和所得税并重为双主体，其他税种配合发挥作用的税制体系。

习　题

一、思考题

1. 什么是税收？

2. 税收具有哪些形式特征？

3. 现代税收基本的原则有哪些？

4. 税率有哪些形式，它们主要的区别是什么？

5. 什么是税收负担，如何衡量？

6. 按课税对象税收如何分类？

7. 世界各国现行主要税制结构是怎样的？

8. 什么是税制要素，主要税制要素有哪些？

9. 简述我国现行税收体系。

10. 简述我国税制改革的趋势。

二、单项选择题

1. 税收法律关系客体包括货币、实物和（　　　）。

  A. 纳税主体　　　　　　B. 行为　　　　　　C. 税率　　　　　　D. 内容

2. 国家征税目的是为社会提供（　　　）。

A. 服务　　　　　　　　B. 劳务　　　　　　　C. 商品　　　　　　　D. 公共品

3. 以征税对象为标准，税收可以分为流转税、所得税、资源税、财产税和（　　　）。

A. 行为税　　　　　　　B. 直接税　　　　　　C. 间接税　　　　　　D. 调节税

4. 我国现行税法体系由税收实体法和（　　　）构成。

A. 税收程序法　　　　　B. 税收基本法　　　　C. 税收普通法　　　　D. 税收法律

5. 我国现行税制结构是以流转税和（　　　）并重为双主体，其他税种配合发挥作用的税制体系。

A. 所得税　　　　　　　B. 财产税　　　　　　C. 资源税　　　　　　D. 行为税

6. 税收的效率分为税收的（　　　）和税收的行政效率两个方面。

A. 经济效率　　　　　　B. 工作效率　　　　　C. 纳税效率　　　　　D. 征收效率

7. 所得税是我国现行税制中的主体税种之一，我国所得税收入占税收总收入的（　　　）。

A. 20%～35%　　　　　B. 35%～50%　　　　C. 50%～70%　　　　D. 90%以上

8. 我国宏观税负水平，近几年保持在（　　　）水平。

A. 5%～15%　　　　　　B. 15%～25%　　　　C. 25%～35%　　　　D. 35%～45%

9. 税收法律关系是税法所确认和调整的国家与（　　　）之间在税收分配过程中形成的权利义务关系。

A. 纳税义务人　　　　　B. 企业　　　　　　　C. 自然人　　　　　　D. 法人

10. 我国税收行政法规是由（　　　）制定的。

A. 国务院　　　　　　　　　　　　　　　B. 全国人民代表大会及其常委会

C. 国务院所属的税务主管机关　　　　　D. 地方政府

三、多项选择题

1. 税收同国家取得财政收入的其他方式相比，具有（　　　）的特征。

A. 无偿性　　　　　　　B. 强制性　　　　　　C. 固定性　　　　　　D. 自觉性

2. 纵观税收原则发展演变的历史，现代税收原则基本上有（　　　）原则。

A. 公平　　　　　　　　B. 效率　　　　　　　C. 稳定　　　　　　　D. 强制

3. 按税收负担是否能转嫁，可分为（　　　）两种税。

A. 直接税　　　　　　　B. 间接税　　　　　　C. 所得税　　　　　　D. 流转税

4. 税收制度的三个最基本要素是（　　　）。

A. 课税对象　　　　　　B. 纳税义务人　　　　C. 税率　　　　　　　D. 纳税环节

5. 税收法律关系是由（　　　）构成的。

A. 权利主体　　　　　　　　　　　　　　B. 权利客体

C. 法律关系的内容　　　　　　　　　　　D. 纳税义务人

6. 我国现行税法体系由（　　　）构成。

A. 税收法律　　　　　　B. 税收法规　　　　　C. 税务规章　　　　　D. 税收制度

7. 纳税义务人在承担税法规定的义务的同时，也享有相应的权利。下列各项中，属于纳税义务人应承担的义务的是（　　　）。

A. 进行纳税申报　　　B. 申请延期纳税　　　C. 申请税收复议　　　D. 接受税务检查

8. 我国税法适用原则一般包括以下原则：法律优位原则和（　　　）。

A. 新法优于旧法原则　　　　　　　　B. 特别法优于普通法原则

C. 实体从旧、程序从新原则　　　　　D. 国际法优于国内法

9. 税收的公平原则应是创造平等竞争环境，按受益征税，依据能力负担。简单地说，可以概括为（　　）。

A. 竞争原则　　　　B. 受益原则　　　　C. 能力原则　　　　D. 效率原则

10. 宏观税收负担反映一个国家或地区税收负担的整体状况，反映宏观税收负担的指标主要有（　　）。

A. 国内生产总值税负率　　　　　　B. 国民生产总值税负率
C. 国民收入税负率　　　　　　　　D. 实际税负率

第 2 章

流 转 税 制

【学习要求】
重点掌握：我国现行的流转税体系
一般掌握：流转税税制要素的设计
理解：流转税的特点
了解：流转税的类型

流转税（turnover tax）是以在商品或劳务的流通过程中产生的流转额为课税对象所课征的一类税。由于它是对商品与劳务的销售行为所课征的税，国际上又称其为商品和劳务税（tax on commodity and service），它是各国政府财政收入的主要来源之一，也是政府调节经济的一个重要杠杆。流转税是我国现行税制结构中最主要的主体税，以流转税为主体的税制结构对于保持财政收入具有重要意义。本章主要研究流转税的特征、我国现行流转税体系和流转税税制要素的设计。

2.1　流转税的性质和特征

流转税是以流转额为课税对象而设计征收的税种统称。流转额包括商品流转额和非商品流转额。其中，商品流转额是指在商品生产和经营活动中，由于销售或购进商品而发生的货币金额，即商品销售收入或购进商品支付金额；非商品流转额是指从事非商品生产经营的劳务而发生的货币金额，即提供劳务取得的营业服务收入额或取得劳务支付的货币金额。流转税既可以全部流转额为课税对象，又可以部分流转额作为课税对象。

流转税的征税对象包括商品和劳务，其中的商品，从物质形态来看，既包括有形动产和不动产，也包括无形资产；从用途来看，商品既包括生产资料，也包括生活资料；从产地来看，商品既包括本国商品，也包括进口商品。

流转税对商品和劳务征税时，不考虑纳税义务人自身的各种具体情况，对从事同样商品、劳务交易的纳税义务人按照相同的标准课税。从横向角度来看，此类课税税收负担比较公平，但是从纵向角度，即从不同纳税义务人的负税能力来看，税收负担可能会不公平。

流转税作为整个税收体系中的重要组成部分，具有不同于其他各类税收的特点，可归纳为以下几个方面。

（1）可以保证税收收入的稳定

流转税以实现销售的商品或劳务为课税对象，只要有销售收入或营业收入，就可以按确定的税率征税，不受或较少受生产经营成本、费用和利润的直接影响。因此，税基比其他税种要广泛，易于政府取得财政收入，同时在税收管理上也比较便利。在现代商品经济社会，社会产品主要以商品形式出现，意味着流转税能够就生产经营厂商和个人、商品流转额和非商品流转额、生产和流通的各个环节普遍征税，从而使流转税具有覆盖面宽广、税源大而普遍、收入稳定的特点。流转税在商品、劳务的销售环节课税，以销售商品、劳务者为纳税义务人，不论税负转嫁与否，国家均可取得税收收入，有利于保证财政收入的及时入库。

（2）课税计征的便利

流转税主要是对生产经营厂商征税，相对于个人征税而言，由于厂商规模较大，税源比较集中，纳税户少，征收管理比较简便。另外，流转税以销售收入或劳务收入为计税依据，一般采用比例税率的形式进行课征，计税依据和税率结构简单，没有复杂的费用扣除，无须计算和审核纳税义务人的各项具体支出。即使是对增值额课征的增值税，在规范"发票扣税法"的计征制度下，仍然是以销售收入为计税依据，凭借发票抵扣进项税额，实行起来也较为简单，从而节省了征纳双方的税收成本。

（3）在税收负担上表现为累退性

税收征收可分为累进、比例和累退三种方式。累进征收是税负随个人收入增加、负担能力增强而提高；比例征收是税负与个人收入始终保持同等比例关系；而累退征收是税负随个人收入增加、负担能力增强而降低。随个人收入增加，个人边际消费倾向下降，个人储蓄倾向提高，这意味着随着个人收入增加，个人消费支出占收入比例下降。流转税一般按比例税率征收，由于个人消费支出随收入增加所占比例下降，那么流转税支出占个人收入比例必然下降，从而使流转税比例征收具有累退特点，不符合税收公平原则的要求。

（4）流转税属于间接税，课税隐蔽

流转税一般由企业作为纳税义务人履行纳税义务，但在市场价格的情况下，纳税义务人缴纳的流转税能够随商品价格的运动转嫁由消费者负担，因而企业是纳税义务人，消费者是负担人，承担部分或全部税收。由于消费者所承担的税负是由于税负转嫁运动而引起的，并不是由消费者直接纳税而引起的，因而消费者所承担的税负是间接的，这种消费者间接承担的税收称为间接税。流转税是随着商品或劳务的价格最终转嫁给消费者负担的，比较所得税和财产税来说，流转税是一种隐蔽的课税。在采用价外税，但税负与价格并不分别标明或者采用价内税情况下，购买者不会直接感受到税负的压力，购买过程中不知不觉便负担了税收，从而使商品劳务课税及其税收负担的转嫁具有明显的隐蔽性。对于政府来讲，课税阻力较小，较易征收。

（5）以全额流转额作为计税依据的流转税会发生重复课税的问题

如果在商品流通过程中的多个环节课征流转税，在商品或劳务的各个流转环节都以商品或劳务的流转额全额作为计税依据进行征税，即不允许扣除本环节以前各个环节已经缴纳的税款，就会发生商品或劳务在流通过程中的重复征税问题。而且，商品或劳务的流转环节越多，税负越重，这不利于分工协作的社会化大生产的发展。

2.2 我国现行的流转税体系

我国现行征收的属于流转税的税种有增值税、消费税、关税和烟叶税，流转税体系中的各个税种在功能、作用上相互配合和协调，共同编织成流转税的"税网"，覆盖着商品的生产、批发、零售、进出口和劳务提供各个环节，从而使国家通过流转税的征收，能够获得大量的、稳定的税收收入。

增值税是以商品（含应税劳务、服务）在流转过程中产生的增值额作为计税依据而征收的一种流转税。增值税已经成为我国最主要的税种之一，增值税的收入占我国全部税收的50%左右。

消费税与增值税之间则存在一种递进关系，二者是交叉征收的。消费税是在普遍征收增值税的基础上，有选择地对部分特殊消费品又加征的一种税。凡是征收消费税的商品，必定征收增值税；但是征收增值税的商品却不一定征收消费税。增值税和消费税结合，意义重大。增值税作为中性税收，可以发挥流转税保证收入的功能；消费税作为选择性商品税，发挥收入和调节功能。实现增值税和消费税结合模式，对于实行增值税的国家，特别是市场经济发育不健全、经济比较落后的国家十分必要。

关税涉及进出口环节的货物，增值税、消费税同关税之间也存在配合关系。一般来说，出口商品大都免征关税。与此同时，出口商品也大都免征增值税或消费税，或者将已征收的增值税、消费税予以退还。相反，进口商品大都征收进口关税，同时也大都征收进口环节的增值税和消费税。关税是国家调节经济的重要手段，在贯彻对外开放政策，促进对外经济贸易，增加财政收入，保护本国民族产业发展等方面发挥着重要的作用。

烟叶税是对在中华人民共和国境内收购烟叶（包括烤烟叶、晾晒烟叶）的单位征收的一种税。烟叶税的应纳税额按照纳税义务人收购烟叶的金额和规定的20%的税率计算，即应纳税额＝烟叶收购金额×税率（20%）

我国多年来一直以流转税作为主体税种，近几年流转税税收收入占全部税收收入的65%以上。流转税是我国财政收入的主要来源，同时也是国家调节社会经济的重要工具。

【小思考 2-1】 今后我国关税收入会和其他流转税一样随着经济的发展而增加吗？

答：随着经济全球化进程的不断加深，世界范围的削减关税已成为必然趋势。我国作为WTO成员，有义务在WTO框架内逐步降低关税税率，因此关税在我国税收总收入中的比重也会逐步降低，其在组织财政收入方面的作用也会逐步削弱。但是，关税作为对外经济贸易主要政策工具的地位和作用不会因此消失。

2.3 流转税制设计

流转税制的设计，即流转税税制要素的设计，主要包括征税范围、计税依据、课税环节和税率选择等。

2.3.1　征税范围的选择

在流转税中，根据征税对象不同，可以分为商品交易税和服务交易税。以商品为征税对象的一类税称之为商品交易税，以劳务为征税对象的一类税称之为服务交易税。流转税虽然是以商品和劳务为课税对象征税，但并不意味着对全部商品和劳务征税，在课税对象的征收范围上可以有宽窄不同的选择。可选择对全部商品征税，也可选择对部分商品征税；可选择对全部劳务征税，也可选择对部分劳务征税。以商品征收为例，现行流转税的征收范围可归纳为以下 3 种类型：对商品普遍征税、对消费品征税、对少数消费品征税。

（1）对商品普遍征税

即对全部商品征税，包括消费品和资本品。实行对商品普遍征税，可以扩大流转税税基，有利于增加财政收入，可平衡消费品和资本品的税负，减少流转税对消费品和资本品产销选择的干预；但同时也不利于对资本品产销和投资的税收激励。

（2）对消费品征税

即只对消费品征税，对资本品不予征税。实行对消费品征税，对资本品不予征税，有利于从税收上激励资本品的生产和消费，同时也会对投资产生激励效果。

（3）对少数消费品征税

即对资本品和大部分消费品不予征税，只选择少数消费品征税。实行对少数消费品征税，可以缩小流转税课征范围，减少流转税对商品生产流通过程的不利干预，发挥税收对资源配置的调节作用，有利于提高经济效益。

在确定流转税的征税范围时，应当重点考虑以下几个因素。

① 市场价格和税收的调节作用。如果市场比较均衡，基本上不存在价高利大的商品与价低利微的商品的矛盾，可以采取普遍征收制。市场经济比较发达的国家通常采用这种税制。这是因为在市场经济条件下，商品的价格、利润等应当通过市场机制去调节，不恰当的政府干预可能会导致市场的失灵，最终导致生产的盲目性和资源的浪费。如果市场很不均衡，价高利大的商品和价低利微的商品矛盾突出，可以采用分类征收制，实行计划经济的国家往往如此。

② 政府的财政需求和提供税源的可能。可以根据政府财政收入需求的大小决定课税范围。但是，如果仅仅是为了多取得财政收入而将课税范围设得过宽，不顾税源的有限而伤及税本，则会对生产、流通和消费产生不利的影响，有可能会影响到商品、劳务的供应和购买，从而阻碍经济的发展。

③ 各税种的特点和征税目的。流转税的各税种都有各自的特点。例如，增值税具有环环抵扣、税负均衡和防止偷逃税的连环机制，因而需要尽可能地扩大征税范围。从理论上说，只有将所有的商品、劳务交易纳入增值税的征税范围，才能使这种税的优越性得到最充分的发挥。消费税既是政府取得财政收入的一种手段，也是调节消费的一个杠杆，因而可以将增值税和消费税结合起来，在对商品普遍征税的基础上，确定对哪些消费品课税，并通过规定高低不同的税率进一步体现调节的力度。关税除了具有财政收入职能和调节市场商品供应的职能之外，还关系到国际的政治、经济关系，一般应当以对等为原则。

④ 征收管理的能力。包括纳税义务人对税法遵从的程度和税务机关的管理水平，即纳税与征税的综合能力。

2.3.2 计税依据的设计

1. 从价计征和从量计征

计税依据即计算税额的基数，流转税的计税依据有从价计征和从量计征两种形式。

从价计征是以商品的收入额或劳务的营业额，即以计税金额作为计税依据计算应纳税额。从价计征适用的税率一般是比例税率，因此这种征收方式也称为从价定率征收。从价计征的特点是税收收入与商品或劳务的销售价格密切相关，在税率不变的情况下，税收收入受商品和劳务的销售变动影响。从价计征应纳税额的计算公式为

$$应纳税额＝销售收入×税率$$

从量计征是以商品或劳务的件数、次数、重量、体积、容积、面积、长度等，即以计税数量为依据计算应纳税额。从量计征适用的税率是定额税率，因此这种征收方式也称为从量定额征收。从量计征的特点是税收收入与商品或劳务的销售数量密切相关，在单位税额不变的情况下，税收收入受商品和劳务的销售数量变动影响，与价格变动无关。从量计征应纳税额的计算公式为

$$应纳税额＝销售数量×单位税额$$

与从价定率计征的形式比较，从量定额计征的计算方法简单。但是，在商品种类繁多的情况下，如果每种商品均采用从量计征的方式，税额的计算和征管工作必将非常烦琐。因此，只能有选择地对一些计量单位比较规范、价格变化不大的商品采取从量定额征收。从量计征不适用于广泛的商品课税，一般是对大多数商品采用从价定率计征。

2. 总值型流转税和增值型流转税

流转税在采用从价定率计征时，根据计税依据是否可以全部或部分扣除商品或劳务的成本，分为总值型和增值型两种类型。

（1）总值型流转税

总值型的流转税是以应税商品的流转总额为计税依据，即课税对象为从事商品生产经营的商品销售收入总额或从事劳务服务的营业收入总额，如我国现行的消费税、关税和烟叶税等均属于总值型流转税。总值型的流转税相对于增值型的流转税而言税基大，由于不涉及扣除额的核算，使计税核算和征管难度降低。但在多环节征税的情况下，会引起重复征税，不利于产品间和企业间的税负平衡，不利于专业协作的发展。

（2）增值型流转税

增值型的流转税是以应税商品或劳务流转的增值额为计税依据，即课税对象为从事商品生产经营或劳务服务的增值额，如我国现行的增值税。增值额是企业从事生产经营活动新创价值额，或者是企业商品销售或营业服务收入额扣除同企业商品销售或营业服务有关的物质消耗后的余额。以增值额为课税对象相对于以收入总额为课税对象，税基缩小，计税核算和征管难度增大。但在多环节征税情况下可减少或消除重复征税，解决产品间或企业间税负不平衡的问题，合理税收负担，稳定税收收入。

3. 价内税和价外税

流转税在采用从价计征时，根据流转税的税金是否包含在商品或劳务的价格之内，可分为含税价格和不含税价格，相应的流转税分为价内税和价外税。在我国现行的流转税中，消费税和营业税是价内税，增值税为价外税。

（1）含税价

即将应纳流转税税金包含在商品或劳务的价格之内，按照含税价格和规定的税率计算应纳税额。用公式表示为

$$含税价格＝成本＋利润＋流转税税金＝\frac{成本＋利润}{1－规定的税率}$$

$$应纳税额＝（成本＋利润＋流转税税金）×规定的税率$$

$$＝\frac{成本＋利润}{1－规定的税率}×规定的税率$$

（2）不含税价

即在商品或劳务的价格中不包含流转税税金，按照不含税价格和规定的税率计算应纳税额。用公式表示为

$$不含税价格＝成本＋利润＝\frac{含税价格}{1＋规定的税率}$$

$$应纳税额＝（成本＋利润）×规定的税率$$

$$＝\frac{含税价格}{1＋规定的税率}×规定的税率$$

在价格一定的条件下，流转税税金是否包含在商品或劳务的价格之内，对于企业利润的影响是不同的。从上面的公式还可以看出，对含税价格的课税是税上加税，存在重复征税，因此在多环节课税的情况下不宜采用含税价。

在采用含税价格的情况下，流转税不仅是政府取得财政收入的手段，也是调节企业利润的手段。在价格和成本一定时，流转税税金和企业利润是相互消长的关系，增加流转税税金会减少企业利润，减少流转税税金则可以增加企业利润，所以价内税便于政府利用税收杠杆配合价格政策调节企业利润水平，进而调节生产和消费，实现国家产业政策，同时也有利于促进企业为了提高盈利水平加强企业管理，降低生产成本，提高劳动效率。另外，价内税隐含在价格中，随商品劳务销售的实现而实现，消费者在购买商品或劳务进行消费时，不易直接感受到流转税的负担，心理上没有税负压力。对政府来讲，易于征收，有利于财政收入的及时、稳定。

在采用不含税价格的情况下，流转税税金是在价格之外向购买方收取的。理论上来说，流转税税金的多少和企业利润并没有直接关系。价、税分开可以更明确地体现国家的商品、劳务课税政策。通过制定相同税率，保持税收中性，减少对市场的干扰，促进市场主体的公平竞争，使社会资源按市场原则进行配置；通过征税项目多少和税率高低差别的选择，体现对某些商品或劳务的生产和消费的限制或鼓励政策。另外，价外税税金不包含在商品价格之中，而是在商品价格之外另加一部分税金进行课征。大多数西方国家的商品劳务课税，无论是增值税、消费税还是其他课税形式，一般都是采取价外税形式，而且在零售环节也是分别标明价格和税金，税款在商品或劳务的价格之外另向购买者收取。这种做法使流转税课税明明白白，使购买者能十分清楚地了解到为自己所购商品或劳务承担了多少税款，感受到自己对国家的税收贡献，有利于增强人们的纳税意识。

2.3.3　课税环节的设计

流转税是对商品、劳务的流转额征税，而商品流转一般要经过原材料采购、生产制造、

商业批发、商业零售等多道流转环节，在同一流转环节也会经过多次流转过程。因此，流转税制设计涉及课税环节的选择。依据课税环节的不同，流转税可以分为单一环节课税和多环节课税两种类型。单一环节课税是指仅在商品流转的诸多环节中的一个环节上课征的流转税，如我国现行的消费税。多环节课税是指在商品流转的诸多环节中，选择两个或两个以上的环节课征的流转税，如我国现行的增值税。

（1）单一环节课税

单一环节课税是指在商品的生产、进口、批发、零售等诸多环节中选择一个环节课税。例如，关税通常是在进口环节征收的；消费税既可以选择在零售环节征收，也可以选择在生产环节征收。

在生产环节课税的好处是，纳税义务人的数量相对较少，便于控制税源和征收管理，有利于保证税收收入。但是，由于生产环节处于整个商品流通过程的前端，在此环节课税会增加生产和流通企业的资金负担，加大以后环节的流通成本。如果生产企业生产的产品不符合市场需求但被商业企业所收购，还会影响财政收入的真实性，因为这时生产企业缴纳流转税的商品所对应只是商业企业仓库中的积压商品。我国现行的消费税即为在生产环节单环节课税。

在进口环节课税的利弊与生产环节课税类似，不同的是，课征进口税还可以作为调节对外贸易、适度保护国内市场的一种工具。

在零售环节课征流转税，由于直接涉及最终消费者，税基最为广泛，税收的财政职能和对消费的调节作用可以得到充分发挥，避免了财政虚收。但是，由于零售环节纳税义务人众多，而且许多从事零售活动的中、小企业和个体经营者的财务会计制度不太健全，税收管理的成本相对较高。

世界各国通常较少选择在批发环节征税，因为实际中批发的性质难以界定，单独在批发环节征税会使征管复杂化。

（2）多环节普遍征税

多环节课税是指在商品的生产、批发、零售和进口等两个或两个以上流转环节征税。这种多环节征税方法有利于扩大征税面，加强流转税对生产、流通过程的调节，减少税收流失。但多环节普遍征税会增加税收征收管理的复杂性。在市场价格情况下，环环加税会使价格扭曲，不利于价格对经济的有效调节。另外，如果按商品流转总额征税，还会造成重复征税、税负不平衡问题。在多环节征税的条件下，避免重复征税的最好办法就是实行增值税，每一个环节都只对本环节的增值额征税。这样，既避免了重复征税，又保证了组织财政收入的广泛性。因此，增值税适用于对所有商品、劳务的生产、流通和进口环节征收。

2.3.4　税率的设计

税率的设计，直接反映国家的有关经济政策，直接关系着国家财政收入的多少和纳税义务人税收负担的高低，是税收制度的中心环节。流转税税率的选择主要包括税率形式和税率水平的选择。

从税率形式来看，流转税一般采用比例税率和定额税率两种形式。比例税率是按照商品或劳务销售收入的一定比例规定税率，是流转税普遍采用的一种税率形式，一般适用于从价计征的税种。比例税率的优点是计算简便、有利于公平税负和平等竞争。比例税率可分为统一比例税率和差别比例税率。统一比例税率是指一个税种只设一个比例税率，所有纳税义务人都按相同的税率纳税。差别比例税率是指一个税种设有两个或两个以上的比例税率，它是根据具体的征税项目来确定的，不同项目的纳税义务人分别适用不同的比例税率。差别比例税率既可按行业设计，也可按产品设计，还可按地区设计，主要取决于税收政策的目标。

定额税率是指按课税对象的计量单位直接规定固定税额的一种特殊的税率制度。一般适用于从量计征的税种。定额税率和价格没有直接关系，税额多少与课税对象的实物数量成正比。

税率形式的选择，主要是根据课税对象的具体情况来确定的。对一些供求基本平衡，价格差异不大，计量单位规范的商品，选择计税方便的定额税率；对一些供求矛盾突出，价格差异较大，计量单位不规范的商品，选择税价联动的比例税率。

在设计流转税税率水平的时候，通常要考虑以下几个因素。

(1) 财政和经济的需要

在税基一定的情况下，当政府需要通过增加税收的办法增加财政收入时，可以考虑适当提高税率。但是，提高税率必须充分考虑纳税义务人的负担能力，不应当影响税源，伤及税本。

(2) 税制结构

在税收总量一定的情况下，流转税所占的部分越大，其他税收（如所得税、财产税等）所占的部分就越小。如果前者比重过大，就会影响其他税收作用的正常发挥。例如，在所得税所占比重过小的情况下，该税种对纳税义务人利润的调节作用就会变得很微弱，从而间接对经济产生不利的影响。因此，在设计流转税税率水平时，也应当注意为其他税种留出适当的空间。

(3) 税基的宽窄

在税制结构既定的前提下，流转税的课税对象、征收范围、纳税环节同税率水平互为消长。如果流转税的征收范围比较宽，课税对象为收入总额，实行多环节征税，由于税基比较大，那么税率就可以定得低一些；反之，流转税的征税范围比较窄，课税对象为增值额，实行单环节征税，由于税基比较小，税率就需要定得高一些。一般来说，大范围、宽税基、低税率的模式有利于均衡纳税义务人的税收负担，但是征收管理工作比较复杂，也不便于体现政府的社会经济政策；小范围、窄税基、高税率的模式有利于税源的重点监控和对高利产品行业的生产经营进行调节。但是，过高的税负有可能对经济产生扭曲效应，干扰资源配置的市场原则。

(4) 纳税义务人的盈利水平

就具体行业、产品、地区而言，流转税税率水平要根据行业或产品的平均利润率水平来确定。对于平均利润率水平比较高的行业或产品，税率相对可定得高一些；反之，对于平均利润率比较低的行业或产品，税率则需要定得低一些。

(5) 兼顾需求弹性和社会公平

根据需求弹性理论，不应当对那些需求弹性大的商品实行高税率，而需求弹性小的商品的税率却可以高一些。但是，这样做又违背了社会公平原则。因为应当对需求弹性较大的奢侈品课征较高的税，而对需求较缺乏弹性的生活必需品课征较低的税，因此税率高低的选择应当兼顾需求弹性与社会公平。各国的普遍做法是：在对所有商品广泛、适度地征收增值税的基础上，再对奢侈品加征一道消费税。这样，既可以通过广泛的税基取得大量的税收收入，同时又照顾了低收入者的负担能力，也可以调节高收入者的消费。

根据流转税税制要素的设计，对流转税的征税范围、计税依据、课税环节、税率的选择不同，大致可以把流转税分为周转税、销售税、增值税和消费税4种类型，各类型流转税的主要特征如表2-1所示。

表2-1 各类型流转税的主要特征

类 型	征税范围		课税对象		计税依据		纳税环节		税率结构	
	普遍	选择	全额	增值额	从价	从量	单一	多重	单一	差别
周转税	＊		＊		＊			＊		＊
销售税	＊		＊		＊			＊	＊	
增值税	＊			＊	＊			＊	＊	
消费税		＊	＊		＊	＊	＊			＊

【小资料2－1】

美、德、日、法流转税制的主要税种

美国流转税的主要税种是销售税。美国实行联邦、州和地方三级课税制度，三级政府各自行使属于本级政府的税收立法权和征收权。美国联邦政府在一些商品（如汽油、酒精、烟草等产品）的制造环节有选择地征税，除此以外不征收销售税或增值税。州和地方政府对商品征收销售税，但各州和地方的销售税率不同。美国的销售税由最终的消费者缴纳。

德国流转税的主要税种是增值税。德国税制属于联邦地方兼顾型税制，实行联邦、州和地方三级课税制度，税收立法权和征收权主要集中在联邦，州一级有权开征某些地方税种。德国增值税的征收范围一般来说是按商品的供应地和劳务提供人的所在地是否在德国确定的，不是发生在德国的商品供应和劳务提供不属于增值税的课税范围。但也有一些例外，如不动产的提供地就是土地所在地。德国的增值税也对从欧盟以外国家进口到德国的商品和按欧盟单一市场程序从其他欧盟成员国购入的商品征收。德国增值税免税适用于某些银行、保险、金融服务、财产交易、教育与健康服务、某些非营利性活动及土地与房屋的出售与出租。

日本流转税的主要税种是消费税系列，包括消费税、酒税、烟税、挥发油税、石油天然气税、印花税、汽车重量税等。在日本国内提供劳务和进口产品必须缴纳5%的消费税。出口为零税率。个人或法人使用某些凭证必须缴纳印花税（如合同、期票、收据），税率由凭证的性质和所含金额决定。

法国流转税的主要税种是增值税。法国是世界上第一个实行增值税的国家，它于1954年开始实行，比其他国家早13年。法国增值税是对在法国从事经营或其他经济活动中提供的商品和劳务征收的一种税。从欧盟以外国家进口到法国的商品也要缴纳增值税。

资料来源：中国财税法网 http://www.cftl.cn/

本 章 小 结

　　流转税，又称为商品和劳务税，是以在商品或劳务的流通过程中产生的流转额为课税对象所课征的一类税。流转税具有可以保证税收收入稳定、课税计征便利、在税收负担上表现为累退性、课税隐蔽、以全额流转额作为计税依据的流转税会发生重复课税的问题等特点。流转税是我国现行税制结构中最主要的主体税，我国现行征收的流转税有增值税、消费税、营业税、关税和烟叶税等。流转税的各个税种在功能、作用上相互配合、相互协调，覆盖着商品的生产、批发、零售、进出口和劳务提供各个环节。流转税制的设计，即流转税税制要素的设计，主要包括征税范围、计税依据、课税环节和税率选择等。在流转税征收范围上可以有宽窄不同的选择，可选择对全部商品征税，也可选择对部分商品征税；可选择对全部劳务征税，也可选择对部分劳务征税。流转税计税依据可以分为从价计征和从量计征两种形式。流转税课税环节可以分为单一环节课税和多环节课税两种类型。从税率形式来看，流转税一般采用比例税率和定额税率两种形式。由于对流转税的征税范围、计税依据、课税环节、税率的选择不同，大致可以把流转税分为周转税、销售税、增值税和消费税 4 种类型。

习　　题

一、思考题

1. 什么是流转税？

2. 流转税具有哪些特征？

3. 我国现行征收的流转税有哪些税种？

4. 流转税按征税范围不同可划分为哪些类型？

5. 流转税按计税依据不同可划分为哪些类型？

6. 流转税按课税环节不同可划分为哪些类型？

7. 流转税按税率形式不同可划分为哪些类型？

8. 设计流转税税率时通常要考虑哪些因素？

9. 价内税和价外税的主要区别是什么？

10. 根据流转税税制要素不同，流转税可以分为哪些类型？

二、单项选择题

1. 流转税是以在商品或劳务流通过程中产生的（　　）为课税对象所课征的一类税。

　　A. 销售收入　　　　　B. 销售数量　　　　C. 销售额　　　　D. 流转额

2. 从税率形式来看，流转税一般采用比例税率和（　　）两种形式。

　　A. 超额累进税率　　　B. 全额累进税率　　C. 单一税率　　　D. 定额税率

3. 价内税和价外税的根本区别是（　　）是否包含在商品或劳务的价格之内。

　　A. 成本　　　　　　　B. 利润　　　　　　C. 税金　　　　　D. 收入

4. 定额税率一般适用于（　　）的税种。

A. 从量计征   B. 从价计征   C. 普遍征收   D. 个别征收

5. 按税负是否可以转嫁，流转税属于（   ）。

     A. 直接税   B. 间接税   C. 价内税   D. 价外税

6. 烟叶税的应纳税额是按照纳税义务人收购烟叶的收购金额和（   ）的税率计算。

     A. 5%   B. 10%   C. 20%   D. 25%

7. 流转税是我国现行税制中的主体税种之一，近几年我国流转税收入占税收总收入的（   ）。

     A. 10%～30%   B. 30%～50%   C. 50%～70%   D. 90%以上

8. 含税价，即将应纳流转税税金包含在商品或劳务的价格之内，用公式表示为（   ）。

     A. 成本＋利润＋流转税税金   B. 成本＋利润

     C. 不含税价／（1＋税率）   D. 不含税价×（1－税率）

三、多项选择题

1. 对流转税的征税范围、计税依据、课税环节、税率的选择不同，大致可以把流转税分为（   ）。

     A. 周转税   B. 销售税   C. 增值税   D. 消费税

2. 流转税是我国现行税制结构中最主要的主体税，我国现行征收的流转税有（   ）和烟叶税。

     A. 增值税   B. 消费税   C. 环境保护税   D. 关税

3. 流转税在采用从价定率计征时，根据计税依据是否扣除商品或劳务的成本可分为（   ）类型。

     A. 直接税   B. 间接税   C. 总值型   D. 增值型

4. 多环节课征流转税是指在商品的（   ）多个流转环节征税。

     A. 进口   B. 零售   C. 批发   D. 生产

5. 从物质形态来看，流转税课税的商品包括（   ）。

     A. 劳务   B. 无形资产   C. 不动产   D. 有形动产

6. 在确定流转税的征税范围时，应当主要考虑（   ）。

     A. 市场价格和税收的调节作用   B. 政府的财政需求和提供税源的可能

     C. 各税种的特点和征税目的   D. 征收管理的能力

7. 根据税收的政策目标，差别比例税率可按（   ）设计。

     A. 地区   B. 行业   C. 国家   D. 产品

8. 流转税是以流转额为课税对象而设计征收的税种统称，流转额包括（   ）。

     A. 销售成本   B. 商品流转额   C. 非商品流转额   D. 销售数量

第 3 章

增 值 税

【学习要求】

重点掌握：增值税的征税范围、纳税义务人、税率，增值税应纳税额的计算

一般掌握：增值税的类型、特点

理解：增值税的征收管理、增值税专用发票的使用与认证

了解：增值税出口退（免）税

增值税（value added tax）是对在我国境内销售货物或者加工、修理修配劳务，销售服务、无形资产、不动产及进口货物的单位和个人，就其取得的销售额或者货物进口金额计算税款，并实行税款抵扣制的一种流转税。销售货物、劳务、服务、无形资产和不动产统称发生应税销售行为。

3.1　增值税概述

1994 年我国税制改革，选择采用生产型增值税，一方面是出于财政收入的考虑，另一方面则是为了抑制投资膨胀。随着我国社会主义市场经济体制的逐步完善和经济全球化的纵深发展，推进增值税转型改革的必要性日益突出。从 2004 年开始，我国推行了增值税转型改革试点，并从 2009 年 1 月 1 日起在全国实施从生产型增值税转变为消费型增值税的改革。即自 2009 年 1 月 1 日起，全国所有增值税一般纳税义务人新购进设备（除购进的应征消费税的小汽车、摩托车和游艇外）所含的进项税额可以计算抵扣。增值税转型的改革是推进我国税收制度进一步改革的重要方面，对于我国进一步完善市场经济的税收制度、与国际接轨、促进经济发展都有重大的意义。

从 1994 年税制改革以来，我国就确立了增值税和营业税两税并存的格局，即对货物和加工、修理修配劳务征收增值税，对其他劳务和无形资产、不动产征收营业税，这种两税并存的格局在当时我国经济条件下是适应的。对增值税应税行业按销售收入的增值额征收高税率，对营业税应税行业按营业收入全额征收低税率，平衡了两税下行业之间的税负平衡。但是随着增值税转型改革的完成，增值税的抵扣范围进一步扩大，对营业税应税行业而言，其与增值税应税行业的税负平衡相对受到损害。另外随着社会主义市场体制的越来越完善，我国经济发展与国际市场日趋紧密及社会分工细致化的趋势，都挑战着两税并存的格局。该格局的弊端也日渐明显：破坏增值税抵扣链条、造成重复征税、不利于专业分工及产业结构升

级、引起国税和地税职责不清、使增值税抵扣复杂化。

在我国完成了由生产型增值税到消费型增值税的改革之后，增值税的扩围改革是我国税制改革的重大方向。《中华人民共和国国民经济和社会发展第十二个五年（2011—2015 年）规划纲要》明确提出，要扩大增值税征收范围，相应调减营业税等税收；要结合增值税改革，完善生产性服务业税收制度。这说明在决策层面倾向于分步扩大增值税征收范围，并优先考虑将生产性服务纳入增值税征收范围。

2012 年 1 月 1 日我国选择在上海市开展交通运输业（不含铁路运输）和部分现代服务业进行营业税改征增值税试点。2013 年 8 月 1 日，交通运输业（不含铁路运输）和部分现代服务业"营改增"试点在全国范围内推开。到 2014 年 1 月 1 日铁路运输和邮政服务纳入"营改增"试点，至此交通运输业全部纳入"营改增"范围。2016 年 5 月 1 日，全面"营改增"在全国范围内实行，电信业、建筑业、房地产业、金融业、生活服务业所有行业营业税纳税人改为缴纳增值税。2017 年 11 月 19 日国务院总理李克强签署国务院令，公布《国务院关于废止〈中华人民共和国营业税暂行条例〉和修改〈中华人民共和国增值税暂行条例〉的决定》，在我国实行了 60 多年的营业税正式退出历史舞台，全面营改增完成。税率方面，2017 年 7 月 1 日起，我国简并增值税税率，取消了 13％ 的税率；2018 年 3 月 28 日国家国务院常务会议明确，从 2018 年 5 月 1 日起，制造业等行业增值税税率从 17％ 降至 16％，交通运输业等行业增值税税率从 11％ 降至 10％。

我国现行增值税的基本法律规范，是 2017 年 11 月 19 日国务院第二次修订、公布的《中华人民共和国增值税暂行条例》和 2011 年 10 月 28 日财政部、国家税务总局修订、公布的《中华人民共和国增值税暂行条例实施细则》，以及 2016 年 3 月发布的《财政部　国家税务总局关于全面推进营业税改征增值税试点的通知》。

【小资料 3-1】

我国营业税改征增值税改革的指导思想是：建立健全有利于科学发展的税收制度，促进经济结构调整，支持现代服务业发展。在这一思想指导下，遵循以下原则。

① 统筹设计、分步实施。正确处理改革、发展、稳定的关系，统筹兼顾经济社会发展要求，结合全面推行改革需要和当前实际，科学设计，稳步推进。

② 规范税制、合理负担。在保证增值税规范运行的前提下，根据财政承受能力和不同行业发展特点，合理设置税制要素，改革试点行业总体税负不增加或略有下降，基本消除重复征税。

③ 全面协调、平稳过渡。妥善处理试点前后增值税与营业税政策的衔接、试点纳税人与非试点纳税人税制的协调，建立健全适应第三产业发展的增值税管理体系，确保改革试点有序运行。

---

1. **增值税的概念**

长期以来，人们都在努力寻找一个优良的税种。这个税种既能够有效地征集政府收入，又对企业行为干扰最小，且具备预防偷逃税机制。后来，这个比较理想的税种终于被人们发现了，并迅速推广、应用——这就是增值税。增值税最早产生于法国。1948 年，法国把制造阶段的商品税（销售税）改为增值税；1954 年，法国又将增值税推广到批发阶段，并实行了消费型增值税。此后，由于增值税具备税基宽、能消除重复征税和内部制约机制严密等内在的优越性，以及给一国财政、经济和外贸等方面带来的综合积极效应，越来越为世界各国所认识，相继在许多国家得到推行。目前，世界上已经有170多个国家和地区开征了增值税。

增值税是指以商品在流转过程中产生的增值额为征税对象的一种流转税。所谓增值额，从理论上说，是指企业或个人在生产经营过程中新创造的那部分价值。按照马克思的商品价值理论，增值额相当于商品价值（$C+V+M$）扣除在生产中消耗掉的生产资料的转移价值（C）之后的余额（$V+M$），它主要包括工资、利润、利息、租金和其他属于增值性的费用。理论上的增值额可以从以下两个方面分析。

① 从一个生产经营单位分析，增值额是指纳税义务人在一定时期内销售产品或提供劳务所得的收入大于购进商品或取得劳务时所支付的金额的差额，是纳税义务人在其生产经营活动中所创造的新增价值，相当于活劳动所创造的价值额。

② 从一种商品的生产经营全过程分析，增值额是商品从生产到流通过程中各个环节的增加值之和，即为最终产品的价值。

【例 3-1】

某件货物是由制造、批发和零售三个生产经营环节共同创造的。为计算方便，假定第一环节没有物质消耗，都是该环节自己新创造的价值，该货物最终销售价格为 260元。该货物每一环节的增值额和销售价格之间的关系如表 3-1 所示。那么，增值额与该货物销售价格之间的关系如何？

表 3-1　货物在各环节的增值额与销售价格关系表

单位：元

项目 ＼ 环节	制造环节	批发环节	零售环节	合计
增值额	150	50	60	260
销售额	150	200	260	

解　从表 3-1 可以看到，该货物在三个环节中创造的增值额之和就是该货物的全部销售额。该项货物在上述三个环节创造的增值额之和为 260 元，该项货物的最终销售价格也是 260 元。这种情况说明实行增值税时，在税率一致的情况下，对每一生产流通环节征收的增值税之和，实际上就是按货物最终销售额征收的增值税。

应该指出的是，理论上的增值额与实践中的增值额是有区别的。由于各国经济、税收制度的差别，各国税法规定的扣除项目也有所不同，依不同国家税法规定计算出来的增值额也不一致。增值税的计税依据一般为法定增值额，而不是理论上的增值额。所谓法定增值额，是指各国政府根据各自的国情、政策要求，在增值税制度中人为地确定的增值额。法定增值额可以等于理论上的增值额，也可以大于或小于理论上的增值额。造成法定增值额与理论增值额不一致的原因主要是各国在规定扣除范围时，对外购固定资产的处理办法不同。一般来说，各国在确定据以征税的增值额时，对外购流动资产价款都允许从货物总价值中扣除。但是，对外购固定资产价款，各国处理办法则有所不同。有些国家允许扣除，有些国家不允许扣除。在允许扣除的国家，扣除情况也不完全一样。正是由于对外购固定资产扣除的处理办法不同，各国的法定增值额与理论增值额在量上可能是不同的。

从计税原理而言，增值税是对商品生产和流通中各环节的新增价值或商品附加值进行征税，所以称之为"增值税"。然而，由于新增价值或商品附加值在商品流通过程中是一个难以准确计算的数据（这是因为：很难准确划分企业的增值项目和非增值项目；增值额是一个比较模糊的概念，很难准确地进行计算；计算方法复杂等），因此，在增值税的实际操作上采用间接计算办法，即从事货物销售及提供应税劳务的纳税义务人，根据货物或应税劳务销售额，按照规定的税率计算税款，然后从中扣除上一道环节已纳增值税款，其余额即为纳税义务人应缴纳的增值税税款。这种计算办法同样体现了对新增价值征税的原则。

2. 增值税的类型

按对外购固定资产的处理方式不同，增值税可以划分为生产型增值税、收入型增值税和消费型增值税 3 种。

（1）生产型增值税

生产型增值税是指对购进固定资产价款，不允许作任何扣除，固定资产折旧作为增值额的一部分，所计算出的法定增值额既包括纳税义务人新创造的价值，也包括当期计入成本的固定资产损耗价值，其增值组成相当于当期的工资、利息、税金、利润等理论增值额和当期折旧额之和。其税基相当于国民生产总值，故称为生产型增值税。

（2）收入型增值税

收入型增值税是指对购进固定资产价款，只允许扣除当期应计入产品成本的折旧部分，所计算出的法定增值额只包括纳税义务人新创造的价值，其增值组成相当于当期的工资、利息、租金、利润等各项之和。其税基相当于国民收入，故称为收入型增值税。

（3）消费型增值税

消费型增值税是指对当期购进用于生产应税产品的固定资产价款，允许从当期增值额中一次性全部扣除，所计算出的法定增值额等于纳税义务人当期全部销售额扣除全部外购生产资料价款后的余额。从整个国民经济来看，这一课税基数仅限于消费资料价值的部分，故称为消费型增值税。

生产型增值税的法定增值额大于理论增值额，它能较好地保证财政收入规模，能有力地遏制固定资产投资规模膨胀的势头。但由于生产型增值税对固定资产所含的增值税不予扣除，因而纳税人投资的税负较重，不利于本国出口产品在国际市场上的竞争，不利于设备更新和技术进步，而且会产生重复征税等问题。

收入型增值税的法定增值额等于理论增值额，所以从理论上讲，它是一种标准的增值税。但是，这种增值税在实际计征中存在着困难，因为外购固定资产的价款以计提折旧的方式分期扣除，而计提折旧没有可作为依据的外来凭证，这无疑给凭发票扣税带来了不便。

消费型增值税的法定增值额小于理论增值额。由于在计算增值额时扣除了外购固定资产的全部价款，所以会减少当期的财政收入。但这种增值税的计征方法简便，也便于管理，是3 种类型中最能体现增值税优越性的一种。

目前世界上实行增值税的大多数国家，均采用消费型增值税，即对投资不课税的类型。只有少数国家实行收入型和生产型增值税。

自 2009 年 1 月 1 日起，我国实行消费型增值税，纳税义务人新购进设备所支付的增值税，可以计入进项税额予以抵扣。

3. 增值税的特点

1）增值税的基本特点

增值税作为一种流转税，既保留了按流转额征税的长处，又避免了按流转额全值征税的弊端。增值税税制充分体现了"道道课征、税不重复"的基本特性，反映出公平、中性、透明、普遍、便利的原则。其基本特点主要有以下几个方面。

（1）能够避免重复征税

增值税以增值额作为征税对象，只对销售额中本企业新创造的、尚未征过税的新增价值额征税，而对销售额中由以前各环节创造、已征过税的转移价值额不再征税，所以从理论上不存在重复征税的问题。但由于采用的增值税类型不同，有的还存在部分重复征税的问题，如我国以前实行的生产型增值税。

（2）增值税多环节征税、税基广泛

增值税的征税范围可以从商品的生产开始，一直延伸到商品的批发和零售等经济活动的各个环节，每经过一个环节，只要有增值额就征税。凡从事应税销售行为，取得增值额的，均应缴纳增值税，使增值税能够拥有较其他间接税更广泛的纳税义务人。这个特点决定了增值税可以普遍征收和道道征收。无论是从横向看还是从纵向看，增值税都有着广阔的税基。

（3）逐环节征税，逐环节扣税，最终消费者是全部税款的承担者

增值税是一种流转税，因此具备了税负转嫁的可能性。由于这种流转税在计算征收时实行税款抵扣制度，即在对某项应税商品的每个流转环节逐一征税的同时，还按税法的规定在每个环节对纳税义务人外购项目的已纳税金逐一进行抵扣。因此，对应税商品各个流转环节的增值税纳税义务人来说，只是把从购买者那里收取的税款转交给了政府，经营者本身并未承担增值税税款。这样，随着各环节交易活动的进行，经营者在出售货物的同时也出售了该货物所承担的增值税税款，直到货物卖给最终消费者时，货物在以前环节已纳的税款连同本环节的税款也一同转给了最终消费者。可见，增值税税负具有逐环节向前推移的特点，从理论上讲，作为纳税义务人的生产经营者并不是增值税的真正负担者，只有最终消费者才是全部税款的负担者。

2）我国现行增值税的其他特点

（1）实行价外税

我国现行增值税实行价外计税的办法，即以不含增值税税额的销售价格为计税依据，销售额不含增值税金。销售商品时，增值税专用发票上分别注明增值税税款和不含增值税的价格，以消除增值税对成本、利润、价格的影响。需要指出的是，增值税的价外计税绝非是在原销售价格之外再课征增值税，而是在销售商品时将原来含税销售款中的商品价格和增值税分别列于增值税的专用发票上，增值税的计算以商品不含税价格作为计税依据。

（2）对不同经营规模的纳税义务人采取不同的计征方法

我国现行增值税计征方法的设计，在借鉴国际通行做法的同时，也考虑到了本国中小企业较多、经营规模小、会计核算不够健全等实际情况，将纳税义务人区分为两类并采用不同的税款计征方法：一类是一般纳税义务人，对其采用购进扣税法计算征税；另一类是小规模纳税义务人，对其采用简易方法计算征税。这样不仅有利于规范增值税的推行，也有利于简化计算，强化征收管理，特别是可以使基层税务机关能集中精力，加强对大、中规模纳税义

务人的税收征管。

（3）税率档次少，计税方法简便

新执行的一般纳税义务人的增值税的税率分别为16％、10％和6％三档，小规模纳税义务人的增值税按3％的简易税率计征。现行增值税的税率档次同以往相比已大为简化，既有利于保持增值税对社会经济活动具有的中性效应，也可以在一定程度上降低税收征管的复杂性。

增值税是以增值额为课税对象设计征收的一种税，具有消除重叠征税、促进专业化协作、稳定财政收入、激励国际贸易、减少税收扭曲、强化税收制约的优点，增值税已成为我国税收体系中最重要的税种。

3.2　增值税征税范围、纳税义务人和税率

3.2.1　增值税的征税范围

我国税法规定，凡在中华人民共和国境内销售货物或者加工、修理修配劳务，销售服务、无形资产、不动产及进口货物都属于增值税的征税范围。在中华人民共和国境内（以下简称境内）销售货物或者加工、修理修配劳务，是指销售货物的起运地或者所在地在境内；提供的应税劳务发生在境内。销售服务，是指提供交通运输服务、邮政服务、电信服务、建筑服务、金融服务、现代服务、生活服务。

1. 销售货物

销售货物是指有偿转让货物的所有权。这里所说的货物是指有形动产，包括电力、热力、气体，不包括有形不动产和无形资产。

按照《增值税暂行条例实施细则》的规定，单位或个体经营者的下列行为，视同销售货物征收增值税：

① 将货物交付其他单位或者个人代销；

② 销售代销货物；

③ 设有两个以上机构并实行统一核算的纳税义务人，将货物从一个机构移送其他机构用于销售，但相关机构设在同一县（市）的除外；

④ 将自产或者委托加工的货物用于非应税项目；

⑤ 将自产、委托加工的货物用于集体福利或者个人消费；

⑥ 将自产、委托加工或者购进的货物作为投资，提供给其他单位或者个体工商户；

⑦ 将自产、委托加工或者购进的货物分配给股东或者投资者；

⑧ 将自产、委托加工或者购进的货物无偿赠送给其他单位或者个人。

对上述8种行为视同销售，征收增值税，主要是从征税的技术角度出发：为了保持抵扣链条的完整，增值税专用发票的传递不中断；平衡自制同外购货物的税收负担；简化扣税，避免用于非应税项目的货物在扣除上的划分问题；为了堵塞漏洞，防止偷税；为了平衡地方的利益。

【小思考 3-1】 如果将自产的材料用于在建工程，是否要视同销售缴纳增值税？

答： 全面"营改增"以后，建筑业纳入增值税征税范围，在建工程不再属于非应税项目，因而将自产材料用于在建工程不用缴纳增值税。

2. 销售加工、修理修配劳务

销售加工、修理修配劳务，是指有偿提供的加工、修理修配劳务。单位和个体经营者聘用的员工为单位或雇主提供的加工、修理修配劳务，不包括在内。

所谓加工，是指受托加工货物，即委托方提供原料及主要材料，受托方按照委托方的要求制造货物并收取加工费的业务。所谓修理修配，是指受托方对损伤和丧失功能的货物进行修复，使其恢复原状和功能的业务。

3. 销售服务、无形资产、不动产

销售服务、无形资产、不动产的解释详见本章末阅读资料。

在境内销售服务、无形资产或者不动产，是指：

① 服务（租赁不动产除外）或者无形资产（自然资源使用权除外）的销售方或者购买方在境内；

② 所销售或者租赁的不动产在境内；

③ 所销售自然资源使用权的自然资源在境内；

④ 财政部和国家税务总局规定的其他情形。

下列情形不属于在境内销售服务或者无形资产。

① 境外单位或者个人向境内单位或者个人销售完全在境外发生的服务。

② 境外单位或者个人向境内单位或者个人销售完全在境外使用的无形资产。

③ 境外单位或者个人向境内单位或者个人出租完全在境外使用的有形动产。

④ 财政部和国家税务总局规定的其他情形。

销售服务、无形资产或者不动产，是指有偿提供服务、有偿转让无形资产或者不动产，但属于下列非经营活动的情形除外。

① 行政单位收取的同时满足以下条件的政府性基金或者行政事业性收费：

- 由国务院或者财政部批准设立的政府性基金，由国务院或者省级人民政府及其财政、价格主管部门批准设立的行政事业性收费；

- 收取时开具省级以上（含省级）财政部门监（印）制的财政票据；

- 所收款项全额上缴财政。

② 单位或者个体工商户聘用的员工为本单位或者雇主提供取得工资的服务。

③ 单位或者个体工商户为聘用的员工提供服务。

④ 财政部和国家税务总局规定的其他情形。

下列情形视同销售服务、无形资产或者不动产。

① 单位或者个体工商户向其他单位或者个人无偿提供服务，但用于公益事业或者以社会公众为对象的除外。

② 单位或者个人向其他单位或者个人无偿转让无形资产或者不动产，但用于公益事业或者以社会公众为对象的除外。

③ 财政部和国家税务总局规定的其他情形。

4. 进口货物

进口货物是指将货物从境外移送到境内的行为。进口申报进入我国海关境内的货物，均应缴纳增值税。一般来说，境外产品要输入境内，都必须在我国海关申报进口，并办理有关报关手续。只要是报关进口的应税货物，不论其是国外产制，还是我国已出口而转国内销售的货物，均应按照规定缴纳进口环节的增值税。国家在规定对进口货物征税的同时，对某些进口货物制定了减免税的特殊规定。

5. 混合销售行为

对纳税义务人的混合销售行为视具体情况也要征收增值税。所谓混合销售行为，是指一项销售行为既涉及应税货物又涉及服务。例如，生产、销售铝合金门窗的企业，销售铝合金门窗、玻璃幕墙的同时负责安装的，属混合销售行为。纳税义务人的销售行为是否属于混合销售行为，由国家税务总局所属征收机关确定。

混合销售行为，涉及的货物和服务是针对一项销售行为而言的，也就是说，服务是为了直接销售货物而提供的，二者之间是紧密相连的从属关系。它与一般既从事销售货物又从事销售服务，二者之间没有直接从属关系的兼营行为是完全不同的。

对于混合销售行为的税务处理方法是：从事货物的生产、批发或者零售的单位和个体工商户的混合销售行为，按照销售货物缴纳增值税；其他单位和个体工商户的混合销售行为，按照销售服务缴纳增值税。从事货物的生产、批发或者零售的单位和个体工商户，包括以从事货物的生产、批发或者零售为主，并兼营销售服务的单位和个体工商户在内。

例如，电信单位自己销售寻呼机、移动电话，并为客户提供有关电信服务的，按照销售电信服务征收增值税；生产、销售防盗门的企业及个人，其销售防盗门的同时负责安装的，按照销售货物征收增值税。

6. 兼营不同应税销售行为

兼营不同应税销售行为是指纳税义务人同时销售不同税率的货物，或者在销售货物的同时还销售服务、劳务、不动产、无形资产，而不同应税销售行为之间没有直接的关系。

对于兼营行为的税务处理方法是：纳税人兼营销售货物、劳务、服务、无形资产或者不动产，适用不同税率或者征收率的，应当分别核算适用不同税率或者征收率的销售额；未分别核算的，从高适用税率。

混合销售和兼营行为有相同的方面，也有实质性的差别，在税务处理上的规定也不同，两者的比较如表 3-2 所示。

表 3-2 混合销售和兼营行为的比较

项目 行为类型	相同方面	实质差别	涉税差别
混合销售行为	纳税义务人经营的业务包括销售货物劳务、服务等	各应税销售行为之间存在从属关系	按纳税义务人的主营业务不同一并征收增值税
兼营行为		各应税销售行为之间不存在从属关系	分别进行核算分别征收；未分别核算的，从高适用税率

3.2.2 增值税的纳税义务人与扣缴义务人

在中华人民共和国境内销售货物或者劳务，销售服务、无形资产、不动产以及进口货物的单位和个人，为增值税的纳税义务人。这里所说的单位，是指企业、行政单位、事业单位、军事单位、社会团体及其他单位。这里所说的个人，是指个体工商户和其他个人。

单位以承包、承租、挂靠方式经营的，承包人、承租人、挂靠人（以下统称承包人）以发包人、出租人、被挂靠人（以下统称发包人）名义对外经营并由发包人承担相关法律责任的，以该发包人为纳税人。否则，以承包人为纳税人。

中华人民共和国境外（以下称境外）单位或者个人在境内销售服务、无形资产、不动产，在境内未设有经营机构的，以购买方为增值税扣缴义务人。境外的单位或者个人在境内销售劳务，在境内未设有经营机构的，以其境内代理人为扣缴义务人；在境内没有代理人的，以购买方为扣缴义务人。

由于我国增值税实行增值税专用发票抵扣税款的制度，因此要求纳税义务人会计核算健全，能够正确核算销项税额、进项税额和应纳税额。目前我国众多纳税义务人的会计水平参差不平，加上某些经营规模小的纳税义务人其应税销售行为的对象多是最终消费者而不应开具增值税专用发票，为了严格加强对增值税的征收管理和对某些经营规模小的纳税义务人简化计税办法，参照国际惯例，我国将增值税纳税义务人主要按其经营规模划分为一般纳税义务人和小规模纳税义务人。

1. 小规模纳税义务人

小规模纳税义务人是指年销售额在财政部、国家税务总局规定的标准以下，并且会计核算不健全，不能按规定报送有关税务资料，以简易办法征税的增值税纳税义务人。年应税销售额，是指纳税义务人在连续不超过 12 个月的经营期内累计应征增值税销售额，包括纳税申报销售额、稽查查补销售额、纳税评估调整销售额、税务机关代开发票销售额和免税销售额。稽查查补销售额和纳税评估调整销售额计入查补税款申报当月的销售额，不计入税款所属期销售额。这里所说的销售额不包括纳税义务人应纳增值税税额。

2018 年 5 月 1 日起，财政部、国家税务总局将小规模纳税人标准统一调整为年应征增值税销售额为 500 万元及以下。

【小资料 3 - 2】

我国统一增值税小规模纳税人年应征增值税销售额标准的原因

按照我国统一增值税小规模纳税人年应征增值税销售额标准的有关规定，从事货物生产或者提供应税劳务的纳税人，以及以从事货物生产或者提供应税劳务为主，并兼营货物批发或者零售的纳税人，年应征增值税销售额（以下简称应税销售额）在 50 万元以下（含本数）；从事货物批发或者零售以及以从事化物批发或者零售为主的纳税人年应税销售额在 80 万元以下的（含本数）；从事销售服务、无形资产或者不动产的纳税人年应税销售额标准为 500 万元（含本数）。

2018 年 4 月 4 日，财政部、国家税务总局发布《关于统一增值税小规模纳税人标准的通知》（财税〔2018〕33 号）规定，为完善增值税制度，进一步支持中小微企业发展，自2018年5月1日起，统一增值税小规模纳税人年应征增值税销售额标准，增值税小规模纳税人标准为年应征增值税销售额500万元及以下。

统一小规模纳税人标准的原因：第一，为完善增值税制度，简化税制。三档小规模纳税人年应征增值税销售额标准，制度设计过于复杂。在三次产业融合发展的大背景下，纳税人混业经营越来越普遍，行业属性越来越模糊，谁应该执行50万元的标准、谁又应该执行80万元、500万元的标准，实际执行中划分较困难，从简化和优化税制的角度出发，有必要对现行的三档标准加以整合。第二，进一步支持小微企业发展，可以让更多的小微企业享受简易计税带来的办税便利和减税红利，从而进一步激发市场活力。

年应税销售额超过小规模纳税义务人标准的其他个人按小规模纳税义务人纳税；非企业性单位、不经常发生应税销售行为的企业可选择按小规模纳税义务人纳税。

小规模纳税义务人会计核算健全，能够提供准确税务资料的，可以向主管税务机关申请一般纳税义务人资格认定，不作为小规模纳税义务人。会计核算健全，是指能够按照国家统一的会计制度规定设置账簿，根据合法、有效凭证核算。

2. 一般纳税义务人

一般纳税义务人是指经营规模达到规定标准，按照税款抵扣方法计算缴纳增值税的纳税义务人，通常为年应征增值税的销售额超过财政部规定的小规模纳税义务人标准的企业和企业性单位。具体地说，①凡是从事货物生产或提供应税劳务，以及以从事货物生产或提供应税劳务为主并兼营货物批发或零售，年应征增值税的销售额在500万元以上的企业和企业性单位；或者年应征增值税的销售额在500万元以上的其他企业和企业性单位，都为一般纳税义务人。②销售服务、无形资产、不动产的纳税义务人年应征增值税销售额在500万元以上的，为一般纳税人。

按照最新颁布的《增值税一般纳税人登记管理办法》，销售服务、无形资产或者不动产（简称"应税行为"）有扣除项目的纳税人，其应税行为年应税销售额按未扣除之前的销售额计算。纳税人偶然发生的销售无形资产、转让不动产的销售额，不计入应税行为年应税销售额。

下列纳税人不办理一般纳税人登记：

① 按照政策规定，选择按照小规模纳税人纳税的；

② 年应税销售额超过规定标准的其他个人。

除以上纳税义务人外，年应税销售额超过财政部、国家税务总局规定的小规模纳税人标准的，应当向主管税务机关办理一般纳税人登记。

年应税销售额未超过规定标准的纳税人，会计核算健全，能够提供准确税务资料的，可以向主管税务机关办理一般纳税人登记。

一般纳税义务人资格认定的权限，在县（市、区）国家税务局或者同级别的税务分局。国家税务总局规定，纳税义务人经认定为一般纳税义务人，不得转为小规模纳税人。

增值税纳税义务人分为一般纳税义务人和小规模纳税义务人，这两类纳税义务人在税款计算方法、适用税率及征收管理办法上都有所不同。对一般纳税义务人实行凭发票抵税的计税方法，对小规模纳税义务人按照简便易行的计算和征收管理办法，这样的规定有利于增值税制度的推行。

3.2.3　增值税的税率和征收率

2017 年 7 月 1 日，我国增值税税率由四档降至三档，采取基本税率加两档低税率的模式，从 2018 年 5 月 1 日起，增值税执行新税率：对于一般纳税义务人在国内销售货物、劳务和进口货物适用的基本税率为 16％，特定货物销售或进口适用的低税率为 10％；对销售服务、无形资产、不动产按照情况适用 16％、10％和 6％的税率。对于小规模纳税义务人适用的征收率为 3％。向境外出口的货物和销售国务院规定范围内的服务、无形资产适用零税率。

1. 基本税率

增值税一般纳税义务人销售货物、劳务或者进口货物，除低税率适用范围外，税率一律为 16％。

2. 低税率

纳税人销售或者进口下列货物，税率为 10％：

① 粮食等农产品、食用植物油、食用盐；

② 自来水、暖气、冷气、热水、煤气、石油液化气、天然气、二甲醚、沼气、居民用煤炭制品；

③ 图书、报纸、杂志、音像制品、电子出版物；

④ 饲料、化肥、农药、农机、农膜；

⑤ 国务院规定的其他货物。

农产品，是指种植业、养殖业、林业、牧业、水产业生产的各种植物、动物的初级产品。具体征税范围暂继续按照《财政部、国家税务总局关于印发〈农业产品征税范围注释〉的通知》（财税字〔1995〕52 号）及现行相关规定执行。音像制品，是指正式出版的录有内容的录音带、录像带、唱片、激光唱盘和激光视盘。电子出版物，是指以数字代码方式，使用计算机应用程序，将图文声像等内容信息编辑加工后存储在具有确定的物理形态的磁、光、电等介质上，通过内嵌在计算机、手机、电子阅读设备、电子显示设备、数字音/视频播放设备、电子游戏机、导航仪及其他具有类似功能的设备上读取使用，具有交互功能，用以表达思想、普及知识和积累文化的大众传播媒体。

为了照顾消费者的利益，保证消费者对基本生活用品的消费，低税率主要适用于那些人民生活必需品、文化教育用品和农业投入物品。这些商品不论在生产、批发、零售还是进口环节均按 10％征税。

3. 销售服务、无形资产、不动产适用的税率

① 纳税人销售有形动产租赁服务，税率为 16％。

② 纳税人销售交通运输、邮政、基础电信、建筑、不动产租赁服务，销售不动产，转让土地使用权，税率为 10％。

③ 纳税人销售增值电信服务、金融服务、现代服务（租赁服务除外）、生活服务、转让土地使用权以外的其他无形资产的应税销售行为，税率为 6％。

4. 征收率

采用简易办法征收增值税时，适用的税率称为征收率。增值税征收率主要是针对小规模纳税人和一般纳税人适用或者选择采用简易计税方法计税的项目。采用征收率计税的，不得抵扣进项税额。

（1）基本规定

考虑到小规模纳税人经营规模小，且会计核算不健全，难以按上述增值税税率计税和使用增值税专用发票抵扣进项税款，因此实行按销售额与征收率计算应纳税额的简易办法。增值税征收率为 3％。

（2）其他规定

① 纳税人销售自己使用过的物品，按下列政策执行，不得抵扣进项税额。

- 一般纳税人销售自己使用过的属于《中华人民共和国增值税暂行条例》第十条规定不得抵扣且未抵扣进项税额的固定资产，按照简易办法依照 3％征收率减按 2％征收增值税。一般纳税人销售自己使用过的除固定资产以外的物品，应当按照适用税率征收增值税。
- 小规模纳税人（除其他个人外，下同）销售自己使用过的固定资产，减按 2％征收率征收增值税。小规模纳税人销售自己使用过的除固定资产以外的物品，应按 3％的征收率征收增值税。
- 纳税人销售旧货，按照简易办法依照 3％征收率减按 2％征收增值税。所称旧货，是指进入二次流通的具有部分使用价值的货物（含旧汽车、旧摩托车和旧游艇），但不包括自己使用过的物品。

上述纳税人销售自己使用过的固定资产、旧货适用按照简易办法依照 3％征收率减按 2％征收增值税的，按下列公式确定销售额和应纳税额：

$$销售额 = 含税销售额 / (1 + 3\%)$$
$$应纳税额 = 销售额 \times 2\%$$

一般纳税人选择简易办法计算缴纳增值税后，36 个月内不得变更。

② 按照"营改增"的规定，小规模纳税人销售下列不动产、不动产经营租赁服务的，适用 5％的征收率。

- 小规模纳税人销售自建或者取得的不动产。
- 房地产开发企业中的小规模纳税人，销售自行开发的房地产项目。
- 小规模纳税人出租（经营租赁）其取得的不动产（不含个人出租住房）。

5. 零税率

增值税零税率的适用对象是纳税人出口货物和财政部、国家税务总局规定的销售服务和无形资产，税率为零；但是，国务院另有规定的除外。例如，国际计划外出口的原油、援外出口货物、禁止出口的货物。

根据"营改增"税收政策的规定，境内的单位和个人销售下列应税服务和无形资产符合条件时适用零税率。

① 中华人民共和国境内的单位和个人提供的国际运输服务、向境外单位提供的研发服务和设计服务，适用增值税零税率。国际运输服务，是指在境内载运旅客或者货物出境；在境外载运旅客或者货物入境；在境外载运旅客或者货物。起点或终点在境外的运单、提单或客票所对应的各航段或路段的运输服务，属于国际运输服务。航天运输服务参照国际运输服务，适用增值税零税率。向境外单位提供完全在境外消费的下列服务：研发服务；合同能源管理服务；设计服务；广播影视节目（作品）的制作合法性服务；软件服务；电路设计及测

试服务；信息系统服务；业务流程管理服务；离岸服务外包业务；转让技术。

② 其他零税率政策。按照国家有关规定应取得相关资质的国际运输服务项目，纳税人取得相关资质的，适用增值税零税率政策，未取得相关资质的，适用增值税免税政策。

境内的单位或个人提供程租服务，如果租赁的交通工具用于国际运输服务和港澳台运输服务，由出租方按规定申请适用增值税零税率。

境内的单位和个人向境内单位或个人提供期租、湿租服务，如果承租方利用租赁的交通工具向其他单位或个人提供国际运输服务和港澳台运输服务，由承租方适用增值税零税率。境内的单位或个人向境外单位或个人提供期租、湿租服务，由出租方适用增值税零税率。

境内单位和个人以无运输工具承运方式提供的国际运输服务，由境内实际承运人适用增值税零税率；无运输工具承运业务的经营者适用增值税免税政策。

③ 境内单位和个人发生的与香港、澳门、台湾有关的应税行为，除另有规定外，参照上述规定执行。

境内的单位和个人销售适用增值税零税率的服务或无形资产的，可以放弃适用增值税零税率，选择免税或按规定缴纳增值税。放弃适用增值税零税率后，36 个月内不得再申请适用增值税零税率。

增值税的零税率是退税的一种情况，其基本含义是在退税时对纳税人以前环节承担的增值税予以全部退还，税负为零。所以，税率为零不是简单地等同于免税。出口零税率一方面在货物报关出口销售时不征税，另一方面还要对该出口货物以前各经营环节承担的增值税予以全部退还，使其以不含税价格进入国际市场。

6. 兼营行为的税率选择

兼营不同税率的应税销售行为，是指纳税人生产或销售不同税率的货物，或者既销售货物又销售劳务、服务、无形资产或不动产。比如，某企业既销售税率为 16％ 的家用电器，又销售税率为 10％ 的图书、杂志；某农业机械厂既生产销售税率为 10％ 的农机，又利用现有设备从事税率为 16％ 的加工、修理修配业务。

对于这种兼营行为，税务处理办法是：纳税人销售货物、加工修理修配劳务、服务、无形资产或者不动产适用不同税率或者征收率的，应当分别核算适用不同税率或者征收率的销售额，未分别核算销售额的，按照以下方法适用税率或者征收率。

① 兼有不同税率的销售货物、加工修理修配劳务、服务、无形资产或者不动产，从高适用税率。

② 兼有不同征收率的销售货物、加工修理修配劳务、服务、无形资产或者不动产，从高适用征收率。

③ 兼有不同税率和征收率的销售货物、加工修理修配劳务、服务、无形资产或者不动产，从高适用税率。

7. 增值税的减免税规定

1）起征点的规定

个人发生应税行为的销售额未达到增值税起征点的，免征增值税；达到起征点的，全额计算缴纳增值税。

增值税起征点不适用于登记为一般纳税人的个体工商户，即增值税起征点仅适用于按照小规模纳税人纳税的个体工商户和其他个人。

增值税起征点幅度如下。

① 按期纳税的，为月销售额 5 000～20 000 元（含本数）。

② 按次纳税的，为每次（日）销售额 300～500 元（含本数）。

起征点的调整由财政部和国家税务总局规定。省、自治区、直辖市财政厅（局）和国家税务局应当在规定的幅度内，根据实际情况确定本地区适用的起征点，并报财政部和国家税务总局备案。

2）减免税项目

（1）《中华人民共和国增值税暂行条例》第十五条规定的免征增值税项目

① 农业生产者销售的自产农产品。

② 避孕药品和用具。

③ 古旧图书。

④ 直接用于科学研究、科学试验和教学的进口仪器、设备。

⑤ 外国政府、国际组织无偿援助的进口物资和设备。

⑥ 由残疾人的组织直接进口供残疾人专用的物品。

⑦ 销售的自己使用过的物品。

除前款规定外，增值税的免税、减税项目由国务院规定。任何地区、部门均不得规定免税、减税项目。

（2）按照《营业税改征增值税试点过渡政策的规定》免征增值税的项目

① 托儿所、幼儿园提供的保育和教育服务。

② 养老机构提供的养老服务。

③ 残疾人福利机构提供的育养服务。

④ 婚姻介绍服务。

⑤ 殡葬服务。

⑥ 残疾人员本人为社会提供的服务。

⑦ 医疗机构提供的医疗服务。

⑧ 从事学历教育的学校提供的教育服务。

⑨ 学生勤工俭学提供的服务。

⑩ 农业机耕、排灌、病虫害防治、植物保护、农牧保险及相关技术培训业务，家禽、牲畜、水生动物的配种和疾病防治。

⑪ 纪念馆、博物馆、文化馆、文物保护单位管理机构、美术馆、展览馆、书画院、图书馆在自己的场所提供文化体育服务取得的第一道门票收入。

⑫ 寺院、宫观、清真寺和教堂举办文化、宗教活动的门票收入。

⑬ 行政单位之外的其他单位收取的符合《试点实施办法》第十条规定条件的政府性基金和行政事业性收费。

⑭ 个人转让著作权。

⑮ 个人销售自建自用住房。

⑯ 台湾航运公司、航空公司从事海峡两岸海上直航、空中直航业务在大陆取得的运输收入。

⑰ 纳税人提供的直接或者间接国际货物运输代理服务。

⑱ 国家助学贷款、国债、地方政府债等利息收入。

⑲ 被撤销金融机构以货物、不动产、无形资产、有价证券、票据等财产清偿债务。

⑳ 保险公司开办的一年期以上人身保险产品取得的保费收入。

㉑ 金融同业往来利息收入。

㉒ 国家商品储备管理单位及其直属企业承担商品储备任务，从中央或者地方财政取得的利息补贴收入和价差补贴收入。

㉓ 纳税人提供技术转让、技术开发和与之相关的技术咨询、技术服务。

㉔ 家政服务企业由员工制家政服务员提供家政服务取得的收入。

㉕ 福利彩票、体育彩票的发行收入。

㉖ 将土地使用权转让给农业生产者用于农业生产。

㉗ 涉及家庭财产分割的个人无偿转让不动产、土地使用权。

㉘ 土地所有者出让土地使用权和土地使用者将土地使用权归还给土地所有者。

㉙ 县级以上地方人民政府或自然资源行政主管部门出让、转让或收回自然资源使用权（不含土地使用权）。

一般纳税人提供管道运输服务，对其增值税实际税负超过 3% 的部分实行增值税即征即退政策。经人民银行、银监会或者商务部批准从事融资租赁业务的试点纳税人中的一般纳税人，提供有形动产融资租赁服务和有形动产融资性售后回租服务，对其增值税实际税负超过 3% 的部分实行增值税即征即退政策。

（3）其他与增值税减免税有关的规定

按照《财政部 税务总局关于延续小微企业增值税政策的通知》（财税〔2017〕76 号），增值税小规模纳税人销售货物或者加工、修理修配劳务月销售额不超过 3 万元（按季纳税 9 万元），销售服务、无形资产月销售额不超过 3 万元（按季纳税 9 万元）的，自 2018 年 1 月 1 日起至 2020 年 12 月 31 日，可分别享受小微企业暂免征收增值税优惠政策。

根据我国税法，纳税人兼营免税、减税项目的，应当分别核算免税、减税项目的销售额；未分别核算销售额的，不得免税、减税。

纳税人发生应税销售行为适用免税规定的，可以放弃免税，依照条例的规定缴纳增值税。放弃免税后，36 个月内不得再申请免税。

纳税人既有增值税即征即退、先征后退项目，也有出口等其他增值税应税项目的，增值税即征即退和先征后退项目不参与出口项目免抵退税计算。纳税人应分别核算增值税即征即退、先征后退项目和出口等其他增值税应税项目，分别申请享受增值税即征即退、先征后退和免抵退税政策。

【小资料 3-3】

农业生产者销售的自产农业产品免征增值税的具体范围

农业，是指种植业、养殖业、林业、牧业、水产业。农业生产者，包括从事农业生产的单位和个人。农产品，是指种植业、养殖业、林业、牧业、水产业生产的各种植物、动物的初级产品，所包括的具体品目按照 1995 年 6 月财政部、国家税务总局印发的《农业产品征税范围注释》执行。

农业生产者销售的自产农产品，是指直接从事植物的种植、收割和动物的饲养、捕捞的单位和个人销售的注释所列的自产农业产品；对单位和个人销售的外购的农业产品，以及单位和个人将自产的农业产品加工后销售的，不属于免税的范围，应当按照规定税率征收增值税。例如，农业生产者用自产的茶青再经筛分、风选、拣剔、碎块、干燥、匀堆等工序精制而成的精制茶，不得按照农业生产者销售的自产农业产品免税的规定执行，应当按照规定的税率征税。

3.3 增值税应纳税额的计算

3.3.1 增值税计税销售额

1. 计税销售额的基本规定

增值税计税销售额为纳税义务人销售发生应税销售行为向购买方收取的全部价款和价外费用，但是不包括收取的销项税额。价外费用是指价外向购买方收取的手续费、补贴、基金、集资费、返还利润、奖励费、违约金、滞纳金、延期付款利息、赔偿金、代收款项、代垫款项、包装费、包装物租金、储备费、优质费、运输装卸费及其他各种性质的价外收费。但下列项目不包括在内：

① 受托加工应征消费税的消费品所代收代缴的消费税；

② 以委托方名义开具发票代委托方收取的款项；

③ 同时符合以下条件代为收取的政府性基金或者行政事业性收费：由国务院或者财政部批准设立的政府性基金，由国务院或者省级人民政府及其财政、价格主管部门批准设立的行政事业性收费；收取时开具省级以上财政部门印制的财政票据；所收款项全额上缴财政；

④ 销售货物的同时代办保险等而向购买方收取的保险费，以及向购买方收取的代购买方缴纳的车辆购置税、车辆牌照费。

我国增值税属于价外税，以不含税销售额计算增值税，税款和价格分开，计税销售额只包括成本和利润两部分内容。一般纳税义务人、小规模纳税义务人发生应税销售行为采用销售额和销项税额合并定价（又称为含税销售额、含税价格或价税合一）的，均应按下列公式将含税的销售额换算为不含税的销售额后再计算应纳税额：

$$销售额 = \frac{含增值税销售额}{1 + 增值税税率（或征收率）}$$

公式中的增值税税率为 16%、10% 或 6%，征收率为 3%。

纳税义务人发生应税销售行为的价格明显偏低并无正当理由的，以及视同销售行为而无销售额者，按下列顺序确定销售额：

① 按纳税义务人最近时期同类货物、劳务、服务、无形资产或不动产的平均销售价格确定；

② 按其他纳税义务人最近时期同类货物、劳务、服务、无形资产或不动产的平均销售价格确定；

③ 按组成计税价格确定，组成计税价格的公式为

$$组成计税价格＝成本×(1＋成本利润率)$$

公式中的成本是指销售自产货物的为实际生产成本，销售外购货物的为实际采购成本，提供应税服务的为实际服务成本。公式中的成本利润率由国家税务总局确定。除应税消费品以外，其他货物的成本利润率由国家税务总局统一规定为10％。

对于在征收增值税的同时还要征收消费税的少数货物，其增值税的计税销售额应是包括消费税而不包括增值税的销售额（即不包括收取的销项税额）。其组成计税价格计算公式为

$$组成计税价格＝成本×(1＋成本利润率)＋消费税税额$$

或

$$组成计税价格＝\frac{成本×(1＋成本利润率)}{1－消费税税率}$$

属于按照从价定率征收消费税的货物，其公式中的成本利润率根据不同的消费品分别确定，具体执行国家税务总局颁发的《消费税若干具体问题的规定》中规定的应税消费品全国平均成本利润率。

销售额以人民币计算，纳税义务人以人民币以外的货币结算销售额的，应当折合成人民币计算。其销售额的人民币折合率可以选择销售额发生的当天或者当月1日的人民币汇率中间价。纳税义务人应事先确定采用何种折合率，确定后1年内不得变更。

【例3-2】

某企业某月发生以下业务：销售给A货物1 000件，单价1 500元；销售给B同类货物2 000件，单价1 560元；销售给C同类货物500件，单价500元；当月生产一种新产品500件，生产成本每件2 000元，全部发放职工福利和赠送客户使用。确定企业当月的计税销售额。

解 销售给A货物计税销售额＝1 000×1 500＝1 500 000（元）

销售给B货物计税销售额＝2 000×1 560＝3 120 000（元）

销售给C的货物价格明显偏低并无正当理由，按纳税义务人最近时期同类货物的平均销售价格确定，即

$$(1\ 000×1\ 500＋2\ 000×1\ 560)/(1\ 000＋2\ 000)＝1\ 540（元/件）$$

销售给C货物计税销售额＝500×1 540＝770 000（元）

生产的新产品发放给职工作为福利和赠送客户，视同销售，无同类产品售价，按组成计税价格确定计税销售额，即

组成计税价格＝成本×(1＋成本利润率)

＝500×2 000×(1＋10％)＝1 100 000（元）

当月的计税销售额＝1 500 000＋3 120 000＋770 000＋1 100 000＝6 490 000（元）

2. 有关计税销售额的其他规定

在销售活动中有多种销售方式，不同的销售方式销售者取得的销售额会有所不同。税法对以下几种销售方式计税销售额的确定分别作了规定。

（1）以折扣方式销售货物

所谓折扣销售，是指销货方在销售货物或应税劳务时，因购货方购货数量较大等原因而给予购货方的价格优惠。由于折扣是在实现销售时同时发生的，税法规定，纳税义务人采取折扣方式销售货物，销售额和折扣额在同一张发票上分别注明，即销售额和折扣额在同一张发票上的"金额"栏分别注明的，可按折扣后的销售额征收增值税。未在同一张发票"金额"栏注明折扣额，而仅在发票的"备注"栏注明折扣额的，折扣额不得从销售额中减除。如果将折扣额另开发票，不论其在财务上如何处理，也不得从销售额中减除折扣额。

需要注意的是，折扣销售与销售折扣不同。所谓销售折扣，是指销货方在销售货物或应税劳务后，为了鼓励购货方及早偿还货款，而协议许诺给予购货方的一种折扣优待（如 10 天内付款，货款折扣 2％；10 天至 20 天内付款，折扣 1％；20 天至 30 天内则全价付款）。销售折扣发生在销货之后，这在会计上也叫现金折扣。这种折扣，是一种融资性质的理财费用，因此税法规定，销售折扣不得从销售额中扣减。但是，在计算应纳税所得额的时候，它计入了财务费用，在计算企业所得税时，可以按税法有关规定在企业所得税前扣除。

需要注意的是，折扣销售与销售折让也不同。所谓销售折让，是指货物销售后，由于货物本身品种、规格、质量出了问题，购货方未办理退货，但销货方需给购货方的一种价格折让。销售折让其实质是原销售额减少，按税法规定，销货方取得税务机关出具的"开具红字增值税专用发票通知单"，方可开具红字专用发票，故销售折让可以折让后的货款为销售额。折让可以从销售额中扣减，但是要符合关于发票开具的要求。《营业税改征增值税试点实施办法》第三十二条也明确规定，纳税人因销售折让、中止或者退回而退还给购买方的增值税额，应当从当期的销项税额中扣减；因销售折让、中止或者退回而收回的增值税额，应当从当期的进项税额中扣减。

需要注意的是，折扣销售只限于货物价格的折扣。销售方将自产、委托加工及购买的货物用于实物折扣，属于将货物赠送他人，应按视同销售计算增值税，即该实物款额不能从货物的销售额中扣减。

【小思考 3－2】买一赠一的涉税处理

"买一赠一"也叫"随货赠送"是企业经常采用的一种促销手段，即在销售主货物的同时附送从货物，顾客在购买主货物的同时也获赠了从货物。在实际工作中，税务机关往往要求企业按照将自产、委托加工或者购进的货物无偿赠送其他单位或者个人的行为，视同销售货物的规定，要求企业对赠送的商品作视同销售处理，同时计提相应的销项税额。

对于"买一赠一"的赠品在增值税方面是属于以折扣方式销售货物还是属于无偿赠送货物进行视同销售处理便成了企业和税务机关争论的焦点。对于企业来说，在促销活动中的赠送往往是出于利润动机的正常交易，即通过赠送来达到提高销售额、提升市场占有率的目的。而增值税的无偿赠送一般是指赠送人向受赠人的财产转移，它不是出于利润动机的正常交易。

在目前国家税务总局尚未对此问题予以明确、各地执行尺度不尽一致。

按照《四川省国家税务局关于买赠行为增值税处理问题的公告》（四川省国家税务局公告2011年第6号）的规定，"买一赠一"属于折扣销售："买物赠物"方式，是指在销售货物的同时赠送同类或其他货物，并且在同一项销售货物行为中完成，赠送货物的价格不高于销售货物收取的金额。对纳税人的该种销售行为，按其实际收到的货款申报缴纳增值税，但应按照《国家税务总局关于确认企业所得税收入若干问题的通知》（国税函〔2008〕875号）第三条的规定，在账务上将实际收到的销售金额，按销售货物和随同销售赠送货物的公允价值的比例来分摊确认其销售收入，同时应将销售货物和随同销售赠送的货物品名、数量及按各项商品公允价值的比例分摊确认的价格和金额在同一张发票上注明。

但是，也并不是所有省市的规定都是如此的，比如内蒙古国家税务局2010年第1号公告《内蒙古自治区商业零售企业增值税管理办法（试行）》就对此问题明确为无偿赠送。

企业如何能在买赠活动中进行比较稳妥的账务处理或者完善发票开具行为，使其在一定程度上降低涉税风险，则显得尤为重要。

（2）以旧换新方式销售货物

所谓以旧换新，是指纳税义务人在销售货物时，有偿回收旧货物的行为。税法规定，纳税义务人采取以旧换新方式销售货物的（金银首饰除外），应按新货物的同期销售价格确定销售额，不得扣减旧货物的收购价格。之所以这样规定，一是因为销售货物与收购货物是两个不同的业务，销售额与收购额不能相互抵减；二是为了严格增值税的计算征收，防止出现销售额不实、减少纳税的现象。

（3）还本销售方式销售货物

所谓还本销售，是指纳税义务人在销售货物后，到一定期限由销售方一次或分次退还给购货方全部或部分价款。这种方式实际上是一种筹资，是以货物换取资金的使用价值，到期还本不付息的方法。税法规定，纳税义务人采取还本销售货物的，其销售额就是货物的销售价格，不得从销售额中减除还本支出。

（4）采取以物易物方式销售

所谓以物易物，是指购销双方不以货币结算，而以同等价款的货物相互结算，实现货物购销的一种方式。纳税义务人用于抵顶货款的货物，也属于"以物易物"的范围。税法规定，以物易物双方都应作购销处理，即以各自发出的货物核算销售额并计算销项税额，以各自收到的货物核算购货额并计算进项税额。

需要注意的是，采用以物易物销售时，购销双方应开具合法的增值税专用发票或其他合法的票据，如收到的货物不能取得相应的发票或票据的，不得抵扣增值税进项税额。

（5）出租出借包装物情况下销售额的确定

税法规定，纳税义务人为销售货物而出租出借包装物收取的押金，单独记账核算的，不并入销售额征税。但对逾期（以一年为期限）未收回包装物不再退还的押金，不论包装物周转使用期限长短应按包装物适用的税率计算征税。

需要注意的是，对销售除啤酒、黄酒外的其他酒类产品而收取的包装物押金，无论是否返还及会计上如何核算，均应并入当期销售额征税。

【例3-3】

某商业企业是增值税小规模纳税义务人，以以旧换新方式销售10台冰箱，每台新冰箱的零售价为2 500元；同时，收购10台旧冰箱，旧冰箱总计折价5 000元，共计收款20 000元，计算计税销售额。

解 纳税义务人采取以旧换新方式销售货物，应按新货物的同期销售价格确定销售额，不得扣减旧货物的收购价格。

$$计算销售额＝10×2\ 500/（1＋3\%）＝24\ 271.84（元）$$

3.3.2 小规模纳税义务人应纳税额计算

小规模纳税义务人发生应税销售行为，按照简易办法征税，即不含增值税的销售额和规定的3%的征收率计算应纳税额，不得抵扣进项税额。小规模纳税义务人应纳税额的计算公式为

$$应纳税额＝销售额×征收率$$

【例3-4】

某报亭属于增值税小规模纳税义务人，某月购进报纸杂志支付30 000元，销售报纸、杂志取得含税销售额50 000元，计算应纳增值税。

解 对于小规模纳税义务人，购进货物不得抵扣进项税额，小规模纳税义务人适用征收率为3%。

$$计税销售额＝50\ 000/（1＋3\%）＝48\ 543.69（元）$$
$$应纳税额＝48\ 543.69×3\%＝1\ 456.31（元）$$

小规模纳税义务人销售货物或提供应税劳务等，可以申请由主管税务机关代开增值税专用发票。主管税务机关为小规模纳税义务人代开专用发票，应在专用发票"单价"栏和"金额"栏分别填写不含增值税税额的单价和销售额。

3.3.3 一般纳税义务人应纳税额计算

1. 一般纳税义务人应纳税额的计算

一般纳税义务人发生应税销售行为，应纳税额为当期销项税额抵扣当期进项税额后的余额。应纳税额的计算公式为

$$应纳税额＝当期销项税额－当期进项税额$$

如果公式计算结果为正数，即是纳税义务人当期应纳税额；如果计算结果为负数，当期进项税额大于当期销项税额时，不足抵扣的部分可以结转下一个纳税期继续抵扣。

一般纳税义务人应纳税额的计算公式为

$$应纳税额＝当期销项税额－当期进项税额－上期留抵的进项税额$$

销项税额是指纳税义务人销售货物或者应税劳务、应税服务等，按照销售额和增值税暂行条例以及其他规定规定的税率计算并向购买方收取的增值税额。

当期销项税额＝当期不含税销售额×税率（16％、10％或6％）

或

当期销项税额＝当期组成计税价格×税率（16％、10％或6％）

销项税额"当期"的时间就是增值税纳税义务发生时间，纳税义务人增值税纳税义务发生时间是根据不同的结算方式来确定的，具体内容见本章的增值税的征收管理（3.5节）。

进项税额是纳税义务人购进货物、劳务、服务、无形资产、不动产，所支付或者负担的增值税额。准予抵扣进项税额的只限增值税一般纳税义务人，增值税小规模纳税义务人在计算应纳增值税时不得抵扣进项税额。一般纳税义务人进项税额的抵扣采用购进扣除法，按当期购进的进项税额进行扣抵。

【例 3-5】

某电视机生产企业某月份经营业务如下，计算该企业应纳的增值税。

① 电视机的每台出厂价为 2 000 元/台，销售 9 000 台。另外 1 000 台电视机按 9 折折价销售，折扣价在同一张发票上开具；800 台因在 10 日内一次性付款，给予销售折扣 2％；200 台采用以旧换新方式销售，每台旧电视机作价 300 元；另外本企业生产用于职工集体福利 10 台；捐赠给运动会 20 台；本月还发生已经到期无法退还的包装物押金 10 万元。

② 购入国内原材料 800 万元，取得防伪税控系统开具的增值税专用发票。当月生产产品消耗原材料共计 700 万元。

解 应税销售额＝2 000×（9 000＋800＋200＋10＋20）＋2 000×1 000×0.9＋

100 000/(1＋16％)＝21 946 206.90（元）

销项税额＝21 946 206.90×16％＝3 511 393.10（元）

进项税额＝8 000 000×16％＝1 280 000（元）

应纳增值税＝3 511 393.10－1 280 000＝2 231 393.10（元）

2. 进项税额的确定

纳税义务人购进货物、劳务、服务、无形资产、不动产支付或者负担的增值税额，为进项税额。对于任何一个一般纳税义务人，由于其在经营活动中，既会发生应税销售行为，又会购进应税销售行为，因此每一个一般纳税义务人都会有收取的销项税额和支付的进项税额。在开具增值税专用发票的情况下，销售方收取的销项税额，就是购买方支付的进项税额。一般纳税义务人收取的销项税额抵扣其支付的进项税额，其余额为纳税义务人实际应缴纳的增值税税额。在销项税额一定的情况下，可以抵扣的进项税额的确定是正确计算增值税的一个关键问题。

需要注意的是，并不是纳税义务人支付的所有进项税额都可以从销项税额中抵扣。纳税义务人购进货物或者应税劳务等，取得的增值税扣税凭证不符合法律、行政法规或者国务院税务主管部门有关规定的，其进项税额不得从销项税额中抵扣。增值税扣税凭证，是指增值税专用发票、海关进口增值税专用缴款书、农产品收购发票和农产品销售发票和完税凭证。

此外，为了体现增值税配比原则，即购进项目和发生应税销售行为之间的配比性，即使纳税义务人购进货物、接受应税劳务时取得增值税扣税凭证，但是用于不得抵扣进项税额的项目时，其进项税额依然不得从销项税额中抵扣。因此，严格把握哪些进项税额可以抵扣，哪些进项税额不能抵扣是十分重要的。

(1) 准予抵扣的进项税额

准予从销项税额中抵扣的进项税额，限于下列增值税扣税凭证上注明的增值税税额或按规定的扣除率计算的进项税额。下列进项税额准予从销项税额中抵扣：

① 从销售方取得的增值税专用发票（含税控机动车销售统一发票）上注明的增值税额。

② 从海关取得的海关进口增值税专用缴款书上注明的增值税额。纳税义务人进口货物取得的合法海关进口增值税专用缴款书，是计算增值税进项税额的唯一依据，其价格差额部分及从境外供应商取得的退还或返还的资金，不作进项税额转出处理。

③ 购进农产品，除取得增值税专用发票或者海关进口增值税专用缴款书外，按照农产品收购发票或者销售发票上注明的农产品买价和10%的扣除率计算的进项税额。所称买价，包括纳税义务人购进农产品在农产品收购发票或者销售发票上注明的价款和按规定缴纳的烟叶税。进项税额的计算公式为

$$进项税额＝买价×扣除率（10\%）$$

烟叶收购单位收购烟叶时按照国家有关规定以现金形式直接补贴烟农的生产投入补贴属于农产品买价。烟叶收购单位，应将价外补贴与烟叶收购价格在同一张农产品收购发票或者销售发票上分别注明，否则价外补贴不得计算增值税进项税额进行抵扣。

④ 自境外单位或者个人购进劳务、服务、无形资产或者境内的不动产，从税务机关或者扣缴义务人取得的代扣代缴税款的完税凭证上注明的增值税额。

对于增值税一般纳税义务人发生的属于增值税征收范围的行为，购进符合规定且取得上述增值税扣税凭证的货物或接受劳务的进项税额，在计算纳税义务人应纳税额时可以用来抵扣销项税额。

纳税义务人发生视同销售时，所涉及的外购货物或接受劳务的进项税额，凡符合规定的，允许作为当期进项税额抵扣。

(2) 不准抵扣的进项税额

并不是购进任何货物、劳务、服务等其进项税额都可以从销项税额中扣除，下列项目的进项税额不得从销项税额中抵扣。

① 用于简易计税方法计税项目、免征增值税项目、集体福利或者个人消费的购进货物、加工修理修配劳务、服务、无形资产和不动产。其中涉及的固定资产、无形资产、不动产，仅指专用于上述项目的固定资产、无形资产（不包括其他权益性无形资产）、不动产。

② 非正常损失的购进货物，以及相关的加工修理修配劳务和交通运输服务。

③ 非正常损失的在产品、产成品所耗用的购进货物（不包括固定资产）、加工修理修配劳务和交通运输服务。

④ 非正常损失的不动产，以及该不动产所耗用的购进货物、设计服务和建筑服务。

⑤ 非正常损失的不动产在建工程所耗用的购进货物、设计服务和建筑服务。纳税人新建、改建、扩建、修缮、装饰不动产，均属于不动产在建工程。

⑥ 购进的旅客运输服务、贷款服务、餐饮服务、居民日常服务和娱乐服务。

⑦ 财政部和国家税务总局规定的其他情形。

【小思考3-3】不得抵扣增值税进项税额的固定资产主要有哪些?
① 专门用于简易计税项目、免征增值税项目、集体福利或者个人消费的固定资产。
② 非正常损失的购进固定资产。
③ 非正常损失的不动产、不动产在建工程所耗用的购进固定资产。

适用一般计税方法的纳税人,兼营简易计税方法计税项目、免征增值税项目而无法划分不得抵扣的进项税额,按照下列公式计算不得抵扣的进项税额:

不得抵扣的进项税额＝当期无法划分的全部进项税额×(当期简易计税方法计税项目销售额＋免征增值税项目销售额)÷(当期全部销售额＋当期全部营业额)

主管税务机关可以按照上述公式依据年度数据对不得抵扣的进项税额进行清算。

已抵扣进项税额的购进货物(不含固定资产)、劳务、服务,用于集体福利、个人消费、购进货物发生非正常损失、在产品或产成品发生非正常损失等(不包括简易计税方法计税项目、免征增值税项目)不得抵扣进项税项目的,应当将该进项税额从当期进项税额中扣减;无法确定该进项税额的,按照当期实际成本计算应扣减的进项税额。

已抵扣进项税额的固定资产、无形资产或者不动产,发生用于简易计税方法计税项目、用于免征增值税项目、用于集体福利或者个人消费、购进货物发生非正常损失、在产品或产成品发生非正常损失情形的,按照下列公式计算不得抵扣的进项税额:

不得抵扣的进项税额＝固定资产、无形资产或者不动产净值×适用税率

固定资产、无形资产或者不动产净值,是指纳税人根据财务会计制度计提折旧或摊销后的余额。

【例3-6】
某生产企业月末盘存发现上月购进的原材料被盗,金额50 000元(其中含分摊的运输费用4 650元)。计算进项税额的抵减额。

解 进项税额转出数额＝(50 000－4 650)×16%＋4 650×10%
＝6 791(元)

【例3-7】
某自行车厂某月自产的10辆自行车被盗,每辆成本为300元(材料成本为65%),计算本月进项税额的转出。

解 进项税额转出数额＝10×300×65%×16%＝312(元)

增值税一般纳税义务人有下列情形之一者,应按销售额依照增值税税率计算应纳税额,不得抵扣进项税额,也不得使用增值税专用发票:一般纳税义务人会计核算不健全,或者不能够提供准确税务资料的;除税法规定允许外,纳税义务人销售额超过小规模纳税义务人标

准，未申请办理一般纳税义务人认定手续的。

（3）关于进项税额抵扣的时间规定

① 自 2017 年 7 月 1 日起，增值税一般纳税人取得的 2017 年 7 月 1 日及以后开具的增值税专用发票和机动车销售统一发票，应自开具之日起 360 日内认证或登录增值税发票选择确认平台进行确认，并在认证通过的次月申报期内，向主管国税机关申报抵扣进项税额。2017 年 6 月 30 日前开具的发票仍应在开具之日起 180 日内办理认证。

② 实行海关进口增值税专用缴款书（以下简称海关缴款书）"先比对后抵扣"管理办法的增值税一般纳税人取得的海关缴款书，应在开具之日起 180 日内向主管税务机关报送《海关完税凭证抵扣清单》（包括纸质资料和电子数据）申请稽核比对。未实行海关缴款书"先比对后抵扣"管理办法的增值税一般纳税人取得海关缴款书，应在开具之日起 180 日后的第一个纳税申报期结束以前，向主管税务机关申报抵扣进项税额。2017 年 7 月 1 日以后开具的海关缴款书申请稽核比对的期限延长至 360 天。

③ 增值税一般纳税人取得的增值税专用发票、机动车销售统一发票及海关缴款书，未在规定期限内到税务机关办理认证、申报抵扣或者申请稽核比对的，不得作为合法的增值税扣税凭证，不得计算进项税额抵扣。

3. 一般纳税义务人应纳税额计算举例

【例 3-8】

某家用电器商场是增值税一般纳税义务人，发生以下业务。

① 销售上月购入的空调 400 台（进价 3 500 元/台），每台售价 4 500 元。

② 按进价卖给内部职工 50 台空调。

③ 本月购入冰柜 100 台，进价 2 800 元/台，取得防伪税控开具的增值税专用发票并认证。销售 20 台，每台售价 3 600 元。

④ 以旧换新销售冰箱 80 台，旧冰箱收购价 200 元/台，新冰箱出售实际收款 1 800 元/台。

⑤ 5 年前还本销售方式售出 1 000 台彩电，本月为还本期，还本额 200 元/台。

计算商场应纳的增值税额（以上价格均为不含税收入）。

解 按上述业务分别计算各项业务的销项税额和进项税额如下。

① 销项税额 = 400 × 4 500 × 16% = 288 000（元）

② 按进价卖给内部职工 50 台空调，销项税额 = 50 × 4 500 × 16% = 36 000（元）

③ 销售本月购入的冰柜 20 台，进项税额 = 100 × 2 800 × 16% = 44 800（元）

销项税额 = 20 × 3 600 × 16% = 11 520（元）

④ 以旧换新销售冰箱 80 台，销项税额 = 80 × （1 800 + 200）× 16% = 25 600（元）

⑤ 5 年前以还本销售方式售出 1 000 台彩电，本月为还本期，还本额为 200 元/台。销项税额和进项税额均为零。

应纳税额 = 当期销项税额 - 当期进项税额
= （288 000 + 36 000 + 11 520 + 25 600）- 44 800 = 316 320（元）

【例 3-9】

　　某生产企业系增值税一般纳税义务人，有关业务资料如下。

　　① 购进生产用材料一批，取得防伪税控开具的增值税专用发票并认证，价款为 300 000 元，增值税税额为 48 000 元。

　　② 接受某单位投资转入生产用材料一批，取得防伪税控开具的增值税专用发票并认证，价款为 100 000 元，增值税税额为 16 000 元。

　　③ 收回上月委托加工的包装物一批，并部分投入使用；但月末尚未支付加工费，未取得增值税专用发票；据委托加工协议规定，该批包装物的加工费（不含税）为 10 000 元。

　　④ 将上月购进的生产用材料无偿赠送给某单位，账面实际成本为 20 000 元。该批材料已在上月申报抵扣进项税额。

　　⑤ 向某公司销售自制产品 1 000 件，每件不含税售价为 500 元，共获销售额 500 000 元。

　　⑥ 本月销售货物发生运输费用 3 200 元，其中运费 3 000 元、装卸费 200 元，已取得运输部门开具的增值税专用发票并进行了认证。

　　⑦ 经营设备修理、修配业务，取得修理、修配收入（含税）5 850 元。

　　要求：计算该企业本期应纳的增值税税额。

　　解　按上述业务分别计算各项业务的销项税额和进项税额如下。

　　① 进项税额＝48 000（元）

　　② 进项税额＝16 000（元）

　　③ 销项税额、进项税额均为零

　　④ 销项税额＝20 000×（1＋10％）×16％＝3 520（元）

　　⑤ 销项税额＝500 000×16％＝80 000（元）

　　⑥ 进项税额＝3 000×10％＋200×6％＝312（元）

　　⑦ 销项税额＝[5 850/（1＋16％）]×16％＝806.90（元）

　　当期销项税额＝3 520＋80 000＋806.90＝84 326.90（元）

　　当期进项税额＝48 000＋16 000＋312＝64 312（元）

　　当期应纳增值税额＝84 326.90－64 312＝20 014.90（元）

3.3.4　进口货物应纳税额计算

　　一般来说，进入我国境内的货物，都必须向我国海关申报进口，并办理有关报关手续。只要是报关进口的应税货物，均应按照规定缴纳进口环节增值税。

　　进口货物的增值税纳税义务人为进口货物的收货人或办理报关手续的单位和个人。

　　纳税义务人进口货物，按照组成计税价格和规定的税率计算应纳税额，不得抵扣任何税额。进口货物增值税税率与增值税一般纳税义务人在国内销售同类货物的税率相同。

　　进口货物的组成计税价格为进口货物所支付的全部金额，包括进口货物关税，但不包括支付的增值税。如果进口的货物属于征收消费税的应税消费品，则组成计税价格中还要包括进口环节的消费税税额。

如果进口不缴纳消费税的货物，其组成计税价格的计算公式为

$$组成计税价格＝关税完税价格＋关税$$

如果进口缴纳消费税的货物，其组成计税价格的计算公式为

$$组成计税价格＝关税完税价格＋关税＋消费税税额$$

或

$$组成计税价格＝（关税完税价格＋关税）／（1－消费税税率）$$

《进出口关税条例》规定："进口货物以海关审定的成交价格为基础的到岸价格作为完税价格。"根据税法规定，所称到岸价格包括货价加上货物运抵我国关境内输入地点起卸前的包装费、运费、保险费和其他劳务费等费用组成的一种价格（关税完税价格的确定详见关税一章）。

确定进口货物的计税组成价格后，按下式计算进口货物的应纳税额。

$$应纳税额＝组成计税价格×适用税率$$

按进口的货物不同，公式中的适用税率为 16％或 10％。

【例 3-10】

某商贸公司从国外进口小轿车一辆，支付离岸买价 44 万元，支付到达我国海关前的运输费用 4 万元、保险费用 2 万元，该小轿车在进口环节缴纳关税 10 万元、消费税 6 万元，计算该小轿车应纳的进口环节增值税。

解　　　　　组成计税价格＝关税完税价格＋关税＋消费税

$$＝44＋4＋2＋10＋6＝66（万元）$$

应纳增值税＝组成计税价格×税率＝66×16％＝10.56（万元）

3.4　增值税的出口货物劳务、跨境应税行为退（免）税

对出口货物劳务、跨境应税行为退还或免征在国内征收的增值税是我国调节出口贸易的一项重要手段，它是国际贸易中通常采用并为世界各国普遍接受的、目的在于鼓励各国出口货物公平竞争的一种税收措施。出口退税是指对货物劳务等在出口前实际承担的税收负担，按规定的退税率计算后予以退还；出口免税是指对货物劳务在出口环节不征增值税、消费税。

实行出口退（免）税的根本原因有两点。一是在世界范围内维护商品税负公平。税收属国家行为，增值税、消费税有转嫁性质，若进入国际市场的商品含流转税，那么外国最终消费者将势必承担出口国政府的税收负担，而外国消费者没有义务承担出口商品国政府的税负，对出口货物劳务退（免）税体现了公平税负原则。二是增加出口商品的竞争力。含流转

税的商品进入国际市场，也会增加商品成本，降低竞争力。商品出口国对出口商品退（免）税已成为世界各国普遍接受的一条国际惯例。如果我国不充分利用这一被国际社会所普遍接受的措施鼓励货物出口，必将使我国出口货物在国际市场失去竞争力。对出口货物劳务退（免）在国内已纳的税款，使其以不含国内税的价格向国外输出，会增强我国出口商品在国外市场的竞争力，使我国与各贸易往来国家在对外贸易中处于同等地位。

3.4.1　出口货物劳务、跨境应税行为的退（免）税基本政策

我国对于出口货物采用出口退税和出口免税相结合的政策。根据出口企业的不同形式和出口货物劳务、服务等的不同种类，我国的出口货物劳务、应税行为税收政策分为以下三种形式。

（1）出口免税并退税

出口免税是指对商品在出口环节不征收增值税、消费税；出口退税是指对商品在出口前实际承担的税收负担，按规定的退税率计算后予以退还。

（2）出口免税不退税

适用出口不退税政策的出口商品因在出口前一道生产、销售或进口环节是免税的，故出口时本身并不含税，也无须退税。

（3）出口不免税也不退税

出口不免税是指对国家限制或禁止出口的某些商品的出口环节视同内销环节，照常征税；出口不退税是指对这些商品出口不退还出口前其所承担的税款。

3.4.2　增值税退（免）税政策的出口范围

《财政部　国家税务总局关于出口货物劳务增值税和消费税政策的通知》（财税〔2012〕39 号）（以下简称《通知》）和《跨境应税行为适用增值税零税率和免税政策的规定》对适用不同增值税退（免）税政策的出口货物劳务、应税行为的范围进行了规定。

1. 适用增值税退（免）税政策的范围

对下列出口货物劳务应税行为，实行免征和退还增值税（以下称增值税退（免）税）政策。

（1）出口企业出口货物

出口企业，是指依法办理工商登记、税务登记、对外贸易经营者备案登记，自营或委托出口货物的单位或个体工商户，以及依法办理工商登记、税务登记但未办理对外贸易经营者备案登记，委托出口货物的生产企业。

出口货物，是指向海关报关后实际离境并销售给境外单位或个人的货物，分为自营出口货物和委托出口货物两类。

（2）出口企业或其他单位视同出口货物

① 出口企业对外援助、对外承包、境外投资的出口货物。

② 出口企业经海关报关进入国家批准的出口加工区、保税物流园区、保税港区、综合保税区、珠澳跨境工业区（珠海园区）、中哈霍尔果斯国际边境合作中心（中方配套区域）、保税物流中心（B 型）（以下统称特殊区域）并销售给特殊区域内单位或境外单位、个人的货物。

③ 国家规定的免税品经营企业销售的货物。

④ 出口企业或其他单位销售给用于国际金融组织或外国政府贷款国际招标建设项目的中标机电产品。

⑤ 生产企业向海上石油天然气开采企业销售的自产的海洋工程结构物。

⑥ 出口企业或其他单位销售给国际运输企业用于国际运输工具上的货物。

⑦ 出口企业或其他单位销售给特殊区域内生产企业生产耗用且不向海关报关而输入特殊区域的水（包括蒸汽）、电力、燃气。

（3）出口企业对外提供加工修理修配劳务

对外提供加工修理修配劳务，是指对进境复出口货物或从事国际运输的运输工具进行的加工修理修配。

跨境应税行为适用增值税零税率政策的服务和无形资产情况见本章第 2 节 "零税率" 相关内容。

2. 适用增值税免税政策的范围

（1）出口企业或其他单位出口规定的货物

出口企业或其他单位出口规定的货物，具体是指：

① 增值税小规模纳税人出口的货物。

② 避孕药品和用具，古旧图书。

③ 软件产品。其具体范围是指海关税则号前四位为 "9803" 的货物。

④ 含黄金、铂金成分的货物，钻石及其饰品。具体范围见《通知》。

⑤ 国家计划内出口的卷烟。具体范围见《通知》。

⑥ 购进时未取得增值税专用发票、海关进口增值税专用缴款书但其他相关单证齐全的已使用过的设备。

⑦ 非出口企业委托出口的货物。

⑧ 非列名生产企业出口的非视同自产货物。

⑨ 农业生产者自产农产品〔农产品的具体范围按照《农业产品征税范围注释》（财税〔1995〕52 号）的规定执行〕。

⑩ 油画、花生果仁、黑大豆等财政部和国家税务总局规定的出口免税的货物。

⑪ 外贸企业取得普通发票、废旧物资收购凭证、农产品收购发票、政府非税收入票据的货物。

⑫ 来料加工复出口的货物。

⑬ 特殊区域内的企业出口的特殊区域内的货物。

⑭ 以人民币现金作为结算方式的边境地区出口企业从所在省（自治区）的边境口岸出口到接壤国家的一般贸易和边境小额贸易出口货物。

⑮ 以旅游购物贸易方式报关出口的货物。

（2）出口企业或其他单位视同出口的以下货物劳务

① 国家批准设立的免税店销售的免税货物，包括进口免税货物和已实现退（免）税的货物。

② 特殊区域内的企业为境外的单位或个人提供加工修理修配劳务。

③ 同一特殊区域、不同特殊区域内的企业之间销售特殊区域内的货物。

（3）出口企业或其他单位未按规定申报或未补齐增值税退（免）税凭证的出口货物劳务

① 未在国家税务总局规定的期限内申报增值税退（免）税的出口货物劳务。

② 未在规定期限内申报开具《代理出口货物证明》的出口货物劳务。

③ 已申报增值税退（免）税，却未在国家税务总局规定的期限内向税务机关补齐增值税退（免）税凭证的出口货物劳务。

对于适用增值税免税政策的出口货物劳务，出口企业或其他单位可以依照现行增值税有关规定放弃免税，并依照《通知》的规定缴纳增值税。

适用增值税免税政策的出口货物劳务，其进项税额不得抵扣和退税，应当转入成本。

（4）境内的单位和个人销售的下列服务和无形资产免征增值税，但财政部和国家税务总局规定适用增值税零税率的除外

① 下列服务：工程项目在境外的建筑服务；工程项目在境外的工程监理服务；工程、矿产资源在境外的工程勘察勘探服务；会议展览地点在境外的会议展览服务；存储地点在境外的仓储服务；标的物在境外使用的有形动产租赁服务；在境外提供的广播影视节目（作品）的播映服务；在境外提供的文化体育服务、教育医疗服务、旅游服务。

② 为出口货物提供的邮政服务、收派服务、保险服务。为出口货物提供的保险服务，包括出口货物保险和出口信用保险。

③ 向境外单位提供的完全在境外消费的以下服务和无形资产：电信服务；知识产权服务；物流辅助服务（仓储服务、收派服务除外）；鉴证咨询服务；专业技术服务；商务辅助服务；广告投放地在境外的广告服务；无形资产。

④ 以无运输工具承运方式提供的国际运输服务。

⑤ 为境外单位之间的货币资金融通及其他金融业务提供的直接收费金融服务，且该服务与境内的货物、无形资产和不动产无关。

3. 适用增值税征税政策的范围

① 出口企业出口或视同出口财政部和国家税务总局根据国务院决定明确的取消出口退（免）税的货物，不包括来料加工复出口货物、中标机电产品、列名原材料、输入特殊区域的水电气、海洋工程结构物。

② 出口企业或其他单位销售给特殊区域内的生活消费用品和交通运输工具。

③ 出口企业或其他单位因骗取出口退税被税务机关停止办理增值税退（免）税期间出口的货物。

④ 出口企业或其他单位提供虚假备案单证的货物。

⑤ 出口企业或其他单位增值税退（免）税凭证有伪造或内容不实的货物。

⑥ 出口企业或其他单位未在国家税务总局规定期限内申报免税核销以及经主管税务机关审核不予免税核销的出口卷烟。

⑦ 出口企业或其他单位具有以下情形之一的出口货物劳务：

- 将空白的出口货物报关单、出口收汇核销单等退（免）税凭证交由除签有委托合同的货代公司、报关行，或由境外进口方指定的货代公司（提供合同约定或者其他相关证明）以外的其他单位或个人使用的。
- 以自营名义出口，其出口业务实质上是由本企业及其投资的企业以外的单位或个人借该出口企业名义操作完成的。
- 以自营名义出口，其出口的同一批货物既签订购货合同，又签订代理出口合同（或

协议）的。

- 出口货物在海关验放后，自己或委托货代承运人对该笔货物的海运提单或其他运输单据等上的品名、规格等进行修改，造成出口货物报关单与海运提单或其他运输单据有关内容不符的。
- 以自营名义出口，但不承担出口货物的质量、收款或退税风险之一的，即出口货物发生质量问题不承担购买方的索赔责任（合同中有约定质量责任承担者除外）；不承担未按期收款导致不能核销的责任（合同中有约定收款责任承担者除外）；不承担因申报出口退（免）税的资料、单证等出现问题造成不退税责任的。
- 未实质参与出口经营活动、接受并从事由中间人介绍的其他出口业务，但仍以自营名义出口的。

3.4.3 增值税退（免）税办法与计算

1. 增值税退（免）税办法

适用增值税退（免）税政策的出口货物劳务等，按照下列规定实行增值税免抵退税或免退税办法。

① 免抵退税办法。生产企业出口自产货物和视同自产货物及对外提供加工修理修配劳务，以及《通知》中列名的生产企业出口非自产货物，免征增值税，相应的进项税额抵减应纳增值税额（不包括适用增值税即征即退、先征后退政策的应纳增值税额），未抵减完的部分予以退还。境内的单位和个人提供适用增值税零税率的服务或者无形资产，如果属于适用增值税一般计税方法的生产企业实行免抵退税办法，外贸企业直接将服务或自行研发的无形资产出口的，视同生产企业连同其出口货物统一实行免抵退税办法。

② 免退税办法。不具有生产能力的出口企业（即外贸企业）或其他单位出口货物劳务，外贸企业外购服务或者无形资产出口的，免征增值税，相应的进项税额予以退还。

2. 增值税出口退税率

① 除财政部和国家税务总局根据国务院决定而明确的增值税出口退税率（以下称退税率）外，出口货物的退税率为其适用税率。国家税务总局根据上述规定将退税率通过出口货物劳务退税率文库予以发布，供征纳双方执行。退税率有调整的，除另有规定外，其执行时间以货物（包括被加工修理修配的货物）出口货物报关单（出口退税专用）上注明的出口日期为准。

② 退税率的特殊规定。

- 外贸企业购进按简易办法征税的出口货物、从小规模纳税人购进的出口货物，其退税率分别为简易办法实际执行的征收率、小规模纳税人征收率。上述出口货物取得增值税专用发票的，退税率按照增值税专用发票上的税率和出口货物退税率孰低的原则确定。
- 出口企业委托加工修理修配货物，其加工修理修配费用的退税率，为出口货物的退税率。
- 中标机电产品、出口企业向海关报关进入特殊区域销售给特殊区域内生产企业生产耗用的列名原材料（以下称列名原材料）、输入特殊区域的水电气，其退税率为适用税率。如果国家调整列名原材料的退税率，列名原材料应当自调整之日起按调整后的退税率执行。

● 海洋工程结构物退税率的适用，具体见《通知》。

③ 适用不同退税率的货物劳务，应分开报关、核算并申报退（免）税，未分开报关、核算或划分不清的，从低适用退税率。服务和无形资产的退税率为其按照《营业税改征增值税试点实施办法》中规定适用的增值税税率。

3. 增值税免抵退税和免退税的计算

（1）生产企业出口货物劳务、服务、无形资产增值税免抵退税

① 当期应纳税额的计算。

当期应纳税额＝当期销项税额－（当期进项税额－当期不得免征和抵扣税额）

当期不得免征和抵扣税额＝当期出口货物离岸价×外汇人民币折合率×（出口货物适用税率－出口货物退税率）－当期不得免征和抵扣税额抵减额

当期不得免征和抵扣税额抵减额＝当期免税购进原材料价格×（出口货物适用税率－出口货物退税率）

② 当期免抵退税额的计算。

当期免抵退税额＝当期出口货物离岸价×外汇人民币折合率×出口货物退税率－当期免抵退税额抵减额

当期免抵退税额抵减额＝当期免税购进原材料价格×出口货物退税率

③ 当期应退税额和免抵税额的计算。

当期期末留抵税额≤当期免抵退税额时，则

当期应退税额＝当期期末留抵税额

当期免抵税额＝当期免抵退税额－当期应退税额

当期期末留抵税额＞当期免抵退税额时，则

当期应退税额＝当期免抵退税额

当期免抵税额＝0

当期期末留抵税额为当期增值税纳税申报表中"期末留抵税额"。

④ 当期免税购进原材料价格包括当期国内购进的无进项税额且不计提进项税额的免税原材料的价格和当期进料加工保税进口料件的价格，其中当期进料加工保税进口料件的价格为组成计税价格。

当期进料加工保税进口料件的组成计税价格＝当期进口料件到岸价格＋海关实征关税＋海关实征消费税

（2）外贸企业出口货物劳务、服务、无形资产增值税免退税

外贸企业出口货物劳务等增值税免退税，依下列公式计算。

① 外贸企业出口委托加工修理修配货物以外的货物：

增值税应退税额＝增值税退（免）税计税依据×出口货物退税率

② 外贸企业出口委托加工修理修配货物：

出口委托加工修理修配货物的增值税应退税额＝委托加工修理修配的增值税退（免）税计税依据×出口货物退税率

退税率低于适用税率的，相应计算出的差额部分的税款计入出口货物劳务成本。

出口企业既有适用增值税免抵退项目，也有增值税即征即退、先征后退项目的，增值税即征即退和先征后退项目不参与出口项目免抵退税计算。出口企业应分别核算增值税免抵退项目和增值税即征即退、先征后退项目，并分别申请享受增值税即征即退、先征后退和免抵退税政策。

用于增值税即征即退或者先征后退项目的进项税额无法划分的，按照下列公式计算。

无法划分进项税额中用于增值税即征即退或者先征后退项目的部分＝当月无法划分的全部进项税额×当月增值税即征即退或者先征后退项目销售额÷当月全部销售额、营业额合计

3.5 增值税的征收管理

3.5.1 纳税义务发生时间

纳税义务发生时间是纳税义务人发生应税销售行为应当承担纳税义务的起始时间。纳税义务人必须按照国家规定的纳税义务发生时间及时、准确地记录销售额、计算当期销项税额和应纳税额。

（1）销售业务纳税义务发生时间的确定

发生应税销售行为，为收讫销售款项或者取得索取销售款项凭据的当天；先开具发票的，为开具发票的当天。

纳税义务人销售货物或劳务的纳税义务发生时间，按销售结算方式的不同，具体如下。

① 采取直接收款方式销售货物，不论货物是否发出，均为收到销售款或者取得索取销售款凭据的当天。

② 采取托收承付和委托银行收款方式销售货物，为发出货物并办妥托收手续的当天。

③ 采取赊销和分期收款方式销售货物，为书面合同约定的收款日期的当天，无书面合同的或者书面合同没有约定收款日期的，为货物发出的当天。

④ 采取预收货款方式销售货物，为货物发出的当天，但生产销售生产工期超过 12 个月的大型机械设备、船舶、飞机等货物，为收到预收款或者书面合同约定的收款日期的当天。

⑤ 委托其他纳税义务人代销货物，为收到代销单位的代销清单或者收到全部或者部分货款的当天。未收到代销清单及货款的，为发出代销货物满 180 天的当天。

⑥ 销售应税劳务，为提供劳务同时收讫销售款或者取得索取销售款凭据的当天。

⑦ 纳税义务人发生视同销售货物行为，为货物移送的当天。

按照《营业税改征增值税试点实施办法》，纳税人销售服务、无形资产、不动产并收讫销售款项或者取得索取销售款项凭据的当天为纳税义务发生的时间；先开具发票的，为开具发票的当天。还规定了以下几种特殊情况。

① 纳税人提供建筑服务、租赁服务采取预收款方式的，其纳税义务发生时间为收到预收款的当天。

② 纳税人从事金融商品转让的，为金融商品所有权转移的当天。

③ 纳税人发生视同销售服务、无形资产、不动产情形的，其纳税义务发生时间为服务、无形资产转让完成的当天或者不动产权属变更的当天。

（2）进口业务纳税义务发生时间的确定

纳税义务人进口货物纳税义务发生时间为报关进口当天。

（3）增值税扣缴义务发生时间的确定

增值税扣缴义务发生时间为纳税义务人增值税纳税义务发生的当天。

【小思考3-4】对于分期收款方式下销售商品的，是按合同约定时间还是按发票开具时间计算缴纳增值税？

答： 增值税纳税义务人采用分期付款结算方式销售的，纳税义务的发生时间和发票的开具时间为合同约定的收款日期的当天。但如果发票不是按合同约定的时间，而是提前开具的，则应按所开发票时间计算缴纳增值税。

3.5.2　纳税期限

增值税的纳税期限分别为1日、3日、5日、10日、15日、1个月或者1个季度。纳税人的具体纳税期限，由主管税务机关根据纳税人应纳税额的大小分别核定。以1个季度为纳税期限的规定适用于小规模纳税人、银行、财务公司、信托投资公司、信用社，以及财政部和国家税务总局规定的其他纳税人。不能按照固定期限纳税的，可以按次纳税。

纳税义务人以1个月或者1个季度为1个纳税期的，自期满之日起15日内申报纳税；以1日、3日、5日、10日或者15日为1个纳税期的，自期满之日起5日内预缴税款，于次月1日起15日内申报纳税并结清上月应纳税款。

扣缴义务人解缴税款的期限，依照前两款规定执行。

② 纳税义务人进口货物，应当自海关填发海关进口增值税专用缴款书之日起15日内缴纳税款。

③ 纳税义务人出口货物适用退（免）税规定的，应当向海关办理出口手续，凭出口报关单等有关凭证，在规定的出口退（免）税申报期内按月向主管税务机关申报办理该项出口货物的退（免）税。

3.5.3　增值税的纳税地点

对于增值税的纳税地点，税法规定如下。

① 固定业户应当向其机构所在地的主管税务机关申报纳税。总机构和分支机构不在同一县（市）的，应当分别向各自所在地的主管税务机关申报纳税；经国务院财政、税务主管部门或者其授权的财政、税务机关批准，可以由总机构汇总向总机构所在地的主管税务机关申报纳税。

② 固定业户到外县（市）销售货物或者劳务，应当向其机构所在地的主管税务机关报告外出经营事项，并向其机构所在地的主管税务机关申报纳税；未报告的，应当向销售地或者劳务发生地的主管税务机关申报纳税；未向销售地或者劳务发生地的主管税务机关申报纳税的，由其机构所在地的主管税务机关补征税款。

③ 非固定业户发生应税销售行为，应当向销售地或者应税销售行为发生地的主管税务机关申报纳税；未申报纳税的，由其机构所在地或者居住地的主管税务机关补征税款。

④ 其他个人提供建筑服务，销售或者租赁不动产，转让自然资源使用权，应向建筑服务发生地、不动产所在地、自然资源所在地主管税务机关申报纳税。

⑤ 进口货物，应当向报关地海关申报纳税。

⑥ 扣缴义务人应当向其机构所在地或者居住地的主管税务机关申报缴纳其扣缴的税款。

3.6 增值税专用发票的使用

增值税专用发票（以下简称专用发票），是增值税一般纳税义务人发生应税销售行为开具的发票，是购买方支付增值税额并可按照增值税有关规定据以抵扣增值税进项税额的凭证。专用发票由基本联次或者基本联次附加其他联次构成，基本联次为三联：发票联、抵扣联和记账联。发票联，作为购买方核算采购成本和增值税进项税额的记账凭证；抵扣联，作为购买方报送主管税务机关认证和留存备查的凭证；记账联，作为销售方核算销售收入和增值税销项税额的记账凭证。其他联次用途，由一般纳税义务人自行确定。

为适应增值税专用发票管理需要，规范增值税专用发票使用，进一步加强增值税征收管理，国家税务总局根据《中华人民共和国增值税暂行条例》及其实施细则和《中华人民共和国税收征收管理法》及其实施细则，对《增值税专用发票使用规定》（国税发〔1993〕150号）进行了修订，修订后的《增值税专用发票使用规定》（国税发〔2006〕156号）自2007年1月1日起施行。

增值税一般纳税人销售货物、劳务、服务、无形资产和不动产，使用增值税发票管理新系统（以下简称新系统）开具增值税专用发票、增值税普通发票、机动车销售统一发票、增值税电子普通发票。

增值税发票管理新系统是对增值税防伪税控系统、货物运输业增值税专用发票税控系统、稽核系统及税务数字证书系统等进行整合升级完善。实现纳税人经过税务数字证书安全认证、加密开具的发票数据，通过互联网实时上传税务机关，生成增值税发票电子底账，作为纳税申报、发票数据查验及税源管理、数据分析利用的依据。新系统纳税人端税控设备包括金税盘和税控盘。

增值税专用发票一般只限于增值税的一般纳税义务人领购使用，小规模纳税义务人需要开具专用发票的，可向主管税务机关申请代开。但随着"营改增"工作的推进，为方便纳税人发票使用，除已纳入自开专用发票试点范围的住宿业和鉴证咨询业外，自2018年2月1日起，月销售额超过3万元（或季销售额超过9万元）的工业及信息传输、软件和信息技术服务业增值税小规模纳税人（以下简称试点纳税人）发生增值税应税行为，需要开具增值税专用发票的，可以通过增值税发票管理新系统自行开具。试点纳税人销售其取得的不动产，需要开具增值税专用发票的，应当按照有关规定向地税机关申请代开。

3.6.1 专用发票的领购

一般纳税义务人凭《发票领购簿》、IC卡和经办人身份证明领购专用发票。一般纳税义务人有下列情形之一的，不得领购开具专用发票。

① 会计核算不健全，不能向税务机关准确提供增值税销项税额、进项税额、应纳税额数据及其他有关增值税税务资料的。上列其他有关增值税税务资料的内容，由省、自治区、直辖市和计划单列市国家税务局确定。

② 有《税收征管法》规定的税收违法行为，拒不接受税务机关处理的。

③ 有下列行为之一，经税务机关责令限期改正而仍未改正的：

● 虚开增值税专用发票；

● 私自印制专用发票；

● 向税务机关以外的单位和个人买取专用发票；

● 借用他人专用发票；

● 未按规定开具专用发票；

● 未按规定保管专用发票和专用设备；

● 未按规定申请办理防伪税控系统变更发行；

● 未按规定接受税务机关检查。

有上列情形的，如已领购专用发票，主管税务机关应暂扣其结存的专用发票和 IC 卡。

3.6.2 专用发票的开具

纳税义务人发生应税销售行为，应当向索取增值税专用发票的购买方开具增值税专用发票，并在增值税专用发票上分别注明销售额和销项税额。专用发票应按下列要求开具：

① 项目齐全，与实际交易相符。

② 字迹清楚，不得压线、错格。

③ 发票联和抵扣联加盖财务专用章或者发票专用章。

④ 按照增值税纳税义务的发生时间开具。

对不符合上列要求的专用发票，购买方有权拒收。

按照《中华人民共和国增值税暂行条例》和《增值税专用发票使用规定》，属于下列情形之一的，不得开具增值税专用发票。

① 应税销售行为的购买方为消费者个人的。

② 发生应税销售行为适用免税规定的。

③ 商业企业一般纳税人零售的烟、酒、食品、服装、鞋帽（不包括劳保专用部分）、化妆品等消费品不得开具专用发票。

增值税一般纳税人开具增值税专用发票后，发生销货退回、开票有误、应税行为中止等情形但不符合发票作废条件，或者因销货部分退回及发生销售折让，需要开具红字专用发票的，按以下方法处理：

① 购买方取得专用发票已用于申报抵扣的，购买方可在新系统中填开并上传《开具红字增值税专用发票信息表》（以下简称《信息表》），在填开《信息表》时不填写相对应的蓝字专用发票信息，应暂依《信息表》所列增值税税额从当期进项税额中转出，待取得销售方

开具的红字专用发票后，与《信息表》一并作为记账凭证。

购买方取得增值税专用发票未用于申报抵扣、但发票联或抵扣联无法退回的，购买方填开《信息表》时应填写相对应的蓝字增值税专用发票信息。

销售方开具增值税专用发票尚未交付购买方，以及购买方未用于申报抵扣并将发票联及抵扣联退回的，销售方可在新系统中填开并上传《信息表》。销售方填开《信息表》时应填写相对应的蓝字增值税专用发票信息。

② 主管税务机关通过网络接收纳税人上传的《信息表》，系统自动校验通过后，生成带有"红字发票信息表编号"的《信息表》，并将信息同步至纳税人端系统中。

③ 销售方凭税务机关系统校验通过的《信息表》开具红字增值税专用发票，在新系统中以销项负数开具。红字增值税专用发票应与《信息表》一一对应。

④ 纳税人也可凭《信息表》电子信息或纸质资料到税务机关对《信息表》内容进行系统校验。

税务机关为小规模纳税人代开专用发票，需要开具红字专用发票的，按照一般纳税人开具红字专用发票的方法处理。

自 2018 年 1 月 1 日起，纳税人通过增值税发票管理新系统开具增值税发票（包括：增值税专用发票、增值税普通发票、增值税电子普通发票）时，商品和服务税收分类编码对应的简称会自动显示并打印在发票票面"货物或应税劳务、服务名称"或"项目"栏次中。

3.6.3 专用发票的认证

所称专用发票认证，是税务机关通过防伪税控系统对专用发票所列数据的识别、确认。用于抵扣增值税进项税额的专用发票应经税务机关认证相符（国家税务总局另有规定的除外）。所谓认证相符，是指纳税义务人识别号无误，专用发票所列密文解译后与明文一致。认证相符的专用发票应作为购买方的记账凭证，不得退还销售方。

经认证，有下列情形之一的，不得作为增值税进项税额的抵扣凭证，税务机关退还原件，购买方可要求销售方重新开具专用发票。

① 无法认证。无法认证是指专用发票所列密文或者明文不能辨认，无法产生认证结果。

② 纳税义务人识别号认证不符。纳税义务人识别号认证不符是指专用发票所列购买方纳税义务人识别号有误。

③ 专用发票代码、号码认证不符。专用发票代码、号码认证不符是指专用发票所列密文解译后与明文的代码或者号码不一致。

经认证，有下列情形之一的，暂不得作为增值税进项税额的抵扣凭证，税务机关扣留原件，查明原因，分情况进行处理。

① 重复认证。重复认证是指已经认证相符的同一张专用发票再次认证。

② 密文有误。密文有误是指专用发票所列密文无法解译。

③ 认证不符。认证不符是指纳税义务人识别号有误，或者专用发票所列密文解译后与明文不一致。不包含纳税义务人识别号认证不符和专用发票代码、号码认证不符。

④ 列为失控专用发票。列为失控专用发票是指认证时的专用发票已被登记为失控专用发票。

阅读材料

销售服务、无形资产、不动产注释

1. 销售服务

销售服务，是指提供交通运输服务、邮政服务、电信服务、建筑服务、金融服务、现代服务、生活服务。

1）交通运输服务

交通运输服务，是指利用运输工具将货物或者旅客送达目的地，使其空间位置得到转移的业务活动，包括陆路运输服务、水路运输服务、航空运输服务和管道运输服务。

（1）陆路运输服务

陆路运输服务，是指通过陆路（地上或者地下）运送货物或者旅客的运输业务活动，包括铁路运输服务和其他陆路运输服务。铁路运输服务，是指通过铁路运送货物或者旅客的运输业务活动。其他陆路运输服务，是指铁路运输以外的陆路运输业务活动，包括公路运输、缆车运输、索道运输、地铁运输、城市轻轨运输等。

出租车公司向使用本公司自有出租车的出租车司机收取的管理费用，按照陆路运输服务缴纳增值税。

（2）水路运输服务

水路运输服务，是指通过江、河、湖、川等天然、人工水道或者海洋航道运送货物或者旅客的运输业务活动。

水路运输的程租、期租业务，属于水路运输服务。程租业务，是指运输企业为租船人完成某一特定航次的运输任务并收取租赁费的业务。期租业务，是指运输企业将配备有操作人员的船舶承租给他人使用一定期限，承租期内听候承租方调遣，不论是否经营，均按天向承租方收取租赁费，发生的固定费用均由船东负担的业务。

（3）航空运输服务

航空运输服务，是指通过空中航线运送货物或者旅客的运输业务活动。

航空运输的湿租业务，属于航空运输服务。

湿租业务，是指航空运输企业将配备有机组人员的飞机承租给他人使用一定期限，承租期内听候承租方调遣，不论是否经营，均按一定标准向承租方收取租赁费，发生的固定费用均由承租方承担的业务。

航天运输服务，按照航空运输服务缴纳增值税。航天运输服务，是指利用火箭等载体将卫星、空间探测器等空间飞行器发射到空间轨道的业务活动。

（4）管道运输服务

管道运输服务，是指通过管道设施输送气体、液体、固体物质的运输业务活动。

无运输工具承运业务，按照交通运输服务缴纳增值税。无运输工具承运业务，是指经营者以承运人身份与托运人签订运输服务合同，收取运费并承担承运人责任，然后委托实际承运人完成运输服务的经营活动。

2）邮政服务

邮政服务，是指中国邮政集团公司及其所属邮政企业提供邮件寄递、邮政汇兑和机要通信等邮政基本服务的业务活动，包括邮政普遍服务、邮政特殊服务和其他邮政服务。

（1）邮政普遍服务

邮政普遍服务，是指函件、包裹等邮件寄递，以及邮票发行、报刊发行和邮政汇兑等业务活动。

函件，是指信函、印刷品、邮资封片卡、无名址函件和邮政小包等。

包裹，是指按照封装上的名址递送给特定个人或者单位的独立封装的物品，其重量不超过 50 千克，任何一边的尺寸不超过 150 厘米，长、宽、高合计不超过 300 厘米。

（2）邮政特殊服务

邮政特殊服务，是指义务兵平常信函、机要通信、盲人读物和革命烈士遗物的寄递等业务活动。

（3）其他邮政服务

其他邮政服务，是指邮册等邮品销售、邮政代理等业务活动。

3）电信服务

电信服务，是指利用有线、无线的电磁系统或者光电系统等各种通信网络资源，提供语音通话服务，传送、发射、接收或者应用图像、短信等电子数据和信息的业务活动，包括基础电信服务和增值电信服务。

（1）基础电信服务

基础电信服务，是指利用固网、移动网、卫星、互联网，提供语音通话服务的业务活动，以及出租或者出售带宽、波长等网络元素的业务活动。

（2）增值电信服务

增值电信服务，是指利用固网、移动网、卫星、互联网、有线电视网络，提供短信和彩信服务、电子数据和信息的传输及应用服务、互联网接入服务等业务活动。

卫星电视信号落地转接服务，按照增值电信服务缴纳增值税。

4）建筑服务

建筑服务，是指各类建筑物、构筑物及其附属设施的建造、修缮、装饰，线路、管道、设备、设施等的安装及其他工程作业的业务活动，包括工程服务、安装服务、修缮服务、装饰服务和其他建筑服务。

（1）工程服务

工程服务，是指新建、改建各种建筑物、构筑物的工程作业，包括与建筑物相连的各种设备或者支柱、操作平台的安装或者装设工程作业，以及各种窑炉和金属结构工程作业。

（2）安装服务

安装服务，是指生产设备、动力设备、起重设备、运输设备、传动设备、医疗实验设备及其他各种设备、设施的装配、安置工程作业，包括与被安装设备相连的工作台、梯子、栏杆的装设工程作业，以及被安装设备的绝缘、防腐、保温、油漆等工程作业。

固定电话、有线电视、宽带、水、电、燃气、暖气等经营者向用户收取的安装费、初装费、开户费、扩容费及类似收费，按照安装服务缴纳增值税。

（3）修缮服务

修缮服务，是指对建筑物、构筑物进行修补、加固、养护、改善，使之恢复原来的使用价值或者延长其使用期限的工程作业。

（4）装饰服务

装饰服务，是指对建筑物、构筑物进行修饰装修，使之美观或者具有特定用途的工程作业。

（5）其他建筑服务

其他建筑服务，是指上列工程作业之外的各种工程作业服务，如钻井（打井）、拆除建筑物或者构筑物、平整土地、园林绿化、疏浚（不包括航道疏浚）、建筑物平移、搭脚手架、爆破、矿山穿孔、表面附着物（包括岩层、土层、沙层等）剥离和清理等工程作业。

5）金融服务

金融服务，是指经营金融保险的业务活动，包括贷款服务、直接收费金融服务、保险服务和金融商品转让。

（1）贷款服务

贷款服务，是指将资金贷与他人使用而取得利息收入的业务活动。

各种占用、拆借资金取得的收入，包括金融商品持有期间（含到期）利息（保本收益、报酬、资金占用费、补偿金等）收入、信用卡透支利息收入、买入返售金融商品利息收入、融资融券收取的利息收入，以及融资性售后回租、押汇、罚息、票据贴现、转贷等业务取得的利息及利息性质的收入，按照贷款服务缴纳增值税。

融资性售后回租，是指承租方以融资为目的，将资产出售给从事融资性售后回租业务的企业后，从事融资性售后回租业务的企业将该资产出租给承租方的业务活动。

以货币资金投资收取的固定利润或者保底利润，按照贷款服务缴纳增值税。

（2）直接收费金融服务

直接收费金融服务，是指为货币资金融通及其他金融业务提供相关服务并且收取费用的业务活动，包括提供货币兑换、账户管理、电子银行、信用卡、信用证、财务担保、资产管理、信托管理、基金管理、金融交易场所（平台）管理、资金结算、资金清算、金融支付等服务。

（3）保险服务

保险服务，是指投保人根据合同约定，向保险人支付保险费，保险人对于合同约定的可能发生的事故因其发生所造成的财产损失承担赔偿保险金责任，或者当被保险人死亡、伤残、疾病或者达到合同约定的年龄、期限等条件时承担给付保险金责任的商业保险行为，包括人身保险服务和财产保险服务。

人身保险服务，是指以人的寿命和身体为保险标的的保险业务活动。

财产保险服务，是指以财产及其有关利益为保险标的的保险业务活动。

（4）金融商品转让

金融商品转让，是指转让外汇、有价证券、非货物期货和其他金融商品所有权的业务活动。

其他金融商品转让包括基金、信托、理财产品等各类资产管理产品和各种金融衍生品的转让。

6）现代服务

现代服务，是指围绕制造业、文化产业、现代物流产业等提供技术性、知识性服务的业务活动，包括研发和技术服务、信息技术服务、文化创意服务、物流辅助服务、租赁服务、鉴证咨询服务、广播影视服务、商务辅助服务和其他现代服务。

（1）研发和技术服务

研发和技术服务，包括研发服务、合同能源管理服务、工程勘察勘探服务、专业技术服务。

① 研发服务，也称技术开发服务，是指就新技术、新产品、新工艺或者新材料及其系统进行研究与试验开发的业务活动。

② 合同能源管理服务，是指节能服务公司与用能单位以契约形式约定节能目标，节能服务公司提供必要的服务，用能单位以节能效果支付节能服务公司投入及其合理报酬的业务活动。

③ 工程勘察勘探服务，是指在采矿、工程施工前后，对地形、地质构造、地下资源蕴藏情况进行实地调查的业务活动。

④ 专业技术服务，是指气象服务、地震服务、海洋服务、测绘服务、城市规划、环境与生态监测服务等专项技术服务。

（2）信息技术服务

信息技术服务，是指利用计算机、通信网络等技术对信息进行生产、收集、处理、加工、存储、运输、检索和利用，并提供信息服务的业务活动，包括软件服务、电路设计及测试服务、信息系统服务、业务流程管理服务和信息系统增值服务。

① 软件服务，是指提供软件开发服务、软件维护服务、软件测试服务的业务活动。

② 电路设计及测试服务，是指提供集成电路和电子电路产品设计、测试及相关技术支持服务的业务活动。

③ 信息系统服务，是指提供信息系统集成、网络管理、网站内容维护、桌面管理与维护、信息系统应用、基础信息技术管理平台整合、信息技术基础设施管理、数据中心、托管中心、信息安全服务、在线杀毒、虚拟主机等业务活动，包括网站对非自有的网络游戏提供的网络运营服务。

④ 业务流程管理服务，是指依托信息技术提供的人力资源管理、财务经济管理、审计管理、税务管理、物流信息管理、经营信息管理和呼叫中心等服务的活动。

⑤ 信息系统增值服务，是指利用信息系统资源为用户附加提供的信息技术服务，包括数据处理、分析和整合、数据库管理、数据备份、数据存储、容灾服务、电子商务平台等。

（3）文化创意服务

文化创意服务，包括设计服务、知识产权服务、广告服务和会议展览服务。

① 设计服务，是指把计划、规划、设想通过文字、语言、图画、声音、视觉等形式传递出来的业务活动，包括工业设计、内部管理设计、业务运作设计、供应链设计、造型设计、服装设计、环境设计、平面设计、包装设计、动漫设计、网游设计、展示设计、网站设计、机械设计、工程设计、广告设计、创意策划、文印晒图等。

② 知识产权服务，是指处理知识产权事务的业务活动，包括对专利、商标、著作权、软件、集成电路布图设计的登记、鉴定、评估、认证、检索服务。

③ 广告服务，是指利用图书、报纸、杂志、广播、电视、电影、幻灯、路牌、招贴、橱窗、霓虹灯、灯箱、互联网等各种形式为客户的商品、经营服务项目、文体节目或者通告、声明等委托事项进行宣传和提供相关服务的业务活动，包括广告代理和广告的发布、播映、宣传、展示等。

④ 会议展览服务，是指为商品流通、促销、展示、经贸洽谈、民间交流、企业沟通、国际往来等举办或者组织安排的各类展览和会议的业务活动。

（4）物流辅助服务

物流辅助服务，包括航空服务、港口码头服务、货运客运场站服务、打捞救助服务、装卸搬运服务、仓储服务和收派服务。

① 航空服务，包括航空地面服务和通用航空服务。

航空地面服务，是指航空公司、飞机场、民航管理局、航站等向在境内航行或者在境内机场停留的境内外飞机或者其他飞行器提供的导航等劳务性地面服务的业务活动，包括旅客安全检查服务、停机坪管理服务、机场候机厅管理服务、飞机清洗消毒服务、空中飞行管理服务、飞机起降服务、飞行通信服务、地面信号服务、飞机安全服务、飞机跑道管理服务、空中交通管理服务等。

通用航空服务，是指为专业工作提供飞行服务的业务活动，包括航空摄影、航空培训、航空测量、航空勘探、航空护林、航空吊挂播洒、航空降雨、航空气象探测、航空海洋监测、航空科学实验等。

② 港口码头服务，是指港务船舶调度服务、船舶通信服务、航道管理服务、航道疏浚服务、灯塔管理服务、航标管理服务、船舶引航服务、理货服务、系解缆服务、停泊和移泊服务、海上船舶溢油清除服务、水上交通管理服务、船只专业清洗消毒检测服务和防止船只漏油服务等为船只提供服务的业务活动。

港口设施经营人收取的港口设施保安费按照港口码头服务缴纳增值税。

③ 货运客运场站服务，是指货运客运场站提供货物配载服务、运输组织服务、中转换乘服务、车辆调度服务、票务服务、货物打包整理、铁路线路使用服务、加挂铁路客车服务、铁路行包专列发送服务、铁路到达和中转服务、铁路车辆编解服务、车辆挂运服务、铁路接触网服务、铁路机车牵引服务等业务活动。

④ 打捞救助服务，是指提供船舶人员救助、船舶财产救助、水上救助和沉船沉物打捞服务的业务活动。

⑤ 装卸搬运服务，是指使用装卸搬运工具或者人力、畜力将货物在运输工具之间、装卸现场之间或者运输工具与装卸现场之间进行装卸和搬运的业务活动。

⑥ 仓储服务，是指利用仓库、货场或者其他场所代客贮放、保管货物的业务活动。

⑦ 收派服务，是指接受寄件人委托，在承诺的时限内完成函件和包裹的收件、分拣、派送服务的业务活动。

收件服务，是指从寄件人收取函件和包裹，并运送到服务提供方同城的集散中心的业务活动。

分拣服务，是指服务提供方在其集散中心对函件和包裹进行归类、分发的业务活动。

派送服务，是指服务提供方从其集散中心将函件和包裹送达同城的收件人的业务活动。

（5）租赁服务

租赁服务，包括融资租赁服务和经营租赁服务。

① 融资租赁服务，是指具有融资性质和所有权转移特点的租赁活动。即出租人根据承租人所要求的规格、型号、性能等条件购入有形动产或者不动产租赁给承租人，合同期内租赁物所有权属于出租人，承租人只拥有使用权，合同期满付清租金后，承租人有权按照残值购入租赁物，以拥有其所有权。不论出租人是否将租赁物销售给承租人，均属于融资租赁。

按照标的物的不同，融资租赁服务可分为有形动产融资租赁服务和不动产融资租赁服务。

融资性售后回租不按照本税目缴纳增值税。

② 经营租赁服务，是指在约定时间内将有形动产或者不动产转让他人使用且租赁物所有权不变更的业务活动。

按照标的物的不同，经营租赁服务可分为有形动产经营租赁服务和不动产经营租赁服务。

将建筑物、构筑物等不动产或者飞机、车辆等有形动产的广告位出租给其他单位或者个人用于发布广告，按照经营租赁服务缴纳增值税。

车辆停放服务、道路通行服务（包括过路费、过桥费、过闸费等）等按照不动产经营租赁服务缴纳增值税。

水路运输的光租业务、航空运输的干租业务，属于经营租赁。

光租业务，是指运输企业将船舶在约定的时间内出租给他人使用，不配备操作人员，不承担运输过程中发生的各项费用，只收取固定租赁费的业务活动。

干租业务，是指航空运输企业将飞机在约定的时间内出租给他人使用，不配备机组人员，不承担运输过程中发生的各项费用，只收取固定租赁费的业务活动。

（6）鉴证咨询服务

鉴证咨询服务，包括认证服务、鉴证服务和咨询服务。

① 认证服务，是指具有专业资质的单位利用检测、检验、计量等技术，证明产品、服务、管理体系符合相关技术规范、相关技术规范的强制性要求或者标准的业务活动。

② 鉴证服务，是指具有专业资质的单位受托对相关事项进行鉴证，发表具有证明力的意见的业务活动，包括会计鉴证、税务鉴证、法律鉴证、职业技能鉴定、工程造价鉴证、工程监理、资产评估、环境评估、房地产土地评估、建筑图纸审核、医疗事故鉴定等。

③ 咨询服务，是指提供信息、建议、策划、顾问等服务的活动，包括金融、软件、技术、财务、税收、法律、内部管理、业务运作、流程管理、健康等方面的咨询。

翻译服务和市场调查服务按照咨询服务缴纳增值税。

（7）广播影视服务

广播影视服务，包括广播影视节目（作品）的制作服务、发行服务和播映（含放映，下同）服务。

① 广播影视节目（作品）制作服务，是指进行专题（特别节目）、专栏、综艺、体育、动画片、广播剧、电视剧、电影等广播影视节目和作品制作的服务，具体包括与广播影视节目和作品相关的策划、采编、拍摄、录音、音视频文字图片素材制作、场景布置、后期的剪辑、翻译（编译）、字幕制作、片头、片尾、片花制作、特效制作、影片修复、编目和确权等业务活动。

② 广播影视节目（作品）发行服务，是指以分账、买断、委托等方式，向影院、电台、电视台、网站等单位和个人发行广播影视节目（作品），以及转让体育赛事等活动的报道及播映权的业务活动。

③ 广播影视节目（作品）播映服务，是指在影院、剧院、录像厅及其他场所播映广播影视节目（作品），以及通过电台、电视台、卫星通信、互联网、有线电视等无线或者有线装置播映广播影视节目（作品）的业务活动。

（8）商务辅助服务

商务辅助服务，包括企业管理服务、经纪代理服务、人力资源服务、安全保护服务。

① 企业管理服务，是指提供总部管理、投资与资产管理、市场管理、物业管理、日常综合管理等服务的业务活动。

② 经纪代理服务，是指各类经纪服务、中介服务、代理服务，包括金融代理、知识产权代理、货物运输代理、代理报关、法律代理、房地产中介、职业中介、婚姻中介、代理记账、拍卖等。

货物运输代理服务，是指接受货物收货人、发货人、船舶所有人、船舶承租人或者船舶经营人的委托，以委托人的名义，为委托人办理货物运输、装卸、仓储和船舶进出港口、引航、靠泊等相关手续的业务活动。

代理报关服务，是指接受进出口货物收、发货人委托，代为办理报关手续的业务活动。

③ 人力资源服务，是指提供公共就业、劳务派遣、人才委托招聘、劳动力外包等服务的业务活动。

④ 安全保护服务，是指提供保护人身安全和财产安全，维护社会治安等的业务活动，包括场所住宅保安、特种保安、安全系统监控及其他安保服务。

（9）其他现代服务

其他现代服务，是指除研发和技术服务、信息技术服务、文化创意服务、物流辅助服务、租赁服务、鉴证咨询服务、广播影视服务和商务辅助服务以外的现代服务。

7）生活服务

生活服务，是指为满足城乡居民日常生活需求提供的各类服务活动，包括文化体育服务、教育医疗服务、旅游娱乐服务、餐饮住宿服务、居民日常服务和其他生活服务。

（1）文化体育服务

文化体育服务，包括文化服务和体育服务。

① 文化服务，是指为满足社会公众文化生活需求提供的各种服务，包括：文艺创作、文艺表演、文化比赛，图书馆的图书和资料借阅，档案馆的档案管理，文物及非物质遗产保护，组织举办宗教活动、科技活动、文化活动，提供游览场所。

② 体育服务，是指组织举办体育比赛、体育表演、体育活动，以及提供体育训练、体育指导、体育管理的业务活动。

（2）教育医疗服务

教育医疗服务，包括教育服务和医疗服务。

① 教育服务，是指提供学历教育服务、非学历教育服务、教育辅助服务的业务活动。

学历教育服务，是指根据教育行政管理部门确定或者认可的招生和教学计划组织教学，并颁发相应学历证书的业务活动，包括初等教育、初级中等教育、高级中等教育、高等教育等。

非学历教育服务，包括学前教育、各类培训、演讲、讲座、报告会等。

教育辅助服务，包括教育测评、考试、招生等服务。

② 医疗服务，是指提供医学检查、诊断、治疗、康复、预防、保健、接生、计划生育、防疫服务等方面的服务，以及与这些服务有关的提供药品、医用材料器具、救护车、病房住宿和伙食的业务。

（3）旅游娱乐服务

旅游娱乐服务，包括旅游服务和娱乐服务。

① 旅游服务，是指根据旅游者的要求，组织安排交通、游览、住宿、餐饮、购物、文娱、商务等服务的业务活动。

② 娱乐服务，是指为娱乐活动同时提供场所和服务的业务，具体包括：歌厅、舞厅、夜总会、酒吧、台球、高尔夫球、保龄球、游艺（包括射击、狩猎、跑马、游戏机、蹦极、卡丁车、热气球、动力伞、射箭、飞镖）。

（4）餐饮住宿服务

餐饮住宿服务，包括餐饮服务和住宿服务。

① 餐饮服务，是指通过同时提供饮食和饮食场所的方式为消费者提供饮食消费服务的业务活动。

② 住宿服务，是指提供住宿场所及配套服务等的活动，包括宾馆、旅馆、旅社、度假村和其他经营性住宿场所提供的住宿服务。

（5）居民日常服务

居民日常服务，是指主要为满足居民个人及其家庭日常生活需求提供的服务，包括市容市政管理、家政、婚庆、养老、殡葬、照料和护理、救助救济、美容美发、按摩、桑拿、氧吧、足疗、沐浴、洗染、摄影扩印等服务。

（6）其他生活服务

其他生活服务，是指除文化体育服务、教育医疗服务、旅游娱乐服务、餐饮住宿服务和居民日常服务之外的生活服务。

2. 销售无形资产

销售无形资产，是指转让无形资产所有权或者使用权的业务活动。无形资产，是指不具实物形态，但能带来经济利益的资产，包括技术、商标、著作权、商誉、自然资源使用权和其他权益性无形资产。

技术，包括专利技术和非专利技术。

自然资源使用权，包括土地使用权、海域使用权、探矿权、采矿权、取水权和其他自然资源使用权。

其他权益性无形资产，包括基础设施资产经营权、公共事业特许权、配额、经营权（包括特许经营权、连锁经营权、其他经营权）、经销权、分销权、代理权、会员权、席位权、网络游戏虚拟道具、域名、名称权、肖像权、冠名权、转会费等。

3. 销售不动产

销售不动产，是指转让不动产所有权的业务活动。不动产，是指不能移动或者移动后会引起性质、形状改变的财产，包括建筑物、构筑物等。

建筑物，包括住宅、商业营业用房、办公楼等可供居住、工作或者进行其他活动的建造物。

构筑物，包括道路、桥梁、隧道、水坝等建造物。

转让建筑物有限产权或者永久使用权的，转让在建的建筑物或者构筑物所有权的，以及在转让建筑物或者构筑物时一并转让其所占土地的使用权的，按照销售不动产缴纳增值税。

本 章 小 结

增值税是对在我国境内销售货物，提供加工、修理修配劳务，销售服务、无形资产、不动产，进口货物的单位和个人，就其取得的销售额，以及进口货物的金额计算税款，并实行税款抵扣制的一种流转税。我国增值税的纳税义务人按其规模大小和会计核算是否健全划分为一般纳税义务人和小规模纳税义务人。一般纳税义务人适用 16%、10% 和 6% 的税率，小规模纳税义务人适用 3% 的征收率。增值税是价外税，其计税依据的销售额一般为销售货物、劳务、服务、无形资产、不动产收取的价格和价外收费，不包含增值税。增值税一般纳税义务人的应纳税额为销项税额减进项税额，销项税额为销售额乘以税率，允许抵扣的进项税额根据增值税一般纳税义务人购买货物或接受劳务取得的增值税扣税凭证确定。小规模纳税义务人应纳税额为销售额乘以征收率。增值税对于进口货物按组成计税价格计算纳税。增值税对于出口货物分不同情况实行出口免税并退税、出口免税不退税和出口征税政策。发生应税销售行为的纳税义务发生时间，为收讫销售款项或者取得销售款项凭据的当天，先开具发票的，为开具发票的当天，进口货物为报关进口的当天。增值税专用发票，是增值税一般纳税义务人发生应税销售行为开具的发票，是购买方支付增值税额并可按照增值税有关规定据以抵扣增值税进项税额的凭证。增值税专用发票应按照国家税务总局颁布的《增值税专用发票使用规定》等有关法规使用。

主要法律依据

[1] 中华人民共和国增值税暂行条例．中华人民共和国国务院令第 538 号．成文日期：2008 - 11 - 10.

[2] 中华人民共和国增值税暂行条例实施细则．财政部 国家税务总局第 50 号令．成文日期：2008 - 12 - 15.

[3] 财政部 国家税务总局关于全面推开营业税改征增值税试点的通知．财税〔2016〕36 号．成文日期：2016 - 03 - 23.

[4] 国务院关于废止《中华人民共和国营业税暂行条例》和修改《中华人民共和国增值税暂行条例》的决定．国令第 691 号．成文日期：2017 - 11 - 19.

[5] 国家税务总局关于修订《增值税专用发票使用规定》的通知．国税发〔2006〕156 号．条款失效．成文日期：2006 - 10 - 17.

[6] 国家税务总局关于纳税人折扣折让行为开具红字增值税专用发票问题的通知．国税函〔2006〕1279 号．成文日期：2006 - 12 - 29.

[7] 国家税务总局关于纳税人进口货物增值税进项税额抵扣有关问题的通知．国税函〔2007〕350 号．成文日期：2007 - 02 - 16.

[8] 财政部 国家税务总局关于全国实施增值税转型改革若干问题的通知．财税〔2008〕170 号．成文日期：2008 - 12 - 19.

[9] 财政部 国家税务总局关于部分货物适用增值税低税率和简易办法征收增值税政策的通知．财税〔2009〕9 号．成文日期：2009 - 01 - 19.

[10] 国家税务总局关于增值税简易征收政策有关管理问题的通知．国税函〔2009〕90 号．成文日期：2009 - 02 - 25.

[11] 关于调整增值税扣税凭证抵扣期限有关问题的通知．国税函〔2009〕617 号．成文日期：2009 - 11 - 09.

[12] 国家税务总局关于折扣额抵减增值税应税销售额问题通知．国税函〔2010〕56 号．成文日期：2010 - 02 - 08.

[13] 财政部 国家税务总局关于收购烟叶支付的价外补贴进项税额抵扣问题的通知．财税〔2011〕21 号．成文日期：2011 - 03 - 02.

[14] 国家税务总局关于一般纳税人销售自己使用过的固定资产增值税有关问题的公告．税务总局公告〔2012〕1 号．成文日期：2012 - 01 - 06.

[15] 财政部 国家税务总局关于出口货物劳务增值税和消费税政策的通知．财税〔2012〕39 号．成文日期：2012 - 05 - 25.

[16] 国家税务总局关于简化增值税发票领用和使用程序有关问题的公告．国家税务总

局公告 2014 年第 19 号. 成文日期：2014 - 03 - 24.

[17] 财政部 国家税务总局关于简并增值税征收率政策的通知. 财税〔2014〕57 号. 成文日期：2014 - 06 - 13.

[18] 国家税务总局关于全面推行增值税发票系统升级版有关问题的公告. 国家税务总局公告 2015 年第 19 号. 成文日期：2015 - 03 - 30.

[19] 国家税务总局关于红字增值税发票开具有关问题的公告. 国家税务总局公告 2016 年第 47 号. 成文日期：2016 - 07 - 20.

[20] 国家税务总局关于开展鉴证咨询业增值税小规模纳税人自开增值税专用发票试点工作有关事项的公告. 国家税务总局公告 2017 年第 4 号. 成文日期：2017 - 02 -22.

[21] 财政部 国家税务总局关于简并增值税税率有关政策的通知. 财税〔2017〕37 号. 成文日期：2017 - 04 - 28.

[22] 国家税务总局关于增值税发票管理若干事项的公告. 国家税务总局公告 2017 年第 45 号. 成文日期：2017 - 12 - 18.

[23] 国家税务总局关于小微企业免征增值税有关问题的公告. 国家税务总局公告 2017 年第 52 号. 成文日期：2017 - 12 - 27.

[24] 增值税一般纳税人登记管理办法. 国家税务总局令第 43 号. 成文日期：2017 - 12 -29.

[25] 关于增值税一般纳税人登记管理若干事项的公告. 国家税务总局公告 2018 年第 6 号. 成文日期：2018 - 01 - 29.

[26] 财政部 国家税务总局关于调整增值税税率的通知. 财税〔2018〕32 号. 成文日期：2018 - 04 - 04.

[27] 财政部 税务总局关于统一增值税小规模纳税人标准的通知. 财税〔2018〕33 号. 成文日期：2018 - 04 - 04.

习　题

一、思考题

1. 销售额和增值额之间存在什么关系？

2. 增值税有哪些特点？

3. 按对外购固定资产的处理方式不同，增值税可以划分为哪些类型？

4. 一般纳税义务人和小规模纳税义务人如何划分？

5. 增值税的征税范围包括哪些项目？

6. 不同纳税义务人增值税适用的税率有哪些规定？

7. 折扣销售和销售折扣在税收处理上有何区别？

8. 以旧换新方式下的销售额如何确定？

9. 以货易货方式下的销售额如何确定？

10. 增值税应纳税额如何计算？

11. 在哪些情况下不可使用增值税专用发票?

12. 在我国对货物出口退(免)税是如何规定的?

二、单项选择题

1. 下列行为属于视同销售货物,应征收增值税的有( )。
   A. 某商店为厂家代销服装
   B. 某批发部门将外购的部分饮料用于个人消费
   C. 某企业将外购的水泥用于基建工程
   D. 某企业将外购的床单用于职工福利

2. 某服装厂受托加工一批演出服装,衣料由某剧团提供,某剧团支付加工费 8 000 元,增值税由( )缴纳。
   A. 服装厂　　　　　　　　　　　B. 剧团
   C. 服装厂代扣代缴　　　　　　　D. 剧团代扣代缴

3. 营业税改征的增值税,由( )负责征收。
   A. 新设征收机关　　　　　　　　B. 地方财政部门
   C. 国家税务局　　　　　　　　　D. 地方税务局

4. 纳税人提供应税服务的价格明显偏低或者偏高且不具有合理商业目的的,主管税务机关有权核定其销售额,核定的方法不包括( )。
   A. 按照纳税人最近时期提供同类应税服务的平均价格确定
   B. 按照其他纳税人最近时期提供同类应税服务的平均价格确定
   C. 按成本价格确定
   D. 按组成计税价格确定

5. 一般纳税义务人销售货物,适用 10% 税率的是( )。
   A. 销售图书　　　　　　　　　　B. 销售钢材
   C. 销售化妆品　　　　　　　　　D. 销售机器设备

6. 下列货物适用 16% 税率的是( )。
   A. 生产销售啤酒　　　　　　　　B. 生产销售煤炭
   C. 生产销售石油液化气　　　　　D. 生产销售暖气

7. 某零售企业为一般纳税义务人,月销售收入(含税)为 29 250 元,该企业当月计税销售额为( )元。
   A. 25 215.52　　　B. 25 884　　　C. 27 594　　　D. 35 240

8. 下列哪一项销售服务按照 16% 的税率征收增值税?( )
   A. 邮政　　　　B. 基础电信　　　C. 不动产租赁　　　D. 动产租赁

9. 增值税暂行条例中所称的货物,是指( )。
   A. 有形动产　　　　　　　　　　B. 有形资产
   C. 不动产　　　　　　　　　　　D. 无形资产

10. 转让土地使用权以外的其他无形资产的销售行为按照下列哪一种税率征税?( )
    A. 16%　　　　B. 13%　　　　C. 10%　　　　D. 6%

11. 下列哪种情形不能视同销售服务、无形资产或者不动产?( )
    A. 单位或者个体工商户向其他单位或者个人无偿提供服务

B. 单位或者个人向其他单位或者个人无偿转让无形资产

C. 单位或者个人向其他单位或者个人无偿转让不动产

D. 单位或者个人向其他单位或者个人无偿转让不动产，但是用于公益事业或者以社会公众为对象

12. 下列销售货物中，适用16%的增值税税率的是（　　）。

    A. 水果罐头　　　　B. 粮食　　　　C. 鲜奶　　　　D. 食用植物油

13. 某商场采取"以旧换新"方式销售 D 商品，取得现金收入 5 850 元，取得旧货物若干件，收购金额为 2 340 元，该货物适用税率为16%，则此项业务应申报的销项税额是（　　）。

    A. 1 392.30 元　　　B. 1 129.66 元　　　C. 850 元　　　D. 510 元

14. 下列项目中，即使取得法定扣税凭证，其进项税额也不得从销项税额中抵扣的是（　　）。

    A. 购进的用于本单位设备维修的材料

    B. 购进的用于应税项目的免税农业产品

    C. 进口的用于生产应税产品的料件

    D. 接受投资的用于应税项目的原材料

15. 按照现行规定，下列各项中必须被认定为小规模纳税义务人的是（　　）。

    A. 年不含税销售额在110万元以上的从事货物生产的纳税义务人

    B. 年不含税销售额在200万元以上的从事货物批发的纳税义务人

    C. 年不含税销售额为80万元以下，会计核算制度健全的从事货物零售的纳税义务人

    D. 年不含税销售额为50万元以下，会计核算制度不健全的从事货物生产的纳税义务人

三、多项选择题

1. 我国现行增值税的征税范围包括（　　）。

    A. 在中国境内销售货物　　　　　　　B. 在中国境内提供应税劳务

    C. 进口货物　　　　　　　　　　　　D. 过境货物

2. 下列销售行为，应征增值税的有（　　）。

    A. 销售电力　　　　　　　　　　　　B. 销售自来水

    C. 销售房屋　　　　　　　　　　　　D. 销售热力

3. 以下符合"营改增"销售服务规定的有（　　）。

    A. 光租业务和湿租业务，都属于有形动产租赁服务

    B. 装卸搬运服务属于物流辅助服务

    C. 代理报关服务属于鉴证咨询服务

    D. 翻译服务按照"咨询服务"征收增值税

4. 单位和个人提供的下列应税销售行为，应征增值税的有（　　）。

    A. 汽车的修配　　　　　　　　　　　B. 房屋的修理

    C. 受托加工的白酒　　　　　　　　　D. 房屋的装潢

5. 下列服务中属于基础电信服务的有哪些？（　　）

    A. 利用固网、移动网等提供语音通话服务的业务活动

B. 利用固网、移动网等提供出租或者出售带宽、波长等网络元素的业务活动

C. 利用固网、移动网等提供短信和彩信服务

D. 利用固网、移动网等提供电子数据和信息的传输

6. 下列行为中，属于视同销售货物应征增值税的行为有（　　）。

    A. 委托他人代销货物　　　　　　　　　B. 销售代销货物

    C. 将自产的货物分给职工作为福利　　　D. 将外购的货物用于非应税项目

7. 增值税扣税凭证包括（　　）。

    A. 增值税专用发票　　　　　　　　　　B. 增值税普通发票

    C. 海关进口增值税专用缴款书　　　　　D. 农产品收购发票

8. 下列各项中，符合增值税暂行条例及其实施细则规定的有（　　）。

    A. 一般纳税义务人外购固定资产所支付的运输费用，不得计算进项税额抵扣

    B. 一般纳税义务人用于免税项目的购进货物或者应税劳务，其支付的增值税税额不得从销项税额中抵扣

    C. 一般纳税义务人进口固定资产从海关取得的完税凭证上注明的增值税税额，不得从销项税额中抵扣

    D. 一般纳税义务人因进货退出或折让而收回的增值税税额，应从发生进货退出或折让当期的进项税额中扣减

9. 下列各项销售货物行为中，符合增值税专用发票开具时限规定的有（　　）。

    A. 采用预收货款结算方式的，为收到货款的当天

    B. 将货物交付他人代销的，为收到代销清单的当天

    C. 采用赊销方式的，为合同约定的收款日期的当天

    D. 将货物作为投资提供给其他单位的，为投资协议签订的当天

10. 一般纳税义务人发生的下列项目中，应将其已申报抵扣的进项税额从发生期进项税额中抵减出来的有（　　）。

    A. 在产品、产成品发生非正常损失

    B. 将自制货物用于本单位在建工程

    C. 将自产的货物用于个人消费

    D. 将购进货物用于集体福利设施

11. 某单位外购如下货物，按增值税有关规定不能作为进项税额抵扣的有（　　）。

    A. 外购的固定资产　　　　　　　　　　B. 外购货物用于免税项目

    C. 外购货物用于集体福利　　　　　　　D. 外购货物用于无偿赠送他人

12. 以下各项，征收增值税的有（　　）。

    A. 交通运输业　　　　　　　　　　　　B. 研发和技术服务

    C. 有形动产租赁　　　　　　　　　　　D. 医院药品销售

13. 纳税义务人发生视同销售行为，主管税务机关有权核定其销售额，确定顺序及方法有（　　）。

    A. 当月同类货物的平均销售价格　　　　B. 当月同类货物的最高销售价格

    C. 最近时期同类货物的平均销售价格　　D. 组成计税价格

14. 下列各项中，应按税法规定计算征收增值税的有（　　）。

税收理论与实务

A. 典当业的死当物品销售
B. 银行销售金银的业务
C. 中国邮政集团公司销售集邮商品
D. 经营娱乐业向顾客收取的烟酒费、茶水饮料费

15. 下列纳税义务人，不属于增值税一般纳税义务人的有（　　）。
A. 年应税销售额未超过小规模纳税义务人标准的个人（除个体工商户以外）
B. 年应税销售额超过小规模纳税义务人标准的个人（除个体工商户以外）
C. 选择按小规模纳税人纳税的不经常发生增值税应税行为的企业
D. 销售免税货物的企业

16. 纳税义务人发生应税销售行为向购买方收取的价外费用应并入销售额计算纳税，但价外费用不包括（　　）。
A. 向购买方收取的销项税额
B. 受托加工应征消费税的消费品所代收代缴的消费税
C. 承运部门将运费发票开具给购买方并由纳税义务人将该项发票转交给购买方的代垫运费
D. 承运部门将运费发票开具给纳税义务人，由纳税义务人另开发票向购买方收取的代垫运费

四、判断题

1. 企业租赁或承包给他人经营的，仍以原出租或发包企业为增值税的纳税人。（　　）
2. 境外的单位或个人在境内销售应税劳务而在境内未设有经营机构的，其增值税应纳税款一律由购买者代扣代缴。（　　）
3. 对增值税一般纳税义务人因销售货物向购买方收取的价外费用和逾期包装物押金，在征税时视为含税收入，将其换算为不含税收入后并入销售额，据以计算销项税额。（　　）
4. 纳税义务人采取折扣方式销售货物的，如果销售额和折扣额在同一张发票上分别注明的，可按折扣后的余额作为销售额计算增值税；如果将折扣额另开发票，不论其在财务上如何处理，均不得从销售额中减除折扣额。（　　）
5. 纳税义务人为鼓励购货方及早偿还货款，协议许诺给予购货方的销售折扣可以从销售额中减除，扣减折扣发生期的销项税额。（　　）
6. 一般纳税义务人购买或销售免税货物所发生的运输费用，可以根据运输部门开具的增值税专用发票抵扣进项税额。（　　）
7. 建筑公司为一线工人购买的劳保可以抵进项税额。（　　）
8. 一项销售行为如果既涉及服务又涉及货物，为混合销售。从事货物的生产、批发或者零售的单位和个体工商户的混合销售行为，按照销售货物缴纳增值税。（　　）
9. 一般纳税义务人将自制货物用于本单位在建工程、集体福利或个人消费的，应视同销售货物计算销项税额；同时应将用于上述项目的自制货物所耗用的购进货物的进项税额从发生期进项税额中抵减出来。（　　）
10. 对于一般纳税义务人进货退出或折让而不扣减当期进项税额，造成不纳税或少纳税的，都将被认定是偷税行为，并按偷税予以处罚。（　　）

第3章

100

五、实务题

1. 某电视机厂（一般纳税义务人）当月发生下列几笔购销业务，计算该电视机厂当月应纳增值税。

   ① 向某商场销售彩色电视机 120 台，每台不含税售价 2 850 元，销货款已收到。

   ② 购入电子元器件，支付价款 18 万元，取得防伪税控机开具的进项税额专用发票，注明进项税额 28 800 元，并通过主管税务机关认证。

   ③ 为装修该厂展销厅，购入建筑装饰材料，支付价税合计款 117 000 元，取得增值税专用发票注明的进项税额为 16 000 元。

2. 某饮料厂（一般纳税义务人）7 月份销售汽水、果茶饮料，实现销售额 60 万元，收取增值税销项税额 7.6 万元；当月购入白糖、山楂、柠檬酸等原料 15 万元，取得防伪税控机开具的进项税额专用发票，注明进项税额 24 000 元，并通过主管税务机关认证。另外，厂领导考虑到职工暑期工作辛苦，对全厂 200 名职工每人发送一箱汽水、一箱果茶。每箱汽水成本为 5 元，不含税售价为 8 元，每箱果茶成本为 20 元，不含税售价为 35 元。当月该厂为职工食堂购进一台大冰柜，取得的增值税专用发票上注明的进项税额是 5 440 元，还为厂里的幼儿园购进一批儿童桌椅、木床，取得的增值税专用发票注明的进项税额为 1 360 元。

   要求：计算该企业当月应纳增值税。

3. 某进出口公司 3 月进口货车 120 辆，每辆到岸价格为 7 万元人民币，该公司当月销出其中的 110 辆，每辆价格合并定价为 23.4 万元，已知货车进口关税税率为 110%。

   要求：计算本月增值税的进项税额和销项税额。

4. 某装饰材料销售公司，当月购进装饰材料价款 200 万元（不含税），当月销售装饰材料不含税销售额为 400 万元。另外完成一项装修工程收到装修款 50 万元，装修中购进一些物品供使用，有木材、五金等材料 3 万元（不含税），辅助材料 4 万元（不含税），电焊机一台 3 000 元（不含税），金属切割机一台 2 000 元（不含税）。本月购进物品取得防伪税控机开具的进项税额专用发票，并通过主管税务机关认证。

   要求：计算该公司应纳增值税。

5. 某企业为增值税一般纳税义务人，本月销售产品一批，不含税价款为 100 万元，向小规模纳税义务人销售产品一批，含税金额为 23.4 万元；向消费者个人销售产品一批，含税金额为 11.7 万元；向灾区捐赠一批货物，不含税金额为 5 万元，以自制产品换取原材料一批，生产成本为 30 万元，该企业月初进项税额为 2 万元，本月进项税额发生额为 10 万元，当月用库存材料修缮本厂车间房屋，价款 2 万元（不含增值税）。

   要求：计算本月应纳增值税。

6. 某生产企业是增值税小规模纳税义务人，当月购进原材料 3 万元，生产销售产品取得含税收入 6 万元。企业从一般纳税人手中外购一批小礼物赠送给客户，取得增值税专用发票注明的价款 0.2 万元。

   要求：计算该企业应纳增值税。

7. 某酒厂是增值税一般纳税义务人，本期销售散白酒 20 吨，并向购买方开具了增值税专用发票，发票中注明的销售额为 100 000 元，同时收取包装物押金 3 510 元，已单独入账核算。

要求：计算该厂此项业务应申报的销项税额。

8. 某生产企业（增值税一般纳税义务人）有关业务资料如下。

① 购进生产用材料 1 批，取得防伪税控机开具的进项税额专用发票，发票中注明的价款、增值税款分别为 160 000 元、25 600 元，并通过主管税务机关认证；发生运输费用 1 500 元，已取得运输部门开具的增值税专用发票。

② 购进生产用辅助材料 1 批，取得防伪税控机开具的进项税额专用发票，发票中注明的价款、增值税额分别为 40 000 元、6 400 元，并通过主管税务机关认证。

③ 购进建筑材料 1 批，取得防伪税控机开具的进项税额专用发票，发票中注明的价款、增值税款分别为 20 000 元、3 200 元；该批材料已运抵企业，并用于厂房修建工程；货款已转账付讫。

④ 购进生产用设备 1 台，并取得对方开具的普通发票，发票中注明的金额为 585 000 元；发生运输费用 3 400 元，已取得运输部门开具的增值税专用发票。

⑤ 向 A 公司销售自制产品 1 批，开具的增值税专用发票上注明的销售额为 280 000 元；代垫全部（含税）运杂费 2 340 元，取得由运输部门开具给本企业的运输发票；本企业另开普通发票（金额 2 340 元）向 A 公司收取该笔代垫运费。上述款项已办妥托收手续，月末尚未收回。

⑥ 因管理不善，致使库存生产用材料丢失，实际成本 50 000 元。该厂在购进该批材料时已取得增值税专用发票，其进项税额已在购进月份申报抵扣。

其他资料：该企业上月无留抵税额，各类货物增值税税率均为 17%。

要求：根据税法规定，计算该企业本期应纳的增值税税额。

9. 某发动机生产企业为增值税一般纳税义务人，6 月份和 7 月份的生产经营情况如下（以下金额均为不含税金额）。

① 6 月从国内购进原材料，取得防伪税控系统开具的增值税专用发票，注明金额 280 万元、增值税税额 44.8 万元。

② 6 月在国内销售发动机取得收入 50 万元；出口销售发动机 80 台，取得销售额 200 万元。

③ 7 月进口原材料一批，支付给国外买价 120 万元，包装费用 8 万元，到达我国海关以前的运输装卸费 3 万元、保险费 13 万元，从海关运往企业所在地支付运输费 7 万元并取得增值税专用发票。

④ 7 月进口两台机器设备，支付给国外的买价 60 万元，相关费用 3 万元，支付到达我国海关以前的装卸费、运输费 6 万元、保险费 2 万元，从海关运往企业所在地支付运输费 4 万元并取得货运发票。

注：进口的原材料和机器设备的关税税率为 10%；出口发动机的出口退税率为 13%。

要求：计算以下问题：
(1) 计算企业 6 月份应退的增值税；
(2) 计算企业 6 月份留抵的增值税；
(3) 计算企业 7 月进口原材料应缴纳的增值税；
(4) 计算企业 7 月进口机械设备应缴纳的增值税。

10. 某设计公司为增值税一般纳税人，发生以下经济业务（收入均为不含税收入）：

① 为甲企业提供设计服务，取得收入 100 000 元；

② 为乙企业提供创意策划服务，取得收入 80 000 元；

③ 为丙企业提供环境设计服务，取得收入 60 000 元；

④ 提供的创意策划服务，取得收入 10 000 元；

⑤ 购买办公用计算机取得增值税专用发票上注明税款 5 000 元，取得的发票已认证相符。

要求：计算该企业应纳增值税。

第4章

消　费　税

【学习要求】
重点掌握：消费税的征税范围、纳税义务人、税率，消费税应纳税额的计算
一般掌握：消费税的类型、特点
理解：消费税的征收管理
了解：消费税出口退（免）税

消费税（consumption tax）是对在中华人民共和国境内生产、委托加工和进口应税消费品的单位和个人，以及国务院确定的销售应税消费品的其他单位和个人，就其销售额或销售数量征收的一种税。

4.1　消费税概述

消费税法是指国家制定的用以调整消费税征收与缴纳之间权利及义务关系的法律规范。我国现行消费税的基本法律规范是 2008 年 11 月 5 日国务院颁布的《中华人民共和国消费税暂行条例》和 2008 年 12 月 15 日财政部、国家税务总局发布的《中华人民共和国消费税暂行条例实施细则》。

【小资料 4-1】

我国消费税的历史

我国早在唐代就对鱼、茶、燃料等征收过消费税。新中国成立以后，1950 年 1 月中央人民政府政务院颁布《关于统一全国税收的决定》的通令，并同时发布《全国税收实施要则》规定开征货物税，货物税是就生产环节以列举的货物为征税对象征收的一种税。1953年对部分商品改征商品流通税；1958 年合并到工商统一税中；1973 年合并到工商税中；1984 年工商税制全面改革，开征产品税。以上税种均带有消费税的性质，但不是完全意义

上的消费税。20 世纪 80 年代末期，国务院为了整顿治理生产、流通领域的混乱秩序，抑制消费膨胀，调节消费结构，规定从 1989 年 2 月 1 日起对彩色电视机、小轿车开征特别消费税，后因供需矛盾缓和，停征了对彩色电视机的特别消费税。现行的消费税是流转税中新增设的税种，其征税对象是从原产品税分化出来的。国务院于 1993 年 11 月 26 日发布了《中华人民共和国消费税暂行条例》，同年 12 月 25 日财政部颁布了《中华人民共和国消费税暂行条例实施细则》，并于 1994 年 1 月 1 日起开始施行。消费税的开征，既是我国税制进行整体性、全面性和结构改革的组成部分，也是流转税制改革的重要内容之一。2008 年 11 月 5 日，为配合增值税转型改革，国家对《消费税暂行条例》及其实施细则进行了相应的修订。

1. 消费税的概念

消费税以消费品和消费行为的流转额为课税对象，是国际上普遍开征的一种税。从世界各国的情况看，一般都是选择对某些特定的消费品和消费行为征税。我国消费税是对在我国境内生产、委托加工和进口应税消费品的单位和个人征收的一个税种。消费税建立在增值税普遍征收的基础上，发挥特殊调节作用。我国消费税与增值税相比较，前者是一种特殊调节税种，调节产品利润水平，体现国家政策要求，发挥税收对消费品产销供求的调节作用；后者是一种普遍调节税种，作为中性税收而具有保证财政收入的功能。

消费税在我国的升征，有其特殊的意义和作用。

（1）确保国家财政收入

通过对消费品征税，可以为国家提供公共服务筹集资金。利用税收这种再分配形式，将一部分消费基金转为财政资金，用于国家重点建设和国防、科技、文教、卫生等方面的必要支出。

（2）引导消费方向，调整消费结构

消费税的开征，可以正确引导消费方向，抑制超前消费和社会集团消费需求，调整消费结构。我国以经济建设为中心、坚持改革开放的方针，政治、经济形势发生了深刻的变化，国民经济持续稳定增长，人民生活水平有了显著改善，收入水平大幅度提高。但与此同时，出现了消费膨胀和消费结构不合理的问题，一部分人过分追求生活消费的现代化、高档化、名牌化。这种超前消费，必然会影响我国经济稳定发展。因此，国家需要从社会经济生活的大局出发，正确引导消费方向，调整消费结构。

（3）调节收入，缓解分配不公的矛盾

开征消费税，可以达到调节收入、解决社会中存在的分配不公的现象。目前我国尚处于社会主义初级阶段，生产力不发达，按劳分配是我国的基本分配形式。由于分配关系没有完全理顺，法制不够健全，这样就使得我国社会各成员之间的收入出现较大差距。收入上的差异，导致人们在消费需求上的不同，其中高收入者的消费需求超过一般人的消费需求水平。因此，对高收入者所得征收所得税的同时，还可以通过征收消费税对其消费支出进行调节。从这方面讲，开征消费税可以缓解我国目前分配不公的矛盾。

（4）限制部分特殊消费品的生产

我国是烟、酒生产和消费的大国，烟、酒的过度消费不仅会对人类健康、生态环境及社会秩序造成危害，而且还耗费了大量的粮食，造成巨大的社会浪费。因此，有必要通过开征消费税来限制其生产，这就是"寓禁于征"的政策。

【小资料 4 - 2】

逃税造就的威士忌酒

苏格兰威士忌酒驰誉世界，这种被西方人奉为"生命之水"的美酒，早期却由于酿制粗糙，酒精度相当高而且口味不佳，只有中下阶层人士饮用的"土酒"，被视为劣等货。威士忌酒又怎会登上大雅之堂，成为世界名酒的呢？其中原因竟然和"逃税"有关。

原来在 18 世纪末，英国政府加重酒税，有部分从事威士忌酒生产的人为了逃税，便搬上蒸馏工具，躲到人烟稀少的山区或森林里秘密酿制私酒。由于燃料不够，就利用草炭来代替；此外，盛酒容器不够，就用装过葡萄酒的旧木桶来装；酿成的酒由于不敢大量销售，只好把私酒密封后常年收藏在山洞中。岂料"无心插柳柳成荫"。木桶盛载、多年窖藏正是酿造佳酒的必要条件，再加上蒸熏过程中草炭的烟味进入酒内，更形成了极佳的特殊风味。发现这一秘密后，酿酒人干脆都模仿这种办法来酿酒，很快威士忌酒就以其特殊的风味而打进伦敦。到 19 世纪已为贵族和上层社会所广泛接受，并逐步成为全世界都知名的佳酿。

2. 消费税的类型

可以按不同标志对消费税进行分类，从各国开征消费税的实践来看，消费税主要有两种分类方式。

1）以征税范围的大小为标志分类

根据消费税征税范围的不同，消费税可分为无选择性的消费税和有选择性的消费税。将全部消费品作为征税范围的，称为无选择性的消费税；以选择的部分消费品作为征税对象的，称为有选择性的消费税。现代国家一般都开征有选择性的消费税，我国开征的消费税即属此类。

对于有选择性的消费税，根据具体征税范围的不同，又可分为以下三种。

（1）有限型消费税

这种消费税征税范围比较狭窄，主要限于一些传统的消费品目，如烟草制品、酒精饮料、石油制品、机动车辆、游艇、首饰等。这种类型的消费税征税范围通常不超过 10～15 种货物类别。我国的消费税即属于有限型。

（2）中间型消费税

这种消费税的征税范围相对要宽一些，除了有限型消费税所涉及的品目外，把一些消费广泛的消费品，如食物和奢侈品等也纳入征税范围。中间型消费税征税范围一般保持为15～30 种货物类别。

（3）延伸型消费税

这种消费税的征税范围比前两种更大，除了上述两种类型所涉及的品目外，把一些生产资料，诸如水泥、建筑材料、钢材、铝制品、橡胶制品、木材制品、颜料、油漆等也纳入征税范围。延伸型消费税征税项目一般超过 30 种货物类别。

在已经实行消费税的 120 多个国家中，采取有限型消费税的约占 50%，如美国、英国、新西兰；采取中间型消费税的约占 30%，如法国、德国、西班牙；采取延伸型消费税的约占 20%，如意大利、日本、韩国。

各国消费税的课税范围，宽窄不一，有的受历史因素的影响，有的受纳税习惯和传统的影响，有的受各个国家不同时期的调节政策所左右。从各国消费税的具体实践来看，各国普遍都将烟、酒、稀缺资源等列入课税范围，多数国家也将软饮料、珠宝、机动车等列入课税范围，只有少数国家将黄金、白银、家用电器等列入课税范围。

从消费税的基本特征看，消费税的征税范围应当是有限制的。因为从各国的税制结构看，消费税一般都是同一些普遍征收的税种（如增值税）互相配合，共同发挥税收的职能作用。消费税在税收体系中主要是起特殊调节作用，如果征税范围过大就会失去对特定消费品进行调节的意义，其作用就会与普遍征收的增值税没有区别。

2）以开征目的为标志分类

消费税以开征目的为分类标志，可分为以下几种类型。

（1）限制型消费税

限制型消费税的征税目的是限制对某些消费品或消费行为的消费，以保证公民身心健康或合理节约使用资源。例如，对烟、酒、赌博征税，对不可再生的稀缺资源征税等。限制型消费税的征收，既可以抑制人们的不良行为、控制不良行为的外部代价，又可以增加国库收入。

（2）奢侈品型消费税

奢侈品型消费税的征税项目主要涉及各种奢侈品，如金银首饰、珠宝玉石及其他高档消费品。这类税收通常被认为是最能体现课税累进性的，因为课税的消费品，只有高收入阶层才有能力购买，这样高收入阶层就要负担较大份额的税款。不仅如此，它对调节需求规模、调整消费结构、引导消费行为具有一定的积极意义。

（3）替代使用费型消费税

开征这种消费税的目的是替代政府原来收取的某种使用费。例如，对使用公路者要收取养路费，用于公路的建设和养护。但采取收费方式不仅征收成本高，而且很难管理和规范。如改为对车辆燃油征收消费税则比较公平合理，且征收成本低。替代使用费型消费税以对国家提供的某种服务和公共性服务设施是否受益为依据，凡受益于国家提供的服务或公共性设施，即需按一定标准负担消费税。它在一些国家消费税总额中占有很高的比例。

（4）特定调节型消费税

特定调节型消费税的征税目的是实现某种特定的调节目标而不是为了增加财政收入。例如，我国 1989 年对彩色电视机和小轿车开征的特别消费税就是为了调节当时彩电市场和轿车市场的供求矛盾。

上述四种类型的消费税除第三种外，其他几种类型往往很难划分开，因此按这种标志分类很难确定一个国家的消费税属于哪种类型。因为各国开征消费税时，往往要兼顾各方面的需要，从而使消费税的设置具有多重目的。

3. 消费税的特点

我国消费税作为特殊调节税种，主要有以下特点。

① 选择少数消费品征税。我国消费税只是选择部分消费品征税，而不是对所有消费品征收，属于有限型消费税。这既参考了国际上征收消费税的范围，更重要的是结合了我国产业政策、消费政策等实际情况。

② 实行一次课征制，征税环节单一。我国消费税的征税环节一般设计在生产和进口环节，在生产和进口环节由生产者或进口商一次性缴纳消费税后，在批发、零售环节不再征收。这样，不仅有利于加强税源控制，防止税流失；而且可以减少纳税义务人的数量，从而降低税收征收成本，提高征收效率。

③ 实行差别税率。消费税税率是按产品利润水平、国家特定时期的经济政策设计的。

对消费税征税范围内的绝大部分消费品实行产品差别比例税率，对少部分消费品实行差别定额税率。

④ 征收方法灵活。消费税的征收方法有从价定率、从量定额及两者相结合的方法。根据不同的消费品选择不同的征收方法。

⑤ 税负具有转嫁性。消费税是间接税，无论是在哪个环节征收，采取哪种征收方法，实行价内税还是价外税，纳税义务人缴纳的税款都会通过价格最终转嫁给消费者或购买者。

⑥ 一般没有减免税规定。开征消费税是为了对特殊消费品或消费行为进行调节，增加财政收入。征收消费税不会影响居民的基本生活，如确实需要照顾，可以不列入征税范围。因此，除出口产品的消费税以外，没有必要实行减免税。

4.2　消费税纳税义务人、税目及税率

4.2.1　消费税纳税义务人和扣缴义务人

根据《中华人民共和国消费税暂行条例》的规定，在中华人民共和国境内生产、委托加工和进口本条例规定的消费品的单位和个人，以及国务院确定的销售本条例规定的消费品的其他单位和个人，为消费税的纳税义务人。这里的"在中华人民共和国境内"是指生产、委托加工和进口属于应征消费税的消费品的起运地或所在地在境内。这里的单位是指企业、行政单位、事业单位、军事单位、社会团体及其他单位。这里的个人是指个体工商户及其他个人。

按照国家规定，消费税的具体纳税义务人如下。

① 生产销售（包括自用）应税消费品的，生产销售的单位和个人是消费税的纳税义务人，税款由生产者直接缴纳。

② 委托加工应税消费品的单位和个人。委托加工应税消费品除受托方为个人外，由受托方在向委托方交货时代收代缴税款。委托个人加工的应税消费品，由委托方收回后缴纳消费税。

③ 进口应税消费品的，进口消费品的单位和个人或进口消费品的代理人是纳税义务人，由海关代征。

④ 自 1995 年 1 月 1 日起，金银首饰消费税由生产销售环节征收改为零售环节征收，改为零售环节征收消费税的金银首饰仅限于金基、银基合金首饰，以及金、银和金基、银基合金的镶嵌首饰；从 2002 年 1 月 1 日起，钻石及钻石饰品的消费税由生产、进口环节征收改为零售环节征收。所以其纳税义务人为：在中华人民共和国境内从事金银首饰、钻石及钻石饰品零售业务的单位和个人，为金银首饰、钻石及钻石饰品消费税的纳税义务人。

⑤ 在中华人民共和国境内从事卷烟批发业务的单位和个人。

4.2.2　消费税税目

我国实行的是有选择性的有限型消费税，目前消费税的征税范围还比较狭窄。

消费税的税目共有 15 个，这 15 个税目为烟、酒、高档化妆品、贵重首饰及珠宝玉石、

鞭炮和焰火、成品油、小汽车、摩托车、高尔夫球及球具、高档手表、游艇、木制一次性筷子、实木地板、电池、涂料。

我国现行消费税的 15 个税目可分为 4 大类。

① 过度消费对人体健康、社会秩序和生态环境造成危害的消费品，这类消费品包括 5 个税目，即烟、酒、鞭炮及焰火、电池、涂料。

② 非生活必需品中的某些奢侈品，这类消费品包括 5 个税目：高档化妆品、贵重首饰及珠宝玉石、高档手表、高尔夫球及球具、游艇。

③ 高能耗及高档消费品，包括木制一次性筷子、实木地板、小汽车、摩托车。

④ 不可再生且不可替代的稀缺资源消费品，包括成品油。

15 个税目的应税消费品具体内容如下。

（1）烟

凡是以烟叶为原料加工生产的产品，不论使用何种辅料，均属于本税目的征收范围。本税目下设卷烟、雪茄烟、烟丝三个子目。

① 卷烟是指将各种烟叶切成烟丝，按照配方要求均匀混合，加入糖、酒、香料等辅料，用白色盘纸、棕色盘纸、涂布纸或烟草薄片经机器或手工卷制的普通卷烟和雪茄型卷烟。

② 雪茄烟是指以晾晒烟为原料或者以晾晒烟和烤烟为原料，用烟叶或卷烟纸、烟草薄片作为烟支内包皮，再用烟叶作为烟支外包皮，经机器或手工卷制而成的烟草制品。雪茄烟的征收范围包括各种规格、型号的雪茄烟。

③ 烟丝是指将烟叶切成丝状、粒状、片状、末状或其他形状，再加入辅料，经过发酵、储存，不经卷制即可供销售吸用的烟草制品。烟丝的征收范围包括以烟叶为原料加工生产的不经卷制的散装烟，如斗烟、莫合烟、烟末、水烟、黄红烟丝等等。

（2）酒

酒是指酒精度在 1 度以上的各种酒类饮料。本税目下设白酒、黄酒、啤酒、其他酒四个子目。

① 白酒包括粮食白酒和薯类白酒。粮食白酒是指以高粱、玉米、大米、糯米、大麦、小麦、小米、青稞等各种粮食为原料，经过糖化、发酵后，采用蒸馏方法酿制的白酒。薯类白酒是指以白薯（红薯、地瓜）、木薯、马铃薯（土豆）、芋头、山药等各种干鲜薯类为原料，经过糖化、发酵后，采用蒸馏方法酿制的白酒。用甜菜酿制的白酒，比照薯类白酒征税。

② 黄酒是指以糯米、粳米、籼米、大米、黄米、玉米、小麦、薯类等为原料，经加温、糖化、发酵、压榨酿制的酒。黄酒的征收范围包括各种原料酿制的黄酒和酒度超过 12 度（含 12 度）的土甜酒。

③ 啤酒是指以大麦或其他粮食为原料，加入啤酒花，经糖化、发酵、过滤酿制的含有二氧化碳的酒。啤酒的征收范围包括各种包装和散装的啤酒。

④ 其他酒是指除粮食白酒、薯类白酒、黄酒、啤酒以外，酒度在 1 度以上的各种酒。其征收范围包括糠麸白酒、其他原料白酒、土甜酒、复制酒、果木酒、汽酒、药酒等等。

（3）高档化妆品

化妆品是日常生活中用于修饰美化人体表面的用品。高档化妆品征收范围包括高档美容、修饰类化妆品、高档护肤类化妆品和成套化妆品。高档美容、修饰类化妆品和高档护肤类化妆品是指生产（进口）环节销售（完税）价格（不含增值税）在 10 元/毫升（克）或 15 元/片（张）及以上的美容、修饰类化妆品和护肤类化妆品。

（4）贵重首饰及珠宝玉石

本税目征收范围包括：各种金银珠宝首饰和经采掘、打磨、加工的各种珠宝玉石。

① 金银珠宝首饰是指以金、银、白金、宝石、珍珠、钻石、翡翠、珊瑚、玛瑙等高贵稀有物质以及其他金属、人造宝石等制作的各种纯金银首饰及镶嵌首饰（含人造金银、合成金银首饰等）。

② 珠宝玉石的种类包括：钻石、珍珠、松石、青金石、欧泊石、橄榄石、长石、玉、石英、玉髓、石榴石、锆石、尖晶石、黄玉、碧玺、金绿玉、绿柱石、刚玉、琥珀、珊瑚、煤玉、龟甲、合成刚玉、合成宝石、双合石、玻璃仿制品。

（5）鞭炮、焰火

本税目征收范围包括各种鞭炮、焰火。

鞭炮是用多层纸密裹火药，接以药引线，制成的一种爆炸品。

焰火，指烟火剂，一般系包扎品，内装药剂，点燃后烟火喷射，呈各种颜色，有的还变幻成各种景象，分平地小焰火和空中大焰火两类。

体育上用的发令纸，鞭炮药引线，不按本税目征收。

（6）成品油

本税目征收范围包括汽油、石脑油、溶剂油、润滑油、柴油、航空煤油、燃料油。

① 汽油是指用原油或其他原料加工生产的辛烷值不小于 66 的可用作汽油发动机燃料的各种轻质油。以汽油、汽油组分调和生产的甲醇汽油、乙醇汽油也属于本税目征收范围。

② 石脑油是以原油或其他原料加工生产的用于化工原料的轻质油。石脑油的征收范围包括除汽油、柴油、航空煤油、溶剂油以外的各种轻质油。非标汽油、重整生成油、拔头油、戊烷原料油、轻裂解料（减压柴油 VGO 和常压柴油 AGO）、重裂解料、加氢裂化尾油、芳烃抽余油均属轻质油，属于石脑油征收范围。

③ 溶剂油是用原油或其他原料加工生产的用于涂料、油漆、食用油、印刷油墨、皮革、农药、橡胶、化妆品生产和机械清洗、胶粘行业的轻质油。橡胶填充油、溶剂油原料，属于溶剂油征收范围。

④ 润滑油是用原油或其他原料加工生产的用于内燃机、机械加工过程的润滑产品。润滑油的征收范围包括矿物性润滑油、矿物性润滑油基础油、植物性润滑油、动物性润滑油和化工原料合成润滑油。以植物性、动物性和矿物性基础油（或矿物性润滑油）混合掺配而成的"混合性"润滑油，不论矿物性基础油（或矿物性润滑油）所占比例高低，均属润滑油的征收范围。

⑤ 柴油是指用原油或其他原料加工生产的倾点或凝点在−50 至 30 的可用作柴油发动机燃料的各种轻质油和以柴油组分为主、经调和精制可用作柴油发动机燃料的非标油。以柴油、柴油组分调和生产的生物柴油也属于本税目征收范围。

⑥ 航空煤油是用原油或其他原料加工生产的用作喷气发动机和喷气推进系统燃料的各种轻质油。

⑦ 燃料油是用原油或其他原料加工生产，主要用作电厂发电、锅炉用燃料、加热炉燃料、冶金和其他工业炉燃料。腊油、船用重油、常压重油、减压重油、180CTS 燃料油、7 号燃料油、糠醛油、工业燃料、4－6 号燃料油等油品的主要用途是作为燃料燃烧，属于燃料油征收范围。

（7）小汽车

汽车是指由动力驱动，具有四个或四个以上车轮的非轨道承载的车辆。本税目征收范围乘用车和中轻型商用车。

① 乘用车。即含驾驶员座位在内最多不超过 9 个座位（含）的，在设计和技术特性上用于载运乘客和货物的各类乘用车。用排气量小于 1.5 升（含）的乘用车底盘（车架）改装、改制的车辆属于乘用车征收范围。

②中轻型商用客车。即含驾驶员座位在内的座位数在 10 至 23 座（含 23 座）的在设计和技术特性上用于载运乘客和货物的各类中轻型商用客车。用排气量大于 1.5 升的乘用车底盘（车架）或用中轻型商用客车底盘（车架）改装、改制的车辆属于中轻型商用客车征收范围。

含驾驶员人数（额定载客）为区间值的（如 8～10 人；17～26 人）小汽车，按其区间值下限人数确定征收范围。

电动汽车不属于本税目征收范围。

（8）摩托车

本税目征收范围包括轻便摩托车和摩托车。对最大设计车速不超过 50 km/h，发动机气缸总工作容量不超过 50 毫升的三轮摩托车不征收消费税。气缸容量 250 毫升（不含）以下的小排量摩托车不征收消费税。

（9）高尔夫球及球具

高尔夫球及球具是指从事高尔夫球运动所需的各种专用装备，包括高尔夫球、高尔夫球杆及高尔夫球包（袋）等。本税目征收范围包括高尔夫球、高尔夫球杆、高尔夫球包（袋）。

高尔夫球是指重量不超过 45.93 克、直径不超过 42.67 毫米的高尔夫球运动比赛、练习用球；高尔夫球杆是指被设计用来打高尔夫球的工具，由杆头、杆身和握把三部分组成；高尔夫球包（袋）是指专用于盛装高尔夫球及球杆的包（袋）。

高尔夫球杆的杆头、杆身和握把属于本税目的征收范围。

（10）高档手表

高档手表是指销售价格（不含增值税）每只在 10 000 元（含）以上的各类手表。本税目征收范围包括符合以上标准的各类手表。

（11）游艇

游艇是指长度大于 8 米小于 90 米，船体由玻璃钢、钢、铝合金、塑料等多种材料制作，可以在水上移动的水上浮载体。本税目征收范围包括艇身长度大于 8 米（含）小于 90 米（含），内置发动机，可以在水上移动，一般为私人或团体购置，主要用于水上运动和休闲娱乐等非牟利活动的各类机动艇。

（12）木制一次性筷子

木制一次性筷子是指以木材为原料经过锯段、浸泡、旋切、刨切、烘干、筛选、打磨、倒角、包装等环节加工而成的各类一次性使用的筷子。本税目征收范围包括各种规格的木制一次性筷子。未经打磨、倒角的木制一次性筷子属于本税目征税范围。

（13）实木地板

实木地板是指以木材为原料，经锯割、干燥、刨光、截断、开榫、涂漆等工序加工而成的块状或条状的地面装饰材料。本税目征收范围包括各类规格的实木地板、实木指接地板、实木复合地板及用于装饰墙壁、天棚的侧端面为榫、槽的实木装饰板。未经涂饰的素板属于本税目征税范围。

（14）电池

电池是一种将化学能、光能等直接转换为电能的装置，一般由电极、电解质、容器、极端，通常还有隔离层组成的基本功能单元，以及用一个或多个基本功能单元装配成的电池组。本税目征收范围包括：原电池、蓄电池、燃料电池、太阳能电池和其他电池。

① 原电池又称一次电池，是按不可以充电设计的电池。按照电极所含的活性物质分类，原电池包括锌原电池、锂原电池和其他原电池。

② 蓄电池又称二次电池，是按可充电、重复使用设计的电池；包括酸性蓄电池、碱性或其他非酸性蓄电池、氧化还原液流蓄电池和其他蓄电池。

③ 燃料电池指通过一个电化学过程，将连续供应的反应物和氧化剂的化学能直接转换为电能的电化学发电装置。

④ 太阳能电池是将太阳光能转换成电能的装置，包括晶体硅太阳能电池、薄膜太阳能电池、化合物半导体太阳能电池等，但不包括用于太阳能发电储能用的蓄电池。

⑤ 其他电池是指除原电池、蓄电池、燃料电池、太阳能电池以外的电池。

对无汞原电池、金属氢化物镍蓄电池、锂原电池、锂离子蓄电池、太阳能电池、燃料电池和全钒液流电池免征消费税。

（15）涂料

涂料是指涂于物体表面能形成具有保护、装饰或特殊性能的固态涂膜的一类液体或固体材料之总称。涂料由主要成膜物质、次要成膜物质等构成。按主要成膜物质涂料可分为油脂类、天然树脂类、酚醛树脂类、沥青类、醇酸树脂类、氨基树脂类、硝基类、过滤乙烯树脂类、烯类树脂类、丙烯酸酯类树脂类、聚酯树脂类、环氧树脂类、聚氨酯树脂类、元素有机类、橡胶类、纤维素类、其他成膜物类等。

对施工状态下挥发性有机物（volatile organic compounds，VOC）含量低于 420 g/l（含）的涂料免征消费税。

4.2.3 消费税的税率

消费税税率形式的选择，主要是根据课税对象的具体情况来确定的。对一些供求基本平衡、价格差异不大、计量单位规范的消费品，选择计税便易的定额税率；对一些供求矛盾突出、价格差异较大、计量单位不规范的消费品，选择税价联动的比例税率。

我国现行消费税税率分别采用比例税率、定额税率和复合税率 3 种税率形式，根据不同税目或子目确定相应的税率或单位税额。

（1）比例税率

比例税率主要适用于那些价格差异较大、计量单位难以规范的应税消费品，包括烟（除卷烟）、酒（除白酒、黄酒和啤酒）、高档化妆品、鞭炮及焰火、贵重首饰及珠宝玉石、高尔夫球及球具、高档手表、实木地板、一次性木筷、游艇、小汽车、摩托车、电池、涂料等。

（2）定额税率

定额税率适用于供求基本平衡并且价格差异较小、计量单位规范的应税消费品，包括黄酒、啤酒、成品油。

（3）复合税率

卷烟、白酒实行从价比例和从量定额复合税率。

消费税税目税率（税额）如表 4-1 所示。

表 4-1 消费税税目税率表

税　　目	税　　率
一、烟	
1. 卷烟	
（1）生产环节	
甲类卷烟	56%加 0.003 元/支
乙类卷烟	36%加 0.003 元/支
（2）批发环节	11%加 0.005 元/支
2. 雪茄烟	36%
3. 烟丝	30%
二、酒	
1. 白酒	20%加 0.5 元/500 克（或 500 毫升）
2. 黄酒	240 元/吨
3. 啤酒	
（1）甲类啤酒	250 元/吨
（2）乙类啤酒	220 元/吨
4. 其他酒	10%
三、高档化妆品	15%
四、贵重首饰及珠宝玉石	
1. 金银首饰、铂金首饰和钻石及钻石饰品	5%（零售环节纳税）
2. 其他贵重首饰和珠宝玉石	10%（生产、进口、委托加工提货环节纳税）
五、鞭炮、焰火	15%
六、成品油	
1. 汽油	1.52 元/升
2. 石脑油	1.52 元/升
3. 溶剂油	1.52 元/升
4. 润滑油	1.52 元/升
5. 柴油	1.20 元/升

续表

税　　目	税　率
6. 航空煤油	1.20 元/升
7. 燃料油	1.20 元/升
七、小汽车	
1. 乘用车	
（1）气缸容量在 1.0（含 1.0）升以下的	1%
（2）气缸容量在 1.0 以上至 1.5（含 1.5）升	3%
（3）气缸容量在 1.5 以上至 2.0（含 2.0）升	5%
（4）气缸容量在 2.0 以上至 2.5（含 2.5）升	9%
（5）气缸容量在 2.5 以上至 3.0（含 1.5）升	12%
（6）气缸容量在 3.0 以上至 4.0（含 4.0）升	25%
（7）气缸容量在 4.0 升以上	40%
2. 中轻型商用客车（含驾驶员座位在内的座位数≤23 座）	5%
八、摩托车	
1. 气缸容量在 250 毫升	3%
2. 气缸容量在 250 毫升的以上的	10%
九、高尔夫球及球具	10%
十、高档手表	20%
十一、游艇	10%
十二、木制一次性筷子	5%
十三、实木地板	5%
十四、电池	4%
十五、涂料	4%

注：（1）卷烟每箱＝250 条，每标准条 200 支。

（2）甲类卷烟，即每标准条调拨价格在 70 元（不含增值税）以上（含 70 元）的卷烟；乙类卷烟，即每标准条调拨价格在 70 元（不含增值税）以下的。

（3）甲类啤酒，指每吨出厂价（含包装物及包装物押金）在 3 000 元（不含增值税）以上（含 3 000 元）；乙类啤酒是指每吨出厂价（含包装物及包装物押金）在 3 000 元（不含增值税）以下的。

（4）航空煤油暂缓征收消费税。

4.3　消费税的计税依据

消费税分别实行从量定额计算征税、从价定率计算征税和从价定率与从量定额复合计算征税。复合计算征税方法的计税依据是从量定额方法、从价定率方法计税依据的综合。

4.3.1　实行从量定额办法的计税依据

我国仅对黄酒、啤酒、成品油 3 类应税消费品采用从量定额的办法征税。对采用定额税率征税的货物，必须核定其计税数量作为计税依据，具体核定方法如下。

① 销售应税消费品的，为应税消费品的销售数量。

② 自产自用应税消费品的，为应税消费品的移送使用数量。

③ 委托加工应税消费品的，为纳税义务人收回的应税消费品数量。

④ 进口应税消费品的，为海关核定的应税消费品进口征税数量。

消费税有关法规规定，黄酒、啤酒是以吨为计税依据的计量单位，成品油是以升为计税依据的计量单位。但是在实际工作中，一些纳税义务人会把吨或升这两个计量单位混用，为了规范不同应税消费品的计量单位，以便准确计算应纳税额，适用定额税率应税消费品计量单位的换算标准如表4-2所示。

表 4-2　应税消费品计量单位换算标准

卷　　烟	1 标准箱＝5 万支
啤　　酒	1 吨＝988 升
黄　　酒	1 吨＝962 升
汽　　油	1 吨＝1 388 升
柴　　油	1 吨＝1 176 升
石 脑 油	1 吨＝1 385 升
溶 剂 油	1 吨＝1 282 升
润 滑 油	1 吨＝1 126 升
燃 料 油	1 吨＝1 015 升
航空煤油	1 吨＝1 246 升

4.3.2　实行从价定率办法的计税依据

在从价定率计算方法下，应纳税额的计算取决于应税消费品的销售额和适用税率两个因素。根据消费税暂行条例规定，销售额为纳税义务人销售应税消费品向购买方收取的全部价款和价外费用。价外费用是指价外向购买方收取的手续费、补贴、基金、集资费、返还利润、奖励费、违约金、滞纳金、延期付款利息、赔偿金、代收款项、代垫款项、包装费、包装物租金、储备费、优质费、运输装卸费及其他各种性质的价外收费，但下列项目不包括在内：

① 同时符合以下条件的代垫运输费用：承运部门的运输费用发票开具给购买方的；纳税义务人将该项发票转交给购买方的。

② 同时符合以下条件代为收取的政府性基金或者行政事业性收费：由国务院或者财政部批准设立的政府性基金，由国务院或者省级人民政府及其财政、价格主管部门批准设立的行政事业性收费；收取时开具省级以上财政部门印制的财政票据；所收款项全额上缴财政。

税法规定，作为消费税计税依据的销售额不包括应向购买方收取的增值税税款。如果纳税义务人应税消费品的销售额中未扣除增值税税款或者因不得开具增值税专用发票而发生价款和增值税税款合并开具普通发票的，在计算消费税时应当换算为不含增值税税款的销售额。其换算公式为

应税消费品的销售额＝含增值税的销售额／（1＋增值税税率或者征收率）

在上述公式中，应根据纳税义务人的具体情况分别使用增值税的税率或征收率，对于增值税一般纳税义务人使用 16％的税率，对于增值税小规模纳税义务人使用 3％的征收率。

对增值税而言，应税销售额为不含增值税的销售额；对消费税而言，应税销售额为含消费税但不含增值税的销售额。这是因为消费税作为一种价内税，其计税依据就是含消费税的；而增值税作为一种价外税，其计税依据是不含增值税的。征收消费税的货物同时又必须缴纳增值税，两者的计税依据都是同口径的销售额。此外，有关价外费用的含义和内容及其处理规定，与增值税有关规定相同。

【例 4-1】

某化妆品生产企业为增值税一般纳税义务人，某月销售高档化妆品开具增值税专用发票，取得不含税销售额为 50 万元，增值税额 8 万元；销售高档化妆品开具普通发票，取得含增值税销售额为 23.2 万元。该化妆品生产企业应纳的消费税的计税依据为多少？

解 化妆品的应税销售额＝50＋23.2/（1＋16％）＝70（万元）

应税消费品连同包装物销售的，无论包装物是否单独计价及在会计上如何核算，均应并入应税消费品的销售额中缴纳消费税。如果包装物不作价随同产品销售，而是收取押金，此项押金则不应并入应税消费品的销售额中征收。但对因逾期未收回的包装物不再退还的或者已收取的时间超过 12 个月的押金，应并入应税消费品的销售额，按照应税消费品的适用税率缴纳消费税。

对既作价随同应税消费品销售，又另外收取押金的包装物的押金，凡纳税义务人在规定的期限内没有退还的，均应并入应税消费品的销售额，按照应税消费品的适用税率缴纳消费税。

纳税义务人销售的应税消费品，以人民币计算销售额。纳税义务人以人民币以外的货币结算销售额的，应当折合成人民币计算。纳税义务人销售的应税消费品，以人民币以外的货币结算销售额的，其销售额的人民币折合率可以选择销售额发生的当天或者当月 1 日的人民币汇率中间价。纳税义务人应在事先确定采用何种折合率，确定后 1 年内不得变更。

4.3.3 计税依据的特殊规定

① 纳税义务人兼营不同税率的应税消费品，应当分别核算不同税率应税消费品的销售额、销售数量；未分别核算销售额、销售数量或者将不同税率的应税消费品组成成套消费品销售的，从高适用税率。纳税义务人兼营不同税率的应税消费品，是指纳税义务人生产销售两种税率以上的应税消费品。

② 纳税义务人用于换取生产资料和消费资料，投资入股和抵偿债务等方面的应税消费品，应当以纳税义务人同类应税消费品的最高销售价格作为计税依据计算消费税。

③ 纳税义务人通过自设非独立核算门市部销售的自产应税消费品，应当按照门市部对外销售额或者销售数量征收消费。

④ 白酒生产企业向商业销售单位收取的"品牌使用费"是随着应税白酒的销售而向购货方收取的，属于应税白酒销售价款的组成部分，因此不论企业采取何种方式或以何种名义

收取价款，均应并入白酒的销售额中缴纳消费税。

⑤ 为了确保国家的财政收入，堵塞税收漏洞，对酒类产品生产企业销售酒类产品而收取的包装物押金，无论押金是否返还与会计上如何核算，均需并入酒类产品销售额中，依酒类产品的适用税率征收消费税。

⑥ 纳税义务人应税消费品的计税价格明显偏低并无正当理由的，由主管税务机关核定其计税价格：卷烟、白酒和小汽车的计税价格由国家税务总局核定，送财政部备案；其他应税消费品的计税价格由省、自治区和直辖市国家税务局核定；进口的应税消费品的计税价格由海关核定。

4.4 消费税应纳税额的计算

4.4.1 生产销售应税消费品应纳税额的计算

1. 实行从量定额办法计算应纳税额

实行从量定额办法计算应纳税额，其计算公式为

$$应纳税额＝应税消费品数量×该应税消费品定额税率$$

现行消费税征收范围中，啤酒、黄酒、成品油采用定额税率。

【例 4-2】

某啤酒厂销售啤酒不含增值税价格为 2 850 元/吨，同时每销售 1 吨啤酒收取优质服务费 100 元和手续费 90 元，本月生产销售啤酒 100 吨，计算啤酒厂本月应纳消费税。

解 应纳消费税＝100×250＝25 000（元）

2. 实行从价定率办法计算应纳税额

实行从价定率办法计算应纳税额，其计算公式为

$$应纳税额＝应税消费品的销售额×该应税消费品比例税率$$

【例 4-3】

某摩托车生产企业为增值税一般纳税义务人，当期生产气缸容量为 300 毫升的两轮摩托车 200 000 辆，每辆生产成本为 0.28 万元，销售 190 000 辆，销售合同记载取得不含税销售收入 87 400 万元。由于部分摩托车由该生产企业直接送货，运输合同记载取得送货的运输费收入 464 万元并开具普通发票。计算应纳消费税。

解 应税计税依据＝87 400＋464/（1＋16％）＝87 800（万元）
  应纳消费税＝87 800×10％＝8 780（万元）

3. 实行从价定率和从量定额复合计税办法计算应纳税额

实行从价定率和从量定额复合计税办法计算应纳税额，其基本计算公式为

应纳税额＝应税销售数量×定额税率＋应税销售额×比例税率

现行消费税的征税范围中，只有卷烟和白酒采用复合计税办法。

为保全税基，对设立销售公司的白酒生产企业，税务总局制定了《白酒消费税最低计税价格核定管理办法（试行）》，对计税价格偏低的白酒核定消费税最低计税价格。白酒生产企业销售给销售单位的白酒，生产企业消费税计税价格低于销售单位对外销售价格（不含增值税）70％以下的，税务机关应核定消费税最低计税价格。

【例 4-4】

某白酒生产企业为增值税一般纳税义务人，本月向某烟酒专卖店销售粮食白酒 20 吨，开具普通发票，取得含税收入 200 万元，另收取品牌使用费 50 万元、包装物租金 20 万元，计算本月该企业向专卖店销售白酒应缴纳的消费税。

解 应缴纳消费税＝［（200＋50＋20）/1.16］×20％×10 000＋20×2 000×0.5

＝485 517.24（元）

【小资料 4-3】

世界各国是怎样征收卷烟消费税的

由于烟草的特殊性，为了限制和减少烟草及其制品的生产与消费，增加政府财政收入，世界各国普遍对烟草及其制品都征收体现政府"寓禁于征"调控意图的"烟草消费税"或类似性质的烟草特别税。根据有关 128 个国家或地区的烟草统计资料，目前开征烟草消费税或特别税的国家或地区有 124 个，仅利比里亚、阿曼、沙特阿拉伯、阿拉伯联合酋长国等少数几个国家没有开征烟草消费税。

各国烟草消费税的征收范围大体都包括卷烟、雪茄烟、嚼烟、鼻烟、烟斗丝、板烟、手卷烟、用于消费的烟丝等烟草制品。由于税制结构、税种设置不同，各国具体的征收范围、方式方法有很大差异。卷烟是最大一类的烟草制品，从卷烟消费税征收情况看，目前世界各国的计征方法大体上可分为三大类八个小类。

第一大类是实行从量计征，就是按卷烟的数量定额计征消费税。在实行从量计征的国家或地区中，又有两个不同类型：一类是实行无差别税率，如美国、日本、澳大利亚等对所有卷烟按同一定额税率征收；另一类是实行有差别税率，对不同档次或类别卷烟按不同的定额税率征收，如塞浦路斯、埃及、象牙海岸、菲律宾等国家。

第二大类是实行从价计征，就是根据卷烟在某一特定交易环节的交易价格按一定比例税率征收。在从价计征的国家或地区中又可分为两类：一类是实行无差别从价税率，如巴西、阿根廷、智利等国家对所有卷烟都是按照一个相同的比例税率从价计征；另一类是实行有差别从价税率，如印度尼西亚等国家，对不同档次或类别的卷烟按不同的比例税率从价计征。

第三大类是实行从量与从价相结合的计征方法。这一类中按照实行的是有差别还是无差别的从量与从价结合，又可分为四小类：一类是实行无差别从价与无差别从量相结合方式计征，如英国、德国、意大利、法国、荷兰、奥地利等国家对所有卷烟实行单一税率从量与单一税率从价相结合的方法计征；第二小类是无差别从量定额税与有差别从价比例税率相结合的方法计征，如我国；第三小类是有差别从量定额税率与无差别从价比例税率相结合计征，如赞比亚；第四小类是有差别从量定额税率与有差别从价比例税率相结合征收，如南斯拉夫。

【例 4-5】

某市一卷烟生产企业为增值税一般纳税义务人，12 月有关经营情况如下。

① 经专卖局批准，销售卷烟给各商场 1 200 标准箱，取得不含税销售收入 3 600 万元；销售给各卷烟专卖店 800 标准箱，取得不含税销售收入 2 400 万元。

② 取得专卖店购买卷烟延期付款的补偿收入 20.88 万元，已向对方开具了普通发票。

③ 销售雪茄烟 300 箱给各专卖店，取得不含税销售收入 600 万元；以雪茄烟 40 箱换回小轿车 2 辆，大货车 1 辆；零售雪茄烟 15 箱，取得含税收入 34.8 万元；取得过期的雪茄烟包装物押金收入 6.96 万元。

（注：卷烟每标准箱为 250 标准条，每标准条为 200 支；相关票据已通过主管税务机关认证）

要求： 按下列顺序回答问题：

（1）计算 12 月份与销售卷烟相关的销项税额；

（2）计算 12 月份与销售雪茄烟相关的销项税额；

（3）计算 12 月份与销售卷烟相关的消费税；

（4）计算 12 月份与销售雪茄烟相关的消费税；

（5）计算 12 月份应缴纳的消费税。

解：（1）12 月份销售卷烟的销项税额＝3 600×16％＋2 400×16％＋（20.88/（1＋16％））×16％＝6 018×16％＝962.88（万元）

（2）12 月份销售雪茄烟的销项税额＝600×16％＋40×（600/300）×16％＋［（34.8＋6.96）/（1＋16％）］×16％＝716×16％＝114.56（万元）

（3）12 月份与销售卷烟相关的消费税＝［（3 600＋2 400＋20.88/（1＋16％）］×56％＋（1 200＋800）×0.015＝6 018×56％＋2 000×0.015＝3 400.08（万元）

（4）12 月份与销售雪茄烟相关的消费税＝［600＋（600/300）×40＋（34.8＋6.96）/（1＋16％）］×36％＝716×36％＝257.76（万元）

（5）12 月份应缴纳的消费税＝3 400.08＋257.76＝3 657.84（万元）

4.4.2 自产自用应税消费品

自产自用是指纳税义务人生产的应税消费品，不是用于对外销售，而是用于自己连续生产应税消费品或用于其他方面。

纳税义务人自产并用于连续生产应纳消费税的消费品的，在移送使用时，其使用的消费品不征消费税，只就最终应税消费品征消费税。其目的是计算简便，不重复征税。所谓自产并用于连续生产应税消费品，是指纳税义务人将自产自用的应税消费品作为直接材料生产最终应税消费品，自产自用应税消费品构成最终应税消费品的实体。

纳税义务人自产自用的应税消费品，不是用于连续生产应税消费品，而是用于其他方面的，视同销售应税消费品，于移送使用时纳税。纳税义务人自产的应税消费品用于其他方面，是指纳税义务人将自产的应税消费品用于生产非应税消费品、在建工程、管理部门、非生产机构、提供劳务、馈赠、赞助、集资、广告、样品、职工福利、奖励等方面。

纳税义务人自产自用的应税消费品，用于其他方面的均视同销售，按照纳税义务人生产的同类消费品的销售价格计算纳税。所谓同类消费品的销售价格，是指纳税义务人或者代收代缴义务人当月销售的同类消费品的销售价格。如果当月同类消费品各期销售价格高低不同，应按销售数量加权平均计算。但销售的应税消费品有下列情况之一的，不得列入加权平均计算：销售价格明显偏低并无正当理由的；无销售价格的。

如果当月无销售或者当月未完结，应按照同类消费品上月或者最近月份的销售价格计算纳税。如果没有当月或最近月份同类消费品销售价格的，按组成计税价格计算。

实行从价定率办法计算纳税的，组成计税价格计算公式为

$$组成计税价格＝（成本＋利润）／（1－消费税税率）$$
$$＝成本×（1＋成本利润率）／（1－消费税税率）$$
$$应纳税额＝组成计税价格×适用税率$$

实行复合计税办法计算纳税的，组成计税价格计算公式为

$$组成计税价格＝（成本＋利润＋自产自用数量×定额税率）／（1－比例税率）$$
$$应纳税额＝组成计税价格×比例税率＋自产自用数量×定额税率$$

其中，成本是指应税消费品的产品生产成本；利润是指根据应税消费品的全国平均成本利润率计算的利润。应税消费品全国平均成本利润率由国家税务总局确定，具体如表 4-3 所示。

表 4-3　应税消费品成本利润率

应税消费品	成本利润率	应税消费品	成本利润率
1. 甲类卷烟	10%	12. 摩托车	6%
2. 乙类卷烟	5%	13. 高尔夫球及球具	10%
3. 雪茄烟	5%	14. 高档手表	20%
4. 烟丝	5%	15. 游艇	10%
5. 粮食白酒	10%	16. 木制一次性筷子	5%
6. 薯类白酒	5%	17. 实木地板	5%
7. 其他酒	5%	18. 乘用车	8%
8. 酒精	5%	19. 中轻型商用客车	5%
9. 高档化妆品	5%	20. 电池	4%
10. 鞭炮、焰火	5%	21. 涂料	7%
11. 贵重首饰及珠宝玉石	6%		

从 2009 年 1 月 1 日起，对成品油生产企业在生产成品油过程中，作为燃料、动力及原料消耗掉的自产成品油，免征消费税。对用于其他用途或直接对外销售的成品油照章征收消费税。

【例 4-6】

某生产企业将本厂生产的高档化妆品作为福利发给本厂职工。该类产品没有同类消费品销售价格，生产成本为 10 000 元，成本利润率为 5%，化妆品适用消费税税率为 15%，计算应纳消费税。

解 组成计税价格＝成本×（1＋成本利润率）/（1－消费税税率）

$$＝10\ 000×（1＋5\%）/（1－15\%）＝12\ 352.94（元）$$

应纳消费税＝12 352.94×15%＝1 852.94（元）

4.4.3 委托加工应税消费品应纳税额的计算

1. 委托加工应税消费品的确定

委托加工的应税消费品，是指由委托方提供原料和主要材料，受托方只收取加工费和代垫部分辅助材料加工的应税消费品。按照税法规定，委托加工应税消费品应同时符合两个条件：①由委托方提供原料和主要材料；②受托方只收取加工费和代垫部分辅助材料。以上两个条件缺一不可。无论是委托方还是受托方凡不符合规定条件的，都不能按委托加工应税消费品进行税务处理。对于由受托方提供原材料生产的应税消费品，或者受托方先将原材料卖给委托方，然后再接受加工的应税消费品，以及由受托方以委托方名义购进原材料生产的应税消费品，不论在财务上是否作销售处理，都不得作为委托加工应税消费品，而应当按照销售自制应税消费品缴纳消费税。

委托加工的应税消费品，除受托方为个人外，由受托方在向委托方交货时代收代缴税款。

委托加工的应税消费品受托方在交货时已代收代缴消费税，委托加工的应税消费品，委托方用于连续生产应税消费品的，所纳税款准予按规定抵扣。

自 2012 年 9 月 1 日起委托方将收回的应税消费品，以不高于受托方的计税价格出售的，为直接出售，不再缴纳消费税；委托方以高于受托方的计税价格出售的，不属于直接出售，需按照规定申报缴纳消费税，在计税时准予扣除受托方已代收代缴的消费税。

2. 委托加工应税消费品应纳税额的计算

委托加工的应税消费品适用定额税率的，应纳税额计算公式为

应纳税额＝纳税义务人委托加工收回的应税消费品数量×适用的定额税率

委托加工的应税消费品适用比例税率的，应纳税额计算公式为

应纳税额＝按受托方同类消费品销售价格计算或组成计税价格×适用的比例税率

如果委托加工的应税消费品，受托方有同类应税消费品销售价格的，受托方计算代收代缴的消费税税款时，应按当月销售的同类消费品的销售价格计算纳税；如果当月同类消费品各期销售价格高低不同的，应按销售数量加权平均价格计算纳税，但销售的应税消费品无销售价格或销售价格明显偏低又无正当理由的，不得列入加权平均价格计算；如果当月无销

或当月月末未完结，应按照同类消费品上月或最近月份的销售价格计算纳税。

如果委托加工的应税消费品，受托方无同类应税消费品销售价格的，受托方计算代收代缴的消费税税款时，应按组成计税价格计算纳税。

实行从价定率计税办法计算纳税的，组成计税价格和应纳消费税的计算公式为

$$组成计税价格＝（材料成本＋加工费）/（1－消费税税率）$$
$$应纳消费税＝组成计税价格×消费税税率$$

实行复合计税办法计算纳税的，组成计税价格和应纳消费税的计算公式为

$$组成计税价格＝（材料成本＋加工费＋委托加工数量×定额税率）/（1－比例税率）$$
$$应纳消费税＝组成计税价格×比例税率＋委托加工数量×定额税率$$

公式中的材料成本是指委托方所提供加工材料的实际成本。加工费是指受托方加工应税消费品向委托方所收取的全部费用，包括代垫的辅助材料的实际成本，但不包括受托方收取的增值税。

委托加工应税消费品的纳税义务人，必须在委托加工合同上如实注明（或者以其他方式提供）材料成本，凡未提供材料成本的，受托方主管税务机关有权核定其材料成本。

【例 4-7】

某纳税义务人提供原料 62 万元（不含增值税），委托 A 厂（增值税一般纳税义务人）加工高档化妆品，提货时支付加工费及增值税金 9.28 万元。A 厂同类化妆品的售价为 83.2 万元（不含税价）。计算 A 厂应代收代缴的消费税是多少？（高档化妆品的消费税税率为 15%）

解　　　计税依据＝83.2（万元）

应纳税额＝83.2×15%＝12.48（万元）

如果 A 厂没有同类化妆品的售价，则按组成计税价格计算应纳税额为

组成计税价格＝［62＋9.28/（1＋16%）］/（1－15%）＝823 529.41（万元）

应纳税额＝823 529.41×15%＝123 529.41（万元）

2015 年 6 月 1 日起，纳税人将委托加工收回的白酒销售给销售单位，消费税计税价格低于销售单位对外销售价格（不含增值税）70% 以下，由主管税务机关核定其计税价格。

为促进节能环保，自 2015 年 2 月 1 日起，将电池、涂料列入消费税征收范围，在生产、委托加工和进口环节征收，适用税率均为 4%。对无汞原电池、金属氢化物镍蓄电池、锂原电池、锂离子蓄电池、太阳能电池、燃料电池和全钒液流电池免征消费税。

为了引导合理消费，促进节能减排，自 2016 年 12 月 1 日起，对超豪华小汽车加征消费税。超豪华小汽车是指为每辆零售价格 130 万元（不含增值税）及以上的乘用车和中轻型商用客车。对超豪华小汽车，在生产（进口）环节按现行税率征收消费税基础上，在零售环节加征消费税，税率为 10%。将超豪华小汽车销售给消费者的单位和个人为超豪华小汽车零售环节纳税人。

超豪华小汽车零售环节消费税应纳税额计算公式：

应纳税额＝零售环节销售额（不含增值税）×零售环节税率

国内汽车生产企业直接销售给消费者的超豪华小汽车，消费税税率按照生产环节税率和零售环节税率加总计算。消费税应纳税额计算公式：

$$应纳税额＝销售额×（生产环节税率＋零售环节税率）$$

对我国驻外使领馆工作人员、外国驻华机构及人员、非居民常住人员、政府间协议规定等应税（消费税）进口自用，且完税价格130万元及以上的超豪华小汽车消费税，按照生产（进口）环节税率和零售环节税率（10%）加总计算，由海关代征。

4.4.4 进口应税消费品应纳税额的计算

实行从价定率办法计算纳税的组成计税价格和应纳消费税的计算公式为

$$组成计税价格＝（关税完税价格＋关税）／（1－消费税比例税率）$$
$$应纳消费税＝组成计税价格×消费税比例税率$$

实行从量定额办法计算纳税的应纳税额计算公式为

$$应纳消费税＝应税消费品数量×消费税定额税率$$

实行复合计税办法计算纳税的组成计税价格和应纳消费税的计算公式为

$$组成计税价格＝（关税完税价格＋关税＋进口数量×消费税定额税率）／$$
$$（1－消费税比例税率）$$
$$应纳消费税＝组成计税价格×比例税率＋应税消费品进口数量×消费税定额税率$$

其中，关税完税价格是指海关核定的关税计税价格，进口货物以海关核定的成交价格为基础的到岸价格作为关税完税价格。

进口环节消费税除国务院另有规定外，一律不得减税、免税。

【例4-8】

某商业企业从国外进口一批高档化妆品，海关核定的关税完税价格为82 000元（关税税率为20%，消费税税率为15%），已取得海关开具的完税凭证。当月该企业把其中的一部分化妆品在国内市场销售，取得不含税销售收入142 000元。计算该企业在进口环节、销售环节应纳税额是多少。

解 进口环节应纳增值税和消费税：

$$组成计税价格＝（关税完税价格＋关税）／（1－消费税税率）$$
$$＝（82\ 000＋82\ 000×20\%）／（1－15\%）＝115\ 764.71（元）$$
$$应纳消费税＝115\ 764.71×15\%＝17\ 364.71（元）$$
$$应纳增值税＝115\ 764.71×16\%＝18\ 522.35（元）$$

国内销售环节应纳增值税：

$$应纳增值税＝销项税额－进项税额＝142\ 000×16\%－18\ 522.35＝4\ 197.65（元）$$

4.4.5　已税消费税的扣除

用外购或委托加工收回已税消费品连续生产应税消费品时，为了平衡税收负担，避免重复征税，税法规定，用外购或委托加工收回已税消费品连续生产下列应税消费品时，准予从应纳消费税税额中扣除原料已纳消费税税款：

- 以外购或委托加工收回的已税烟丝为原料生产的卷烟；
- 以外购或委托加工收回的已税高档化妆品为原料生产的高档化妆品；
- 以外购或委托加工收回的已税珠宝玉石为原料生产的贵重首饰及珠宝玉石；
- 以外购或委托加工收回的已税鞭炮、焰火为原料生产的鞭炮、焰火；
- 以外购或委托加工收回的已税摩托车生产的摩托车；
- 以外购或委托加工收回的已税杆头、杆身和握把为原料生产的高尔夫球杆；
- 以外购或委托加工收回的已税木制一次性筷子为原料生产的木制一次性筷子；
- 以外购或委托加工收回的已税实木地板为原料生产的实木地板；
- 以外购或委托加工收回的已税石脑油为原料生产的应税消费品；
- 以外购或委托加工收回的已税润滑油为原料生产的润滑油；
- 以对外购或委托加工收回的汽油、柴油用于连续生产甲醇汽油、生物柴油。

上述当期准予扣除外购应税消费品已纳消费税税款的计算公式为

当期准予扣除的外购应税消费品已纳税款＝当期准予扣除外购应税消费品买价（或数量）×外购应税消费品的比例税率（或单位税额）

当期准予扣除的外购应税消费品买价（或数量）＝期初库存的外购应税消费品的买价（或数量）＋当期购进的应税消费品的买价（或数量）－期末库存的外购应税消费品的买价（或数量）

对委托加工收回消费品已纳的消费税可按当期生产领用数量从当期应纳消费税税额中扣除。这种扣除方法与外购已税消费品连续生产应税消费品的扣税方法原理相同，其计算公式为

当期准予扣除的委托加工的应税消费品已纳税款＝期初库存的委托加工应税消费品已纳税款＋当期收回的委托加工应税消费品已纳税款－期末库存的委托加工应税消费品已纳税款

在这里需注意与外购已税原材料继续加工成应税消费品的税务处理的联系和区别，两种情况下都有已纳税款的抵扣，而且都是按当期生产领用数量计算，但计算方法不同。

需要注意的是，纳税义务人用委托加工收回的已税珠宝玉石生产的改在零售环节征收消费税的金银、钻石首饰，在计税时一律不得扣除委托加工收回的珠宝玉石已纳的消费税税款。

【例 4-9】

某实木地板厂为增值税一般纳税义务人，某月外购 10 万元（不含增值税）的实木地板，当月消耗 9 万元继续加工实木地板，销售加工完成的实木地板取得不含增值税的销售收入 15 万元，计算该企业应纳消费税。（实木地板消费税税率为 5%）

解　当月准予扣除的外购已税实木地板的已纳税额＝9×5%＝0.45（万元）

应纳消费税＝15×5%－0.45＝0.3（万元）

【小思考4-1】意外事故损失库存的外购已税高档化妆品，其相应增值税不能抵扣，那么消费税怎么处理？

答：外购已税高档化妆品连续生产才能抵扣，是按照领用数量计算抵扣，意外事故损失了就没法再领用，自然也就无法再抵扣了。纳税义务人按货物损失的有关规定，依法进行税务处理。

4.5 消费税的出口退（免）税

1. 出口应税消费品退（免）税政策

出口应税消费品退（免）消费税在政策上分为以下三种情况。

（1）出口免税并退税

出口货物免征并退还消费税的政策只适用于有出口经营权的外贸企业购进并直接出口的应税消费品，以及外贸企业受其他外贸企业委托代理出口的应税消费品。外贸企业受其他非外贸企业（包括非生产性的商贸企业和生产企业）委托代理出口的应税消费品，不予退税。

（2）出口免税但不退税

出口免税但不退税政策适用于有出口经营权的生产性企业自营出口或生产企业委托外贸企业代理出口自产的应税消费品，依据其实际出口数量免征消费税，不予办理退还消费税。免征消费税是指对生产性企业按其实际出口数量免征生产环节的消费税。不予办理退还消费税，是因为消费税只在生产环节征收，对生产企业免征消费税就使该应税消费品出口时已不再含有消费税，所以无须退还消费税。

（3）出口不免税也不退税

出口不免税也不退税政策适用于除生产企业、外贸企业外的其他企业，具体是指一般商贸企业。一般商贸企业委托外贸企业代理出口应税消费品出口时，一律不予退（免）税。

2. 退税税率的确定

出口应税消费品应退消费税的税率或单位税额的确定，是依据消费税税目税率（税额）表（表4-1）来执行的。这是与退（免）增值税的一个重要区别。企业应将不同消费税税率的出口应税消费品分别核算和申报，凡划分不清适用税率的，一律从低适用税率计算应退消费税税额。

3. 出口应税消费品退税的计算

属于从价定率计征消费税的应税消费品，应依据外贸企业从工厂购进物时征收消费税的价格计算，其计算公式为

$$应退消费税税款＝出口货物的工厂销售额×税率$$

属于从量定额计征消费税的应税消费品，应按货物购进和报关出口的数量计算，其计算公式为

应退消费税税额＝出口数量×单位税额

【例 4-10】

某外贸企业从某烟厂购进烟丝直接出口，取得防伪税控系统增值税专用发票，注明销售额 300 万元、增值税税额 48 万元；该批出口货物成交价格为 350 万元，同时支付境内运费 6 万元、保险费 1 万元。计算上述业务应退消费税。（烟丝消费税税率为 30%）

　　解　出口应退消费税＝300×30%＝90（万元）

【小思考 4-2】 用购进已税烟丝生产的出口卷烟，能否扣除外购已税烟丝的已纳税款？

答： 按照现行税收法规规定，国家对卷烟出口一律实行在生产环节免税的办法，即免征卷烟加工环节的增值税和消费税，而对出口卷烟所耗用的原辅材料已缴纳的增值税和消费税则不予退、免税。据此，为生产出口卷烟而购进的已税烟丝的已纳税款不能给予扣除。

4.6　消费税的征收管理

1. 消费税的纳税义务发生时间

① 纳税义务人销售应税消费品的，按不同的销售结算方式分别为：采取赊销和分期收款结算方式的，为书面合同约定的收款日期的当天；书面合同没有约定收款日期或者无书面合同的，为发出应税消费品的当天；采取预收货款结算方式的，为发出应税消费品的当天；采取托收承付和委托银行收款方式的，为发出应税消费品并办妥托收手续的当天；采取其他结算方式的，为收讫销售款或者取得索取销售款凭据的当天。

② 纳税义务人自产自用应税消费品的，为移送使用的当天。

③ 纳税义务人委托加工应税消费品的，为纳税义务人提货的当天。

④ 纳税义务人进口应税消费品的，为报关进口的当天。

2. 消费税纳税期限

消费税的纳税期限分别为 1 日、3 日、5 日、10 日、15 日、1 个月或者 1 个季度。纳税义务人的具体纳税期限，由主管税务机关根据纳税义务人应纳税额的大小分别核定；不能按照固定期限纳税的，可以按次纳税。

纳税义务人以 1 个月或者 1 个季度为 1 个纳税期的，自期满之日起 15 日内申报纳税；以 1 日、3 日、5 日、10 日或者 15 日为 1 个纳税期的，自期满之日起 5 日内预缴税款，于次月 1 日起 15 日内申报纳税并结清上月应纳税款。

纳税义务人进口应税消费品，应当自海关填发海关进口消费税专用缴款书之日起 15 日内缴纳税款。

3. 消费税的纳税地点

① 纳税义务人销售的应税消费品及自产自用的应税消费品，除国务院财政、税务主管

部门另有规定外，应当向纳税义务人机构所在地或者居住地的主管税务机关申报纳税。

② 委托加工的应税消费品，除受托方为个人外，由受托方向机构所在地或者居住地的主管税务机关解缴消费税税款。

③ 进口的应税消费品，应当向报关地海关申报纳税。

④ 出口的应税消费品办理退税后，发生退关或者国外退货进口时予以免税的，报关出口者必须及时向其机构所在地或者居住地主管税务机关申报补缴已退的消费税税款。

⑤ 纳税义务人直接出口的应税消费品办理免税后，发生退关或者国外退货，进口时已予以免税的，经机构所在地或者居住地主管税务机关批准，可暂不办理补税，待其转为国内销售时，再申报补缴消费税。

⑥ 纳税义务人销售的应税消费品，如因质量等原因由购买者退回时，经机构所在地或者居住地主管税务机关审核批准后，可退还已缴纳的消费税税款。

本 章 小 结

　　本章阐述了消费税的基本政策和制度。消费税是对在我国境内生产、委托加工和进口应税消费品的单位和个人，就其销售额或销售数量征收的一种税。我国实行的是有选择性的有限型消费税，现行消费税税目共 15 个，具体为烟、酒、高档化妆品、贵重首饰及珠宝玉石、高尔夫球及球具、高档手表、游艇、木制一次性筷子、实木地板、鞭炮和焰火、成品油、小汽车、摩托车、电池、涂料。根据不同税目或子目消费税税率分别采用比例税率、定额税率和复合税率 3 种税率形式，应税消费品分别实行从量定额计算征税、从价定率计算征税和从价定率与从量定额复合计算征税。出口应税消费品实施退（免）消费税政策。

主要法律依据

[1] 中华人民共和国消费税暂行条例. 中华人民共和国国务院令 539 号. 成文日期：2008 年 11 月 10 日.

[2] 中华人民共和国消费税暂行条例实施细则. 财政部 国家税务总局第 51 号令. 成文日期：2008 年 12 月 15 日.

[3] 国家税务总局关于印发《消费税征收范围注释》的通知. 国税发〔1993〕153 号，条款失效. 成文日期：1993 年 12 月 27 日.

[4] 财政部 国家税务总局关于《中华人民共和国消费税暂行条例实施细则》有关条款解释的通知. 财法〔2012〕8 号. 成文日期：2012 年 7 月 13 日.

[5] 国家税务总局关于印发《消费税若干具体问题的规定》的通知. 国税发〔1993〕156 号，条款失效. 成文日期：1993 年 12 月 28 日.

[6] 财政部 国家税务总局关于调整金银首饰消费税纳税环节有关问题的通知. 财税字〔1994〕95 号. 成文日期：1994 年 12 月 24 日.

［7］财政部 国家税务总局关于调整和完善消费税政策的通知．财税〔2006〕33 号．条款失效．成文日期：2006 年 03 月 20 日．

［8］财政部 国家税务总局关于消费税若干具体政策的通知．财税〔2006〕125 号．条款失效，成文日期：2006 年 08 月 30 日．

［9］财政部 国家税务总局关于调整乘用车消费税政策的通知．财税〔2008〕105 号．成文日期：2008 年 08 月 01 日．

［10］财政部 国家税务总局关于提高成品油消费税税率的通知．财税〔2008〕167 号．成文日期：2008 年 12 月 19 日．

［11］财政部 国家税务总局关于提高成品油消费税税率后相关成品油消费税政策的通知．财税〔2008〕168 号．成文日期：2008 年 12 月 19 日．

［12］国家税务总局关于加强白酒消费税征收管理的通知．国税函〔2009〕380 号．成文日期：2009 年 07 月 17 日．

［13］国家税务总局关于农用拖拉机、收割机和手扶拖拉机专用轮胎不征收消费税问题的公告．国家税务总局公告 2010 年第 16 号．成文日期：2010 年 10 月 19 日．

［14］财政部 国家税务总局关于对成品油生产企业生产自用油免征消费税的通知．财税〔2010〕98 号．成文日期：2010 年 11 月 01 日．

［15］财政部 国家税务总局关于调整消费税政策的通知．财税〔2014〕93 号．成文日期：2014 年 11 月 25 日．

［16］财政部 国家税务总局关于继续提高成品油消费税的通知．财税〔2015〕11 号．成文日期：2015 年 1 月 12 日．

［17］财政部 国家税务总局关于对电池 涂料征收消费税的通知．财税〔2015〕16 号．成文日期：2015 年 1 月 26 日．

［18］财政部 国家税务总局关于调整卷烟消费税的通知．财税〔2015〕60 号．成文日期：2015 年 5 月 7 日．

［19］财政部 国家税务总局关于调整化妆品消费税政策的通知．财税〔2016〕103 号．2016 年 9 月 30 日．

［20］财政部 国家税务总局关于调整小汽车进口环节消费税的通知．财关税〔2016〕63 号．成文日期：2016 年 11 月 30 日．

［21］财政部 国家税务总局关于对超豪华小汽车加征消费税有关事项的通知．财税〔2016〕129 号．成文日期：2016 年 11 月 30 日．

习　题

一、思考题

1. 消费税的征收原因有哪些？

2. 消费税有哪些特点？

3. 消费税的纳税环节如何确定？

4. 消费税的税目、税率是怎样设置的？

5. 生产应税消费品如何计税？

6. 委托加工应税消费品如何计税？

7. 进口应税消费品如何计税？

8. 用外购的已税消费品连续生产应税消费品的已纳消费税如何处理？

9. 用委托加工收回的应税消费品连续生产应税消费品的已纳消费税应如何处理？

10. 自产自用应税消费品如何征税？其计税依据怎样确定？

11. 出口应税消费品的退（免）税有哪些规定？

12. 消费税的纳税地点如何确定？

二、单项选择题

1. 下列各项中，应征收消费税的是（　　　）。

  A. 摩托车　　　　　B. 冰箱　　　　　C. 彩电　　　　　D. 空调

2. 下列各项中，适用从量定额办法计算缴纳消费税的是（　　　）。

  A. 白酒　　　　　B. 涂料　　　　　C. 小汽车　　　　　D. 成品油

3. 甲企业为增值税一般纳税义务人，接受某烟厂委托加工烟丝，甲企业自行提供烟叶的成本为 35 000 元，代垫辅助材料 2 000 元，发生加工支出 4 000 元；甲企业当月允许抵扣的进项税额为 340 元。下列正确的是（　　　）。

  A. 甲企业应纳增值税 360 元，应代收代缴消费税 18 450 元

  B. 甲企业应纳增值税 1 020 元，应代收代缴消费税 17 571.43 元

  C. 甲企业应纳增值税 680 元，应纳消费税 18 450 元

  D. 甲企业应纳增值税 9 548 元，应纳消费税 18 450 元

4. 委托加工的应税消费品，按照受托方同类消费品的销售价格计算纳税，没有同类消费品销售价格的，按组成计税价格计算纳税，其组成计税价格的计算公式为（　　　）。

  A. （材料成本＋加工费）/（1＋消费税税率）

  B. （材料成本＋加工费）/（1－消费税税率）

  C. （材料成本＋加工费）/（1＋增值税税率或征收率）

  D. （材料成本＋加工费）/（1－增值税税率或征收率）

5. 消费税纳税义务人采取赊销和分期收款结算方式销售应税消费品，其纳税义务发生时间为（　　　）。

  A. 发出应税消费品的当天　　　　　B. 收到货款的当天

  C. 销售合同规定的收款日期的当天　　D. 购销双方约定的任一时间

6. 根据消费税暂行条例及其实施细则的规定，下列项目中应视同销售缴纳消费税的是（　　　）。

  A. 外购已税消费品继续加工成应税消费品

  B. 委托加工收回的应税消费品继续加工成应税消费品

  C. 自制应税消费品继续加工成应税消费品

  D. 自制应税消费品用于对外单位投资

7. 纳税义务人销售应税消费品时，因按规定不得开具增值税专用发票而发生价款和增值税合并收取的，在计算消费税时其应税消费品的销售额等于（　　　）。

  A. 含增值税的销售额/（1＋增值税税率或征收率）

  B. 含增值税的销售额/（1－增值税税率或征收率）

C. 含增值税的销售额/（1－消费税税率）

D. 含增值税的销售额/（1＋消费税税率）

8. 纳税义务人进口应税消费品，应当自海关填发税款缴纳凭证之日起（ ）内缴纳消费税税款。

    A. 3 日   B. 5 日   C. 7 日   D. 15 日

9. 纳税义务人进口的属于从价定率征收消费税的消费品，按照组成计税价格和规定的税率计算应纳消费税税额。其组成计税价格的计算公式是（ ）。

    A. 关税完税价格＋关税＋增值税

    B. 关税完税价格＋关税

    C. （关税完税价格＋关税）/（1－消费税税率）

    D. （关税完税价格＋关税）/（1＋消费税税率）

10. 纳税义务人用外购应税消费品连续生产应税消费品，在计算纳税时，其外购应税消费品的已纳消费税税款的处理办法是（ ）。

    A. 该已纳税款当期可全部扣除

    B. 该已纳税款当期可扣除50%

    C. 对外购应税消费品当期生产领用部分的已纳税款予以扣除

    D. 该已纳税款不得扣除

11. 某外贸进口公司当月从国外进口 140 辆小轿车，每辆海关的关税完税价格为 8 万元，已知小轿车关税税率为 15%，消费税为 5%。进口这些轿车应缴纳（ ）万元消费税。

    A. 61.6   B. 67.79   C. 56   D. 80

12. ×月某外贸企业从某摩托车厂购进摩托车（税率10%）200 辆，取得的增值税专用发票上注明的单价是 0.5 万元，当月全部报关出口，离岸单价是800 美元（汇率 1 美元＝7.3 元人民币），该企业应退消费税税款（ ）万元。

    A. 9   B. 10   C. 3   D. 11.68

三、多项选择题

1. 下列应税消费品中，采用从价定率办法计算缴纳消费税的有（ ）。

    A. 薯类白酒   B. 药物酒   C. 土甜酒   D. 黄酒

2. 下列企业出口应税消费品，可在出口时办理退还消费税的有（ ）。

    A. 有出口经营权的外贸企业从生产企业购进应税消费品直接出口的

    B. 有出口经营权的外贸企业受其他外贸企业委托代理出口应税消费品的

    C. 有出口经营权的生产企业自营出口自产的应税消费品

    D. 生产企业委托外贸企业代理出口应税消费品

3. 消费税的纳税环节分为（ ）。

    A. 生产环节   B. 消费环节   C. 进口环节   D. 零售环节

4. 下列项目中，按照消费税暂行条例的规定应征收消费税的有（ ）。

    A. 汽车制造厂将自制的小轿车提供给上级主管部门使用

    B. 石化工厂将自己生产的柴油用于本厂基建工程的车辆使用

    C. 摩托车厂将自制的摩托车赠送给摩托车拉力赛赛手使用

D. 化妆品厂将自制的化妆品继续用于高档化妆品的生产

5. 纳税义务人销售的应税消费品，以外汇结算销售额的，其销售额可选择（　　）中国人民银行人民币市场汇价折合人民币计算应纳税额（　　）。

  A. 结算当天的   B. 上年 12 月 31 日的

  C. 结算当月 1 日的   D. 上次纳税当天的

6. 下列关于消费税纳税地点的阐述，正确的是（　　）。

  A. 纳税义务人销售的应税消费品，以及自产自用的应税消费品，除国家另有规定的外，应当向纳税义务人机构所在地或居住地主管税务机关申报纳税

  B. 委托加工的应税消费品（委托个体经营者加工的除外），由受托方向其所在地主管税务机关解缴消费税税率

  C. 纳税义务人委托外县（市）代销自产应税消费品的，向代销地税务机关申报纳税

  D. 进口的应税消费品，由进口人或代理人向报关地海关申报纳税

7. 计征消费税的商品的计税价格由以下部分组成（　　）。

  A. 成本   B. 利润   C. 消费税   D. 增值税

8. 计征消费税的销售额包括（　　）。

  A. 货款   B. 优质费   C. 返还利润   D. 包装费

9. 以下企业出口应税消费品不得退税的有（　　）。

  A. 外贸单位收购后出口   B. 外商投资生产企业自营出口

  C. 生产单位自营出口   D. 生产单位委托出口

10. 下列情况中，应征消费税的有（　　）。

  A. 将应税消费品发给职工使用   B. 出厂前进行化学检验的高档化妆品

  C. 作为展销样品的高档化妆品   D. 用于广告的高档化妆品

四、判断题

1. 消费税实行价内税，除金银首饰、钻石及钻石饰品外，只在应税消费品的生产批发、委托加工和进口环节缴纳。（　　）

2. 生产企业出口应税消费品只退增值税，不退消费税。（　　）

3. 企业将自己生产的应税消费品，以福利或奖励等形式发给本厂职工，由于没有对外销售，因此不必计入销售额，无须缴纳消费税。（　　）

4. 作为消费税计税依据的销售额，是指向购买方收取的全部价款和价外费用，也包括向购买方收取的增值税。（　　）

5. 纳税义务人自产自用的应税消费品用于连续生产应税消费品的，应于移送时缴纳消费税。（　　）

6. 纳税义务人兼营不同税率的应税消费品，应当分别核算不同税率应税消费品的销售额、销售数量；未分别核算销售额、销售数量的，或者将不同税率的应税消费品组成成套消费品销售的，从高适用税率。（　　）

7. 受托加工应税消费品的个体经营者不承担代收代缴消费税义务。（　　）

8. 委托加工应税消费品的组成计税价格计算公式中的加工费，是指受托方加工应税消费品向委托方收取的全部费用，但不包括代垫辅助材料的实际成本。（　　）

9. 商贸企业委托外贸企业代理出口应税消费品，可享受退（免）消费税的优惠待遇。（　　）

10. 纳税义务人进口应税消费品，应当自海关填发税款缴纳证的当日起 7 日内缴纳税款。（　　）

五、实务题

1. 某进出口公司×月进口小轿车 120 辆，每辆到岸价格 7 万元人民币，该公司当月销出其中的 110 辆，每辆价格合并定价为 23.2 万元，已知小轿车进口关税税率为 110%，消费税税率为 5%。回答下列问题：

   (1) 本月增值税的进项税额为（　　）元。

   A. 3 132 760　　B. 3 056 541.20　　C. 3 262 763.40　　D. 2 970 947.37

   (2) 本月增值税的销项税额为（　　）元。

   A. 3 408 643.15　B. 3 639 909.70　　C. 3 520 000　　D. 3 830 191.90

   (3) 本月应纳增值税税为（　　）元。

   A. 275 883.15　　B. 549 052.63　　C. 219 168.50　　D. 673 560.40

   (4) 本月应纳消费税为（　　）元。

   A. 928 421.05　　B. 846 850.65　　C. 958 673.42　　D. 892 650.43

2. 某外贸企业从摩托车厂购进摩托车 500 辆，直接报关离境出口，取得的增值税专用发票注明的不含税单价是每辆 5 000 元，支付从摩托车厂到出境口岸的运费 8 万元，装卸费 2 万元，离岸价格每辆 720 美元（美元与人民币汇率为 1∶7.3），摩托车消费税税率为 10%，则应退消费税税款为（　　）万元。

   A. 25　　　　　　B. 25.8　　　　　　C. 26　　　　　　D. 29.88

3. 某卷烟厂×月生产甲、乙两种品牌香烟。当月销售给某批发商场甲种烟 200 箱，每箱 10 000 元；发放给本厂职工用烟（乙种烟）10 箱，乙种卷烟没有同类产品销售价格，已知生产乙种卷烟的每箱成本为 2 000 元，该卷烟的全国平均成本利润率为 5%，当月核定的进项税额为 113 046.18 元，则

   (1) 当月应纳增值税为（　　）元。

   A. 230 523.82　　B. 230 353.82　　C. 212 203.82　　D. 226 953.82

   (2) 当月应纳消费税为（　　）元。

   A. 631 500　　　B. 764 156.25　　C. 609 000　　　D. 637 800

4. B 厂提供原料 19 万元（含税），委托 A 厂加工实木地板。提货时支付加工费等 2.3 万元（价税合计），取得专用发票。A 厂同类实木地板的计税价格为 25.3 万元（不含税价）。B 厂收回后出售，取得收入 30 万元（含税价）。

   要求： 计算本月 B 厂共负担的消费税金。

5. 某汽车厂本月购入原材料取得专用发票上注明的税金 68 万元，用本厂生产的 16 辆 A 型小汽车换取钢材，其中 10 辆单价为 10 万元（含税价），6 辆单价为 12 万元（含税价）。销售大轿车开出专用发票上注明的价款 120 万元。向某高校售出大轿车 2 辆，取得收入 82 万元，A 型小汽车 2 辆，取得含税收入 58 万元。（小汽车消费税税率 9%）

   要求： 根据以上资料计算汽车厂应缴纳的消费税。

6. 某商贸公司为增值税一般纳税义务人，并具有进出口经营权，3 月发生相关经营业务如下。

① 从国外进口小轿车一辆，支付买价 400 000 元、相关费用 30 000 元，支付到达我国海关前的运输费用 40 000 元、保险费用 20 000 元。

② 从国外进口卷烟 80 000 条（每条 200 支），支付买价 2 000 000 元，支付到达我国海关前的运输费用 120 000 元，保险费用 80 000 元。（进口关税税率均为 20%，小轿车消费税税率 8%）

要求：按下列顺序回答问题，每问均为共计金额：

(1) 计算进口小轿车和进口卷烟应缴纳的关税；

(2) 计算小轿车在进口环节应缴纳的消费税；

(3) 计算卷烟在进口环节应缴纳的消费税；

(4) 计算小轿车和卷烟在进口环节应缴纳的增值税。

7. 某汽车制造企业为增值税一般纳税义务人，12 月有关生产经营业务如下。

① 以交款提货方式销售 A 型小汽车 30 辆给汽车销售公司，每辆不含税售价 15 万元，开具税控专用发票注明应收价款 450 万元，当月实际收回价款 430 万元，余款下月才能收回。

② 销售 B 型小汽车 50 辆给特约经销商，每辆不含税单价 12 万元，向特约经销商开具了税控增值税专用发票，注明价款 600 万元、增值税 96 万元，由于特约经销商当月支付了全部货款，汽车制造企业给予特约经销商原售价 2% 的销售折扣。

③ 将新研制生产的 C 型小汽车 5 辆销售给本企业的中层干部，每辆按成本价 10 万元出售，共计取得收入 50 万元，C 型小汽车尚无市场销售价格。

④ 购进机械设备取得税控专用发票注明价款 20 万元、进项税额 3.2 万元，该设备当月投入使用。

⑤ 当月购进原材料取得税控专用发票注明金额 600 万元、进项税额 96 万元，并经国税务机关认证，支付购进原材料的运输费用 20 万元，取得货物运输业增值税专用发票。

⑥ 从小规模纳税义务人处购进汽车零部件，取得由当地税务机关开具的增值税专用发票注明价款 20 万元、进项税额 1.2 万元。

⑦ 当月发生意外事故损失库存原材料金额 35 万元，直接计入"营业外支出"账户损失为 35 万元。

12 月该企业自行计算、申报缴纳的增值税和消费税如下。

申报缴纳的增值税＝[430＋600×(1−2%)＋50]×16%−[3.2＋96＋20×10%＋1.2−35×16%]＝170.88−96.8＝74.08(万元)

申报缴纳的消费税＝[430＋600×(1−2%)＋50]×12%＝128.16(万元)

（说明：该企业生产的小汽车均适用 12% 的消费税税率，C 型小汽车成本利润率 8%）

要求：根据上述资料，按下列序号计算有关纳税事项或回答问题。

(1) 根据企业自行计算、申报缴纳增值税和消费税的处理情况，按资料顺序逐项指出企业的做法是否正确？简要说明理由。

(2) 12 月该企业应补缴的增值税。

(3) 12 月该企业应补缴的消费税。

第5章

关　税

【学习要求】

重点掌握：关税的基本概念和分类；关税完税价格的确定方法；关税应纳税额计算方法

一般掌握：关税征税对象、纳税义务人；关税减免税；关税补征和退征

理解：关税的特点；关税的征税标准、关税税率的基本分类、税则

了解：关税的发展历史；关税的基本制度规定；关税税则精神；关税纳税方式、纳税期限、纳税地点及纳税争议

5.1　关　税　概　述

1949 年新中国成立后，国家组建了海关总署，统一管理全国海关业务。1951 年 5 月政务院颁布《中华人民共和国暂行海关法》、《中华人民共和国进出口税则》和《中华人民共和国进出口税则暂行实施条例》，统一了新中国的关税政策，建立了完全独立自主的保护关税制度。这两个最基本的文件一直执行到 1985 年。为了适应我国改革开放的需要，1985 年 7 月国务院发布《中华人民共和国海关进出口税条例》和《中华人民共和国海关进出口税则》，同年 1 月第六届全国人大常委会第 19 次会议通过并公布了《中华人民共和国海关法》（以下简称《海关法》），1987 年 9 月国务院对《中华人民共和国进出口税条例》进行修订并发布。1989 年，海关总署制定了《海关审定进出口货物完税价格办法》，我国逐步建立起了以《海关法》为中心的包括关税制度在内的海关法规体系。

为了适应快速发展变化的经济环境，1992 年至今，国务院多次修订《海关法》《进出口关税条例》等。我国现行的关税基本法律、法规是全国人民代表大会于 2000 年 7 月修正颁布的《中华人民共和国海关法》、2003 年 11 月国务院发布的《中华人民共和国进出口关税条例》及作为条例组成部分的《中华人民共和国进出口税则》《中华人民共和国进境物品进口税税率表》，另外还有关税相关部门拟定的管理办法和实施细则。

5.1.1　关税的概念

关税（customs duty）是由海关依法对进出境的货物、物品征收的一种税。这里的"境"指的是关境（customs territory、customs boundary），也称"海关境域"或"关税领域"。

关境与国境是两个概念。国境是指一个主权国家行使行政权力的领域范围,包括领土、领海和领空,而关境是一个国家行使关税权力的领域范围。一般而言,一个国家的关境与其国境是一致的,商品进出国境也就是进出关境。但是两者也有不一致的情况,如有些国家在国境内设有自由贸易港、自由贸易区或出口加工区时,这些区域就进出口关税而言处于关境之外,此时该国关境就小于国境;如香港、澳门是我国的单独关境区。单独关境区不完全适用该国海关法律、法规或实施单独的海关管理制度。另一种情况是几个国家结成关税同盟,组成一个共同的关境,实施统一的关税法令,对外实行共同的关税税则,成员国之间相互取消关税,只对来自和运往非同盟成员国的商品进出共同关境时才征收关税。此时,对成员国而言,关境大于成员国的各自国境,如欧洲联盟。

【小资料 5-1】

关税的发展

关税历史悠久,我国早在周代就对通过关卡和上市的商品征收"关市之赋"。我国古代在边境设立关卡,最初主要是为了防卫。春秋以后,诸侯割据,纷纷在各自领地边界设立关卡,"关市之征"的记载也逐渐多了起来。关就是指进出国境的关口,"关之赋"即为关税。在国外,关税最早发生在欧洲。封建主对过往其领域的客商征收一种捐税,客商缴纳了这种捐税可免遭抢劫。后来城市的封建主把这种捐税作为进入市场交易的入市税。在现代国家出现后,这种捐税便是国库进款的最方便的手段。

封建社会时的关税主要为国内关税或内地关税,它严重阻碍了商品经济的发展。资本主义生产方式取代封建生产方式之后,新兴资产阶级建立起统一的国家,主张国内自由贸易和商品自由流通,因而纷纷废除内陆关税,实行统一的国境关税,即进口货物征收关税之后,可以行销全国,不再征收进口关税。它是在封建社会解体和出现了资本主义近代国家后产生的,所以也称它为近代关税。近代国家一般不再把财政收入作为征收关税的主要目的,而是把关税作为执行国家经济政策的一个重要手段。现在,关税是世界各国普遍征收的一个税种,也是世贸组织允许各成员使用的保护国内工业的重要政策工具。

20世纪以后,国际贸易快速发展,为了减少关税对国际贸易和经济发展的障碍,出现了自由港、自由区等,国家经济一体化、关税同盟等成为国际新潮流。目前,国际上,国境关税与关境关税同时并存。

5.1.2 关税的种类

关税种类繁多,依据不同的标准进行分类,就会形成不同类型的关税。

1. 按关税的征收目的划分

(1) 财政关税 (revenue tariff)

财政关税又称收入关税,其征收目的是增加国家财政收入而不是限制进口。其基本特征是对进口产品与本国同类产品征同样的税,或者征收的关税既不引导本国生产该种产品,也不引导生产能转移该种产品需求的代用品。财政关税的税率比保护关税低,因为过高就会阻碍国际贸易的发展,达不到增加财政收入的目的。财政关税在各国历史上曾占有重要地位。

随着世界经济的发展，在现代，财政关税的地位大为削弱，而为保护关税所代替。在某些发展中国家，关税仍占财政收入的重要地位。

（2）保护关税（protective tariff）

以保护本国经济发展为主要目的而课征的关税称为保护关税。保护关税主要是进口税，税率较高，有的高达百分之几百。保护关税通过对进口商品征高关税，使进口商品成本较高，削弱它在进口国市场的竞争能力，甚至阻碍其进口，以达到保护本国经济发展的目的。

保护关税政策始于重商主义。现代各国关税保护的重点有所不同，发达国家所要保护的通常是国际竞争性很强的商品，发展中国家则重在保护本国幼稚工业的发展。保护关税是实现一个国家对外贸易政策的重要措施之一。保护关税税率越高，越能达到保护目的，但易造成关税壁垒。

2. 按货物的不同流向分类

关税按征税对象不同，可分为进口税、出口税和过境税。

（1）进口税（import duties）

又称正常关税（normal tariff），它是指海关在外国货物进口时所课征的关税。通常在外国货物进入关境或国境时征收；或在外国货物从自由港、出口加工区、保税仓库转往国内市场时征收。

进口关税是各国政府保护国内市场、增加财政收入的重要工具之一。现今世界各国的关税，主要是征收进口税。在许多国家已不征出口关税与过境关税的情况下，它成为唯一的关税。

（2）出口税（export duties）

出口税是对出口的货物或物品征收的一种关税。由于征收出口关税会增加出口货物的成本，抬高出口商品国外售价，削弱本国货物在国际市场的竞争力，不利于扩大出口，目前大多数国家绝大部分出口商品都不征收出口税。但为了限制本国某些产品或自然资源的出口或为了保护本国生产和本国市场供应及增加财政收入等，一些发展中国家也征收出口税。

（3）过境税（transit duties）

又称通过税或转口税，是指一国海关对通过其关境再转运到第三国的外国货物所征收的关税。其目的主要是增加国家财政收入。过境税在重商主义时期盛行于欧洲各国，主要目的是增加国家财政收入。目前，为吸引过境交易，大多数国家不征过境税，仅对过境货物收取少量的签证费、印花费、登记费及统计费等。

【小资料 5-2】

自由港

自由港（free port）又称自由口岸、自由贸易区、对外贸易区，是指全部或绝大多数外国商品可以免税进出的港口，外国商品进出港口时除免交关税外，还可在港内自由改装、加工、长期储存或销售，但须遵守所在国的有关政策和法令。这种港口划在一国关境之外。

【小资料 5 - 3】

出口加工区

出口加工区是指国家或地区为了发展外向型经济，专为制造、加工、装配出口商品而开辟的特殊区域，其产品的全部或大部分供出口。加工区内，鼓励和准许外商投资于产品具有国际市场竞争能力的加工企业，并提供多种方便和给予关税等优惠待遇，是经济特区的形式之一。

【小资料 5 - 4】

保税仓库

保税仓库是指经海关批准设立的专门存放保税货物及其他未办结海关手续货物的仓库。保税货物是指准予在进口国加工后复出口（如来料加工、进料加工），在管理上具有保税性质的货物。海关对该类进口货物准予暂缓征收关税存放于保税仓库，待货物从仓库提出内销时予以征税或最终复出口予以免税，这是海关实行保税制度、进行监督管理的一项措施。

3. 按照差别待遇和特定的实施情况分类

按差别待遇和特定的实施情况不同，关税可分为进口附加税、差价税、优惠税。

1）进口附加税（import surtaxes）

进口税有正税和附税之分。进口附加税又称特别关税，是一种临时性的特定措施，指对进口的外国商品在征收进口正税之外，出于某种目的而额外加征的关税。进口附加税不同于进口税，在一国（海关税则）中并不能找到，也不像进口税那样受到世界贸易组织的严格约束而只能降不能升，其税率的高低往往视征收的具体目的而定。其目的主要有：应付国际收支危机，维持进出口平衡；防止外国产品低价倾销；对某个国家实行歧视或报复等。

进口附加税是限制商品进口的重要手段，在特定时期有较大的作用。例如，1971 年美国出现了自 1893 年以来的首次贸易逆差，国际收支恶化。为了应付国际收支危机，维持进出口平衡，美国总统尼克松宣布在 1971 年 8 月 5 日起实行新经济政策，对外国商品的进口在进口税上再加征 10% 的进口附加税以限制进口。

由于进口附加税比正税所受国际社会约束要少，使用灵活，因而常常会被用作限制进口与贸易斗争的武器。一般来说，对所有进口商品征收进口附加税的情况较少，大多数情况是针对个别国家和个别商品征收进口附加税。

进口附加税主要有反倾销税、反补贴税、紧急关税、惩罚关税和报复关税 5 种。

（1）反倾销税（anti-dumping duty）

反倾销税是对实行倾销的进口货物所征收的一种临时性进口附加税。征收反倾销税的目的在于抵制商品倾销，保护本国产品的国内市场。因此，反倾销税税额一般按倾销差额征收，由此抵消低价倾销商品价格与其正常价格之间的差额。

关贸总协定制定了《反倾销守则》，但其执行主要依赖各签字国的国内立法规定，因而具有很大的随意性。随着关税壁垒作用的降低，各国越来越趋向于利用反倾销手段，对进口产品进行旷日持久的倾销调查及征收高额反倾销税来限制商品进口。

（2）反补贴税（counter-vailing duty）

又称反津贴税、抵消税或补偿税，是指进口国为了抵消某种进口商品在生产、制造、加工、买卖及输出过程中接受的直接或间接奖金或补贴而征收的一种进口附加税。征收反补贴税的目的在于增加进口商品的价格，抵消其所享受的补贴金额，削弱其竞争能力，使其不能在进口国的国内市场上进行低价竞争或倾销。关贸总协定《补贴与反补贴税守则》（WTO《补贴与反补贴措施协议》）规定，如果出口国对某种出口产品实施补贴的行为对进口国国内某项已建的工业造成重大损害或产生重大威胁、严重阻碍国内某一工业的新建时，进口国可以对该种产品征收反补贴税。

反补贴税的税额一般按"补贴数额"征收，不得超过该产品接受补贴的净额，且征税期限不得超过 5 年。另外，对于接受补贴的倾销商品，不能同时既征反倾销税又征反补贴税。

（3）紧急关税（emergency tariff）

紧急关税是为消除外国商品在短期内大量进口对国内同类产品生产造成重大损害或重大威胁而征收的一种进口附加税。当短期内外国商品大量涌入时，一般正常关税已难以起到有效保护作用，因此需借助税率较高的特别关税来限制进口，保护国内生产。

（4）惩罚关税（penalty tariff）

惩罚关税是指出口国某商品违反了与进口国之间的协议或者未按进口国海关规定办理进口手续时，由进口国海关向该进口商品征收的一种临时性的进口附加税。这种特别关税具有惩罚或罚款性质。

（5）报复关税（retaliatory tariff）

报复关税是指一国为报复他国对本国出口货物的不公正待遇，对该国的进口商品所课征的进口附加税。通常在对方取消不公正待遇时，报复关税也会相应取消。然而，报复关税也像惩罚关税一样，易引起他国的反报复，最终导致关税战。

2）差价税（variable levy）

差价税又称差额税，是指当本国生产的某种产品的国内价格高于同类进口商品的价格时，为削弱进口商品的竞争力，保护本国生产和国内市场，按国内价格与进口价格之间的差额征收的关税。征收差价税的目的是使该种进口商品的税后价格保持在一个预定的价格标准上，以稳定进口国内该种商品的市场价格。

3）优惠关税

优惠关税是指一国对特定的受惠国给予的关税优惠待遇，指对从特定国家输入的商品使用比普通税率较低的优惠税率课征关税。主要包括互惠关税、特惠关税（特定优惠关税）、普惠关税（普遍优惠关税）、最惠国待遇和《世界贸易组织》成员间的关税减让。

（1）互惠关税

互惠关税是指两国间相互给予对方比其他国家优惠的税率的一种协定关税。其目的在于发展双方之间的贸易关税，促进双方国家工农业生产的发展。

（2）特惠关税（preferential duty）

特惠关税是对来自特定国家或地区的进口商品给予特别优惠的低关税或免税待遇，其优惠程度高于互惠关税。它不适用于从非优惠国家或地区进口的商品。特惠关税的优惠对象不受最惠国待遇原则制约，其他国家不得根据最惠国待遇原则要求享受这种优惠待遇。使用特惠关税的目的是增进与受惠国之间的友好贸易往来。特惠关税有的是互惠的，有的是非互惠的。

（3）普惠关税（generalized system of preferences，GSP）

普惠关税是发展中国家在联合国贸易与发展会议上经过长期斗争，在 1968 年通过建立普惠制决议后取得的。该决议规定，发达国家承诺对从发展中国家或地区输入的商品，特别是制成品和半成品（包括某些初级产品），给予普遍的、非歧视性的和非互惠的优惠关税待遇。

普遍性、非歧视性和非互惠性是普惠制的三项基本原则。普遍性是指发达国家对所有发展中国家出口的制成品和半制成品给予普遍的关税优惠待遇；非歧视性是指应使所有发展中国家都无歧视、无例外地享受普惠制待遇；非互惠性即非对等性，是指发达国家单方面给予发展中国家特殊关税减让而不要求发展中国家给予对等待遇。

普惠制的目的是通过给惠国对受惠国的受惠商品给予减、免关税优惠待遇，使发展中的受惠国增加出口收益，促使其工业化水平的提高，加速国民经济的增长。普惠制在实施 30 多年来，确实对发展中国家的出口起了一定的积极作用。但由于各给惠国在提供关税优惠的同时，又制定了种种烦琐的规定和严厉的限制措施，使得建立普惠制的预期目标还没有真正达到，广大发展中国家尚需为此继续努力。

（4）最惠国待遇

最惠国待遇是目前最普遍使用的优惠关税。其含义是指缔约国一方现在和将来给予任何第三国的一切特权、优惠和豁免，同样也适用于对方。需要注意的是，优惠是相对于一般关税税率而言的，因此最惠国待遇往往不是最优惠税率，在最惠国待遇之外，还有更低的税率。它的适用范围最初限于关税的优惠，现在则适用范围很广，已扩大到如税收、配额、航运、港口使用、仓储、输出等许多方面，适用于通商及航海方面各主要问题，但关税仍是主要的。

最惠国待遇通常是国际贸易协定中的一项重要内容，也已成为关贸总协定的基本原则之一。关贸总协定实际上是一个多边的最惠国协定。参加关贸总协定的成员国给予某一国家的关税减让都自动适用于其他成员国。一般关税协定中的优惠关税待遇与最惠国关税待遇的不同是：一般关税协定的优惠只涉及协议国双方，不涉及第三国，而且其优惠范围只适用于协定内已经规定的，而不适用于将来发生的；最惠国关税则与之相反。

我国对外贸易条约或协定中，也规定有最惠国待遇条款，以利于在平等互利的基础上扩大贸易往来，促进双方经济发展，以及避免歧视待遇。

（5）国际组织成员国间的关税减让

国际组织成员国间的关税减让是指《世界贸易组织》成员国间的关税减让。主要形式有：直接降低关税税率；缩小普通税率和优惠税率之间的差额，主要是向低税率靠拢；固定现行税率不变，在规定期限内不得提高；免税进口商品不得随意征税等。

5.1.3 关税的特点

① 以进出国境或关境的货物和物品为征税对象，是否经过国境（关境）是征关税与否的前提条件。凡是进出关境的货物才征收关税，凡未进出关境的货物则不属于关税的征税对象。关税不同于因商品交换或提供劳务取得收入而课征的流转税，也不同于因取得所得或拥有财产而课征的所得税或财产税，而是对特定货物和物品途经海关通道进出口征税。

属于贸易性进出口的商品称为货物；属于入境旅客携带的、个人邮递的、运输工具服务人员携带的，以及用其他方式进口个人自用的非贸易性商品称为物品。

② 以货物进出口统一的国境或关境为征税环节。在统一的国境或关境内，按照统一实施的关税税则征收一次关税后，货物或物品即可在整个国境或关境内流通，不再另行征收关税。这与其他税种，如增值税、营业税等流转税是不同的。

③ 实行复式税则。关税的税则是关税课税范围及其税率的法则。复式税则又称多栏税则，是指一个税目设有两个或两个以上的税率，根据进口货物原产国的不同，分别适用高低不同的税率。复式税则是一个国家对外贸易政策的体现。目前，在国际上除极个别国家外，各国关税普遍实行复式税则。

④ 关税由海关代表国家统一征收管理，其他任何单位和个人均无权征收关税。海关是设在关境上的国家行政管理机构，是贯彻执行本国有关进出口政策、法令和规章的重要工具。其任务是根据有关政策、法令和规章，对进出口货物、货币、金银、行李、邮件、运输工具等实行监督管理；征收关税、查禁走私货物、临时保管通关货物和统计进出口商品等。

⑤ 关税是一种间接税，进出口商垫付税款作为成本计入货价，关税负担最后便转嫁给买方或消费者承担。

⑥ 关税有税收主体和税收客体，税收主体，即纳税义务人，是进出口商人；税收客体，即课税对象，是进出口货物。

5.2 关税的征税对象、纳税义务人及税率

5.2.1 关税的征税对象

中华人民共和国准许进出口的货物、进境物品，除法律、行政法规另有规定外，海关依照本条例规定征收进出口关税。货物是指贸易性商品；物品属于非贸易性商品，指入境旅客随身携带的行李物品、个人邮递物品、各种运输工具上的服务人员携带进口的自用物品、馈赠物品及其他方式入境的个人物品。

5.2.2 关税的纳税义务人

关税的纳税义务人，是指进口货物的收货人、出口货物的发货人、进出境物品的所有人。

进口货物的收货人、出口货物的发货人是指依法取得对外贸易经营权，并进口或出口货物的法人或其他社会团体。

进出境物品的所有人包括该物品的所有人和推定为所有人的人。一般情况下，对于携带进境的物品，推定其携带人为所有人；对分离运输的行李，推定相应的进出境旅客为所有人；对以邮递方式进境的物品，推定其收件人为所有人；对以邮递或其他运输方式出境的物品，推定其寄件人或托运人为所有人。

5.2.3 关税税率及运用

1. 进出口税则

关税的征收范围是通过进出口税则的分类来具体化的。进出口税则是一国政府根据国家

关税政策和经济政策，通过一定的立法程序制定公布实施的进出口货物和物品应税的关税税率表（tariff schedule）。进出口税则以税率表为主体，通常还包括实施税则的法令、使用税则的有关说明和附录等。

关税税则分为单式税则和复式税则两种，大多数国家实行复式税则。所谓单式税则，是指一个税目只有一个税率，适用于来自任何国家同类商品的进口，没有差别待遇。复式税则是指一个税目有两个以上税率，对来自不同国家的进口商品，使用不同税率。各国复式税则不同，有二、三、四、五栏不等，设有普通税率、最惠国税率、协定税率、特惠税率等，一般是普通税率最高，特惠税率最低。使用复式税则是为了贸易竞争的需要，对不同国家实行差别或歧视待遇或为获取关税上的互惠，以保证其商品销售市场和原料来源。

税率表作为税则主体，包括税则商品分类目录和税率栏两大部分。税则商品分类目录是把种类繁多的商品加以综合，按照其不同特点分门别类简化成数量有限的商品类目，分别编号按序排列，称为税则号列，并逐号列出该号中应列入的商品名称。商品分类的原则即归类规则，包括归类总规则和各类、章、目的具体注释。税率栏是按商品分类目录逐项定出的税率栏目。我国现行进口税则为四栏税率，出口税则为一栏税率。

《中华人民共和国海关进出口税则》是我国海关凭以征收关税的法律依据，也是我国关税政策的具体体现。

2. 进口关税税率

进口关税税率简称进口税率。我国进口关税设置最惠国税率、协定税率、特惠税率、普通税率、关税配额税率等。对进口货物在一定期限内可以实行暂定税率。进口货物适用哪种税率，决定于进口货物的原产地。

原产于与我国共同适用最惠国待遇条款的世界贸易组织成员国或地区的进口货物，或原产于与我国签订有相互给予最惠国待遇条款的双边贸易协定的国家或者地区的进口货物，以及原产于我国境内的进口货物，适用最惠国税率；原产于与我国签订的含有关税优惠条款的区域性贸易协定的国家或者地区的进口货物，适用协定税率；原产于与我国签订有特殊关税优惠条款的贸易协定的国家或者地区的进口货物，适用特惠税率；原产于上述国家或地区之外的其他国家或地区的进口货物，适用普通税率。按普通税率征税的进口货物，经国务院关税税则委员会特别批准，可以适用最惠国税率。适用最惠国税率、协定税率、特惠税率的国家和地区名单，由国务院关税税则委员会决定，报国务院批准后执行。

根据经济发展需要，国家对部分进口货物实行暂定税率。暂定税率优先适用于优惠税率或最惠国税率，即适用最惠国税率的进口货物有暂定税率的，应当适用暂定税率，按普通税率征税的进口货物不适用暂定税率。

按照国家规定实行关税配额（tariff quota）管理的进口货物，关税配额内的，适用关税配额税率；关税配额外的，按其适用税率的规定执行。关税配额是一种进口国限制进口货物数量的措施，对一定数量内的上述进口商品适用税率较低的配额内税率（关税配额税率），超出该数量的进口商品适用税率较高的配额外税率。严格地说，关税配额由于其对进口货物的总量并不作明确的规定，所以并非属于配额的一种，但是因其高额的进口关税，也在无形中对进口货物产生了限制作用。关税配额是在受惠国内部或国家集团成员国之间进行分配的最高限额。这种配额如由所有受惠国使用的，称为全球关税配额，如仅限于个别受惠国单独使用的，称为单一受惠国关税配额。我国现行税则对小麦、玉米等 7 种农产品和尿素等 3 种化肥产品实行关税配额管理。

按照有关法律、行政法规的规定对进口货物采取反倾销、反补贴、保障措施的，其税率的适用按照《中华人民共和国反倾销条例》《中华人民共和国反补贴条例》《中华人民共和国保障措施条例》的有关规定执行。

任何国家或者地区违反与中华人民共和国签订或者共同参加的贸易协定及相关协定，对中华人民共和国在贸易方面采取禁止、限制、加征关税或者其他影响正常贸易的措施的，对原产于该国家或者地区的进口货物可以征收报复性关税，适用报复性关税税率。

征收报复性关税的货物、适用国别、税率、期限和征收办法，由国务院关税税则委员会决定并公布。

我国进口商品的税率结构主要体现为产品加工程度越深，关税税率越高，即在不可再生性资源、一般资源性产品及原材料、半成品、制成品中，不可再生性资源税率较低，制成品税率较高。

为完善进境物品进口税收政策，经国务院批准，2016 年 3 月 16 日财政部对进境物品进口税税目税率进行调整，自 2016 年 4 月 8 日起实施。调整后的中华人民共和国进境物品进口税率表如表 5—1 所示。

表 5—1　中华人民共和国进境物品进口税率表

税　号	物品名称	税率/%
1	书报、刊物、教育用影视资料；计算机、视频摄录一体机、数字照相机等信息技术产品；食品、饮料；金银；家具；玩具，游戏品、节日或其他娱乐用品	15
2	运动用品（不含高尔夫球及球具）、钓鱼用品；纺织品及其制成品；电视摄像机及其他电器用具；自行车；税目 1、3 中未包含的其他商品	30
3	烟、酒；贵重首饰及珠宝玉石；高尔夫球及球具；高档手表；高档化妆品	60

注：税目 3 所列商品的具体范围与消费税征收范围一致。

3. 原产地规定

在国际贸易中，世界上大多数国家根据进口产品的不同来源，分别给予不同的关税待遇。在实行差别关税的国家，进口货物的原产地决定了其是否可以享受关税优惠待遇的重要依据。所以确定进境货物原产国的主要原因之一是便于正确运用进口税则的各栏税率，对产自不同国家或地区的进口货物适用不同的关税税率。

随着各国生产分工越来越细致，货物可能经历了多个国家的生产工序、使用了来自不同国家的原材料，所以确定进口货物的原产地非常困难，鉴于原产地规则在海关执法中渐趋重要，有必要协调统一各国的原产地规定。海关合作理事会于 1973 年 5 月制定了《关于简化和协调海关业务制度的国际公约》，其中有三个附约是专门关于原产地规则和原产地证书等的规定。中国于 1988 年 5 月 29 日交存加入书，同年 8 月 29 日正式生效。1999 年 6 月，海关合作理事会在布鲁塞尔通过了《关于简化和协调海关制度的国际公约修正案议定书》，中国于 2000 年 6 月 15 日委托中国驻比利时大使签署。1986 年 12 月 6 日海关总署发布《中华人民共和国海关关于进口货物原产地的暂行规定》，1992 年 3 月 8 日国务院发布《中华人民共和国出口货物原产地规则》，这两个文件目前已废止。现在有效的相关文件是国务院

2004 年 9 月 3 日发布的《中华人民共和国进出口货物原产地条例》（国务院令第 416 号）。

我国原产地规定基本上采用了"全部产地生产标准""实质性加工标准"两种国际上通用的原产地标准。我国《进出口货物原产地条例》规定如下。

完全在一个国家（地区）获得的货物，以该国（地区）为原产地；两个以上国家（地区）参与生产的货物，以最后完成实质性改变的国家（地区）为原产地。

完全在一个国家（地区）获得的货物，是指：①在该国（地区）出生并饲养的活的动物；②在该国（地区）野外捕捉、捕捞、搜集的动物；③从该国（地区）的活的动物获得的未经加工的物品；④在该国（地区）收获的植物和植物产品；⑤在该国（地区）采掘的矿物；⑥在该国（地区）获得的除前五项范围之外的其他天然生成的物品；⑦在该国（地区）生产过程中产生的只能弃置或者回收用作材料的废碎料；⑧在该国（地区）收集的不能修复或者修理的物品，或者从该物品中回收的零件或者材料；⑨由合法悬挂该国旗帜的船舶从其领海以外海域获得的海洋捕捞物和其他物品；⑩在合法悬挂该国旗帜的加工船上加工所列物品获得的产品；⑪从该国领海以外享有专有开采权的海床或者海床底土获得的物品；⑫在该国（地区）完全从前十一项所列物品中生产的产品。

实质性改变的确定标准，以税则归类改变为基本标准；税则归类改变不能反映实质性改变的，以从价百分比、制造或者加工工序等为补充标准。具体标准由海关总署会同商务部、国家质量监督检验检疫总局制定。税则归类改变，是指在某一国家（地区）对非该国（地区）原产材料进行制造、加工后，所得货物在《中华人民共和国进出口税则》中某一级的税目归类发生了变化。

货物生产过程中使用的能源、厂房、设备、机器和工具的原产地，以及未构成货物物质成分或者组成部件的材料的原产地，不影响该货物原产地的确定。

4. 出口关税税率

我国仅对少数资源性产品及易于竞相杀价、盲目进口、需要规范出口秩序的半制成品征收出口关税。

我国出口税则设置一栏税率，即出口税率，没有普通税率和优惠税率之分，而是按不同商品实行差别比例税率。另外与进口暂定税率一样，出口暂定税率优先适用于出口税则中规定的出口税率，即适用出口税率的出口货物有暂定税率的，应当适用暂定税率。

根据国务院关税税则委员会 2017 年 12 月 12 日发布的《2018 年关税调整方案》，2018 年我国对 202 项出口商品计征出口关税，对焙烧黄铁矿、木制一次性筷子等部分出口商品实施暂定税率，对鲤鱼苗、硅锰铁、铅矿砂及其精矿等商品实行出口税率。

5.3 关税应纳税额的计算

5.3.1 关税的完税价格

世界各国海关大多采用以课税对象的价格（或价值）为课税标准对进出境货物征收关税。经海关审查的价格称为海关价格（customs value），以其为课税标准凭以计征关税时，海关价格称为完税价格（duty paying value，DPV）。货物完税价格直接影响课征关税税额的多少。因此，各国都制定有一套详尽的海关制度以公平、规范地确立应税货物的完税价格。

我国《海关法》第五十五条规定，进出口货物的完税价格由海关以该货物的成交价格为基础审查确定。成交价格不能确定时，完税价格由海关依法估定。我国海关已全面实施《世界贸易组织估价协定》，遵照客观、公平、统一的估价原则，并依据《中华人民共和国海关审定进出口货物完税价格办法》（以下简称《完税价格办法》），审定进出口货物的完税价格。关税完税价格不含关税和进出口环节的其他税收。

2013年12月海关总署发布《中华人民共和国海关审定进出口货物完税价格办法》（海关总署令〔2013〕213号）和《中华人民共和国海关审定内销保税货物完税价格办法》（海关总署令〔2013〕211号），自2014年2月1日起施行。此前发布的《完税价格办法》同时废止。

1. 一般进口货物的完税价格

1）以成交价格为基础的完税价格

进口货物的完税价格，由海关以该货物的成交价格为基础审查确定，并且应当包括货物运抵中华人民共和国境内输入地点起卸前的运输及其相关费用、保险费。成交价格经海关按《完税价格办法》有关规定进行调整后才可作为确定完税价格的基础。

进口货物的成交价格，是指卖方向中华人民共和国境内销售该货物时买方为进口该货物向卖方实付、应付的，并且按照规定调整后的价款总额，包括直接支付的价款和间接支付的价款。

进口货物的成交价格应当符合下列条件。

① 对买方处置或者使用进口货物不予限制，但是法律、行政法规规定实施的限制、对货物销售地域的限制和对货物价格无实质性影响的限制除外。

② 进口货物的价格不得受到使该货物成交价格无法确定的条件或者因素的影响。

③ 卖方不得直接或者间接获得因买方销售、处置或者使用进口货物而产生的任何收益，或者虽然有收益但是能够按照规定做出调整。

④ 买卖双方之间没有特殊关系，或者虽然有特殊关系但是未对成交价格产生影响。

以成交价格为基础审查确定进口货物的完税价格时，未包括在该货物实付、应付价格中的下列费用或者价值应当计入完税价格。

① 由买方负担的下列费用：
- 除购货佣金以外的佣金和经纪费；
- 与该货物视为一体的容器费用；
- 包装材料费用和包装劳务费用。

② 与进口货物的生产和向中华人民共和国境内销售有关的，由买方以免费或者以低于成本的方式提供，并且可以按适当比例分摊的下列货物或者服务的价值：
- 进口货物包含的材料、部件、零件和类似货物；
- 在生产进口货物过程中使用的工具、模具和类似货物；
- 在生产进口货物过程中消耗的材料；
- 在境外进行的为生产进口货物所需的工程设计、技术研发、工艺及制图等相关服务。

③ 买方需向卖方或者有关方直接或者间接支付的特许权使用费，但是符合下列情形之

一的除外：

- 特许权使用费与该货物无关；
- 特许权使用费的支付不构成该货物向中华人民共和国境内销售的条件。

④ 卖方直接或者间接从买方对该货物进口后销售、处置或者使用所得中获得的收益。

进口货物的价款中单独列明的下列税收、费用，不计入该货物的完税价格。

① 厂房、机械或者设备等货物进口后发生的建设、安装、装配、维修或者技术援助费用，但是保修费用除外。

② 进口货物运抵中华人民共和国境内输入地点起卸后发生的运输及其相关费用、保险费。

③ 进口关税、进口环节海关代征税及其他国内税。

④ 为在境内复制进口货物而支付的费用。

⑤ 境内外技术培训及境外考察费用。

同时符合下列条件的利息费用不计入完税价格。

① 利息费用是买方为购买进口货物而融资所产生的。

② 有书面的融资协议的。

③ 利息费用单独列明的。

④ 纳税义务人可以证明有关利率不高于在融资当时当地此类交易通常应当具有的利率水平，且没有融资安排的相同或者类似进口货物的价格与进口货物的实付、应付价格非常接近的。

2）进口货物海关估价方法

海关在确定完税价格时，首先要尽可能先使用实际成交价格，但并不是所有进口货物都有实际成交价格。例如，以寄售、租赁等方式出口到进口国的货物，在进口时就难以确定其实际成交价格。

海关估价（customs value）是指由海关确定货品的完税价格的行为。进口货物的价格不符合成交价格条件或者成交价格不能确定的，海关经了解有关情况，并且与纳税义务人进行价格磋商后，依次以下列方法审查确定该货物的完税价格。

① 相同货物成交价格估价方法。是指海关以与进口货物同时或者大约同时向中华人民共和国境内销售的相同货物的成交价格为基础，审查确定进口货物的完税价格的估价方法。

② 类似货物成交价格估价方法。是指海关以与进口货物同时或者大约同时向中华人民共和国境内销售的类似货物的成交价格为基础，审查确定进口货物的完税价格的估价方法。

③ 倒扣价格估价方法。是指海关以进口货物、相同或者类似进口货物在境内的销售价格为基础，扣除境内发生的有关费用后，审查确定进口货物完税价格的估价方法。

④ 计算价格估价方法。是指海关以下列各项的总和为基础，审查确定进口货物完税价格的估价方法：生产该货物所使用的料件成本和加工费用、向境内销售同等级或者同种类货物通常的利润和一般费用（包括直接费用和间接费用），该货物运抵境内输入地点起卸前的运输及相关费用、保险费。

⑤ 合理方法。实际上是对海关估价的一项补救方法，习惯上叫作"最后一招"，是指当海关不能根据上述任何一种估价方法确定完税价格时，海关根据应当公平、合理、统一和中性的原则，以及尽可能反映贸易实际的原则，以客观量化的数据资料为基础审查确定进口

货物完税价格的估价方法。

纳税义务人向海关提供有关资料后，可以提出申请，颠倒③和④的适用次序。

2. 特殊进口货物的完税价格

运往境外修理的机械器具、运输工具或者其他货物，出境时已向海关报明，并且在海关规定的期限内复运进境的，应当以境外修理费和料件费为基础审查确定完税价格。

运往境外加工的货物，出境时已向海关报明，并且在海关规定期限内复运进境的，应当以境外加工费和料件费，以及该货物复运进境的运输及其相关费用、保险费为基础审查确定完税价格。

经海关批准的暂时进境货物，应当缴纳税款的，由海关按照规定审查确定完税价格。经海关批准留购的暂时进境货物，以海关审查确定的留购价格作为完税价格。

以租赁方式进口的货物，以租金方式对外支付的租赁货物，在租赁期间以海关审查确定的租金作为完税价格，利息应当予以计入；留购的租赁货物以海关审查确定的留购价格作为完税价格；纳税义务人申请一次性缴纳税款的，可以选择申请按照一般进口货物估价办法确定完税价格，或者按照海关审查确定的租金总额作为完税价格。

减税或者免税进口的货物应当补税时，应当以海关审查确定的该货物原进口时的价格，扣除折旧部分价值作为完税价格，其计算公式如下。

$$完税价格 = \frac{海关审定的该货物}{原进口时的价格} \times \left[1 - \frac{申请补税时实际已进口的时间（月）}{监管年限 \times 12} \right]$$

上述计算公式中"补税时实际已进口的时间"按月计算，不足1个月但是超过15日的，按照1个月计算；不超过15日的，不予计算。

3. 内销保税货物的完税价格

内销保税货物的完税价格，由海关以该货物的成交价格为基础审查确定。

进料加工进口料件或者其制成品（包括残次品）内销时，海关以料件原进口成交价格为基础审查确定完税价格。

来料加工进口料件或者其制成品（包括残次品）内销时，海关以接受内销申报的同时或者大约同时进口的与料件相同或者类似的保税货物的进口成交价格为基础审查确定完税价格。

加工企业内销的加工过程中产生的边角料或者副产品，以其内销价格为基础审查确定完税价格。

深加工结转货物内销时，海关以该结转货物的结转价格为基础审查确定完税价格。

保税区内企业内销的保税加工进口料件或者其制成品，海关以其内销价格为基础审查确定完税价格。

除保税区以外的海关特殊监管区域内企业内销的保税加工料件或者其制成品，以其内销价格为基础审查确定完税价格。

除保税区以外的海关特殊监管区域内企业内销的保税加工料件或者其制成品的内销价格不能确定的，海关以接受内销申报的同时或者大约同时内销的相同或者类似的保税货物的内销价格为基础审查确定完税价格。

除保税区以外的海关特殊监管区域内企业内销的保税加工制成品、相同或者类似的保税货物的内销价格不能确定的，海关以生产该货物的成本、利润和一般费用计算所得的价格为基础审查确定完税价格。

海关特殊监管区域内企业内销的保税加工过程中产生的边角料、废品、残次品和副产品，以其内销价格为基础审查确定完税价格。

加工贸易内销货物的完税价格按照上述规定仍不能确定的，由海关按合理的方法审查确定。

4. 进口货物相关费用的计算

进口货物的运输及其相关费用，应当按照由买方实际支付或者应当支付的费用计算。如果进口货物的运输及其相关费用无法确定的，海关应当按照该货物进口同期的正常运输成本审查确定。

运输工具作为进口货物，利用自身动力进境的，海关在审查确定完税价格时，不再另行计入运输及其相关费用。

进口货物的保险费，应当按照实际支付的费用计算。如果进口货物的保险费无法确定或者未实际发生，海关应当按照"货价加运费"两者总额的 3‰ 计算保险费，其计算公式如下。

$$保险费 ＝ （货价 ＋ 运费） \times 3‰$$

邮运进口的货物，应当以邮费作为运输及其相关费用、保险费。

5. 出口货物的完税价格

世界各国基本都实行鼓励出口的政策，所以对出口商品一般不征税或仅对少数出口商品征税，因此各国对出口商品估价的方法都比较简单。我国出口商品确定完税价格的方法如下所述。

1）以成交价格为基础的完税价格

出口货物的完税价格由海关以该货物的成交价格为基础审查确定，并且应当包括货物运至中华人民共和国境内输出地点装载前的运输及其相关费用、保险费。

出口货物的成交价格，是指该货物出口销售时，卖方为出口该货物应当向买方直接收取和间接收取的价款总额。

出口关税、在货物价款中单独列明的货物运至中华人民共和国境内输出地点装载后的运输及其相关费用、保险费不计入出口货物的完税价格。

2）出口货物海关估价方法

出口货物的成交价格不能确定的，海关经了解有关情况，并且与纳税义务人进行价格磋商后，依次以下列价格审查确定该货物的完税价格。

① 同时或者大约同时向同一国家或者地区出口的相同货物的成交价格。

② 同时或者大约同时向同一国家或者地区出口的类似货物的成交价格。

③ 根据境内生产相同或者类似货物的成本、利润和一般费用（包括直接费用和间接费用）、境内发生的运输及其相关费用、保险费计算所得的价格。

④ 按照合理方法估定的价格。

5.3.2　关税应纳税额的计算

《关税及贸易总协定》的各缔约国之间一般采取从价原则征收进口关税。我国对进口商品多数都实行从价税，对部分进口商品实行从量税、复合税和滑准税制度。

1. 从价税（ad valorem duties）应纳税额的计算

从价税以货物价格作为计税依据，根据一定比例的税率进行计征。税额随价格的上升而增加，随价格的下跌而减少。关税收入直接与价格挂钩，一般以进口货物的完税价格作为计税依据，以应征税额占货物完税价格的百分比作为税率。征收从价税，确定进口商品的完税价格是关键。

从价税有以下特点。

① 税负合理。同类商品质高价高，税额也高；质次价低，税额也低。加工程度高的商品和奢侈品价高，税额较高，相应的保护作用较大。

② 物价上涨时，税款相应增加，财政收入和保护作用均不受影响。但在商品价格下跌或者别国蓄意对进口国进行低价倾销时，财政收入就会减少，保护作用也会明显减弱。

③ 各种商品均可使用。

④ 从价税率按百分数表示，便于与别国进行比较。

⑤ 完税价格不易掌握，征税手续复杂，增加了海关的工作负荷。

进口从价关税势必影响进口商品国内价格，使之高于进口价格。差额应相当于进口税额，从而减少国内需求，出口从价关税势必影响出口商品的出口价格，使之高于国内价格，差额相当于出口税额，从而减少国外需求，所以关税一向被称为传统的贸易壁垒。

从理论上讲，从价税税额的计算公式为

$$从价税税额＝进口货物总值×从价税率$$

实务中，一般采用下面公式来计算应纳关税税额。

$$关税税额＝关税完税价格×适用税率$$
$$＝应税进（出）口货物数量×单位完税价格×适用税率$$

进口货物的成交价格有 FOB（离岸价格）、CFR（离岸加运费价格）、CIF（成本加运费、保险费，即到岸价格）三种。

【例 5-1】

某公司进口一批电子产品，与外商的成交价为境外交货 1 000（120 万元，货物运抵我国入关前发生的运输费、保险费和其他费用分别为 20 万元、2 万元、3 万元。假定该家用电器适用的进口关税税率为 20%，则货物报关，该批家用电器进口环节应缴纳的关税如下。

$$关税完税价格＝1 000＋20＋2＋3＝1 025（万元）$$
$$应缴纳进口关税＝1 025×20%＝205（万元）$$

2. 从量税（specific duties）应纳税额的计算

从量税又称固定税，是以进口货物的重量、长度、容量、面积、数量等计量单位为计税依据，进口商品的单位应税额固定，不受该商品进口价格的影响。

从量税有以下特点。

① 优点是税额计算简便，通关手续快捷。不需审定货物的规格、品质、价格，便于计算，并能起到抑制质次价廉商品或故意低瞒价格商品的进口。

② 缺点在于税负不合理。同一税目的货物，不论等级高下、质量好坏、价格高低，均按同一税率征税，税负相同，使得课税有失公平。

③ 税额不能随价格变动做出调整。当国内物价上涨时，税额不能随之变动，使税收相对减少，保护作用削弱；物价回落时，税负又相对增高，不仅影响财政收入，而且影响关税的调控作用。

④ 难以普遍采用。税收对象一般是谷物、棉花等大宗产品和标准产品，对某些商品，如艺术品及贵重物品（古玩、字画、雕刻、宝石等）不便使用。

在工业生产还不十分发达，商品品种规格简单，税则分类也不太细的一个相当长时期内，不少国家对大多数商品使用过从量税。但第二次世界大战后，随着严重通货膨胀的出现和工业制成品贸易比重的加大，征收从量税起不到关税保护作用，各国纷纷放弃了完全按从量税计征关税的做法。

从理论上讲，从量税税额的计算公式为

$$从量税税额 = 货物计量单位数 \times 从量税率$$

实务中，一般采用下面公式来计算应纳关税税额。

$$关税税额 = 应税进（出）口货物数量 \times 单位货物税额$$

3. 混合税（compound duties）应纳税额的计算

由于从量税和从价税都存在一定的缺点，因此关税的征收方法在从量税和从价税的基础上又产生了混合税。混合税是在税则的同一税目中订有从量税和从价税两种税率，征税时混合使用两种税率计征。混合税又可分为复合税和选择税两种。

（1）复合税（compound duties）

复合关税制度就是对某种进口商品同时使用从价定率和从量定额相结合的办法计征关税，以两种税额之和作为该种商品的关税税额。如某商品单价不高于 2 000 美元时，按 36% 的单一从价税执行；而当单价高于 2 000 美元时，每单位征收 5 480 元的从量税，再加上 3% 的从价税。

复合关税既可发挥从量税抑制低价商品进口的特点，又可发挥从价税税负合理、稳定的特点。我国目前实行复合关税的商品有录（放）像机和摄像机、数字照相机、摄录一体机。

（2）选择税（alternative duties）

选择税是指对某种商品同时有从量和从价两种税率，征税时由海关选择其中一种征税，作为该种商品的应征关税额。一般是选择税额较高的一种税率征税，在物价上涨时使用从价税，物价下跌时使用从量税。有时，为了鼓励某种商品的进口或给某出口国以优惠待遇，也有选择税额较低的一种税率征收关税的。

由于混合税结合使用了从量税和从价税，扬长避短，哪一种方法更有力就用哪一种方法或以其为主征收关税，因而无论进口商品价格高低，都可起到一定的保护作用。

我国目前实行的复合税先计征从量税，再计征从价税。复合税应纳税额的计算公式为

$$关税税额 = 应税进（出）口货物数量 \times 单位货物税额 +$$

$$应税进（出）口货物数量×单位完税价格×税率$$

4. 滑准税应纳税额的计算

滑准税也称滑动税，是对进出口税则中的某种商品按其市场价格标准分别制定不同价格档次的税率，根据进出口商品价格的变动税率相应增减的进出口关税。具体做法是对某种货物在税则中预先按该商品的价格规定几档税率，同一种货物当价格高时适用较低税率，价格低时适用较高税率。目的是保持滑准税商品在国内市场价格的相对稳定，尽可能减少国际市场价格的影响。滑准税应纳税额的计算公式为

$$关税税额＝应税进（出）口货物数量×单位完税价格×滑准税税率$$

【例 5-2】

某外贸进出口公司 5 月从某国（与我国订有贸易条约关系）进口小轿车 200 辆，每辆货价为 81 100 元，运抵我国输入口岸前的包装费、运费、保险和其他劳务费共计 680 000 元。计算该进出口贸易公司应纳的进口关税（小轿车关税税率为 15％）。

解　　　到岸价格 ＝ 200×81 100 ＋ 680 000 ＝ 16 900 000（元）

应纳税额 ＝ 16 900 000×15％＝2 535 000（元）

5.3.3　跨境电子商务零售进口税收政策

为了营造公平竞争的市场环境，促进跨境电子商务零售进口健康发展，经国务院批准，我国自 2016 年 4 月 8 日起，实施跨境电子商务零售进口税收政策，并同步调整行邮税政策。财政部、海关总署、国家税务总局于 2016 年 3 月 24 日联合发布，《关于跨境电子商务零售进口税收政策的通知》（财关税〔2016〕18 号），主要内容如下。

跨境电子商务零售进口商品按照货物征收关税和进口环节增值税、消费税，购买跨境电子商务零售进口商品的个人作为纳税义务人，实际交易价格（包括货物零售价格、运费和保险费）作为完税价格，电子商务企业、电子商务交易平台企业或物流企业可作为代收代缴义务人。

跨境电子商务零售进口税收政策适用于从其他国家或地区进口的、《跨境电子商务零售进口商品清单》范围内的以下商品。

① 所有通过与海关联网的电子商务交易平台交易，能够实现交易、支付、物流电子信息"三单"比对的跨境电子商务零售进口商品。

② 未通过与海关联网的电子商务交易平台交易，但快递、邮政企业能够统一提供交易、支付、物流等电子信息，并承诺承担相应法律责任进境的跨境电子商务零售进口商品。

不属于跨境电子商务零售进口的个人物品及无法提供交易、支付、物流等电子信息的跨境电子商务零售进口商品，按现行规定执行。

跨境电子商务零售进口商品的单次交易限值为人民币 2 000 元，个人年度交易限值为人民币 20 000 元。在限值以内进口的跨境电子商务零售进口商品，关税税率暂设为 0％；进口环节增值税、消费税取消免征税额，暂按法定应纳税额的 70％征收。超过单次限值、累加后超过个人年度限值的单次交易，以及完税价格超过 2 000 元限值的单个不可分割商品，均

按照一般贸易方式全额征税。

跨境电子商务零售进口商品自海关放行之日起 30 日内退货的，可申请退税，并相应调整个人年度交易总额。

跨境电子商务零售进口商品购买人（订购人）的身份信息应进行认证；未进行认证的，购买人（订购人）身份信息应与付款人一致。

5.3.4　税收优惠

关税减免是对某些纳税义务人和征税对象给予鼓励和照顾的一种特殊调节手段，体现了关税政策兼顾普遍性和特殊性、原则性和灵活性，是贯彻国家关税政策的重要措施。关税减免分为法定减免税、特定减免税和临时减免税。减征的关税目前以最惠国税率或普通税率为基准。除法定减免税外的其他减免税均由国务院规定，减免权限属于中央政府。

1. 法定减免税

法定减免税是指在税法中明确列出的减税或免税。符合税法规定可予减免税的进出口货物，纳税义务人无须提出申请，海关可按规定直接予以减免税。海关对法定减免税货物一般不进行后续管理。

《中华人民共和国进出口关税条例》规定，下列进出口货物，免征关税：关税税额在人民币 50 元以下的一票货物；无商业价值的广告品和货样；外国政府、国际组织无偿赠送的物资；在海关放行前损失的货物；进出境运输工具装载的途中必需的燃料、物料和饮食用品。在海关放行前遭受损坏的货物，可以根据海关认定的受损程度减征关税。法律规定的其他免征或者减征关税的货物，海关根据规定予以免征或者减征。

2. 特定减免税

在关税基本法规确定的法定减免税以外，国家按照国际通行规则和我国实际情况，制定发布的有关进出口货物减免关税的政策，称为特定减免税或政策性减免税。在我国由国务院或国务院授权的机关颁布法规、规章对特别减免税进行规定，包括对特定地区、特定企业和特定用途的货物的减免。特定减免税货物一般有地区、企业和用途的限制，海关需要进一步进行后续管理，也需要进行减免税统计。

① 为了有利于我国科研、教育事业发展，国务院制定了《科学研究和教学用品免征进口税收暂行规定》，对科学研究机构和学校，不以营利为目的，在合理数量范围内进口国内不能生产的科学研究和教学用品，直接用于科学研究或教学的，免征进口关税和进口环节增值税、消费税。

② 为了支持残疾人康复工作，有利于残疾人专用品进口，经国务院批准，海关总署1997 年 4 月 10 日制定并发布了《残疾人专用品免征进口税收暂行规定》（海关总署令第 61号），对规定的残疾人个人专用品，免征进口关税和进口环节增值税、消费税；对康复、福利机构、假肢厂和荣誉军人康复医院进口国内不能生产的、该规定明确的残疾人专用品，免征进口关税和进口环节增值税。该规定对可以免税的残疾人专用品种类和品名做了明确规定。

③ 为促进慈善事业的健康发展，规范对慈善事业捐赠物资的进口管理，财政部、海关总署、国家税务总局于 2015 年 12 月 23 日发布《慈善捐赠物资免征进口税收暂行办法》，规定自 2016 年 4 月 1 日起，对境外捐赠人无偿向受赠人捐赠的直接用于慈善事业的物资，免

征进口关税和进口环节增值税。文件对境外捐赠人、受赠人、用于慈善事业的物资都做了明确的规定。

④ 为鼓励、支持部分行业或特定产品的发展，国家制定了部分特定行业或用途的减免税政策，这类政策一般对可以减免税的商品列有具体清单。如为支持我国海洋和陆上特定地区石油、天然气开采作业，对相关项目进口国内不能生产或性能不能满足要求的，直接用于开采作业的设备、仪器、零附件、专用工具，免征进口关税和进口环节增值税；为支持纺织品出口，自 2005 年 8 月 1 日起对 17 种 8 位税目项下的纺织品（税号 61021000 的毛制针织女式大衣、防风衣等）停止征收出口关税。

⑤ 经国务院批准，自 2005 年 8 月 1 日起对原产于台湾地区的 15 种进口鲜水果实施零关税。

此外，我国对加工贸易产品、边境贸易进口物资、保税区进出口货物、出口加工区进出口货物、进口设备等制定有减免税的政策。

3. 临时减免税

临时减免税指在以上两项减免税以外的其他减免税。由国务院根据《海关法》对某个单位、某类商品、某个项目或某批进出口货物的特殊情况，给予特别照顾，一案一批，专文下达的减免税。一般有单位、品种、期限、金额或数量等限制，不能比照执行。

我国已加入世界贸易组织，为遵循统一、规范、公平、公开的原则，有利于统一税法、公平税负、平等竞争，国家严格控制减免税，一般不办理个案临时性减免税，对特定减免税也在逐步规范、清理，对不符合国际惯例的税收优惠政策将逐步予以废止。

5.4　关税征收管理

除《海关法》以外，2005 年 1 月 4 日海关总署公布的《中华人民共和国海关进出口货物征税管理办法》（海关总署令第 124 号）（以下简称《进出口货物征税管理办法》）是目前我国关税征收管理的基本依据。

5.4.1　关税缴纳

进口货物自运输工具申报进境之日起 14 日内，出口货物在货物运抵海关监管区后装货的 24 小时以前，应由进出口货物的纳税义务人向货物进（出）境地海关申报，海关根据税则归类和完税价格计算应缴纳的关税和进口环节代征税，并填发税款缴款书。

纳税义务人应当自海关填发税款缴款书之日起 15 日内向指定银行缴纳税款。缴款期限届满日遇星期六、星期日等休息日或者法定节假日的，应当顺延至休息日或者法定节假日之后的第一个工作日。国务院临时调整休息日与工作日的，海关应当按照调整后的情况计算缴款期限。

纳税义务人因不可抗力或者国家税收政策调整不能按期缴纳税款的，依法提供税款担保后，可以直接向海关办理延期缴纳税款手续。延期纳税最长不超过 6 个月。

纳税义务人未在关税缴纳期限内缴纳税款，即构成关税滞纳。逾期缴纳税款的，海关应当自缴款期限届满之日起至缴清税款之日止，按日加收滞纳税款万分之五的滞纳金。纳税义务人应当自海关填发滞纳金缴款书之日起 15 日内向指定银行缴纳滞纳金。滞纳金的起征点为 50 元。

为简化海关手续，提高通关效率，我国于 2006 年 9 月 1 日起实施跨关区"属地申报，口岸验放"通关模式。在这种模式下，符合海关规定条件的企业进出口货物时，可以自主选择向属地海关任一海关单位申报，在货物实际进出境地的口岸海关办理货物验放手续。

5.4.2　关税的强制执行

为保证海关征收关税决定的有效执行和国家财政收入的及时入库，《海关法》赋予海关对滞纳关税的纳税义务人强制执行的权力。纳税义务人、担保人自缴款期限届满之日起超过 3 个月仍未缴纳税款或者滞纳金的，海关可以按照《海关法》的规定采取下列强制措施。

　　① 书面通知其开户银行或者其他金融机构从其存款中扣缴税款。

　　② 将应税货物依法变卖，以变卖所得抵缴税款。

　　③ 扣留并依法变卖其价值相当于应纳税款的货物或者其他财产，以变卖所得抵缴税款。

　　海关采取强制措施时，对前款所列纳税义务人、担保人未缴纳的滞纳金同时强制执行。

5.4.3　关税退还

关税退还是关税纳税义务人按海关核定的税额缴纳关税后，因某种原因的出现，海关将实际征收多于应当征收的税额（称为溢征关税）退还给原纳税义务人的一种行政行为。

《进出口货物征税管理办法》规定，海关发现多征税款的，应当立即通知纳税义务人办理退税手续。纳税义务人应当自收到海关通知之日起 3 个月内办理有关退税手续。纳税义务人发现多缴纳税款的，自缴纳税款之日起 1 年内，可以向海关申请退还多缴的税款并加算银行同期活期存款利息。

5.4.4　关税补征和追征

补征和追征是海关在关税纳税义务人按海关核定的税额缴纳关税后，发现实际征收税额少于应当征收的税额（称为短征关税）时，责令纳税义务人补缴所差税款的一种行政行为。根据短征关税的原因，海关征收原短征关税的行为分为补征和追征两种。由于纳税人违反海关规定造成短征关税的，称为追征；非因纳税人违反海关规定造成短征关税的，称为补征。区分关税追征和补征的目的是在不同情况适用不同的征收时效，超过时效规定的期限，海关就丧失了追补关税的权力。

《进出口货物征税管理办法》规定，进出口货物放行后，海关发现少征税款的，应当自缴纳税款之日起 1 年内，向纳税义务人补征税款；海关发现漏征税款的，应当自货物放行之日起 1 年内，向纳税义务人补征税款。

因纳税义务人违反规定造成少征税款的，海关应当自缴纳税款之日起 3 年内追征税款；因纳税义务人违反规定造成漏征税款的，海关应当自货物放行之日起 3 年内追征税款。海关除依法追征税款外，还应当自缴纳税款或者货物放行之日起至海关发现违规行为之日止按日加收少征或者漏征税款万分之五的滞纳金。

因纳税义务人违反规定造成海关监管货物少征或者漏征税款的，海关应当自纳税义务人应缴纳税款之日起 3 年内追征税款，并自应缴纳税款之日起至海关发现违规行为之日止按日加收少征或者漏征税款万分之五的滞纳金。

5.4.5 关税纳税争议

纳税义务人对海关确定进出口货物的征税、减税、补税或者对退税等有异议时，有提出申诉的权利。《海关法》规定，纳税义务人、担保人对海关确定纳税义务人、确定完税价格、商品归类、确定原产地、适用税率或者汇率、减征或者免征税款、补税、退税、征收滞纳金、确定计征方式及确定纳税地点有异议的，应当缴纳税款，并可以依法向上一级海关申请复议。对复议决定不服的，可以依法向人民法院提起诉讼。

《进出口货物征税管理办法》规定，纳税义务人、担保人对海关确定纳税义务人、确定完税价格、商品归类、确定原产地、适用税率或者计征汇率、减征或者免征税款、补税、退税、征收滞纳金、确定计征方式及确定纳税地点有异议的，应当按照海关做出的相关行政决定依法缴纳税款，并可以依照《中华人民共和国行政复议法》和《中华人民共和国海关实施〈行政复议法〉办法》向上一级海关申请复议。对复议决定不服的，可以依法向人民法院提起诉讼。

本 章 小 结

　　关税是由海关依法对进出境的货物、物品征收的一种税。关税历史悠久，是世界各国普遍征收的一个税种，也是世贸组织允许各成员国使用的保护国内工业的重要政策工具。近代国家一般把关税作为执行国家经济政策的一个重要手段。目前，国际上国境关税与关境关税同时并存。

　　关税种类繁多，关税的纳税义务人是指进口货物的收货人、出口货物的发货人、进出境物品的所有人。我国税率计征办法有从价税、从量税、混合税、滑准税制度。

主要法律依据

[1] 中华人民共和国海关法 . 1987 年 1 月 22 日第六届全国人民代表大会常务委员会第十九次会议通过，根据 2000 年 7 月 8 日第九届全国人民代表大会常务委员会第十六次会议《关于修改〈中华人民共和国海关法〉的决定》修正.

[2] 中华人民共和国进出口关税条例 . 中华人民共和国国务院令第 392 号 . 成文日期：2003 年 11 月 23 日.

[3] 中华人民共和国海关进出口税则 . 中华人民共和国海关总署公告，2006 年第 75 号 . 成文日期：2006 年 12 月 30 日.

[4] 中华人民共和国海关审定进出口货物完税价格办法 . 海关总署令第 213 号 . 成文日期：2013 年 12 月 25 日.

[5] 科学研究和教学用品免征进口税收暂行规定 . 财政部、海关总署、国家税务总局令第 45 号 . 成文日期：2007 年 1 月 31 日.

[6] 残疾人专用品免征进口税收暂行规定 . 1997 年 1 月 22 日国务院批准，1997 年 4 月

10 日海关总署令第 61 号发布．

[7] 中华人民共和国海关进出口货物征税管理办法．海关总署令第 124 号．成文日期：2005 年 1 月 4 日．

[8] 慈善捐赠物资免征进口税收暂行办法．财政部、海关总署和国家税务总局 2015 年第 102 号公告．

[9] 中华人民共和国进出口货物原产地条例．国务院令第 416 号．2004 年 8 月 18 日国务院第 61 次常务会议通过，2004 年 9 月 3 日国务院令第 416 号公布，自 2005 年 1 月 1 日起施行）．

[10] 财政部 海关总署 国家税务总局关于跨境电子商务零售进口税收政策的通知．财关税〔2016〕18 号．

习 题

一、思考题

1. 我国进口关税的税率有哪些种类？
2. 进出口货物关税的完税价格是如何确定的？
3. 国境和关境有哪些区别和联系？
4. 我国关税立法权限是怎样划分的？
5. 谈谈关税在国际贸易中的作用。

二、单项选择题

1. 根据进出口商品价格的变动，其税率相应增减的进出口关税属于（　　）。
   A. 从价税　　　　　B. 从量税　　　　　C. 滑准税　　　　　D. 复合税

2. 下列不属于进境物品纳税义务人的是（　　）。
   A. 携带物品进境的入境人员　　　　B. 进境邮递物品的收件人
   C. 以其他方式进口物品的收件人　　D. 进境物品的邮寄人

3. 下列各项中，符合关税法定免税规定的是（　　）。
   A. 保税区进出口的基建物资和生产用车辆
   B. 边境贸易进出口的基建物资和生产用车辆
   C. 关税税款在人民币 100 元以下的一票货物
   D. 经海关核准进口的无商业价值的广告品和货样

4. 下列各项符合关税有关对特殊进口货物完税价格规定的有（　　）。
   A. 运往境外加工的货物，应以加工后进境时的到岸价格为完税价格
   B. 准予暂时进口的施工机械，按同类货物的到岸价格为完税价格
   C. 转让进口的免税旧货物，以原入境的到岸价为完税价格
   D. 留购的进口货样，以留购价格作为完税价格

5. 下列项目中，不应计入进口货物完税价格的有（　　）。
   A. 机器设备进口后的安装费用
   B. 运抵我国境内起卸前的保险费
   C. 卖方从买方对该货物进口后转售所得中获得的收益

D. 买方支付的特许权使用费

6. 某外贸进出口公司进口一批空调器，境外成交价格为 1 000 万元；起卸前运输费用 50 万元、保险费用 20 万元、装卸费用 30 万元，卖方给买方的正常回扣为 5 万元，进口后的基建、安装、装配、调试或技术指导的费用为 10 万元。关税税率 20%，该批空调器应纳进口关税为（　　）。

    A. 223 万元　　　　　　B. 222 万元　　　　　　C. 220 万元　　　　　　D. 214 万元

7. 下列项目不得享受特定减免税的是（　　）。

    A. 科教用品　　　　　　　　　　　　B. 残疾人专用品

    C. 扶贫、慈善性捐赠物资　　　　　　D. 纳税有困难

8. 以下计入进口货物关税完税价格的项目有（　　）。

    A. 货物运抵境内输入地点之后的运输费用

    B. 进口关税

    C. 国内保险费

    D. 卖方间接从买方对该货物进口后使用所得中获得的收益

9. 进出口货物，因收发货人或者他们的代理人违反规定而造成少征或漏征关税的，海关可以（　　）追征。

    A. 在一年内　　　　　　　　　　　　B. 在三年内

    C. 在十年内　　　　　　　　　　　　D. 无限期

10. 进出口货物的纳税义务人应当自海关填发税款缴纳证的次日起（　　）内缴纳税款。

    A. 当天　　　　　　B. 7 天　　　　　　C. 15 天　　　　　　D. 10 天

三、多项选择题

1. 下列出口货物完税价格确定方法中，符合关税法规定的有（　　）。

    A. 海关依法估价确定的完税价格

    B. 以成交价格为基础确定的完税价格

    C. 根据境内生产类似货物的成本、利润和费用计算出的价格

    D. 以相同或类似的进口货物在境内销售价格为基础估定的完税价格

2. 我国特别关税的种类包括（　　）。

    A. 报复性关税　　　　　　　　　　　B. 保障性关税

    C. 进口附加税　　　　　　　　　　　D. 反倾销税与反补贴税

3. 关税的纳税义务人包括（　　）。

    A. 进口货物的收货人　　　　　　　　B. 出口货物的发货人

    C. 进出境物品的所有人　　　　　　　D. 介绍进出口业务的中间人

4. 进出境物品的所有人包括该物品的所有人和推定为所有人的人。下列说法正确有（　　）。

    A. 对于携带进境的物品，推定其携带人为所有人

    B. 对分离运输的行李，推定相应的进出境旅客为所有人

    C. 以邮递方式进境的物品，推定其收件人为所有人

    D. 以邮递或其他运输方式出境的物品，推定其寄件人或托运人为所有人

5. 我国关税税率计征办法主要有（　　）。

    A. 从价税   B. 从量税

    C. 复合税   D. 滑准税

6. 进口货物海关估价方法有（　　）。

    A. 相同或类似货物成交价格方法

    B. 倒扣价格方法

    C. 计算价格方法

    D. 其他合理方法

7. 进口货物中存在下列情形，经海关查明属实，可以酌情减免关税的有（　　）。

    A. 在境外运输途中或者在起卸时遭受损坏

    B. 无商业价值的广告品和货样

    C. 海关放行后，因不可抗力遭受损坏或者损失

    D. 海关查验时已经破漏、损坏或者腐烂，经证明不是保管不慎造成的

8. 关税的征收管理规定中，关于补征和追征的期限为（　　）。

    A. 补征期为 1 年内   B. 追征期为 1 年内

    C. 补征期为 3 年内   D. 追征期为 3 年内

9. 关于我国原产地的规定，采用的标准包括（　　）。

    A. 全部产地生产标准   B. 部分产地生产标准

    C. 实质性加工标准   D. 实质性生产标准

10. 下列说法正确的是（　　）。

    A. 我国进口关税税率共有最惠国税率、协定税率、特惠税率、普通税率等

    B. 目前，我国对部分鸡产品、啤酒、胶卷和原油计征从量税

    C. 滑准税的特点是关税税率随进口商品价格由高到低而由低至高变化

    D. 从 1997 年 7 月 1 日起，关税税率计征办法有从价税、从量税、复合税和滑准税等

四、判断题

1. 对原产于与中华人民共和国签订有关税互惠协议的国家或者地区的进口货物，按照普通税率征税；对原产于与中华人民共和国未签订有关税互惠协议的国家或者地区的进口货物，按照优惠税率征税。（　　）

2. 当某一国家在国境内设立了自由港、自由贸易区时，该国家的关境小于国境。当几个国家结成关税同盟，组成一个共同的关境，实施统一的关税法令和统一的法税税则，则这些国家的关境大于国境。（　　）

3. 关税配额税率优先适用于优惠税率或最惠国税率。（　　）

4. 进口货物的完税价格包括货物的成交价、货物运抵我国境内输入地点起卸前的运输及其相关费用、保险费。（　　）

5. 在海关对进出口货物进行完税价格审定时，如海关不接受申报价格，而认为有必要估定完税价格时，可以与进出口货物的纳税义务人进行磋商。（　　）

6. 进出口货物完税后，如发现少征或者漏征关税税款，海关应当自缴纳税款或者货物放行之日起一年内，向收发货人或者他们的代理人补征。（　　）

7. 我国对少数进口商品计征关税时所采用的滑准税实质上是一种特殊的从价

税。（　　）

8. 在确定进口货物的完税价格时，货物成交价格中含进口人向卖方支付的佣金，应该从完税价格中扣除。（　　）

9. 在纳税义务人同海关发生纳税争议时，可以向海关申请复议，对有争议的应纳税款可以缓纳。（　　）

10. 征收特别关税的货物、适用国别、税率、期限和征收办法，由国家税务总局和海关总署共同决定。（　　）

五、实务题

1. 某外贸公司 2018 年 5 月 1 日进口一批应税消费品，该批货物的货价为 350 万元人民币，支付途中运输费 40 万元，保险费 10 万元；关税税率为 10%，消费税率为 30%，增值税率为 16%。5 月 1 日海关填了税款缴纳证，但该公司 5 月 30 日才一次缴清关税（增值税、消费税已在规定日期缴清）。

要求： 计算关税、消费税、增值税和滞纳金。

2. 某外贸公司，7 月经有关部门批准从境外进口小轿车 30 辆，每辆小轿车货价 15 万元，运抵我国海关前发生的运输费用、保险费用无法确定，经海关查实其他运输公司相同业务的运输费用占货价的比例为 2%。向海关缴纳了相关税款，并取得了完税凭证。

要求： 计算小轿车在进口环节应缴纳的关税、消费税和增值税（小轿车关税税率 15%、货物关税税率 20%、增值税税率 16%、消费税税率 8%）。

第6章

所 得 税 制

【学习要求】
重点掌握：所得税的类型
一般掌握：所得税税制的设计
理解：所得税的特点和功能
了解：指数调整法

6.1 所得税制概述

当今世界各国征收的所得税很多，税名各异，比较规范的叫法如国家所得税、市政所得税、自然人所得税、法人所得税、公司所得税、个人所得税等；不规范的叫法有教会税、工资税、公共税、老年养老金捐助、伊斯兰税等。这些所得税根据纳税义务人的属性不同，大致分为两类：企业所得税和个人所得税。

6.1.1 所得税的性质

所得税（income tax）又称收益税，是国家对法人、自然人和其他经济组织从事劳动、经营和投资等活动取得的各种所得所课征的税种统称，即以所得额为课税对象而课征的税种统称。由于所得税是以所得额为课税对象，因此所得额的确定就成为所得税课征的关键。对于所得概念的认识，从不同的角度有不同的定义，所得税中所提到的所得应该是指应税所得。

对于应税所得的定义，早期有来源说和净增值说两种。来源说认为，只有从一个可获得固定收入的永久性来源中取得的收入，才视为应税所得。净增值说认为，所得应包括三部分：在一定时期内从其他人那里收到的收入总额，在该时期内本人享受到的消费活动的价值，在该时期内所拥有财产的增值。所得的定义最后由美国的海格（H. M. Haig）和西蒙斯（H. C. Simons）进一步完善。海格-西蒙斯综合所得概念，包括个人的全部所得，而不管其来源如何及用途如何。其定义是当期消费与净财富增加之和，包括劳动所得、资本所得、资本利得、获得的遗产和赠与等，已实现的所得和未实现的所得都包含在内。这种标准由于便于征管而被各国广泛应用。

由于作为纳税依据的税法与作为会计核算依据的财务会计制度对所得的规定存在差异，企业和个人按照财务会计制度规定核算的所得，必须按照税法规定进行必要的调整后，才能作为计税依据计算缴纳税款。

6.1.2 所得税的特点

所得税作为各国税制体系中的重要税类，与其他税类相比具有以下特点。

(1) 税收负担的直接性

所得税是对纳税义务人的净所得征收的一类税种，一般既由企业或个人作为纳税义务人履行纳税义务，又由企业或个人负担税款。纳税义务人就是负税人，一般不会发生转嫁税负和重复征税的问题，因而被称为直接税。尽管所得税负不是绝对不能转嫁，但其本质属性是"所得者付其税"，因此考察其对资源配置的调节一般从生产角度出发，直接分析其对资本和劳动这两个生产要素的影响，对市场的正常运行干扰较少。

流转税属于间接税，纳税义务人缴纳税款后，将税款附加在商品价格上，通过商品的流通转嫁给最终消费者。尽管转嫁程度与商品的供求弹性有关，但其本质仍然属于"消费者负其税"。因此，流转税的调节一般从消费者角度，先影响消费者的选择行为，再通过"消费决定生产"的市场经济规律来影响生产者的行为。由于流转税对资源配置的调节要经过消费者这个中间环节，还要受到商品供求弹性的影响，因此其对资源配置的作用机制相对所得课税而言较为复杂，效果较难把握。

(2) 税收负担的公平性

税收公平原则是指国家征税应使各个纳税义务人的税负与其负担能力相适应，并使纳税义务人之间的负担水平保持平衡。税收公平包括横向公平和纵向公平两个方面。税收的横向公平是指经济能力或纳税能力相同的人应当缴纳数额相同的税收，即应该以同等的课税标准对待经济条件相同的人；税收的纵向公平是指经济能力或者纳税能力不同的人应当缴纳数额不同的税收，亦即应以不同的课税标准对待经济条件不同的人。

对于征收范围，有一种很流行的观点认为，所得课税是有盈利才课税，而流转税只要有生产销售行为而不管有无盈利都课税。所得税属于"对人税"，其征收范围是有纳税所得的法人和自然人。流转税是"对物税"，是销售的商品和提供的劳务，对不同的纳税义务人如果从事同一种经济活动或发生同一种经济行为，按照相同的标准课税，因此流转税能够体现税收的横向公平。而所得税能够体现纵向公平，所得税不仅对纳税义务人的净所得，而且个人所得税一般采用累进税率，随着个人应税所得的增加，税收占个人所得的比例相应增加。因此，高所得纳税义务人的税负要高于低所得纳税义务人。对个人所得征收累进税率，可以缩小税后高所得者和低所得者之间的所得差异，达到均等收入的公平分配目标。所得税的累进程度越大，收入分配越趋于公平。

(3) 税收收入的弹性

所得税是对企业和个人取得的所得征税。所得会随着经济的增长和个人所得的提高而增加，随着经济的衰退和个人所得的下降而减少，因而具有较强的收入弹性。以累进税率为特征的所得税，被认为是调节经济发展的"内在稳定器"，所得税能够在经济高涨或萧条时，自动对经济产生抑制或刺激作用，减少经济的波动。当经济高涨时，所得税额会因税基扩大，实际税率提高而自动增加，从而抑制因经济过热而带来的通货膨胀的影响；反之，当经济衰退，人均收入下降时，所得税额会因税基缩小、实际税率降低而自动减少，从而有利于刺激经济的复苏。

(4) 税收管理的复杂性

所得税以应纳税所得额为税基，因而应纳税所得额的计算成为计征所得税的关键。为保证准确计算应纳税所得额，必须按照税法的规定核定应税所得，并确定准予扣除的成本、费用及减免税数额等。与其他税类相比，所得税的计征要复杂得多。另外，由于个人纳税户多、税额小、税源分散、隐蔽，也加大了征收管理的成本和难度。

总体上，流转税与所得税各有优劣：流转税稳定、及时，所得税公平、较富有弹性。至于征管，一般认为流转税的征管相对容易，而所得税的征管相对较难。

6.1.3　所得税的地位

与古老的商品税和原始直接税相比，所得税的历史可谓"微不足道"。但所得税发展迅猛，取代商品税和原始直接税，成为工业化国家的第一主体税种。所得税自实施以来，逐步被视为一种"良税"，在满足财政收入和调节经济社会生活中发挥着重要的作用。所得税是国家组织财政收入的重要手段之一，除此之外还担负着宏观调控的职能。所得税被誉为经济运行的"自动稳定器"，能自动地熨平经济的波动，促进经济的稳定成长；能够贯彻社会财富公平分配政策，抑制社会财富的过量私集，缩小贫富差距。

总体来看，发达国家在过去的近百年里基本上完成了由原始直接税（土地税或人丁税等）到间接税，再由间接税到现代直接税的转换；而在不发达国家，间接税则取代传统的直接税成为主体税种。这是由各自不同的经济、社会和文化等一系列因素决定的。进入20世纪80年代，西方发达国家因为经济处于"滞胀"的背景下，各国纷纷进行以"扩大税基、降低税率、简化税制"为主题的税制改革以刺激经济的发展。随着税制改革，各国的税制结构也发生了不同程度的变化。总体趋势是，随着经济全球化进程的推进，发达国家与发展中国家的税制结构差异将逐步缩小。一方面，发达国家已经意识到所得税比重过高所引发的问题，如不利于投资储蓄、征管复杂等，又开始重视商品税。具体表现：一是从20世纪80年代起降低个人所得税和企业所得税的税率，所得税比重有所下降；二是以法国为代表的西欧国家，在20世纪60年代推行增值税取得成功后，增值税以中性、高效、透明和收入稳定的特点在80年代又重新受各国政府所重视。目前已在100多个国家得到推广，而且增值税的税基也被拓宽，商品税在税制中的地位得以增强。但这只是对过去所得税"巨无霸"地位的适当修正，所得税的主体税种地位仍然难以动摇。另一方面，发展中国家随着经济发展、人均GDP的增加、征管水平的提高，以及对公平和宏观稳定越来越重视，所得税呈逐渐上升的趋势，有的已开始接近甚至超过商品税。由于财政收入压力等原因，在相当长的时期内商品税仍将在这些国家占主导地位。

【小资料6-1】

所得税的发展

英国是世界上最早征收所得税的国家。1773年英法战争爆发，大规模的战争使得当时以商品税为主要税收来源的英国财政不能满足军费激增的需要。为筹措军费，英国于1798年颁布了一种新税种，该税以纳税义务人上年度的纳税额为计税依据，并对富有阶级课以重税，同时制定了各种宽免、扣除规定，这便是所得税的雏形。到1799年英国颁布了正式的所得税法案，开征所得税的最初目的是满足战争引起的庞大军费开支，因而只是一种临时税。直到1874年，所得税才正式成为英国的一个永久性税种。由于所得税是以所得的多少为负担能力的标准，比较符合公平的原则，并具有经济调节功能，所以被大多数西方经济学家视为良税，得以在世界各国迅速推广。进入19世纪以后，大多数资本主义国家相继开征了所得税，并逐渐成为大多数发达国家的主体税种。到目前为止，世界上有160多个国家和地区已经开征了所得税。

6.2 所得税制类型

所得税是指以发生在分配领域内的国民收入额为对象而课征的税。依据纳税义务人的不同特点，目前国际上所得税可划分为企业所得税和个人所得税，有的国家单独设置资本利得税、超额利润税。其中，企业所得税是以企业取得的净所得为课税对象征收的所得税；个人所得税是以个人取得的各项所得为课税对象征收的所得税；资本利得税是对资本商品转让发生的增值征税；超额利润税是对纳税义务人获取的超过一般利润水平的利润部分所课征的一种税。

6.2.1 企业所得税

在现代社会经济生活中，企业是社会物质生产的主体，同时也是国家税收收入最主要的来源。我国传统的企业组织形式——国有企业、集体企业、私营企业，正在被现代企业组织形式——股份有限公司、有限责任公司、个人独资企业、合伙企业所代替。对各种组织形式的所得课税是国家参与社会剩余产品分配的最主要的形式之一。组成不同形式的企业，所适用的所得税征税规定是不同的，这直接影响投资者对企业组织形式的选择；不同形式的企业，因为分配方式各有特点，这直接影响其所得课税的纳税义务人的确定、避免双重征税等问题，所以国家应根据企业组织形式的特点而制定不同的所得课税政策。

企业所得税作为所得税制的一个组成部分，在国外的税收法律中居于非常重要的地位。从大多数国家对企业所得征税的税种来看，多数国家为"公司所得税"，如美国、英国、加拿大、澳大利亚、法国等；有的国家为"法人税"，如日本、德国等；也有国家称之为"企业所得税"，如意大利等。

企业所得税按照课税范围，可以划分为企业所得税和公司所得税两种类型。

1. 企业所得税型

企业所得税的基本特点是不分企业性质和组织形式，把各种类型的企业都纳入企业所得税的课税范围，有利于企业间平等竞争。但是，企业所得税把个人独资企业和合伙企业纳入课税范围，而独资和合伙企业主的个人财产和企业的财产不可分离。因此，对企业所得征税和对个人所得征税就难以划分，加大了征管的难度。

2. 公司所得税型

公司所得税是对具有法人资格的公司每年的所得，包括从事制造、销售、服务、采掘和农林等各项营利事业所得，以及各种资本利得等在内的全部所得定期课征的一种税。公司所得税只将法人企业作为公司所得税的纳税义务人，不包括不具有法人资格的独资企业和合伙企业，这样既有利于税收管理，同时又照顾了小企业的发展。

从国际上看，多数国家企业所得税只对法人征收，属于本国的居民纳税义务人承担无限纳税义务，非居民纳税义务人只承担有限纳税义务。

【小资料 6 - 2】

国外公司所得税的地位

有关国家为了鼓励私人投资，以减轻由于经济衰退和失业等所造成的社会矛盾，在对公司课税方面曾经先后做出过种种优惠规定，致使公司所得税在全部收益税中所占的比重不断下降，从而退居于次要的地位。这些优惠包括对新投资的固定资产，允许以其投资额的相当部分用来直接抵免当年应纳的公司所得税；对过去投资的固定资产，允许逐年按照重置价格（在通货膨胀条件下，重置价格可以大大提高折旧的基础），采用加速折旧的方法计提折旧费用，从而减少应纳税所得额和所得税额；对购买的公司债券，允许用来抵充一部分应纳所得税税额等。

德国所得税法规定，法人税纳税义务人为具有法人资格的股份有限公司、股份两合公司、联合保险公司、财团、营利性公共团体及其他民法上的法人，但无限公司和合伙组织等非法人组织不是独立的纳税主体，其所得应分配给其成员，在其成员名下征收个人所得税或法人税。

6.2.2　个人所得税

个人所得税是对个人在一定时期内的各种所得课征的，它是当今各国税制中的主要税种之一。一般认为，个人所得税具有较大的优越性。由于它的计税基础是从纳税义务人的毛收入中扣除家庭最低生计费、医疗费和教育费等必要开支以后的余额，这个计税基础比较接近于纳税义务人的真实负担能力，因此符合负担公平的原则。由于它实行对负担能力大的多课税、对负担能力小的少课税的累进课征制，有利于缩小贫富差距，因此符合社会公正的原则。由于一切所得最终都归结为每个个人的所得，从而对个人各项所得课税不会发生遗漏或重复征收的情况，因此它还符合征收普遍性和合理性的原则。在经济危机条件下，个人所得税往往还成为掌握在政府手中的一个重要杠杆。通过大幅度降低个人所得税税率可以刺激消费，调节社会供求，以求缓和危机和失业所造成的严重后果。

按照计税方法和征收管理的不同，个人所得税有 3 种税制模式。

（1）分类所得税制模式

也称个别所得税制，它是指将个人的各种所得分为若干类别，对各种来源不同、性质各异的所得，分别设计不同的税率和费用扣除标准，分别计算税款，采取源泉一次征收的办法实行税源控制，年终不再进行汇算清缴。分类所得税制对各类不同的所得分别设置不同项目，税目采用正列举的方式，如工资薪金所得、劳务报酬所得、个体经营的利润所得等。

分类所得税制的优点主要有：一是根据不同性质的所得实行区别对待的原则，对勤劳所得，课以较轻的税，如对于工资、薪金所得往往课以较低的税率，并允许扣除生计费等；而对投资所得，因所含辛苦少，应课以较重的税负，一般没有费用扣除；二是分类所得税制便于广泛采用一次征收的方法，不仅税源容易得到控制，而且减少了汇算清缴的麻烦。分类所得税制为广大发展中国家所采用，其缺点是不能根据纳税义务人的全部所得实行量能负担，在总体上难以实现税负公平的目的。

（2）综合所得税制模式

它是指将纳税义务人在一定期间内（一般为一年）各种不同来源的所得综合起来，减去法定减免和扣除项目的数额后，就其余额按累进税率计征所得税的一种课税制度。综合所得税制一般采用反列举形式，归属于同一纳税义务人的各种所得，不管其所得来源于何处，除税法明确规定不征税的项目以外，其他一切所得都作为一个所得总额、按一套税率公式来计算纳税。

综合所得税制建立所基于的思路是：既然个人所得税是对自然人征收，那么其应纳税的所得就应该是综合反映纳税义务人负担能力的各类所得的总额。综合所得税制的突出优点是最能体现税收量能负担的原则。但是由于课税手续烦琐、征收成本高，容易出现偷税问题。因此，综合所得税制要求征管方必须具备健全的征管制度和较高的征管水平，同时纳税义务人需要具备良好的纳税意识。

(3) 分类综合所得税制模式

也称二元或混合税制模式，是将分类所得税与综合所得税相结合的一种税制模式。混合所得课税模式，分早期和现代两种形式：早期的混合课税模式是对分类课税和综合课税的重叠使用，即在分类课征的基础上，再对个人的总收入进行一个附加税的课征；现代税制发展中的混合课税模式是对某些特定所得项目分类单独课税，对某些所得项目则综合汇总，按累进税率征收综合所得税，是对分类课税和综合课税的并列使用。

混合所得课税模式兼容了分类所得税和综合所得税两种税制模式的优点，既坚持量能负担的原则，又坚持对不同性质所得实行区别对待的原则，而且稽征方便，有利于减少偷税，是一种适应性较强的税制模式。

6.2.3　资本利得税

资本利得税是对非专门从事房地产和有价证券买卖的纳税义务人，在出售或交易不动产、债券和股票等资本项目时收入大于支出而获利得所课征的一种税。资本利得作为所得的一种特定形式，同其他形式的所得是有所区别的。一般意义上的所得是指把资本作为生产要素，并同其他生产要素结合，通过生产经营活动而取得的所得；而资本利得是资产的增值，既有价值增长因素，也有价格上涨、通货膨胀等因素。因而不能把资本利得全部视为收益，其中包含部分价值补偿。

由于资本利得不同于一般所得，对资本利得是否征税，以及如何征税问题上有着不同的处理方式。有的国家认为，资本项目的增值，往往需要经过若干年才能实现，它不同于一般事业经营的所得，在一年或不到一年的时间内即可实现。因此，为使负担合理，应该对资本利得实行另立税种，设计较低的税率进行征税。而有的国家则认为，资本利得和一般事业经营所得同为纳税义务人所得的组成部分，不必在税收负担上有所区别。因此，对资本利得不另立税种，而是并入个人所得税或公司所得内综合课征。

所得税类中还有一个税种——超额利润税。超额利润税是对纳税义务人获取的超过一般利润水平的利润部分所课征的一种税。在两次世界大战期间，英、美、德、法等参战国家为了筹集战费，都曾经开征过超额利润税，战争结束后便停止征收。因此，这种税也被称作战时利得税。还有一些国家规定，对各行各业或以天然资源为劳动对象的行业所获取的超过一般利润水平的那部分所得，普遍课征超额利润税。超额利润税的税率，各国都规定得比一般所得税的税率要高。

6.3 所得税制设计

所得税税制的设计，应该遵循以下原则：有利于筹集资金，满足国家财政需要；有利于保持经济稳定发展，体现国家的经济政策；有利于缩小社会贫富差距，实现税收调节收入分配的职能。

所得税的税制设计，主要包括对课税范围、税基、税率、征税方法、税收优惠等基本要素的选择和确定。

6.3.1 征税范围

所得税的征税范围是指各国对纳税主体和课税客体行使税收管辖权的范围，即纳税义务人和征税对象的范围。只有对属于征税范围内的纳税义务人取得的应税所得才能行使征税，但由于纳税义务人有居民纳税义务人和非居民纳税义务人之分，纳税义务人取得的所得也有来自于本国境内和境外所得之别，各国行使的税收管辖权会有所不同。

1. 征税范围

国际公认的确立和行使税收管辖权的基本原则有：属人主义原则和属地主义原则。

遵循属人主义原则是指在一个实行居民管辖权的国家，只把本国居民个人和居民公司作为所得税的纳税义务人，对其取得的全部应税所得征税，而不管所得是否来源于本国领土管辖的范围。

遵循属地主义原则是指在一个实行地域管辖权的国家，只把从本国领土范围内取得应税所得的个人和公司作为所得税的纳税义务人，而不管纳税义务人是否为本国居民个人（或公司）。

从各国的实践来看，大多数国家同时按照属人主义原则、属地主义原则确立和行使税收管辖权，只是强调的重点不同。即对于本国居民，就其来源于本国境内、外所得合并纳税，承担无限纳税义务；而对于非本国居民，仅就其来源于本国境内所得征税，承担有限纳税义务。

2. 居民纳税义务人和非居民纳税义务人

国际上对居民纳税义务人和非居民纳税义务人的确定标准通常有两种：法律标准和户籍标准。

（1）法律标准

就企业而言，依据法律标准确定居民纳税义务人和非居民纳税义务人，取决于企业按哪一个国家法律注册设立；就个人而言，取决于个人的国籍。目前，只有少数国家采用法律标准。

（2）户籍标准

依据户籍标准，就企业而言，确定居民纳税义务人和非居民纳税义务人，取决于企业的管理机构设在哪一个国家。即以企业登记注册地或以实际管理机构地为认定标准，划分为居民企业和非居民企业，分别承担无限纳税义务和有限纳税义务。就个人而言，取决于个人的住所或居所，具体实施时还要兼顾居住时间。

3. 跨国所得的税收抵免

由于大部分国家同时采用居民管辖权和地域管辖权，必然会造成税收管辖权的交叉，即跨国纳税义务人的一项跨国所得，既要受收入来源国管辖，又要受居住国管辖，因而形成国际重复课税。这种现象的存在，一方面违背了税负公平的原则，增加了跨国纳税义务人的税收负担，另一方面又会阻碍国际投资活动的正常开展。因此，协调各国的税收管辖权，就成为免除国际重复课税的必要措施。

如何协调各国的税收管辖权、避免国际重复征税，基本思路是居住国政府通过承认非居住国政府优先或独占行使地域管辖权，来避免或消除本国居民来源于非居住国的所得重复征税。基本方法有：免税法、扣除法和抵免法。

（1）免税法

它是居住国政府对本国居民来源于非居住国所得，免于征税，放弃行使居民管辖权，而由非居住国政府独占行使地域管辖权。

（2）扣除法

它是居住国政府对本国居民来源于非居住国所得已向非居住国缴纳的所得税，视为扣除项目，在向本国政府汇总申报应税所得时予以扣除。

（3）抵免法

它是居住国政府对本国居民来源于非居住国所得汇总申报纳税时，将对本国居民来源于非居住国所得已经缴纳的所得税予以抵免。抵免法有两种方法：全额抵免和限额抵免。

税收抵免法由于既承认非居住国能够优先行使地域管辖权，又不放弃居住国同时行使居民管辖权，是避免因税收管辖权选择而发生国际重复征税的一种最合理有效的方法。

6.3.2 税基

所得税的税基是计算应纳所得税的应纳税所得额，一般为应税收入减除法定支出项目后的余额。对于企业而言，应纳税所得额为纳税义务人每一纳税年度，由于提供劳务，从事生产、经营、投资等活动而取得的收入，扣除为取得收入所支付的成本、费用、税金和损失后的余额。对个人而言，应纳税所得额为纳税义务人的各项应税所得扣除税法规定为取得应税所得所需费用之后的余额。因此，在设计所得税的税基时，不仅要明确应税收入，还应同时规定所得宽免范围和费用扣除项目。

1. 确认应税收入

所得税的课税对象是企业、个人的所得额。对于所得有不同的解释，实践中，应税所得的范围要窄得多，各国税法都有明确的规定。

现实中对应税所得一般采取两种方法确定，一是正列举法，即把要课税的所得类别一一列举，凡没有列出的不属于课税的范围；二是反列举法，只规定免税的所得类型，凡没有明确免税的所得都应课税。相比之下，反列举法比正列举法更有效，因为正列举法很难列尽所有的应税所得。

个人所得税的应税所得，一般包括：工资、薪金、利息、股息、财产转让、特许权使用费、资本利得等所得；企业所得税的应税收入，主要包括：生产经营收入、资本利得、利息收入、股息收入、财产租赁收入和其他收入等。各国税法一般都规定应当计税的收入项目和免于计税的收入项目。

2. 规定所得宽免范围和费用扣除项目

所得税的课税对象是纳入所得税征税范围的所得额，但它并不是所得税的计税依据，根据量能负担的原则，各国政府在具体确定税基时，为体现国家的社会、经济政策，均要求规定一定的所得宽免范围和费用扣除项目，其实质是允许纳税义务人的一部分收入不纳税。

企业所得税的宽免范围和费用扣除主要包括 3 个部分：一是为取得应税收入而必须支付的有关费用，如生产成本和费用；二是需要鼓励或照顾的企业所得，许多国家规定研究开发费可以在计算应纳税所得额时加计扣除；三是各种公益性、救济性的捐赠等。

就个人而言，应纳税所得额一般是所得净额减去为维持家庭生计的减免额。其中，所得净额为个人所得总额减去费用支出、扣除额和不予计列的所得。费用支出是与取得应税收入有关的成本；扣除额是政府鼓励的开支行为和个人的必要支出；不予计列的所得一般是政府鼓励的所得或不易测定的所得。维持家庭生计的减免额主要包括纳税义务人本人、配偶、子女及赡养老人等方面的生活开支。

费用扣除的方法主要有两种：一种是根据应扣除项目的实际发生数扣除，企业所得税采用这种方法；一种是依据一定标准进行扣除，个人所得税通常采用限定数额或限定比例确定扣除标准。

由于费用的扣除影响所得税的税基，从而直接关系到国家财政收入的稳定增长及社会的和谐发展，因此税法必须对规定所得宽免范围和费用扣除项目做出明确的规定和限制。需要注意是，费用扣除必须按照税法规定进行，企业或个人按照财务制度等标准的规定计算出的利润额，必须按税法规定进行调整后，才能作为所得税的税基。

3. 课税单位的选择

课税单位的选择，主要是指个人所得税中以家庭还是单身个人为纳税单位进行课税。课税单位选择的实质，是如何平衡单身个人、单职工和双职工夫妇的税收负担。

由于家庭仍是社会的基本经济单位，家庭总收入比个人收入更能全面反映纳税能力。选择以家庭为纳税单位的最重要之处就是可以实现相同收入的家庭缴纳相同的个人所得税，以实现按综合纳税能力来征税；并且可以以家庭为单位通过个人所得税的有关规定去实现一定的社会政策目标，如对老年人个人所得税的减免、对无生活能力的儿童采用增加基本扣除的方法等。

从世界范围来看，确实有些国家在个人所得税上采用"夫妻联合申报"或"家庭申报"的征税方式，这样税收负担更加公平、合理。但实行这种方式必须同时具备三个条件：首先是采用综合税制或混合税制模式；其次是全社会的法制建设水平较高，全体公民依法纳税意识较强；最后是税务机关有很强的税收征管能力，能够掌握纳税义务人的真实情况。如果不同时具备这三个条件而采用"夫妻联合申报"或"家庭申报"的征税方式，就会产生巨大的征管漏洞，导致大量税收流失，同时还会产生新的不公平问题。

6.3.3 税率

税率是税制的核心要素，由于税率采取的形式不同、高低不一，将直接影响纳税义务人的负担和国家的财政收入，因此税率的确定非常重要。

所得税税率的设计，要体现对中低收入者的照顾，对高收入者的调节。企业所得税与个人所得税在调控过程中应当有所分工，企业所得税应当以效率为先，而个人所得税则应当以公平为先，在所得税体系内部收入的分配职能应当主要由个人所得税来承担。

1. 所得税税率的设置

在所得税的税率设计方面，面临着两个基本问题：一是税率水平的确定；二是税率形式的选择。税率水平的确定，体现了征税的深度，表明了财政承受能力和企业负担能力；税率形式的选择，体现了征税的目的，实质上是对公平与效率原则的选择。

所得税的税率形式设计主要有两种：一种是比例税率；一种是累进税率。比例税率具有计算简便、透明度高的优点，能够体现税收负担的横向公平，并可在一定程度上避免使用累进税率可能造成的抑制经济发展的消极影响，但比例税率不能体现量能负担的原则，在调节纳税义务人的收入水平方面有一定的局限性。与比例税率相反，累进税率具有其他形式税率难以相比的促进公平的特征，能够体现量能负担的原则，有利于缩小社会的贫富差距，但累进税率计算复杂，并且累进所得税与比例所得税相比有更大的超额负担，随着累进程度的提高其超额负担越大，效率损失越大。

至于税率水平的确定，首先确定所得税总的负担水平，然后根据国民收入在企业、个人之间的分配情况，分别确定企业所得税、个人所得税的整体水平。一般来说，比例税率的确定比较简单，而累进税率由于涉及确定累进的级数和所得额的级距，因而需要反复测算才能确定。

就企业所得税而言，应该选择有利于促进企业发展生产、改善经营管理的税率形式，以符合企业之间公平竞争的要求。世界上大多数国家实行比例税率，有些国家仍保留累进税率，主要是出于财政上的原因。在比例税率的运用上由于各国货币制度、政府政策及所得税的地位等诸多因素的差异，有的国家实行单一的比例税率，如瑞典、意大利、澳大利亚等；而更多的国家实行差别比例税率，主要是对小型公司的所得税采用较低税率。

就个人所得税而言，应该选择有利于调节收入水平的税率形式。为体现税收的公平原则，需要按应纳税所得额的大小课以累进税率。在西方，个人所得税被称为"罗宾汉税种"，意味着它在体现社会公平的同时还带有劫富济贫的色彩。税率设计应遵循"保护低收入者，照顾中收入者，调节高收入者"的原则，个人所得税针对的主要对象应该是为数不多的高收入者。

2. 所得课税的指数化问题

在宏观经济中，由于商品需求大于供给或者货币发行量大于货币需求量等原因引起的通货膨胀或相反原因引起的通货紧缩是市场经济中随时会出现的现象，政府不可能完全消除通货膨胀或者通货紧缩，更何况适当的通货膨胀率是经济正常发展的必然表现。

通货膨胀使个人所得税产生"档次爬升"现象，会对所得课税的公平机制产生扭曲影响。这是因为所得税与其他税种特别是流转税在计算应纳税额时存在一个不同，即存在像免税额、费用扣除标准这样的固定数额和在税率上的累进性。假定在一段时期内，个人所得和价格水平以同一比率增长，那么个人的实际所得（现实购买力）没有变化，但这种仅仅是名义所得的上升却被推进到边际税率更高的纳税档次；同样，价格水平的上升，意味着免税额、费用扣除标准实际价值的下降，从某种意义上说，通货膨胀使税率上升了，显然不利于纳税义务人利益，而且这种不利更带有隐蔽性。

解决这一问题的办法是指数化，即按照每年消费物价指数自动调整确定应税所得的扣除额和适用税率，以剔除通货膨胀造成的名义所得上涨的影响。目前的指数化方法主要有以下4种。

① 特别扣除法，即从纳税义务人的应税所得中按一定比例扣除因通货膨胀所增加的名义所得部分。

② 税率调整法，即按通货膨胀上涨指数，降低各级距的边际税率，使调整后的税率级距维持在原有税率的实际水平上。

③ 指数调整法，即依据物价指数或相关的指标指数，调整个人所得税的免税额、扣除额及课税级距等，以消除通货膨胀期间的名义所得增加部分。

④ 实际所得调整法，即将当年的应税所得还原为基年的实际所得，适用基年的免税额、扣除额及课税级距，算出纳税额后，再以物价指数计算应纳税额。

以上 4 种方法中，第 3 种方法由于计算简便且相关的物价指数资料容易得到，被多数国家所采用。

6.3.4　征收管理

所得税的征收管理主要是确定所得税的纳税申报方式。

1. 企业所得税

企业所得税一般采用自行申报，在计算企业所得税的应纳税额时，除了按照查账征收的方式外，为了加强企业所得税的征收管理，对部分中小企业采取核定征收的办法计算其应纳税所得额。企业所得税的缴纳一般采用分期预缴和年终清算相结合的方式，即企业在每个月或每个季度终了，自行申报该月度或季度的所得额及暂缴所得税；在年度终了后，自行计算年应纳税所得额和应纳所得税额，根据月度或季度预缴税款情况，向主管税务机关进行年度纳税申报，结清全年企业所得税税款。

2. 个人所得税

个人所得税是世界上最难征管、最易流失的税种。在发达国家，应收未收的税款占全部应收税款一般在 10% 以上。

为了加强征管，个人所得税可以采用课源制和申报制两种征纳方法，即对纳税义务人的应纳税额分别采取由支付单位（个人）源泉扣缴和纳税义务人自行申报的方法。

代扣代缴是依照税法规定负有代扣代缴义务的单位和个人，从纳税义务人持有的收入中扣取应纳税款并向税务机关解缴的一种纳税方式。代扣代缴是扣缴义务人代税务机关征收税款，代纳税义务人办理缴纳税款的行为，各纳税义务人的纳税义务并没有任何改变。这种方式一般适用于税源分散，容易流失，需要进行税源控制的税款征收。实行分类课征制度，可以广泛的采用源泉扣缴办法，加强税源控管，简化纳税手续，方便征纳双方。

所得税征管中还涉及对总、分支机构的所得纳税地点的选择、分支机构汇总纳税、对纳税年度的起算时间及企业终止经营活动后的汇算清缴等做出明确的规定。

6.3.5　税收优惠

所得税税收优惠是指税法对某些特定的纳税义务人或征税对象给予免除部分或全部纳税义务的规定。税收优惠正是通过税收的减免，以经济利益诱导资金进入符合国家产业政策和区域发展政策的行业和地域之中。

1. 所得税的税收优惠形式

所得税的税收优惠很多国家都不局限于一种形式，比较普遍的做法有两大类：一是实行直接优惠操作方式，通常表现为定期减免所得税、适用低税率、税额扣除等，这种形式多为发展中国家鼓励纳税义务人直接投资所采用；二是实行间接优惠操作方式，通常表现为：加速折旧、投资抵扣、亏损结转、费用扣除、特定准备金等。此外，还有退税、延期纳税等方式。

实行直接、间接减免优惠操作运行的结果是不一样的。直接减免优惠方式不但造成税收收入的流失，而且还容易造成钻政策空子逃避税收。间接减免优惠表现为延迟纳税行为，是对资金使用在一定时期内的让度，这种形式允许企业在合乎规定的年限内分期缴纳或延迟缴纳税款，其税收主权没有放弃，有利于体现公平竞争，维护市场经济的平稳发展，保障税收收入。

2. 所得税的税收优惠政策

所得税优惠在政策上可以选择区域税收优惠和产业税收优惠。

区域税收优惠是一国政府出于其政治、经济的特别考虑，对某一特定地区普遍实行税收优惠政策。制定区域税收优惠主要有两方面的考虑：一方面是国家根据其经济发展战略，对某些具有发展国际经济优势的地区给予政策优惠；另一方面是对某些经济条件较差、需要加速发展的地区实行照顾的税收优惠。

产业性优惠是政府根据本国经济的实际需要，有选择、有重点地吸引资本发展本国的特定产业和项目，这是国际上的普遍做法。发达国家偏重实施产业优惠，尤其是对加快科技进步、加大科技投入的税收优惠更为突出，且这种鼓励措施是全方位的。

选择优惠政策，应实行国民待遇原则。所谓国民待遇，是指一国政府对本国境内的外国人或外国企业在经贸政策上与本国人或本国企业一视同仁，实行同一标准。现广泛引入税收领域，主要是指对本国境内的外国纳税义务人不得实行歧视性的税收政策。国民待遇并不是一项独立的税收原则，而是一国税收的效率原则和公平原则在一定条件下的体现，属于国家主权的范围。

本 章 小 结

所得税是以所得额为课税对象而课征的税种统称。所得税的税收负担具有直接性、公平性，所得税的税收收入具有弹性和征收管理具有复杂性等特点。依据纳税义务人的不同特点，所得税可划分为企业所得税、个人所得税和资本利得税。企业所得税按照课税范围，可以划分为企业所得税和公司所得税两种类型。按照计税方法和征收管理的不同，个人所得税有分类所得税、综合所得税和混合所得税三种税制模式。所得税的税制设计，主要涉及课税范围、税基、税率、征税方法、税收优惠等基本要素的选择和确定。征税范围主要涉及税收管辖权的确定、居民纳税义务人和非居民纳税义务人的划分、跨国所得的税收抵免。在设计所得税的税基时，不仅要明确应税收入，同时要规定所得宽免范围和费用扣除项目。税率的设计，一是税率水平的确定；二是税率形式的选择，即比例税率和累进税率的选择。税收优惠主要涉及税收优惠形式和政策的选择。税收征管主要是确定纳税申报方式。为了避免通货膨胀对所得课税的公平机制产生扭曲影响，各国多采用指数调整法。

习　题

一、思考题

1. 所得税有哪些主要特点？

2. 所得税的主要功能有哪些？

3. 比较企业所得税与公司所得税。

4. 什么是资本利得税？资本利得税的地位如何？

5. 简述个人所得税的税制模式及其各自的优缺点。

6. 如何设计所得税制？

7. 什么是税收指数化？税收指数化的作用有哪些？

8. 如何协调企业所得税与个人所得税的关系？

二、单项选择题

1. 所得税是以纳税义务人的（　　　）为课税对象所课征的一类税。

　　A. 销售收入　　　　B. 销售数量　　　　C. 销售额　　　　D. 所得额

2. 世界上大多数国家采用以（　　　）为特征的法人所得税制。

　　A. 超额累进税率　　B. 全额累进税率　C. 单一比例税率　D. 定额税率

3. 按税负是否可以转嫁，所得税属于（　　　）。

　　A. 直接税　　　　　B. 间接税　　　　　C. 价内税　　　　D. 价外税

4. （　　　）是减轻通货膨胀的收入分配扭曲效应的一种方法。

　　A. 所得税指数化　　　　　　　　B. 税收支出

　　C. 社会保险税　　　　　　　　　D. 个人所得税

5. 在（　　　）条件下，边际税率等于平均税率。

　　A. 比例税率　　　B. 定额税率　　　C. 累进税率　　　D. 累退税率

6. 我国税法中采用超额累进税率征收的税种是（　　　）。

　　A. 资源税　　　　B. 土地增值税　　C. 个人所得税　　D. 企业所得税

7. 居住国政府对其居民在非居住国得到税收优惠的那部分所得税，视同已纳税额而给予抵免，不再按本国税法规定补征。这种税收优惠方法在国际税收中称为（　　　）。

　　A. 分国限额抵免法　　　　　　　B. 综合限额抵免法

　　C. 税收饶让　　　　　　　　　　D. 免税法

8. 按照居民税收管辖权的国际惯例，自然人居民身份的一般判定标准不包括（　　　）。

　　A. 住所标准　　　　　　　　　　B. 时间标准

　　C. 意愿标准　　　　　　　　　　D. 籍贯标准

三、多项选择题

1. 我国现行所得税包括（　　　）。

　　A. 企业所得税　　　　　　　　　B. 外商投资和外国企业所得税

　　C. 个人所得税　　　　　　　　　D. 农业税

2. 下列税种中，适用从价计征形式的是（　　　）。

　　A. 增值税　　　　B. 车船税　　　C. 企业所得税　　D. 个人所得税

3. 产生国际重复征税的主要原因是（　　）。

    A. 跨国所得的存在

    B. 各国对居民或收入来源地的认定标准不同

    C. 各国税收管辖权的交叉

    D. 各国对所得税的开征

4. 所得税指数化的方法有（　　）。

    A. 特别扣除法　　　　　　　　　B. 税率调整法

    C. 指数调整法　　　　　　　　　D. 实际所得调整法

5. 资本利得主要包括（　　）。

    A. 开发房地产交易收益　　　　　B. 自用房地产交易收益

    C. 股票、债券交易收益　　　　　D. 农产品交易收益

6. 生计费扣除中属于维持最低生活费用的扣除，包括（　　）等项目。

    A. 基础扣除　　　　　　　　　　B. 配偶扣除

    C. 抚养扣除　　　　　　　　　　D. 老年人和残疾人的加计扣除

7. 就法人单位而言，各国通行的居民认定标准主要有（　　）

    A. 登记注册标准　　B. 总机构标准　　C. 意愿标准　　　　D. 管理中心标准

8. 所得课税的缺陷主要是（　　）。

    A. 一般会存在重复征税问题，影响商品的相对价格

    B. 所得税的开征及其财源受企业利润水平和人均收入水平的制约

    C. 所得税的累进课税方法会在一定程度上压抑纳税人的生产和工作积极性的充分发挥

    D. 计征管理比较复杂，需要较高的税务管理水平，在发展中国家广泛推行往往遇到困难

四、判断题

1. 所得税只在促进纵向公平方面发挥积极的作用。（　　）

2. 所得税自动稳定经济是一种事中调节，它可以消除和避免经济波动。（　　）

3. 与其他税类相比，所得税的计征要复杂得多，因此所得税的征纳成本通常会较高，行政效率相对低。（　　）

4. 折旧期限越短，企业折旧期内应缴纳的税款就越少，这相当于国家以税款滞延为代价为企业提供的无息贷款。（　　）

5. 世界各国的法人所得税税率，大致可分为单一比例税率、分类比例税率和累进税率三种类型。目前多数国家采用累进税率。（　　）

6. 行使居民管辖权的关键是如何确定纳税人的身份。（　　）

7. 实行综合所得税制的国家在课征个人所得税时使用单一的申报法。（　　）

8. 所得税一般不存在重复征税问题，不影响商品的相对价格。（　　）

第7章

企业所得税

7.1　企业所得税概述

企业所得税（enterprise income tax）是以企业取得的生产经营所得和其他所得为征税对象所征收的一种税。

自从我国实行改革开放政策以来，无论内资企业所得税，还是外资企业所得税，都经历了由多税种并存到统一的历史过程。自从 1980 年设立《中外合资经营企业所得税法》后，我国还于 1981 年专门设立了《外国企业所得税法》。两个涉外企业所得税法差异很大，税收待遇不公平。1991 年，经第七届全国人民代表大会第四次会议审议通过，两部法律被合并为《外商投资企业和外国企业所得税法》，实现了外资企业所得税的统一。内资企业自 1984 年国务院发布了《国营企业所得税条例（草案）》后，又先后发布了《集体企业所得税暂行条例》和《私营企业所得税暂行条例》。1994 年的税制改革将三个内资企业所得税统一为《企业所得税暂行条例》，实现了内资企业所得税的统一。

2007 年 3 月 16 日，第十届全国人民代表大会第五次会议审议通过了《中华人民共和国企业所得税法》（以下简称《企业所得税法》），并从 2008 年 1 月 1 日起实施。按照"简税制、宽税基、低税率、严征管"的税制改革原则，参照国际通行做法，《企业所得税法》体现了"四个统一"：内资、外资企业适用统一的企业所得税法；统一并适当降低企业所得税税率；统一和规范税前扣除办法和标准；统一税收优惠政策，实行"产业优惠为主、区域优惠为辅"的新税收优惠体系。

《企业所得税法》的制定与施行标志着在中国并行了二十多年的内外资两套所得税法的合并，同时也宣告了外商投资企业与外国企业在中国享受超国民待遇的终结。

企业所得税作为我国税制体系的主要税种，具有不同于其他税种的特点，现行企业所得税具有以下特点。

（1）将企业划分为居民企业和非居民企业

现行企业所得税将企业划分为居民企业和非居民企业两大类，居民企业负有无限纳税义务，就其来源于中国境内、境外的所得缴纳企业所得税；非居民企业负有限纳税义务，仅就来源于中国境内的所得纳税。

（2）计税依据为应纳税所得额

企业所得税以应纳税所得额为计税依据，应纳税所得额是纳税义务人每一纳税年度的收入总额减去准予扣除项目后的余额。它既不是企业实现的会计利润额，也不是企业的增值额，更不是企业的销售额或营业额。

（3）征税以量能负担为原则

企业所得税以纳税义务人的生产、经营所得和其他所得为税基，贯彻了量能负担的原则，按照纳税义务人有无所得及负担能力的大小确定所得税的税收负担。即所得多、负担能力强的，多纳税；所得少、负担能力弱的，少纳税；无所得、没有负担能力的，不纳税。这种将所得税负担和纳税义务人所得多少联系起来征税的办法，便于体现税收公平的基本原则。

（4）实行按年计征、分期预缴的征收管理办法

通过利润来综合反映企业的经营业绩，通常是按年度计算、衡量的。所以，企业所得税一般以全年的应纳税所得额作为计税依据，分月或分季预缴，年终汇算清缴。所得税核算与会计年度及核算期限一致，有利于税收的征收管理，也兼顾了企业会计核算的实际情况。

【小资料 8-1】

特朗普税改有减税有增税

美国总统特朗普签署的《减税和就业法案》于 2018 年 1 月起正式实施。

减税是美国特朗普税改法案的总基调，减税的内容和条款也是税改法案的主要内容。比如，在公司税收方面，主要减税措施包括：降低公司所得税税率，从原来的 15％ 至 35％ 的累进税率降至 21％ 的单一税率，最高税率的降幅接近一半；允许企业将购买的机器设备等投资在所得税前扣除；取消公司所得税的可替代最低税制度，以及保留一些税收优惠政策等。此外，对于合伙企业、小企业等穿透实体符合条件的可享受应纳税所得额 20％ 的减免。在个人税收方面，主要减税措施包括：提高个人所得税扣除标准，从原来的每人每年 6 350 美元提高到 12 700 美元，夫妻联合申报扣除标准从原来的每年 12 000 美元提高到 24 000 美元；提高抚养儿童的税收抵免额，从原来的每名儿童每年 1 000 美元提高到 2 000 美元；降低个人所得税税率，七档税率从原来的 10％、15％、25％、28％、33％、35％、39.6％ 调整至 10％、12％、22％、24％、32％、35％、37％，最高边际税率降低了 2.6 个百分点；废除奥巴马平价医疗法案的强制投保规定等。在国际税收方面，主要措施包括：实行海外企业参股免税制度，对美国母公司持股比例超过 10％ 的海外子公司分配的股息免税；对企业境外汇回利润按较低税率一次性征税，流动资产和非流动资产的税率分别为 15.5％ 和 8％ 等。

但是，仔细分析特朗普的税改法案，可以发现在其大幅减税政策的背后还暗含着不少增税的措施。比如，在公司税方面，将累进税率改为 21％ 的单一税率，对于原来适用高税率的企业固然是减税措施，但对于原来适用 15％ 税率的企业无疑是提高了税率；同时，税改法案还推出了诸如限制利息费用扣除、限制净经营亏损弥补等政策。在个人税收方面，在提高个人所得税扣除额的同时，税改法案废除了每人每年 4 050 美元的年度扣除标准，这就使得这一减税政策的效果大打折扣，并且对于人口较多的家庭，无疑将负担更多的税收；个人所得税税率虽然有不同程度的下调，但由于每档税率所适用所得的范围也有不同程度的调整，这就使得一些个人的税负将会提高，应税所得在 20 万美元以上的个人适用的税率将从原来的 33％ 提高至 35％；降低住房按揭利息税前扣除的上限等措施，将增加有关纳税人的税负。在国际税收方面，税改法案对符合条件的公司向境外关联企业支付的特定款项征收 5％ 或 10％ 的税基侵蚀税，也将增加有关企业的税负。这些政策无疑都具有明显的增税意图和效果。特朗普税改法案，并不是真正让所有的人受益，一些纳税人的税负反而会增加。也可以说，特朗普的减税法案实质上是一方面在给一些人发红包、分蛋糕，另一方面却在动一些人的奶酪。之所以出现这种局面，其实也是美国政府财政支出的刚性和巨额财政赤字的压力所致。

7.2　企业所得税纳税义务人、征税对象及税率

7.2.1　纳税义务人

企业所得税的纳税义务人，是指在中华人民共和国境内的企业和其他取得收入的组织（以下统称企业）。

为了更好地有效行使我国税收管辖权，最大限度地维护我国的税收利益，企业所得税法采用登记注册地标准和实际管理机构所在地标准相结合的办法，将企业划分为居民企业和非居民企业，分别确定不同的纳税义务。

（1）居民企业

居民企业是指依法在中国境内成立，或者依照外国（地区）法律成立但实际管理机构在中国境内的企业。具体包括国有企业、集体企业、私营企业、联营企业、股份制企业、外商投资企业、外国企业、事业单位、社会团体、民办非企业单位和从事经营活动的其他组织。同时考虑到个人独资企业、合伙企业属于自然人性质企业，没有法人资格，股东承担无限责任，因此将依照中国法律、行政法规成立的个人独资企业、合伙企业排除在企业所得税纳税义务人之外。

其中，实际管理机构是指对企业的生产经营、人员、账务、财产等实施实质性全面管理和控制的机构。例如，在我国注册成立的沃尔玛（中国）公司、通用汽车（中国）公司，就是我国的居民企业；在开曼群岛、百慕大群岛等国家和地区注册的公司，但实际管理机构在我国境内，也是我国的居民企业。

（2）非居民企业

非居民企业是指依照外国（地区）法律成立且实际管理机构不在中国境内，但在中国境内设立机构、场所的，或者在中国境内未设立机构、场所，但有来源于中国境内所得的企业。例如，在我国设立代表处及其他分支机构的外国企业。

上述所称"机构、场所"，是指在中国境内从事生产经营活动的机构、场所，包括：

① 管理机构、营业机构、办事机构；

② 工厂、农场、开采自然资源的场所；

③ 提供劳务的场所；

④ 从事建筑、安装、装配、修理、勘探等工程作业的场所；

⑤ 其他从事生产经营活动的机构、场所。

7.2.2 征税对象

企业所得税的征税对象包括纳税义务人的生产经营所得、其他所得和清算所得。

1. 居民企业的征税对象

居民企业承担无限纳税义务，应当就其来源于中国境内、境外的所得缴纳企业所得税。

所得，包括：销售货物所得、提供劳务所得、转让财产所得、股息红利等权益性投资所得，利息所得，租金所得，特许权使用费所得，接受捐赠所得和其他所得。

2. 非居民企业的征税对象

非居民企业承担有限纳税义务，一般仅就其来源于中国境内的所得缴纳企业所得税。

① 非民民企业在中国境内设立机构、场所的，应当就其所设机构、场所取得的来源于中国境内的所得，以及发生在中国境外但与其所设机构、场所有实际联系的所得，缴纳企业所得税。

② 非居民企业在中国境内未设立机构、场所的，或者虽设立机构、场所但取得的所得与其所设机构、场所没有实际联系的，应当就其来源于中国境内的所得缴纳所得税。

其中，"实际联系"是指非居民企业在中国境内设立的机构、场所拥有据以取得所得的股权、债权，以及拥有、管理、控制据以取得所得的财产等。

3. 所得来源的确定

《企业所得税法实施条例》在充分考虑随着经济的发展而出现很多新情况、新问题的基础上，借鉴国际惯例，明确了所得来源的确定标准。根据不同种类的所得，来源于中国境内、境外的所得，按以下原则划分。

① 销售货物所得，按照交易活动发生地确定。

② 提供劳务所得，按照劳务发生地确定。

③ 转让财产所得：不动产转让所得按照不动产所在地确定；动产转让所得按照转让动产的企业或者机构、场所所在地确定；权益性投资资产转让所得按照被投资企业所在地确定。

④ 股息、红利权益性投资所得，按分配所得的企业所在地确定。

⑤ 利息所得、租金所得、特许权使用费所得，按照实际负担或支付所得的企业或机构、场所所在地确定，或者按照负担、支付所得的个人的住所地确定。

⑥ 其他所得，由国务院财政、税务主管部门确定。

7.2.3　税率

企业所得税的税率是指对纳税义务人应纳税所得额征税的比率，即企业应纳税额与应纳税所得额的比率。企业所得税实行比例税率，计算简便，并且有利于提高效率。

1. 适用税率的基本规定

企业所得税的税率为 25％，其适用范围包括：居民企业取得的来源于中国境内、境外的所得；非国民企业在中国境内设立机构、场所的，取得来源于中国境内的所得，以及发生在中国境外但与其所设机构、场所有实际联系的所得。

2. 非居民企业的预提所得税适用税率

非居民企业在中国境内未设立机构、场所而取得的来源于中国境内的所得，或者虽设立机构、场所但取得来源于中国境内的所得与其所设机构、场所没有实际联系的，其应缴纳的企业所得税实行源泉扣缴，以支付人为扣缴义务人，适用税率为 20％，减按 10％的税率征收所得税。

3. 小型微利企业的优惠税率

符合条件的小型微利企业，减按 20％的税率征收企业所得税。

4. 高新技术企业的优惠税率

国家需要重点扶持的高新技术企业，减按 15％的税率征收企业所得税。

5. 针对西部地区的优惠税率

对设在西部地区的国家鼓励类产业企业，在 2011 年至 2020 年期间，减按 15％的税率征收企业所得税。

7.3　企业所得税应纳税所得额的确定

7.3.1　确定应纳税所得额的原则和依据

企业所得税的计税依据是应纳税所得额，即企业每一纳税年度的应税收入总额减去各项准予扣除项目及允许弥补的以前年度亏损后的余额。

应纳税所得额与企业会计利润是两个不同的概念，两者既有联系又有区别。应纳税所得额是一个税收概念，是指在一个纳税年度内根据企业所得税法确定的计税利润（或亏损），其确认、计量和报告的依据是所得税法。其目的是正确计算企业应缴纳的所得税，以保证国家的财政收入。会计利润是一个会计核算概念，反映的是企业在一定时期内生产经营的财务成果，是列报在损益表上的总收益（或总亏损），其确认、计量和报告的依据是《企业会计制度》和《企业会计准则》。其目的是公允地反映企业的经营成果，体现收入与费用之间的配比原则。由于税法与会计制度的目的不同，税法规定与会计制度及准则有差别，对收益、费用、资产、负债等的确认时间和范围有所不同，从而导致会计利润与应纳税所得之间产生差异。对于会计与税法的不一致，世界各国一般遵循税法优先的处理原则。

应纳税所得与会计利润有着一定的联系，二者都是以企业财务会计资料为依据。税法规定：纳税义务人在计算应纳税所得额时，企业财务、会计处理办法与税收法律、行政法规的规定不一致的，应当依照税收法律、行政法规的规定计算纳税。也就是说，企业的会计利润必须按照国家税法的规定进行相应的调整后才能作为应纳税所得额，并据以计算所得税额。

为了确定应纳税所得额，税法对收入总额、准予扣除项目的范围和标准、不得扣除的项目和亏损弥补等都做了明确规定。

7.3.2 应税收入的确定

为了防止纳税义务人将应征税的经济利益排除在应税收入之外，企业所得税法将企业以货币形式和非货币形式从各种来源取得的收入，都作为收入总额。

企业取得收入的货币形式，包括现金、存款、应收账款、应收票据、准备持有至到期的债券投资及债务的豁免等；企业取得收入的非货币形式，包括固定资产、生物资产、无形资产、股权投资、存货、不准备持有至到期的债券投资、劳务及有关权益等。企业以非货币形式取得的收入，按照公允价值确定收入额。公允价值，是指按照市场价格确定的价值。

1. 征税收入的确定

1）一般收入的确认

企业的收入总额一般包括销售货物收入、提供劳务收入、转让财产收入、股息、红利等权益性投资收益，以及利息收入、租金收入、特许权使用费收入、接受捐赠收入、其他收入。

① 销售货物收入。是指企业销售商品、产品、原材料、包装物、低值易耗品及其他存货取得的收入。

② 提供劳务收入。是指企业从事建筑安装、修理修配、交通运输、仓储租赁、金融保险、邮电通信、咨询经纪、文化体育、科学研究、技术服务、教育培训、餐饮住宿、中介代理、卫生保健、社区服务、旅游、娱乐、加工和其他劳务服务活动取得的收入。

③ 转让财产收入。是指企业转让固定资产、生物资产、无形资产、股权、债权等财产所取得的收入。

④ 股息、红利等权益性投资收益。是指企业因权益性投资从被投资方取得的分配收入。股息、红利等权益性投资收益，除国务院财政、税务主管部门另有规定外，应以被投资企业股东会或股东大会做出利润分配或转股决定的日期确定收入的实现。

⑤ 利息收入。是指企业将资金提供给他人使用但不构成权益性投资，或者因他人占用本企业资金所取得的收入，包括存款利息、贷款利息、债券利息、欠款利息等收入。利息收入，按照合同约定的债务人应付利息的日期确认收入的实现。

⑥ 租金收入。是指企业提供固定资产、包装物和其他有形资产的使用权取得的收入。租金收入，应当按照合同约定的承租人应付租金的日期确认收入的实现。

⑦ 特许权使用费收入。是指企业提供专利权、非专利技术、商标权、著作权及其他特许权的使用权而取得的收入。特许权使用费收入，应当按照合同约定的特许权使用人应付特许权使用费的日期确认收入的实现。

⑧ 接受捐赠收入。是指企业接受的来自其他企业、组织或者个人无偿给予的货币性或非货币性资产。接受捐赠收入，应当在实际收到捐赠资产时确认收入的实现。

⑨ 其他收入。是指企业取得的上述收入以外的其他收入，包括企业资产溢余收入、逾期未退包装物的押金收入、确实无法偿付的应付款项、已作坏账损失处理后又收回的应收款项、债务重组收入、补贴收入、违约金收入、汇兑收益等。

2）特殊收入的确认

（1）视同销售

企业发生非货币性资产交换，以及将货物、财产、劳务用于捐赠、偿债、赞助、集资、广告、样品、职工福利或者利润分配等用途的，应当视同销售货物、转让财产或者提供劳务，但国务院财政、税务主管部门另有规定的除外。

在确定视同销售收入时，属于企业自制的资产，应按企业同类资产同期对外销售价格确定销售收入；属于外购的资产，可按购入时的价格确定销售收入。

【例 7-1】

某生产企业为增值税一般纳税义务人，7 月份将生产的一批材料（成本价为 20 万元，市场售价为 22 万元）用于投资，这项业务如何计算应纳税所得额？

解　该项投资为视同销售，其视同销售的销售收入为 22 万元；视同销售的成本为 20 万元，视同销售的应纳税所得额为 2 万元。

（2）折扣销售

销售货物涉及现金折扣的，应当按照扣除现金折扣前的金额确定销售货物收入金额。销售货物涉及商业折扣的，应当按照扣除商业折扣后的金额确定销售货物收入金额。

（3）销售折让与销售退回

企业已经确认销售货物收入的售出货物发生销售折让的，应当在发生时冲减当期销售货物收入；企业已经确认销售货物收入的售出货物发生销售退回的，应当在发生时冲减当期销售货物收入。

（4）分期确认收入的实现

企业的下列生产经营业务可以分期确认收入的实现：

① 以分期收款方式销售货物的，按照合同约定的收款日期确认收入的实现；

② 企业受托加工制造大型机械设备、船舶、飞机，以及从事建筑、安装、装配工程业务或者提供其他劳务等，持续时间超过 12 个月的，按照纳税年度内完工进度或者完成的工作量确认收入的实现。

（5）产品分成方式取得收入的确认

采取产品分成方式取得收入的，按照企业分得产品的日期确认收入的实现，其收入额按照产品的公允价值确定。

2. 不征税收入的确定

不征税收入是指从性质和根源上不属于企业营利性活动带来的经济利益，不负有纳税义务并不作为应纳税所得额组成部分的收入。企业收入总额中的下列收入为不征税收入。

① 财政拨款。是指各级政府对纳入预算管理的事业单位、社会团体等组织拨付的财政资金，但国务院及国务院财政、税务主管部门另有规定的除外。

② 依法收取并纳入财政管理的行政事业性收费、政府性基金。行政事业性收费，是指依照法律法规等有关规定，按照国务院规定程序批准，在实施社会公共管理，以及在向公民、法人或者其他组织提供特定公共服务过程中，向特定对象收取并纳入财政管理的费用。政府性基金，是指企业根据法律、行政法规等有关规定，代政府收取的具有专项用途的财政资金。

③ 国务院规定的其他不征税收入。是指企业取得的，由国务院财政、税务主管部门规定专项用途并经国务院批准的财政性资金。

财政性资金，是指企业取得的来源于政府及有关部门的财政补助、补贴、贷款贴息，以及其他各类财政专项资金，包括直接减免的增值税和即征即退、先征后退、先征后返的各种税收，但不包括企业按规定取得的出口退税款。

【小思考 7-1】为什么规定不征税收入？

答：考虑到我国企业所得税纳税义务人组织形式的多样性，除企业外，有的以非政府形式（如事业单位）存在，有的以公益慈善组织形式存在，还有的以社会团体形式存在等。这些组织中有些主要承担行政性或公共事务职能，不从事或很少从事营利性活动，收入来源主要靠财政拨款、行政事业性收费等，纳入预算管理对这些收入征税没有实际意义，因此企业所得税法引入"不征税收入"概念。

---

3. 免税收入的确定

① 国债利息收入。是指企业持有国务院财政部门发行的国债所取得的利息收入。

② 符合条件的居民企业之间的股息、红利等权益性投资收益。是指居民企业直接投资于其他居民企业所取得的投资收益。

③ 在中国境内设立机构、场所的非居民企业从居民企业取得与该机构、场所有实际联系的股息、红利等权益性投资收益。

上述股息、红利等权益性投资收益，不包括连续持有居民企业公开发行并上市流通的股票不足 12 个月取得的投资收益。

④ 符合条件的非营利组织的收入，不包括非营利组织从事营利性活动所取得的收入。

符合条件的非营利组织是指同时符合下列条件的组织：

- 依法履行非营利组织登记手续；
- 从事公益性或非营利性活动；
- 取得的收入除用于与组织有关的、合理的支出外，全部用于登记核定或者章程规定的公益性或者非营利性事业；
- 财产及其孳息不用于分配；
- 按照登记核定或者章程规定，该组织注销后的剩余财产用于公益性或者非营利性目的，或者由登记管理机关转赠给予该组织性质、宗旨相同的组织，并向社会公告；
- 投入人对投入该组织的财产不保留或享有任何财产权利；
- 工作人员工资福利开支控制在规定的比例内，不变相分配该组织的财产；
- 国务院财政、税务主管部门规定的其他条件。

7.3.3 税前扣除

企业所得税法明确规定了对企业实际发生的与取得收入有关的、合理的支出允许税前扣除的一般规则，同时明确规定了不得税前扣除项目的禁止扣除规则，又规定了允许扣除的特殊项目。这些一般扣除规则、禁止扣除规则和特殊扣除规则，构成了我国企业所得税制度税前扣除的一般框架。

1. 税前扣除项目应遵循的原则

在计算应纳税所得额时准予从收入额中扣除的项目，是指纳税义务人实际发生的与取得收入有关的、合理的支出。

相关性和合理性是企业所得税税前扣除的基本要求和重要条件。

（1）相关性

支出税前扣除的相关性是指与取得收入直接相关的支出。对相关性的具体判断一般是从支出发生的根源和性质方面进行分析，而不是看费用支出的结果。同时，相关性要求为限制取得的不征税收入所形成的支出不得扣除提供了依据。

（2）合理性

支出税前扣除的合理性是指符合生产经营活动常规，应当计入当期损益或者有关资产成本的必要和正常的支出。合理性的具体判断，主要是发生的支出其计算和分配方法是否符合一般经营常规。例如，企业发生的业务招待费与所成交的业务额或业务的利润水平是否相吻合，工资水平与社会整体或者同行业工资水平是否差异过大等。合理性原则为防止企业利用不合理的支出调节利润水平、规避税收，以及全面加强我国的一般反避税工作提供了依据。

企业可扣除的费用不论何时支付，其金额必须是确定的。

企业发生的支出应当区分收益性支出和资本性支出，收益性支出在发生当期直接扣除；资本性支出应当分期扣除或者计入有关资产成本，不得在发生当期直接扣除。

2. 税前扣除项目的基本范围

企业实际发生的与取得收入有关的、合理的支出，包括成本、费用、税金、损失和其他支出，准予在计算应纳税所得额时扣除。企业的不征税收入用于支出所形成的费用或者财产，不得扣除或者计算对应的折旧、摊销扣除。除税法另有规定外，企业实际发生的成本、费用、税金、损失和其他支出，不得重复扣除。

（1）成本

成本是指企业在生产经营活动中发生的销售成本、销货成本、业务支出及其他耗费。

（2）费用

费用是指企业每一纳税年度为生产、经营商品和提供劳务等所发生的可扣除的销售（经营）费用、管理费用和财务费用。已计入成本的有关费用除外。

（3）税金

税金是指企业发生的除企业所得税和允许抵扣的增值税以外的企业缴纳的各项税金及其附加。

（4）损失

损失是指企业在生产经营活动中发生的固定资产和存货的盘亏、毁损、报废损失，转让财产损失，呆账损失，坏账损失，自然灾害等不可抗力因素造成的损失及其他损失。

企业发生的损失减除责任人赔偿和保险赔款后的余额，依照国务院财政、税务主管部门的规定扣除。企业已经作为损失处理的资产，在以后纳税年度又全部收回或者部分收回时，应当计入当期收入。

（5）其他支出

其他支出是指除成本、费用、税金、损失外，企业在生产经营活动中发生的与生产经营活动有关的、合理的支出。

3. 部分税前扣除项目的具体范围和标准

在计算应纳税所得额时，下列项目可按照实际发生额或规定的标准扣除。

（1）工资、薪金支出

企业发生的合理的工资、薪金支出准予据实扣除。工资、薪金支出，是企业每一纳税年度支付给在本企业任职或者受雇的员工的所有现金或者非现金形式的劳动报酬，包括基本工资、奖金、津贴、补贴、年终加薪、加班工资，以及与员工任职或者受雇有关的其他支出。

工资、薪金总额是指企业按照股东大会、董事会、薪酬委员会或相关管理机构制定的工资、薪金制度规定，实际发放给员工的工资、薪金总和，不包括企业的职工福利费、职工教育经费、工会经费，以及养老保险费、医疗保险费、失业保险费、工伤保险费、生育保险费等社会保险费和住房公积金。属于国有性质的企业，其工资、薪金不得超过政府有关部门给予的限定数额；超过部分，不得计入企业工资、薪金总额，也不得在计算企业应纳税所得额时扣除。

（2）职工福利费、工会经费、职工教育经费

企业发生的职工福利费、工会经费、职工教育经费按标准扣除，未超过标准的按实际数扣除，超过标准的只能按标准扣除。

① 企业发生的职工福利费支出，不超过工资、薪金总额14％的部分准予扣除。

② 企业拨缴的工会经费，不超过工资、薪金总额2％的部分准予扣除。

③ 除国务院财政、税务主管部门另有规定外，企业发生的职工教育经费支出，不超过工资、薪金总额8％的部分准予扣除；超过部分准予在以后纳税年度结转扣除。

【例7-2】

某企业全年实际发放职工工资470万元。当年发生职工福利费支出68万元，拨缴工会经费8万元，发生职工教育经费支出40万元。计算该企业当年所得税前可以扣除的职工福利费、工会经费和职工教育经费。

可扣除的职工福利费限额＝470×14％＝65.8（万元）

当年发生职工福利费超过限额的2.2万元不得在所得税前扣除

可扣除的工会经费限额＝470×2％＝9.4（万元）

当年拨缴的工会经费8万元可在所得税前全额扣除

可扣除的职工教育经费限额＝470×8％＝37.6（万元）

当年发生职工教育经费超过限额的2.4万元不得在所得税前扣除，但准予在结转到以后纳税年度扣除。

（3）保险费

① 企业依照国务院有关主管部门或者省级人民政府规定的范围和标准为职工缴纳的基本养老保险费、基本医疗保险费、失业保险费、工伤保险费、生育保险费等基本社会保险费和住房公积金，准予扣除。

② 企业根据国家有关政策规定，为在本企业任职或者受雇的全体员工支付的补充养老保险费、补充医疗保险费，分别在不超过职工工资总额5％标准内的部分，在计算应纳税所

得额时准予扣除；超过的部分，不予扣除。

③ 企业依照国家有关规定为特殊工种职工支付的人身安全保险费，准予扣除。

④ 企业参加财产保险，按照规定缴纳的保险费，准予扣除。

⑤ 除国务院财政、税务主管部门规定可以扣除的其他商业保险费外，企业为投资者或者职工支付的商业保险费，不得扣除。

（4）借款费用

① 企业在生产经营活动中发生的合理的不需要资本化的借款费用，准予扣除。

② 企业为购置、建造固定资产、无形资产和经过 12 个月以上的建造才能达到预定可销售状态的存货发生借款的，在有关资产购置、建造期间发生的合理的借款费用，应当作为资本性支出计入有关资产的成本；有关资产交付使用后发生的借款利息，可在发生当期扣除。

（5）利息费用

企业在生产经营活动中发生的利息费用，按下列规定扣除。

① 非金融企业向金融企业借款的利息支出、金融企业的各项存款利息支出和同业拆借利息支出、企业经批准发行债券的利息支出可据实扣除。

② 非金融企业向非金融企业借款的利息支出，不超过按照金融企业同期同类贷款利率计算的数额的部分可据实扣除，超过部分不得扣除。

③ 关联企业利息费用的扣除。企业从其关联方接受的债权性投资与权益性投资的比例超过规定标准而发生的利息支出，不得在计算应纳税所得额时扣除。

企业接受关联方债权性投资与其权益性投资比例为：金融企业 5:1；其他企业 2:1。

企业如果能证明关联方相关交易活动符合独立交易原则的；或者该企业的实际税负不高于境内关联方的，实际支付给关联方的利息支出，在计算应纳税所得额时准予扣除。

④ 企业向自然人借款的利息支出的扣除。企业向股东或其他与企业有关联关系的自然人借款的利息支出，符合规定条件的，准予扣除。

企业向内部职工或其他人员借款的利息支出，其借款情况符合条件的，其利息支出在不超过按照金融企业同期同类贷款利率计算的数额的部分，准予扣除。

（6）汇兑损失

企业在货币交易中，以及纳税年度终了时将人民币以外的货币性资产、负债按照期末即期人民币汇率中间价折算为人民币时产生的汇兑损失，除已经计入有关资产成本及与向所有者进行利润分配相关的部分外，准予扣除。

（7）业务招待费

企业发生的与生产经营活动有关的业务招待费支出，按照发生额的 60% 扣除，但最高不得超过当年销售（营业）收入的 5‰。

【例 7-3】

某企业全年实现销售收入 2 100 万元，其中主营业务收入 1 800 万元，其他业务收入 300 万元。当年在管理费用中列支的业务招待费为 19 万元，该企业在计算当年应纳税所得额时允许扣除的业务招待费是多少？

解 该企业当年实际发生业务招待费 19 万元，实际发生额的 60％为 11.4 万元，但是当年销售收入的 5‰为 10.5 万元，那么当年发生的业务招待费税前只允许扣除 10.5 万元。

如果该企业当年实际发生业务招待费 16 万元，实际发生额的 60％为 9.6 万元，那么税前允许扣除的业务招待费为 9.6 万元。

对从事股权投资业务的企业（包括集团公司总部、创业投资企业等），其从被投资企业所分配的股息、红利及股权转让收入，可以按规定的比例计算业务招待费扣除限额。

企业在筹建期间发生的与筹办有关的业务招待费支出，按实际发生额的 60％计入筹办费，可以生产经营当年一次性扣除，或作为长期待摊费用不短于 3 年摊销。

（8）广告费和业务宣传费

企业发生的符合条件的广告费和业务宣传费支出，除国务院财政、税务主管部门另有规定外，不超过当年销售（营业）收入 15％的部分，准予扣除；超过部分，准予在以后纳税年度结转扣除。

【例 7-4】

某企业全年实现销售收入 200 万元，实际发生广告费和业务宣传费支出 32 万元。计算该企业当年可以在税前扣除多少广告费和业务宣传费？

解 该企业当年可以在税前扣除的广告费和业务宣传费为 200×15％＝30（万元）。超过限额的 2 万元广告费和业务宣传费准予在以后纳税年度结转扣除。

企业筹建期间发生的广告费和业务宣传费，按实际发生额计入筹办费，并按规定税前扣除。

> **注意：** 企业在计算业务招待费、广告费和业务宣传费等费用扣除限额时，其销售（营业）收入额应包括主营业务收入、其他业务收入和视同销售（营业）收入。

（9）环保资金的扣除

企业依照法律、行政法规有关规定提取的用于环境保护、生态恢复等方面的专项资金，准予扣除。上述专项资金提取后改变用途的，不得扣除。

（10）固定资产租赁费

企业根据生产经营活动的需要租入固定资产支付的租赁费，按照以下方法扣除。

① 以经营租赁方式租入固定资产发生的租赁费支出，按照租赁期限均匀扣除。

② 以融资租赁方式租入固定资产发生的租赁费支出，按照规定构成融资租入固定资产价值的部分应当提取折旧费用，分期扣除。

（11）劳动保护费

企业发生的合理的劳动保护支出，准予扣除。

（12）公益性捐赠

自 2017 年 1 月 1 日起，企业通过公益性社会组织或者县级（含县级）以上人民政府及其组成部门和直属机构，用于慈善活动、公益事业的捐赠支出，在年度利润总额12%以内的部分，准予在计算应纳税所得额时扣除；超过年度利润总额12%的部分，准予结转以后三年内在计算应纳税所得额时扣除。

公益性社会组织，应当依法取得公益性捐赠税前扣除资格。

年度利润总额，是指企业依照国家统一会计制度的规定计算的大于零的数额。

企业当年发生及以前年度结转的公益性捐赠支出，准予在当年税前扣除的部分，不能超过企业当年年度利润总额的12%。

企业在对公益性捐赠支出计算扣除时，应先扣除以前年度结转的捐赠支出，再扣除当年发生的捐赠支出。

（13）有关资产的费用

企业转让各类固定资产发生的费用，允许扣除。企业按规定计算的固定资产折旧费、无形资产和递延资产的摊销费，准予扣除。

（14）总机构分摊的费用

非居民企业在中国境内设立的机构、场所，就其中国境外总机构发生的与该机构、场所生产经营有关的费用，能够提供总机构出具的费用汇集范围、定额、分配依据和方法等证明文件并合理分摊的，准予扣除。

（15）加计扣除

企业发生的下列支出，可以在计算应纳税所得额时加计扣除。

① 研究开发费用。研究开发费用的加计扣除，是指企业为开发新技术、新产品、新工艺发生的研究开发费用，未形成无形资产计入当期损益的，在按照规定据实扣除的基础上，按照研究开发费用的50%加计扣除；形成无形资产的，按照无形资产成本的150%摊销。

② 企业安置残疾人员所支付的工资。企业安置残疾人员所支付的工资的加计扣除，是指企业安置残疾人员的，在按照支付给残疾职工工资据实扣除的基础上，按照支付给残疾职工工资的100%加计扣除。残疾人员的范围适用《中华人民共和国残疾人保障法》的有关规定。

企业安置国家鼓励安置的其他就业人员所支付的工资的加计扣除办法，由国务院另行规定。

（16）手续费及佣金支出

① 企业发生与生产经营有关的手续费及佣金支出，不超过规定计算限额以内的部分，准予扣除；超过部分，不得扣除。财产保险企业按当年全部保费收入扣除退保金等后余额的15%（含本数，下同）计算限额；人身保险企业按当年全部保费收入扣除退保金等后余额的10%计算限额。其他企业按与具有合法经营资格中介服务机构或个人（不含交易双方及其雇员、代理人和代表人等）所签订服务协议或合同确认的收入金额的5%计算限额。

② 企业应与具有合法经营资格中介服务企业或个人签订代办协议或合同，并按国家有关规定支付手续费及佣金。除委托个人代理外，企业以现金等非转账方式支付的手续费及佣金不得在税前扣除。

4. 不得扣除的项目

在计算应纳税所得额时，下列支出不得扣除。

① 向投资者支付的股息、红利等权益性投资收益款项。

② 企业所得税税款。

③ 税收滞纳金。

④ 罚金、罚款和被没收财物的损失。

⑤ 公益性捐赠超过规定标准的部分。

⑥ 赞助支出，是指企业发生的与生产经营活动无关的各种非广告性质支出。

⑦ 未经核定的准备金支出，是指不符合国务院财政、税务主管部门规定的各项资产减值准备、风险准备等准备金支出。

⑧ 企业之间支付的管理费、企业内营业机构之间支付的租金和特许权使用费，以及非银行企业内营业机构之间支付的利息，不得扣除。

⑨ 与取得收入无关的其他支出。

【小思考 7－2】 在计算企业所得税应纳税所得额时，营业外支出是否可以扣除？

答： 营业外支出不一定都是与本企业收入无关的支出，有些营业外支出是和本企业生产、经营活动有关的，如报批后的财产损失，可以在税前扣除；而税收罚款和滞纳金等，不能扣除。

7.3.4 亏损弥补

亏损弥补有三条途径：一是用税前利润弥补亏损；二是用税后利润弥补以前年度亏损；三是用盈余公积弥补亏损。

这里所说的亏损弥补是用税前所得弥补亏损，是国家对纳税义务人的一种免税照顾。它是国家帮助企业度过暂时困难，保护税源的一项重要措施，有利于企业亏损时能得到及时的补偿，保障企业生产经营的顺利进行。但是，为了督促企业改善经营管理，努力扭亏为盈，一般都规定有连续弥补亏损的时限。

纳税义务人发生年度亏损的，可以用下一纳税年度的所得弥补；下一纳税年度的所得不足弥补的，可以逐年延续弥补，但延续弥补期最长不得超过 5 年。5 年内不论纳税义务人是盈利还是亏损，都应连续计算弥补的年限。亏损，是指企业依照企业所得税法的规定将每一纳税年度的收入总额减除不征税收入、免税收入和各项扣除后小于零的数额。

企业自开始生产经营的年度，为开始计算企业损益的年度。企业从事生产经营之前进行筹办活动期间发生筹办费用支出，不计算为当期的亏损。

掌握亏损弥补，需要注意：一是自亏损年度的下一个年度起连续 5 年不间断的计算；二是连续发生年度亏损，也必须从第一个亏损年度算起，先亏先补，按顺序连续计算弥补期；三是企业在汇总计算缴纳企业所得税时，其境外营业机构的亏损不得抵减境内营业机构的盈利。

【例 7-5】

某企业各年的获利情况如表 7-1 所示，计算该企业各年的应纳税所得额。

表 7-1　各年企业的获利情况　　　　　　　　　　　　　　　万元

年　度	1	2	3	4	5	6	7	8	9	10
获利情况	−8	−18	1	5	10	11	−10	20	30	−10

解　该企业各年的应纳税所得额如表 7-2 所示。

表 7-2　企业各年的应纳税所得额　　　　　　　　　　　　　万元

年　度	1	2	3	4	5	6	7	8	9	10
应纳税所得额	0	0	0	0	0	1	0	10	30	0

企业在汇总计算缴纳企业所得税时，其境外营业机构的亏损不得抵减境内营业机构的盈利。企业境外同一国家内的盈亏可以相互弥补，不同国家的盈亏不能相互弥补。

7.3.5　应纳税所得额的计算

1. 居民企业应纳税所得额的计算

对于核算征收应纳税额的居民企业，企业每一纳税年度的收入总额，减除不征税收入、免税收入、各项扣除及允许弥补的以前年度亏损后的余额，为应纳税所得额，其计算公式为

$$应纳税所得额＝收入总额－不征税收入－免税收入－准予扣除项目金额－$$
$$允许弥补的以前年度亏损$$

应纳税所得额的确定，以权责发生制为原则。权责发生制要求：属于当期的收入和费用，不论款项是否收付，均作为当期的收入和费用；不属于当期的收入和费用，即使款项已经在当期收付，均不作为当期的收入和费用。对企业确实不能提供真实、完整、准确的收入、支出凭证，不能正确申报应纳税所得额的，税务机关可以采取成本加合理利润、费用换算及其他合理方法核定其应纳税所得额。

【小思考 7-3】企业所得税应纳税所得额为什么以权责发生制为原则？

答：权责发生制以企业经济权利和经济义务是否发生作为计算应纳税所得额的依据，强调企业收入与费用的时间配比，要求企业收入费用的确认时间不得提前或滞后。企业在不同纳税期间享受不同的税收优惠政策时，坚持按权责发生制原则计算应纳税所得额，可以有效防止企业利用收入和支出确认时间的不同规避税收。另外，企业会计准则规定，企业要以权责发生制为原则确认当期收入或费用，计算企业生产经营成果。企业所得税法与会计采用同一原则确认当期收入或费用，有利于减少两者的差异，减轻纳税义务人税收遵从成本。但由于信用制度在商业活动中广泛采用，有些交易虽然权责已经确认，但交易时间较长，超过一个或几个纳税期间。为了保证税收收入的均衡性和防止企业避税，企业所得税法及其实施条例中也采取了有别于权责发生制的情况，如长期工程或劳务合同等交易事项。

由于应纳税所得额与会计利润有着一定的联系，企业的会计利润必须在按照国家税法的规定进行相应的调整后才能作为应纳税所得额，并据以计算所得税额，因此在具体计算方法上，纳税义务人的应纳税所得额是以会计利润为基础，加减纳税调整项目金额后的数额。调整公式为

$$应纳税所得额＝利润总额＋纳税调整增加额－纳税调整减少额$$

【例 7-6】

某生产企业在损益表中反映的利润总额为 300 万元，销售收入为 5 100 万元，经税务师审查，发现企业有以下项目需要进行纳税调整。

① 取得国债利息收入 3 万元。

② 以经营租赁方式租入一台设备，租赁期 2 年，一次性支付租金 30 万元，已计入其他业务支出。

③ 企业用一批库存商品用于市场推广，该批商品的账面价值为 30 万元，市场售价为 58 万元（含增值税）。

④ 在营业外支出中列支的赞助支出 10 万元。

⑤ 新产品研究开发费用 80 万元。

⑥ 在费用中列支的业务招待费 55 万元。

要求：计算该企业的应纳税所得额。

解 应纳税所得额的调整如下。

① 国债利息收入，调减应纳税所得额 3 万元。

② 一次支付 2 年的租金 30 万元，应分 2 年计入费用，调增应纳税所得额 15 万元。

③ 企业用库存商品对外投资，应视同销售，调增应纳税所得额 20 万元（50 万元－30 万元）。

④ 赞助支出，不得在所得税前扣除，调增应纳税所得额 10 万元。

⑤ 新产品研究开发费用，允许按当年实际发生额的 50% 在企业所得税税前加计扣除，调减应纳税所得额 40 万元。

⑥ 该企业发生业务招待费 55 万元，允许扣除 33 万元，但当年销售收入的 5‰为 25.5 万元。

$$增加应纳税所得额＝55－25.5＝29.5（万元）$$
$$应纳税所得额＝300＋（15＋20＋10＋29.5）－（3＋40）＝331.5（万元）$$

2. 非居民企业应纳税所得额的计算

对于在中国境内未设立机构、场所的，或者虽设立机构、场所但取得的所得与其所设机构、场所没有实际联系的非居民企业的所得，按照下列方法计算应纳税所得额。

① 股息、红利等权益性投资收益和利息、租金、特许权使用费所得，以收入全额为应纳税所得额。收入全额，是指非居民企业向支付人收取的全部价款和价外费用。

② 转让财产所得，以收入全额减除财产净值后的余额为应纳税所得额。财产净值是指财产的计税基础减除已经按照规定扣除的折旧、折耗、摊销、准备金等后的余额。

③ 其他所得，参照前两项规定的方法计算应纳税所得额。

7.4　企业所得税资产的税务处理

资产是企业拥有或控制的能以货币计量的经济资源，主要包括固定资产、生物资产、无形资产、长期待摊费用、投资资产、存货等。

通过对资产的分类，区别资本性支出和收益性支出，对于资本性支出，不允许作为成本、费用从企业的年度收入总额中一次性扣除，而只能采取分期计提折旧或分次摊销的方式从以后各期的收入总额中分期予以扣除。

企业的各项资产，以历史成本为计税基础。历史成本，是指企业取得该项资产时实际发生的支出。企业持有各项资产期间资产增值或者减值，除国务院财政、税务主管部门规定可以确认损益外，不得调整该资产的计税基础。

企业转让资产，该项资产的净值，准予在计算应纳税所得额时扣除。资产净值，是指有关资产的计税基础减除已经按照规定扣除的折旧、折耗、摊销、准备金等后的余额。

除国务院财政、税务主管部门另有规定外，企业在重组过程中应当在交易发生时确认有关资产的转让所得或者损失，相关资产应当按照交易价格重新确定计税基础。

7.4.1　固定资产的税务处理

固定资产是指企业为生产产品、提供劳务、出租或者经营管理而持有的、使用时间超过 12 个月的非货币性资产，包括房屋、建筑物、机器、机械、运输工具及其他与生产经营活动有关的设备、器具、工具等。

1. 固定资产的计税基础

固定资产的取得方式不同，其计税基础也有所不同，具体见表 7-3。

2. 固定资产折旧的范围

在计算应纳税所得额时，企业按照规定计算的固定资产折旧，准予扣除。但是，下列固定资产不得计算折旧扣除：

① 房屋、建筑物以外未投入使用的固定资产；
② 以经营租赁方式租入的固定资产；
③ 以融资租赁方式租出的固定资产；
④ 已足额提取折旧仍继续使用的固定资产；
⑤ 与经营活动无关的固定资产；
⑥ 单独估价作为固定资产入账的土地；
⑦ 其他不得计算折旧扣除的固定资产。

表 7-3　固定资产的计税基础

固定资产的取得方式	计税基础
外购的固定资产	以购买价款和支付的相关税费及直接归属于使该资产达到预定用途发生的其他支出为计税基础

续表

固定资产的取得方式	计税基础
自行建造的固定资产	以竣工结算前发生的支出为计税基础
融资租入的固定资产	以租赁合同约定的付款总额和承租人在签订租赁合同过程中发生的相关费用为计税基础,租赁合同未约定付款总额的,以该资产的公允价值和承租人在签订租赁合同过程中发生的相关费用为计税基础
盘盈的固定资产	以同类固定资产的重置完全价值为计税基础
通过捐赠、投资、非货币性资产交换、债务重组等方式取得的固定资产	以该资产的公允价值和支付的相关税费为计税基础
改建的固定资产	以改建过程中发生的改建支出增加计税基础

3. 固定资产计提折旧的依据和方法

① 企业可扣除的固定资产折旧的计算,采取直线折旧法。

② 企业应当自固定资产投入使用月份的次月起计算折旧;停止使用的固定资产,应当自停止使用月份的次月起停止计算折旧。

③ 企业应当根据固定资产的性质和使用情况,合理确定固定资产的预计净残值。固定资产的预计净残值一经确定,不得变更。

④ 固定资产计提折旧的年限。除国务院财政、税务主管部门另有规定外,固定资产计算折旧的最低年限如下:

- 房屋、建筑物,为 20 年;
- 飞机、火车、轮船、机器、机械和其他生产设备,为 10 年;
- 与生产经营活动有关的器具、工具、家具等,为 5 年;
- 飞机、火车、轮船以外的运输工具,为 4 年;
- 电子设备,为 3 年。

从事开采石油、天然气等矿产资源的企业,在开始商业性生产前发生的费用和有关固定资产的折耗、折旧方法,由国务院财政、税务主管部门另行规定。

4. 固定资产加速折旧的规定

企业的固定资产由于技术进步等原因,确需加速折旧的,可以缩短折旧年限或者采取加速折旧的方法。

可以采取缩短折旧年限或者采取加速折旧的方法的固定资产,包括:由于技术进步,产品更新换代较快的固定资产;常年处于强震动、高腐蚀状态的固定资产。

采取缩短折旧年限方法的,最低折旧年限不得低于规定折旧年限的 60%;采取加速折旧方法的,可以采取双倍余额递减法或者年数总和法。

7.4.2　生物资产的税务处理

生物资产是指有生命的动物和植物。生物资产分为消耗性生物资产、生产性生物资产和公益性生物资产。消耗性生物资产,是指为出售而持有的,或在将来收获为农产品的生物资产,包括生长中的农田作物、蔬菜、用材林及存栏待售的牲畜等。生产性生物资产,是指为产出农产品、提供劳务或出租等目的而持有的生物资产，包括经济林、薪炭林、产畜和役畜等。公益性生物资产，是指以防护、环境保护为主要目的的生物资产，包括防风固沙林、水土保持林和水源涵养林等。

1. 生产性生物资产的计税基础

生产性生物资产按照以下方法确定计税基础。

① 外购的生产性生物资产，以购买价款和支付的相关税费为计税基础。

② 通过捐赠、投资、非货币性资产交换、债务重组等方式取得的生产性生物资产，以该资产的公允价值和支付的相关税费为计税基础。

2. 生产性生物资产计提折旧的依据和方法

① 生产性生物资产按照直线法计算的折旧，准予扣除。

② 企业应当自生产性生物资产投入使用月份的次月起计算折旧；停止使用的生产性生物资产，应当自停止使用月份的次月起停止计算折旧。

③ 企业应当根据生产性生物资产的性质和使用情况，合理确定生产性生物资产的预计净残值。生产性生物资产的预计净残值一经确定，不得变更。

④ 生产性生物资产计算折旧的最低年限如下：

- 林木类生产性生物资产，为 10 年；
- 畜类生产性生物资产，为 3 年。

7.4.3 无形资产的税务处理

无形资产是指企业为生产产品、提供劳务、出租或者经营管理而持有的、没有实物形态的非货币性长期资产，包括专利权、商标权、著作权、土地使用权、非专利技术、商誉等。

1. 无形资产的计税基础

无形资产应按照取得时的实际成本计价，具体规定如表 7-4 所示。

表 7-4　无形资产的计税基础

无形资产取得方式	计税基础
外购的无形资产	以购买价款和支付的相关税费及直接归属于使该资产达到预定用途发生的其他支出为计税基础
自行开发的无形资产	以开发过程中该资产符合资本化条件后至达到预定用途前发生的支出为计税基础
通过捐赠、投资、非货币性资产交换、债务重组等方式取得的无形资产	以该资产的公允价值和支付的相关税费为计税基础

2. 无形资产摊销的范围

在计算应纳税所得额时，企业按照规定计算的无形资产摊销费用，准予扣除。但是，下列无形资产不得计算摊销费用扣除：

① 自行开发的支出已在计算应纳税所得额时扣除的无形资产；

② 自创商誉；

③ 与经营活动无关的无形资产；

④ 其他不得计算摊销费用扣除的无形资产。

3. 无形资产的摊销方法

① 无形资产按照直线法计算的摊销费用，准予扣除。

② 无形资产的摊销年限不得低于 10 年。

③ 作为投资或者受让的无形资产，有关法律规定或者合同约定了使用年限的，可以按照规定或者约定的使用年限分期摊销。

④ 外购商誉的支出，在企业整体转让或者清算时，准予扣除。

7.4.4 长期待摊费用的税务处理

长期待摊费用是指企业发生的应在一个纳税年度以上或几个年度进行摊销的费用。在计算应纳税所得额时，企业发生的下列支出作为长期待摊费用，按照规定摊销的，准予扣除。

① 已足额提取折旧的固定资产的改建支出。固定资产的改建支出，是指改变房屋或者建筑物结构、延长使用年限等发生的支出。已足额提取折旧的固定资产的改建支出，按照固定资产预计尚可使用年限分期摊销。

② 租入固定资产的改建支出。租入固定资产的改建支出，按照合同约定的剩余租赁期限分期摊销。

除上述两种情况外，其他的固定资产发生改建支出，应当适当延长折旧年限。

③ 固定资产的大修理支出。固定资产的大修理支出，按照固定资产尚可使用年限分期摊销。固定资产的大修理支出，是指同时符合下列条件的支出：修理支出达到取得固定资产时的计税基础 50％以上；修理后固定资产的使用年限延长 2 年以上。

④ 其他应当作为长期待摊费用的支出。其他应当作为长期待摊费用的支出，自支出发生月份的次月起分期摊销，摊销年限不得低于 3 年。

7.4.5 投资资产的税务处理

投资资产是指企业对外进行权益性投资和债权性投资形成的资产。

1. 投资资产的计税基础

投资资产按照以下方法确定成本。

① 通过支付现金方式取得的投资资产，以购买价款为成本。

② 通过支付现金以外的方式取得的投资资产，以该资产的公允价值和支付的相关税费为成本。

2. 投资资产成本的扣除方法

企业对外投资期间，投资资产的成本在计算应纳税所得额时不得扣除。企业在转让或者处置投资资产时，投资资产的成本准予扣除。

居民企业以非货币性资产对外投资确认的非货币性资产转让所得，可在不超过 5 年期限内，分期均匀计入相应年度的应纳税所得额，按规定计算缴纳企业所得税。

7.4.6 存货的税务处理

存货是指企业持有以备出售的产品或者商品、处在生产过程中的在产品、在生产或者提供劳务过程中耗用的材料和物料等。

1. 存货的计税基础

企业使用或者销售存货，按照规定计算的存货成本，准予在计算应纳税所得额时扣除。存货按照以下方法确定成本。

① 通过支付现金方式取得的存货，以购买价款和支付的相关税费为成本。

② 通过支付现金以外的方式取得的存货，以该存货的公允价值和支付的相关税费为成本。

③ 生产性生物资产收获的农产品，以产出或者采收过程中发生的材料费、人工费和分摊的间接费用等必要支出为成本。

2. 存货成本的扣除方法

企业使用或者销售的存货的成本计算方法，可以在先进先出法、加权平均法、个别计价法中选用一种。计价方法一经选用，不得随意变更。

7.5 企业重组的所得税处理

7.5.1 企业重组的定义

企业重组，是指企业在日常经营活动以外发生的法律结构或经济结构重大改变的交易，包括企业法律形式改变、债务重组、股权收购、资产收购、合并、分立等。

① 企业法律形式改变，是指企业注册名称、住所以及企业组织形式等的简单改变，但符合规定其他重组的类型除外。

② 债务重组，是指在债务人发生财务困难的情况下，债权人按照其与债务人达成的书面协议或者法院裁定书，就其债务人的债务做出让步的事项。

③ 股权收购，是指一家企业（收购企业）购买另一家企业（被收购企业）的股权，以实现对被收购企业控制的交易。收购企业支付对价的形式包括股权支付、非股权支付或两者的组合。

④ 资产收购，是指一家企业（受让企业）购买另一家企业（转让企业）实质经营性资产的交易。受让企业支付对价的形式包括股权支付、非股权支付或两者的组合。

⑤ 合并，是指一家或多家企业（被合并企业）将其全部资产和负债转让给另一家现存或新设企业（合并企业），被合并企业股东换取合并企业的股权或非股权支付，实现两个或两个以上企业的依法合并。

⑥ 分立，是指一家企业（被分立企业）将部分或全部资产分离转让给现存或新设的企业（分立企业），被分立企业股东换取分立企业的股权或非股权支付，实现企业的依法分立。

股权支付，是指企业重组中购买、换取资产的一方支付的对价中，以本企业或其控股企业的股权、股份作为支付的形式。

非股权支付，是指以本企业的现金、银行存款、应收款项、本企业或其控股企业股权和股份以外的有价证券、存货、固定资产、其他资产以及承担债务等作为支付的形式。

企业重组的税务处理区分不同条件分别适用一般性税务处理规定和特殊性税务处理规定。

7.5.2　企业重组的一般性税务处理方法

企业由法人转变为个人独资企业、合伙企业等非法人组织，或将登记注册地转移至中华人民共和国境外（包括港澳台地区），应视同企业进行清算、分配，股东重新投资成立新企业。企业的全部资产以及股东投资的计税基础均应以公允价值为基础确定。

企业发生其他法律形式简单改变的，可直接变更税务登记，除另有规定外，有关企业所得税纳税事项（包括亏损结转、税收优惠等权益和义务）由变更后企业承继，但因住所发生变化而不符合税收优惠条件的除外。

1. 企业债务重组，相关交易的税务处理

① 以非货币资产清偿债务，应当分解为转让相关非货币性资产、按非货币性资产公允价值清偿债务两项业务，确认相关资产的所得或损失。

② 发生债权转股权的，应当分解为债务清偿和股权投资两项业务，确认有关债务清偿所得或损失。

③ 债务人应当按照支付的债务清偿额低于债务计税基础的差额，确认债务重组所得；债权人应当按照收到的债务清偿额低于债权计税基础的差额，确认债务重组损失。

④ 债务人的相关所得税纳税事项原则上保持不变。

2. 企业股权收购、资产收购重组交易，相关交易的税务处理

① 被收购方应确认股权、资产转让所得或损失。

② 收购方取得股权或资产的计税基础应以公允价值为基础确定。

③ 被收购企业的相关所得税事项原则上保持不变。

3. 企业合并，当事各方的税务处理

① 合并企业应按公允价值确定接受被合并企业各项资产和负债的计税基础。

② 被合并企业及其股东都应按清算进行所得税处理。

③ 被合并企业的亏损不得在合并企业结转弥补。

4. 企业分立，当事各方的税务处理

① 被分立企业对分立出去的资产应按公允价值确认资产转让所得或损失。

② 分立企业应按公允价值确认接受资产的计税基础。

③ 被分立企业继续存在时，其股东取得的对价应视同被分立企业分配进行处理。

④ 被分立企业不再继续存在时，被分立企业及其股东都应按清算进行所得税处理。

⑤ 企业分立相关企业的亏损不得相互结转弥补。

7.5.3　企业重组的特殊性税务处理方法

1. 适用特殊性税务处理的条件

企业重组同时符合下列条件的，适用特殊性税务处理规定。

① 具有合理的商业目的，且不以减少、免除或者推迟缴纳税款为主要目的。

② 被收购、合并或分立部分的资产或股权比例符合规定的比例。

③ 企业重组后的连续 12 个月内不改变重组资产原来的实质性经营活动。

④ 重组交易对价中涉及股权支付金额符合规定的比例。

⑤ 企业重组中取得股权支付的原主要股东，在重组后连续 12 个月内，不得转让所取得的股权。

2. 企业重组符合特殊性税务处理条件的，交易各方对其交易中的股权支付部分的税务处理

① 企业债务重组确认的应纳税所得额占该企业当年应纳税所得额50％以上，可以在5个纳税年度的期间内，均匀计入各年度的应纳税所得额。

企业发生债权转股权业务，对债务清偿和股权投资两项业务暂不确认有关债务清偿所得或损失，股权投资的计税基础以原债权的计税基础确定。企业的其他相关所得税事项保持不变。

② 股权收购，收购企业购买的股权不低于被收购企业全部股权的50％，且收购企业在该股权收购发生时的股权支付金额不低于其交易支付总额的85％，可以选择按以下规定处理：

- 被收购企业的股东取得收购企业股权的计税基础，以被收购股权的原有计税基础确定。
- 收购企业取得被收购企业股权的计税基础，以被收购股权的原有计税基础确定。
- 收购企业、被收购企业的原有各项资产和负债的计税基础和其他相关所得税事项保持不变。

③ 资产收购，受让企业收购的资产不低于转让企业全部资产的50％，且受让企业在该资产收购发生时的股权支付金额不低于其交易支付总额的85％，可以选择按以下规定处理：

- 转让企业取得受让企业股权的计税基础，以被转让资产的原有计税基础确定。
- 受让企业取得转让企业资产的计税基础，以被转让资产的原有计税基础确定。

④ 企业合并，企业股东在该企业合并发生时取得的股权支付金额不低于其交易支付总额的85％，以及同一控制下且不需要支付对价的企业合并，可以选择按以下规定处理：

- 合并企业接受被合并企业资产和负债的计税基础，以被合并企业的原有计税基础确定。
- 被合并企业合并前的相关所得税事项由合并企业承继。
- 可由合并企业弥补的被合并企业亏损的限额 ＝ 被合并企业净资产公允价值 × 截至合并业务发生当年年末国家发行的最长期限的国债利率。
- 被合并企业股东取得合并企业股权的计税基础，以其原持有的被合并企业股权的计税基础确定。

⑤ 企业分立，被分立企业所有股东按原持股比例取得分立企业的股权，分立企业和被分立企业均不改变原来的实质经营活动，且被分立企业股东在该企业分立发生时取得的股权支付金额不低于其交易支付总额的85％，可以选择按以下规定处理：

- 分立企业接受被分立企业资产和负债的计税基础，以被分立企业的原有计税基础确定。
- 被分立企业已分立出去的资产相应的所得税事项由分立企业承继。
- 被分立企业未超过法定弥补期限的亏损额可按分立资产占全部资产的比例进行分配，由分立企业继续弥补。
- 被分立企业的股东取得分立企业的股权（简称"新股"），如需部分或全部放弃原持有的被分立企业的股权（简称"旧股"），"新股"的计税基础应以放弃"旧股"的计税基础确定。如不需放弃"旧股"，则其取得"新股"的计税基础可从以下两种方法中选择确定：直接将"新股"的计税基础确定为零；或者以被分立企业分立出去的净资产占被分立企业全部净资产的比例先调减原持有的"旧股"的计税基础，再将调减的计税基础平均分配到"新股"上。

⑥ 重组交易各方按上述规定对交易中股权支付暂不确认有关资产的转让所得或损失的，其非股权支付仍应在交易当期确认相应的资产转让所得或损失，并调整相应资产的计税基础。

非股权支付对应的资产转让所得或损失＝（被转让资产的公允价值－被转让资产的计税基础）×（非股权支付金额÷被转让资产的公允价值）

3. 企业发生涉及中国境内与境外之间（包括港澳台地区）的股权和资产收购交易，除应符合特殊性税务处理条件外，还应同时符合下列条件，才可选择适用特殊性税务处理规定

① 非居民企业向其100％直接控股的另一非居民企业转让其拥有的居民企业股权，没有因此造成以后该项股权转让所得预提税负担变化，且转让方非居民企业向主管税务机关书面承诺在3年（含3年）内不转让其拥有受让方非居民企业的股权。

② 非居民企业向与其具有100％直接控股关系的居民企业转让其拥有的另一居民企业股权。

③ 居民企业以其拥有的资产或股权向其100％直接控股的非居民企业进行投资。这种投资下，其资产或股权转让收益如选择特殊性税务处理，可以在10个纳税年度内均匀计入各年度应纳税所得额。

④ 财政部、国家税务总局核准的其他情形。

在企业吸收合并中，合并后的存续企业性质及适用税收优惠的条件未发生改变的，可以继续享受合并前该企业剩余期限的税收优惠，其优惠金额按存续企业合并前一年的应纳税所得额（亏损计为零）计算。

在企业存续分立中，分立后的存续企业性质及适用税收优惠的条件未发生改变的，可以继续享受分立前该企业剩余期限的税收优惠，其优惠金额按该企业分立前一年的应纳税所得额（亏损计为零）乘以分立后存续企业资产占分立前该企业全部资产的比例计算。

企业在重组发生前后连续12个月内分步对其资产、股权进行交易，应根据实质重于形式原则将上述交易作为一项企业重组交易进行处理。

企业发生符合规定的特殊性重组条件并选择特殊性税务处理的，当事各方应在该重组业务完成当年企业所得税年度申报时，向主管税务机关提交书面备案资料，证明其符合各类特殊性重组规定的条件。企业未按规定书面备案的，一律不得按特殊重组业务进行税务处理。

7.6　企业所得税税收优惠

为了体现国家的经济政策，鼓励和扶持某些产业或企业的发展，企业所得税法规定了九种减免税优惠形式：免税收入、定期减免税、降低税率、授权减免、加计扣除、投资抵免、加速折旧、减计收入、税额抵免等。

企业所得税实行鼓励节约资源、保护环境及发展高新技术等以产业优惠为主的税收优惠政策。税收优惠政策主要有以下几个方面。

1. 关于农、林、牧、渔业发展的税收优惠

企业从事农、林、牧、渔业项目的所得，可以免征、减征企业所得税。

企业从事下列项目的所得，免征企业所得税：

① 蔬菜、谷物、薯类、油料、豆类、棉花、麻类、糖料、水果、坚果的种植；

② 农作物新品种的选育；

③ 中药材的种植；

④ 林木的培育和种植；

⑤ 牲畜、家禽的饲养；

⑥ 林产品的采集；

⑦ 灌溉、农产品初加工、兽医、农技推广、农机作业和维修等农、林、牧、渔服务业项目；

⑧ 远洋捕捞。

企业从事下列项目的所得，减半征收企业所得税：

① 花卉、茶及其他饮料作物和香料作物的种植；

② 海水养殖、内陆养殖。

2. 关于鼓励基础设施建设的税收优惠

国家重点扶持的公共基础设施项目，是指《公共基础设施项目企业所得税优惠目录》规定的港口码头、机场、铁路、公路、城市公共交通、电力、水利等项目。

企业从事规定的国家重点扶持的公共基础设施项目的投资经营的所得，自项目取得第一笔生产经营收入所属纳税年度起，第一年至第三年免征企业所得税，第四年至第六年减半征收企业所得税。

企业承包经营、承包建设和内部自建自用上述规定的项目，不得享受企业所得税优惠。

3. 关于支持环境保护、节能节水、资源综合利用、安全生产的税收优惠

企业从事符合条件的环境保护、节能节水项目的所得，自项目取得第一笔生产经营收入所属纳税年度起，第一年至第三年免征企业所得税，第四年至第六年减半征收企业所得税。

企业以《资源综合利用企业所得税优惠目录》规定的资源作为主要原材料，生产国家非限制和禁止并符合国家和行业相关标准的产品取得的收入，减按90％计入收入总额。

企业购置用于环境保护、节能节水、安全生产等专用设备的投资额的10％，可以从企业当年的应纳税额中抵免；当年不足抵免的，可以在以后5个纳税年度结转抵免。

4. 关于促进技术创新和科技进步的税收优惠

为了促进技术创新和科技进步，企业所得税法规定了四个方面的税收优惠。

① 符合条件的技术转让所得免征、减征企业所得税，具体是指一个纳税年度内，居民企业转让技术所有权所得不超过500万元的部分，免征企业所得税；超过500万元的部分，减半征收企业所得税。

② 企业开发新技术、新产品、新工艺发生的研究开发费用，可以在计算应纳税所得额时加计扣除。研究开发费，未形成无形资产计入当期损益的，在按照规定据实扣除的基础

上，按照研究开发费用的 50％加计扣除；形成无形资产的，按照无形资产成本的 150％摊销。

③ 创业投资企业采取股权投资方式投资于未上市的中小高新技术企业 2 年以上的，可以按照其投资额的 70％在股权持有满 2 年的当年抵扣该创业投资企业的应纳税所得额；当年不足抵扣的，可以在以后纳税年度结转抵扣。

④ 企业的固定资产由于技术进步等原因，确需加速折旧的，可以缩短折旧年限或者采取加速折旧的方法。采取缩短折旧年限方法的，最低折旧年限不得低于规定折旧年限的 60％；采取加速折旧方法的，可以采取双倍余额递减法或者年数总和法。

⑤ 自 2017 年 1 月 1 日起，对经认定的技术先进型服务企业，减按 15％的税率征收企业所得税。

5. 关于非居民企业的预提所得税的税收优惠

非居民企业在中国境内未设立机构、场所的，或者虽设立机构、场所但取得的所得与其所设机构、场所没有实际联系的，就其来源于中国境内的所得，减按 10％的税率征收企业所得税。

下列所得可以免征企业所得税：

① 外国政府向中国政府提供贷款取得的利息所得；

② 国际金融组织向中国政府和居民企业提供优惠贷款取得的利息所得；

③ 经国务院批准的其他所得。

6. 小型微利企业的税收优惠

符合条件的小型微利企业，减按 20％的税率征收企业所得税。

小型微利企业，是指从事国家非限制和禁止行业，并符合下列条件的企业：

① 工业企业，年度应纳税所得额不超过 30 万元，从业人数不超过 100 人，资产总额不超过 3 000 万元；

② 其他企业，年度应纳税所得额不超过 30 万元，从业人数不超过 80 人，资产总额不超过 1 000 万元。

小型微利企业，是指企业的全部生产经营活动产生的所得均负有我国企业所得税纳税义务的企业。仅就来源于我国所得负有我国纳税义务的非居民企业，不适用上述优惠政策。

7. 高新技术企业的税收优惠

国家需要重点扶持的高新技术企业，减按 15％的税率征收企业所得税。

国家需要重点扶持的高新技术企业，是指拥有核心自主知识产权，并同时符合下列条件的企业：

① 产品（服务）属于《国家重点支持的高新技术领域》规定的范围；

② 研究开发费用占销售收入的比例不低于规定比例；

③ 高新技术产品（服务）收入占企业总收入的比例不低于规定比例；

④ 科技人员占企业职工总数的比例不低于规定比例；

⑤ 高新技术企业认定管理办法规定的其他条件。

8. 地区税收优惠政策

① 民族自治地方的自治机关对本民族自治地方的企业应缴纳的企业所得税中属于地方分享的部分，可以决定减征或者免征。自治州、自治县决定减征或者免征的，须报省、自治

区、直辖市人民政府批准。

民族自治地方，是指依照《中华人民共和国民族区域自治法》的规定，实行民族区域自治的自治区、自治州、自治县。

对民族自治地方内国家限制和禁止行业的企业，不得减征或者免征企业所得税。

② 对设在西部地区国家鼓励类产业企业，在 2011 年至 2020 年期间，减按 15% 的税率征收企业所得税。

另外，还有鼓励软件产业和集成电路产业发展的优惠政策；鼓励证券投资基金发展的优惠政策；外国投资者从外商投资企业取得利润的优惠政策等。

7.7 企业所得税应纳税额的计算

7.7.1 核算征收方法

企业的应纳税所得额乘以适用税率，减除减免和抵免的税额后的余额，即为企业所得税应纳税额。

$$应纳税额＝应纳税所得额×适用税率－减免税额－抵免税额$$

公式中的减免税额和抵免税额，是指依照企业所得税法和国务院的税收优惠规定减征、免征和抵免的应纳税额。

【例 7-7】

某生产企业 20×7 年度主营业务收入 7 500 万元，其他业务收入 2 300 万元，主营业务成本 5 980 万元，其他业务成本 1 300 万元，税金及附加 420 万元，销售费用 1 690 万元，管理费用 1 110 万元，财务费用 180 万元，公允价值变动收益 60 万元，投资收益 1 700万元，营业外收入 1 120 万元，营业外支出 800 万元。

20×7 年发生的部分具体业务如下。

① 转让技术所有权取得收入 700 万元，直接与技术所有权转让有关的成本和费用为 100 万元。

② 本年预计产品质量保证费用 6.8 万元。

③ 发生广告支出 1 478 万元；业务招待费支出 70 万元。

④ 从事《国家重点支持的高新技术领域》规定项目的研究开发活动，对研发费用实行专账管理，发生研发费用支出 50 万元计入当期损益。

⑤ 9 月份购入 A 企业股票 20 万股，支付价款 200 万元。公司将其划分为交易性金融资产；12 月 31 日继续持有，每股市价 13 元。

⑥ 该企业 20×6 年 12 月购入一辆运输货物的卡车，购入价 16 万元。税法规定最低折旧年限为 4 年；会计上采用直线法计提折旧，折旧期 2 年，无残值。

试计算该企业 20×7 年度应缴纳的企业所得税。

解 利润总额＝7 500＋2 300－5 980－1 300－420－1 690－1 110－180＋60＋1 700＋1 120－800＝1 200（万元）

应纳税所得的调整如下。

① 预计产品质量保证费用，调增应纳税所得额6.8万元

② 广告费税前扣除限额＝（7 500＋2 300）×15％＝1 470（万元）

　　广告费调增应纳税所得额＝1 478－1 470＝8（万元）

③ 标准一（7 500＋2 300）×5‰＝49（万元）

　　标准二　70×60％＝42（万元）

业务招待费应调增应纳税所得额＝70－42＝28（万元）

④ 研发费用，调减应纳税所得额25万元

⑤ 交易性金融资产，调减应纳税所得额＝13×20－200＝60（万元）

⑥ 固定资产（卡车）折旧，调增应纳税所得额＝（16/2）－（16/4）＝4（万元）

该企业20×7年应纳税所得额＝1 200＋6.8＋8＋28－25－60＋4＝1 161.8（万元）

应缴纳的企业所得税＝[1 161.8 －（700－100）]×25％＋100×25％×50％＝152.95（万元）

7.7.2 核定征收方法

为了加强企业所得税的征收管理，我国除了采取核算征收外，对部分居民企业纳税义务人采取核定征收企业所得税的办法，计算其应纳所得税额。

1. 核定征收企业所得税的适用范围

纳税义务人具有下列情形之一的，应当采取核定征收方式征收企业所得税。

① 依照法律、行政法规的规定可以不设置账簿的。

② 依照法律、行政法规的规定应当设置但未设置账簿的。

③ 擅自销毁账簿或者拒不提供纳税资料的。

④ 虽设置账簿，但账目混乱或者成本资料、收入凭证、费用凭证残缺不全，难以查账的。

⑤ 发生纳税义务，未按照规定的期限办理纳税申报，经税务机关责令限期申报，逾期仍不申报的。

⑥ 申报的计税依据明显偏低，又无正当理由的。

特殊行业、特殊类型的纳税人和一定规模以上的纳税人不适用核定征收办法。特定纳税人由国家税务总局另行明确。

2. 核定征税的办法

采取核定征收方式征收企业所得税，包括核定应税所得率和核定应纳所得税额两种方法。

核定应纳所得税额征收，是指税务机关按照一定的标准、程序和方法，直接核定纳税义务人年度应纳企业所得税额，由纳税义务人按规定进行申报缴纳的办法。

核定应税所得率征收，是指税务机关按照一定的标准、程序和方法，预先核定纳税义务人的应税所得率，由纳税义务人根据年度内的收入总额或成本费用等项目的实际发生额，按预先核定的应税所得率计算缴纳企业所得税的办法。应税所得率，就是应纳税所得额与销售收入的比率。

纳税义务人具有下列情形之一的，采取核定应税所得率征收：

① 能正确核算（查实）收入总额，但不能正确核算（查实）成本费用总额的；

② 能正确核算（查实）成本费用总额，但不能正确核算（查实）收入总额的；

③ 通过合理方法，能计算和推定纳税义务人收入总额或成本费用总额的。

纳税义务人不属于以上情形的，采取核定应纳所得额征收。

3. 应纳税额的确定

对于采取核定征收方式计征企业所得税的纳税义务人，税务机关应当根据纳税义务人的行业特点、纳税情况、财务管理、会计核算、利润水平等因素，结合本地实际情况，按照公平、公正、公开的原则，分类逐户核定纳税义务人的应纳税额或者应税所得率。

税务机关采用下列方法核定征收企业所得税：

① 参照当地同类行业或者类似行业中经营规模和收入水平相近的纳税义务人的税负水平核定；

② 按照应税收入额或成本费用支出额定率核定；

③ 按照耗用的原材料、燃料、动力等推算或测算核定；

④ 按照其他合理方法核定。

采用一种方法不足以正确核定应纳税所得额或应纳税额的，可以同时采用两种以上的方法核定。采用两种以上方法测算的应纳税额不一致时，可按测算的应纳税额从高核定。

采取核定应税所得率征收办法的，应纳所得税税额的计算公式为

$$应纳所得税额＝应纳税所得额×适用税率$$
$$应纳税所得额＝应税收入额×应税所得率$$

或　　应纳税所得额＝［成本（费用）支出额／（1－应税所得率）］×应税所得率

应税所得率应按表 7-5 规定的标准执行。

表 7-5　应税所得率表

经营行业	应税所得率/%	经营行业	应税所得率/%
农、林、牧、渔业	3～10	建筑业	8～20
制造业	5～15	饮食业	8～25
批发和零售贸易业	4～15	娱乐业	15～30
交通运输业	7～15	其他行业	10～30

实行应税所得率方式核定征收企业所得税的纳税义务人，经营多业的，无论其经营项目是否单独核算，均由税务机关根据其主营项目确定适用的应税所得率。主营项目应为纳税义务人所有经营项目中，收入总额或者成本（费用）支出额或者耗用原材料、燃料、动力数量所占比重最大的项目。

纳税义务人的生产经营范围、主营业务发生重大变化，或者应纳税所得额或应纳税额增减变化达到 20% 的，应及时向税务机关申报调整已确定的应纳税额或应税所得率。

【例 7-8】

某企业自行申报年度的收入总额 170 万元，应扣除的成本费用合计为 180 万元，全年亏损 10 万元。经税务机关核查，其发生的成本费用较真实，但收入总额无法核准。假定对该企业实行核定征收，应税所得率为 20%。试计算该企业年度应缴纳的企业所得税。

解 应纳税所得额＝[180/(1−20%)]×20%＝45（万元）

应缴纳企业所得税＝45×25%＝11.25（万元）

【小思考 7-4】 如果经税务机关核查，其发生的收入总额是真实的，如何计算该企业年度应缴纳的企业所得税？

答： 如果该企业发生的收入总额是真实的，那么年度应缴纳的企业所得税为 8.5 万元。

7.7.3 境外所得税抵免和应纳税额的计算

企业所得税的税收抵免，是指国家对纳税义务人来自境外所得依法征收所得税时，允许纳税义务人将其已在境外缴纳的所得税税额从其应向本国缴纳的所得税税额中扣除。境外所得税抵免是避免国际对同一所得重复征税的一项重要措施，它可以平衡纳税义务人境外与境内投资所得的税负，有利于国际投资。

我国现行的税收抵免包括直接抵免和间接抵免。直接抵免，一般适用于同一法人实体的总公司与海外分公司的税收抵免。间接抵免，一般适用于同母公司与海外子公司之间分配股息的税收抵免。

1. 税收抵免的基本政策

（1）直接抵免

企业取得的特定所得已在境外缴纳的所得税税额，可以从其当期应纳税额中抵免，抵免限额为该项所得依照我国企业所得税法规定计算的应纳税额；超过抵免限额的部分，可以在以后 5 个年度内，用每年度抵免限额抵免当年应抵税额后的余额进行抵补。

企业取得的特定所得，包括：居民企业来源于中国境外的应税所得；非居民企业在中国境内设立机构、场所，取得发生在中国境外但与该机构、场所有实际联系的应税所得。

（2）间接抵免

居民企业从其直接或者间接控制的外国企业分得的来源于中国境外的股息、红利等权益性投资收益，外国企业在境外实际缴纳的所得税税额中属于该项所得负担的部分，可以作为该居民企业的可抵免境外所得税税额。其中，直接控制是指居民企业直接持有外国企业 20% 以上股份。间接控制是指居民企业以间接持股方式持有外国企业 20% 以上股份，具体认定办法由国务院财政、税务主管部门另行制定。

2. 抵免税额的计算方法

（1）已在境外缴纳所得税税额的确定

已在境外缴纳的所得税税额，是指企业来源于中国境外的所得依照中国境外税收法律及相关规定应当缴纳并已经实际缴纳的企业所得税性质的税款。企业按照规定抵免企业所得税税额时，应当提供中国境外税务机关出具的税款所属年度的有关纳税凭证。

（2）抵免限额的计算方法

抵免限额，是指企业来源于中国境外的所得，依照企业所得税法及实施条例的规定计算的应纳税额。除国务院财政、税务主管部门另有规定外，该抵免限额应当分国（地区）不分项计算，计算公式为

$$抵免限额＝中国境内、境外所得依照税法计算的应纳税总额×$$
$$来源于某国（地区）的应纳税所得额÷中国境内、境外应纳税所得总额$$

纳税义务人来源于境外所得已在境外实际缴纳的所得税税额，如果低于按规定计算出的抵免限额，可在汇总纳税时从应纳税额中据实扣除；如果超过抵免限额，其超过部分不得在本年度的应纳税额中扣除，也不得列为费用支出，但可用以后年度税额抵免后的余额抵补，抵补期限最长不得超过 5 年。

5 年是指从企业取得的来源于中国境外的所得，已经在中国境外缴纳的企业所得税性质的税额超过抵免限额的当年的次年起连续 5 个纳税年度。

【例 7-9】

某居民企业本年度境内所得为 800 万元，同期从境外某国分支机构取得税后收益 140 万元，在境外已按 20％的税率缴纳了所得税。该企业适用税率为 25％，试计算该企业本年度应缴纳入库的所得税额。

解　境外收益应纳税所得额＝140/（1－20％）＝175（万元）

境内、外所得应纳税总额＝（800＋175）×25％＝243.75（万元）

境外所得税扣除限额＝243.75×175/（800＋175）＝43.75（万元）

境外所得实际缴纳所得税＝175×20％＝35（万元）

由于境外所得实际缴纳的所得税 35 万元小于扣除限额 43.75 万元，可全额扣除。

本年度该企业应缴纳企业所得税＝243.75－35＝208.75（万元）

【小思考 7-5】如果境外所得税税率为 30％，则该企业本年度应缴纳多少企业所得税？

答：如果境外所得适用 30％的税率，该企业本年度应缴纳的企业所得税为 200 万元。

7.8　企业所得税的征收管理

企业所得税的征收管理应当严格依照《企业所得税法》和《税收征收管理法》的规定执行。

7.8.1　企业所得税的申报缴纳

企业所得税实行按年计征、分期预缴、年终汇算清缴、多退少补的办法。居民企业在中国境内设立不具有法人资格的营业机构的，应当汇总计算并缴纳企业所得税。除国务院另有

规定外，企业之间不得合并缴纳企业所得税。

1. 企业所得税的纳税年度

企业所得税的纳税年度，自公历 1 月 1 日起至 12 月 31 日止。企业在一个纳税年度中间开业，或者终止经营活动，使该纳税年度的实际经营期不足 12 个月的，应当以其实际经营期为一个纳税年度。企业依法清算时，应当以清算期间作为一个纳税年度。

2. 企业所得税的预缴

企业所得税实行按月（季）预缴。企业应当自月份或者季度终了之日起 15 日内，向税务机关报送预缴企业所得税纳税申报表，预缴税款。

企业分月或者分季预缴企业所得税时，应当按照月度或者季度的实际利润额预缴；按照月度或者季度的实际利润额预缴有困难的，可以按照上一纳税年度应纳税所得额的月度或者季度平均额预缴，或者按照经税务机关认可的其他方法预缴。预缴方法一经确定，该纳税年度内不得随意变更。

3. 企业所得税的汇算清缴

企业应当自年度终了之日起 5 个月内，依照税收法律、法规的规定，自行计算全年应纳税所得额和应纳所得税额，根据月度或季度预缴的所得税数额，确定该年度应补缴或者应退税款，向主管税务机关办理年度企业所得税纳税申报，结清全年企业所得税税款。

年终汇算清缴的所得税的计算公式为

$$全年应纳所得税额＝全年应纳税所得额×适用税率$$

$$多退少补所得税额＝全年应纳所得税额－月（季）已预缴所得税额$$

【例 7-10】

某企业上一年全年应纳税所得额 600 万元。本年企业经税务机关同意，每月按上一年应纳税所得额的平均额预缴企业所得税。本年全年实现利润经调整后的应纳税所得额为 800 万元。计算该企业本年每月应预缴的企业所得税；年终汇算清缴时应补缴的企业所得税。

解 1—12 月每月应预缴所得税额为

$$应纳税额＝（600/12）×25\%＝12.5（万元）$$

1—12 月实际预缴所得税额为

$$实际预缴额＝12.5×12＝150（万元）$$

全年应纳所得税税额为

$$应纳税额＝800×25\%＝200（万元）$$

年终汇算清缴时应补缴所得税额为

$$应补缴所得税额＝200－150＝50（万元）$$

企业在纳税年度内无论盈利或者亏损，都应当依照企业所得税法规定的期限，向税务机关报送预缴企业所得税纳税申报表、年度企业所得税纳税申报表、财务会计报告和税务机关规定应当报送的其他有关资料。

企业在年度中间终止经营活动的，应当自实际经营终止之日起 60 日内，向税务机关办理当期企业所得税汇算清缴。

企业应当在办理注销登记前，就其清算所得向税务机关申报并依法缴纳企业所得税。

4. 企业所得税的纳税地点

（1）居民企业

居民企业以企业登记注册地为纳税地点，但登记注册地在境外的，以实际管理机构所在地为纳税地点。企业登记注册地，是指企业依照国家有关规定登记注册的住所地。

（2）非居民企业

① 非居民企业在中国境内设立机构、场所的，就其所设机构、场所取得的来源于中国境内的所得，以及发生在中国境外但与其所设机构、场所有实际联系的所得，以机构、场所所在地为纳税地点。

② 非居民企业在中国境内设立两个或者两个以上机构、场所的，经税务机关审核批准，可以选择由其主要机构、场所汇总缴纳企业所得税。

主要机构、场所，应当同时符合下列条件：对其他各机构、场所的生产经营活动负有监督管理责任；设有完整的账簿、凭证，能够准确反映各机构、场所的收入、成本、费用和盈亏情况。

③ 非居民企业在中国境内未设立机构、场所的，或者虽设立机构、场所但取得的所得与其所设机构、场所没有实际联系的，就其来源于中国境内的所得，以扣缴义务人所在地为纳税地点。

5. 税款计算单位

企业所得税以人民币计算。所得以人民币以外的货币计算的，应当折合成人民币计算并缴纳税款。

企业所得以人民币以外的货币计算的，预缴企业所得税时，应当按照月度或者季度最后一日的人民币汇率中间价，折合成人民币计算应纳税所得额。年度终了汇算清缴时，对已经按照月度或者季度预缴税款的，不再重新折合计算，只就该纳税年度内未缴纳企业所得税的部分，按照纳税年度最后一日的人民币汇率中间价，折合成人民币计算应纳税所得额。

经税务机关检查确认，企业少计或者多计所得的，应当按照检查确认补税或者退税时的上一个月最后一日的人民币汇率中间价，将少计或者多计的所得折合成人民币计算应纳税所得额，再计算应补缴或者应退的税款。

7.8.2　源泉扣缴

企业所得税法规定，非居民企业在中国境内未设立机构、场所的，或者虽设立机构、场所但取得的所得与其所设机构、场所没有实际联系的，就其来源于中国境内的所得应缴纳的所得税，实行源泉扣缴。

1. 扣缴义务人

对非居民企业所得税的源泉扣缴，以支付人为扣缴义务人。其中，支付人，是指依照有关法律规定或者合同约定对非居民企业直接负有支付相关款项义务的单位或者个人。

对非居民企业在中国境内取得工程作业和劳务所得应缴纳的所得税，税务机关可以指定工程价款或者劳务费的支付人为扣缴义务人。

可以指定扣缴义务人的情形，包括：

① 预计工程作业或者提供劳务期限不足一个纳税年度，且有证据表明不履行纳税义务的；

② 没有办理税务登记或者临时税务登记，且未委托中国境内的代理人履行纳税义务的；

③ 未按照规定期限办理企业所得税纳税申报或者预缴申报的。

上述扣缴义务人由县级以上税务机关指定，并同时告知扣缴义务人所扣税款的计算依据、计算方法、扣缴期限和扣缴方式。

2. 扣缴税款

扣缴义务人在每次向非居民企业支付或者到期应支付应税所得时，应从支付或者到期应支付的款项中扣缴企业所得税税款。

支付，包括现金支付、汇拨支付、转账支付和权益兑价支付等货币支付和非货币支付。到期应支付的款项，是指支付人按照权责发生制原则应当计入相关成本、费用的应付款项。

扣缴义务人未依法扣缴或者无法履行扣缴义务的，由纳税义务人在所得发生地缴纳。纳税义务人未依法缴纳的，税务机关可以从该纳税义务人在中国境内其他收入项目的支付人应付的款项中，追缴该纳税义务人的应纳税款。

扣缴义务人每次代扣的税款，应当自代扣之日起 7 日内缴入国库，并向所在地的税务机关报送扣缴企业所得税报告表。

7.9 特别纳税调整

由于企业财务、会计制度规定与税法规定存在不一致，企业在进行所得税汇算清缴时必须以税法规定为准，对会计所得进行一般纳税调整。而特别纳税调整，是指税务机关关于实施反避税目的而对企业特定纳税事项所做的纳税调整，是针对企业避税情况所进行的税务调整。

1. 调整范围

特别纳税调整主要包括：企业与其关联方之间的业务往来，不符合独立交易原则而减少企业或者其关联方应纳税收入或者所得额的，税务机关有权按照合理方法调整；企业与其关联方共同开发、受让无形资产，或者共同提供、接受劳务发生的成本，在计算应纳税所得额时应当按照独立交易原则进行分摊。

独立交易原则，是指没有关联关系的交易各方，按照公平成交价格和营业常规进行业务往来遵循的原则。

在判断关联企业与其关联方之间的业务往来是否符合独立交易原则时，强调将关联交易定价或利润水平与可比情形下没有关联关系的交易定价和利润水平进行比较，如果存在差异，就说明因为关联关系的存在而导致企业没有遵循正常市场交易原则和营业常规，从而违背了独立交易原则。

1）关联方的判定

关联方是指与企业有下列关联关系之一的企业、其他组织或者个人：

① 在资金、经营、购销等方面存在直接或者间接的控制关系；

② 直接或者间接地同为第三者控制；

③ 在利益上具有相关联的其他关系。

2）关联企业之间关联业务的税务处理

（1）成本分摊协议

成本分摊协议是企业间签订的一种契约性协议，签约各方约定在研发或劳务活动中共摊成本、共担风险，并按照预期收益与成本相配比的原则合理分享收益。

企业与其关联方共同开发、受让无形资产，或者共同提供、接受劳务时，应预先在各参与方之间达成协议安排，采用合理方法分摊上述活动发生的成本，即必须遵循独立交易原则，在可比情形下没有关联关系的企业之间共同开发、受让无形资产，或者共同提供、接受劳务所能接受的协议分配方法分摊上述活动发生的成本。

企业与其关联方分摊成本时违反规定的，其自行分摊的成本不得在计算应纳税所得额时扣除。

（2）预约定价安排

预约定价安排是指企业就其未来年度关联交易的定价原则和计算方法，向税务机关提出申请，与税务机关按照独立交易原则协商、确认后达成的协议。企业与其关联方在关联交易发生之前，向税务机关提出申请，主管税务机关和企业之间通过事先制定一系列合理的标准（包括关联交易所适用的转让定价原则和计算方法等），来解决和确定未来一个固定时期内关联交易的定价及相应的税收问题，是国际通行的一种转让定价调整方法。

企业可以向税务机关提出与其关联方之间业务往来的定价原则和计算方法，税务机关与企业协商、确认后，达成预约定价安排。

（3）境外取得收入的调整

由居民企业，或者由居民企业和中国居民控制的设立在实际税负明显低于 25% 税率水平 50% 的国家（地区）的企业，并非由于合理的经营需要而对利润不作分配或者减少分配的，上述利润中应归属于该居民企业的部分，应当计入该居民企业的当期收入。

其中，控制包括：居民企业或者中国居民直接或者间接单一持有外国企业 10% 以上有表决权股份，且由其共同持有该外国企业 50% 以上股份；居民企业，或者居民企业和中国居民持股比例没有达到上述规定的标准，但在股份、资金、经营、购销等方面对该外国企业构成实质控制。

（4）资本弱化条款

资本弱化是指企业通过加大借贷款（债权性筹资）而减少股份资本（权益性筹资）比例的方式增加税前扣除，以降低企业税负的一种行为。

企业从其关联方接受的债权性投资与权益性投资的比例超过规定标准而发生的利息支出，不得在计算应纳税所得额时扣除。具体标准，由国务院财政、税务主管部门另行规定。

债权性投资，是指企业直接或者间接从关联方获得的，需要偿还本金和支付利息或者需要以其他具有支付利息性质的方式予以补偿的融资。

企业间接从关联方获得的债权性投资，包括：

① 关联方通过无关联第三方提供的债权性投资；

② 无关联第三方提供的、由关联方担保且负有连带责任的债权性投资；

③ 其他间接从关联方获得的具有负债实质的债权性投资。

权益性投资，是指企业接受的不需要偿还本金和支付利息，投资人对企业净资产拥有所有权的投资。

【小思考7-6】为什么规定资本弱化条款？

答：企业投资方式有权益投资和债权投资。由于以下两方面原则，企业往往愿意采用债权投资，相应减少权益投资。首先，由于债务人支付给债权人的利息可以在税前抵扣，而股东获得的收益即股息却不能在税前扣除，选择借债的融资方式比权益的融资方式，从税收的角度来说更具有优势；其次，许多国家对非居民纳税义务人获得的利息征收的预提所得税税率，通常比对股息征收的企业所得税税率低，采用债权投资比采用股权投资的税收负担低。对于债务人和债权人同属于一个利益集团的跨国公司来说，就有动机通过操纵融资方式，降低集团整体的税收负担。企业在为投资经营筹措资金时，常常刻意设计资金来源结构，加大借入资金比例，扩大债务与权益的比率，人为形成"资本弱化"。因此，许多国家在税法上对关联方之间的债权性投资与权益性投资比例做出限制，防范企业通过操纵各种债务形式的支付手段，增加税前扣除，降低税收负担。

企业向税务机关报送年度企业所得税纳税申报表时，应当就其与关联方之间的业务往来附送年度关联业务往来报告表。税务机关在进行关联业务调查时，企业及其关联方，以及与关联业务调查有关的其他企业，应当按照规定提供相关资料。

2. 调整方法

对关联企业申报所得不实的，税务机关有权按照合理方法调整，调整方法包括以下几种。

① 可比非受控价格法。是指按照没有关联关系的交易各方进行相同或者类似业务往来的价格进行定价的方法。

② 再销售价格法。是指按照从关联方购进商品再销售给没有关联关系的交易方的价格，减除相同或者类似业务的销售毛利进行定价的方法。

③ 成本加成法。是指按照成本加合理的费用和利润进行定价的方法。

④ 交易净利润法。是指按照没有关联关系的交易各方进行相同或者类似业务往来取得的净利润水平确定利润的方法。

⑤ 利润分割法。是指将企业与其关联方的合并利润或者亏损在各方之间采用合理标准进行分配的方法。

⑥ 其他符合独立交易原则的方法。

企业与其关联方之间的业务往来，不符合独立交易原则，或者企业实施其他不具有合理商业目的的安排的，税务机关有权在该业务发生的纳税年度起10年内进行纳税调整。不具有合理商业目的，是指以减少、免除或者推迟缴纳税款为主要目的。

3. 核定征收

企业不提供与其关联方之间业务往来资料，或者提供虚假、不完整资料，未能真实反映其关联业务往来情况的，税务机关有权依法核定其应纳税所得额。

税务机关依照规定核定企业的应纳税所得额时，可以采用下列方法。

① 参照同类或者类似企业的利润率水平核定。

② 按照企业成本加合理的费用和利润的方法核定。

③ 按照关联企业集团整体利润的合理比例核定。

④ 按照其他合理方法核定。

4. 加收利息

对进行特别纳税调整需要补征税款的，税务机关除了依法补征税款外，还需要按照规定加收利息。

（1）加息时间

自税款所属纳税年度的次年6月1日起至补缴税款之日止的期间，按日加收利息。加收的利息不能在计算应纳税所得时扣除。

（2）利息的计算

按照税款所属纳税年度与补税期间同期的人民币贷款基准利率加5个百分点计算加收利息；对企业按照企业所得税法和实施条例的规定提供有关资料的，可以只按照税款所属纳税年度与补税期间同期的人民币贷款基准利率计算加收利息。

【小资料7-2】

规定特别纳税调整的意义

现行企业所得税法及其实施条例专门规定了特别纳税调整条款，确立了我国企业所得税的反避税制度。这是在总结完善原来转让定价税制和调查实践的基础上，借鉴国际反避税立法经验，结合我国税收征管实践做出的具体规定，目的是制约和打击各种避税行为。这是我国首次较为全面的反避税立法。主要考虑以下两方面的内容。

一是税收法律体系建设的需要。我国2001年修订的《税收征收管理法》对关联交易的处理做出原则性规定，这些原则性规定远远不能满足企业所得税实体税法的要求，还需要从实体法的角度，对关联交易的税收处理及其他反避税措施做出规定。新企业所得税法丰富和扩展了征管法的反避税规定，增加了成本分摊协议、提供资料义务、受控外国企业、资本弱化、一般反避税条款及加收利息等规定，是对反避税的全面规范。

二是参照国际通行做法、维护我国税收权益的需要。随着我国对外经济开放度的不断提高，跨国经济往来愈加频繁，如果不加强对反避税的立法和管理，国家税收权益将会受到损害。近年来，各国都非常关注跨国公司避税问题，从完善反避税立法和加强管理两方面采取措施，防止本国税收转移到国外，维护本国税收权益。

本章小结

企业所得税是对我国境内的企业和其他取得收入的组织，就其取得的生产经营所得和其他所得征收的一种税，适用25%的比例税率。企业所得税的计税依据为应纳税所得额，即企业每一纳税年度的收入总额，减除不征税收入、免税收入、各项扣除及允许弥补的以前年度亏损后的余额，企业会计利润必须按照税法的规定进行相应的调整后才能作为应纳税所得额。企业所得税实行按年计征、分期预缴、年终汇算清缴、多退少补的办法。

主要法律依据

[1] 中华人民共和国企业所得税法．中华人民共和国主席令第 64 号．成文日期：2017 年 2 月 24 日．

[2] 中华人民共和国企业所得税法实施条例．国务院令第 512 号．成文日期：2007 年 12 月 6 日．

[3] 国家税务总局关于印发《企业所得税核定征收办法（试行）》的通知．国税发〔2008〕30 号．成文日期：2008 年 3 月 6 日．

[4] 财政部 国家税务总局关于企业关联方利息支出税前扣除标准有关税收政策问题的通知．财税〔2008〕121 号．成文日期：2008 年 9 月 19 日．

[5] 国家税务总局关于确认企业所得税收入若干问题的通知．国税函〔2008〕875 号．成文日期：2008 年 10 月 30 日．

[6] 国家税务总局关于企业所得税若干税务事项衔接问题的通知．国税函〔2009〕98 号．成文日期：2009 年 2 月 27 日．

[7] 财政部 国家税务总局关于企业手续费及佣金支出税前扣除政策的通知．财税〔2009〕29 号．成文日期：2009 年 3 月 19 日．

[8] 财政部 国家税务总局关于企业资产损失税前扣除政策的通知．财税〔2009〕57 号．成文日期：2009 年 4 月 16 日．

[9] 国家税务总局关于贯彻落实企业所得税法若干税收问题的通知．国税函〔2010〕79 号．成文日期：2010 年 2 月 22 日．

[10] 国家税务总局关于企业所得税核定征收有关问题的公告．国家税务总局公告 2012 年第 27 号．成文日期：2012 年 6 月 19 日．

[11] 财政部 国家税务总局关于促进企业重组有关企业所得税处理问题的通知．财税〔2014〕109 号．成文日期：2014 年 12 月 25 日．

[12] 财政部 国家税务总局关于非货币性资产投资企业所得税政策问题的通知．财税〔2014〕116 号．成文日期：2014 年 12 月 31 日．

[13] 国家税务总局关于企业工资薪金和职工福利费等支出税前扣除问题的公告．国家税务总局公告 2015 年第 34 号．成文日期：2015 年 5 月 8 日．

[14] 国家税务总局关于修改企业所得税月（季）度预缴纳税申报表的公告．国家税务总局公告 2015 年第 79 号．成文日期：2015 年 11 月 15 日．

[15] 财政部 国家税务总局 商务部 科技部 国家发展改革委关于将技术先进型服务企业所得税政策推广至全国实施的通知．财税〔2017〕79 号．成文日期：2017 年 11 月 2 日．

[16] 财政部 国家税务总局关于公益性捐赠支出企业所得税税前结转扣除有关政策的通知．财税〔2018〕15 号．成文日期：2018 年 2 月 11 日．

习　题

一、思考题

1. 企业所得税的纳税义务人是如何规定的？
2. 企业所得税的税率是如何规定的？
3. 应纳税所得额与会计利润有什么区别和联系？
4. 企业如何弥补亏损？
5. 经营性租赁和融资性租赁的税务处理有何区别？
6. 哪些固定资产不允许提取折旧？
7. 企业所得税有哪几类税收优惠？
8. 企业所得税的纳税期限和纳税地点是如何规定的？

二、单项选择题

1. 纳税义务人发生年度亏损，可以弥补的金额是（　　　）。
   A. 企业申报的亏损额　　　　　　　B. 税务机关按税法规定核实、调整后的金额
   C. 企业财务报表的账面金额　　　　D. 企业自己核定的亏损额
2. 企业发生的公益性捐赠支出，在年度利润总额（　　　）以内的部分，准予在计算应纳税所得额时扣除。
   A. 3%　　　　　B. 10%　　　　　C. 12%　　　　　D. 20%
3. 下列税种在计算企业所得税应纳税所得额时，不准从收入总额中扣除的是（　　　）。
   A. 增值税　　　B. 消费税　　　　C. 资源税　　　　D. 土地增值税
4. 下列各项收入中，属于特许权使用费所得的是（　　　）。
   A. 教育培训所得　　　　　　　　　B. 中介代理所得
   C. 非专利技术使用权转让所得　　　D. 转让固定资产取得的所得
5. 以分期收款方式销售货物的，按照（　　　）日期确认收入的实现。
   A. 预收货款　　　B. 发出商品　　　C. 实际收到货款　　　D. 合同约定收款
6. 某国家重点扶持的高新技术企业，20×0 年亏损 65 万元，20×1 年度亏损 15 万元，20×2 年度盈利 200 万元，2012 年该企业应纳的企业所得税税额为（　　　）万元。
   A. 12　　　　　B. 18　　　　　C. 24　　　　　D. 30
7. 居民企业所得税的纳税地点为（　　　）。
   A. 纳税义务人的核算所在地　　　　B. 企业的营业执照注册所在地
   C. 纳税义务人的货物销售所在地　　D. 企业登记注册地
8. 下列项目中，计算企业所得税应纳税所得额时，准予从收入总额中扣除的项目是（　　　）。
   A. 企业所得税税款　　　　　　　　B. 劳动保护支出
   C. 违法经营的罚款支出　　　　　　D. 各项税收滞纳金、罚款支出
9. 企业开发新技术、新产品、新工艺发生的研究开发费用，可以在计算应纳税所得额时（　　　）扣除。
   A. 加计　　　　　B. 加倍　　　　　C. 全额　　　　　D. 减半

10. 无形资产在税务处理中，摊销期限不得少于（　　）。

  A. 3 年   B. 5 年   C. 10 年   D. 20 年

三、多项选择题

1. 下列属于企业所得税的纳税义务人有（　　）。

  A. 国有企业 B. 集体企业 C. 联营企业 D. 股份制企业

2. 下列收入项目中，属于其他收入范围的有（　　）。

  A. 资产溢余收入   B. 债务重组收入

  C. 固定资产销售收入   D. 补贴收入

3. 在中国境内未设立机构、场所的非居民企业从中国境内取得的下列所得，应按收入全额计算征收企业所得税的有（　　）。

  A. 股息   B. 特许权使用费 C. 租金   D. 转让财产所得

4. 下列支出项目中，计算企业所得税应纳税所得额时，不准从收入总额中扣除的项目有（　　）。

  A. 违法经营的罚款和被没收财物的损失

  B. 广告性赞助支出

  C. 公益性捐赠以外的捐赠支出

  D. 与收入无关的其他各项支出

5. 工资薪金支出，是企业每一纳税年度支付给在本企业任职或者受雇的员工的所有现金或者非现金形式的劳动报酬，它包括的项目有（　　）。

  A. 基本工资 B. 年终加薪 C. 各种奖金 D. 股息收入

6. 下列项目中在会计利润的基础上应调增应纳税所得额的项目有（　　）。

  A. 多列无形资产摊销   B. 业务招待费支出超标准

  C. 公益性捐赠超标准   D. 查补的消费税

7. 企业所得税法规定的企业取得收入的货币形式，包括（　　）等。

  A. 现金   B. 存款   C. 应收账款 D. 应收票据

8. 下列项目中，应计入企业应纳税所得额计算征收企业所得税的有（　　）。

  A. 接受捐赠收入   B. 补贴收入

  C. 财政拨款   D. 债务重组收入

9. 企业使用或者销售的存货的成本计算方法，可以在（　　）中选用一种。计价方法一经选用，不得随意变更。

  A. 个别计价法   B. 先进先出法

  C. 加权平均法   D. 后进先出法

10. 按照企业所得税法的规定，下列固定资产中，不计算折旧扣除的有（　　）。

  A. 以经营租赁方式租出的固定资产

  B. 以经营租赁方式租入的固定资产

  C. 以融资租赁方式租出的固定资产

  D. 以融资租赁方式租入的固定资产

四、判断题

1. 企业所得税法规中规定的减免税优惠措施较多，当纳税义务人遇有多项减免税政策

交叉情况时，可将其累加执行。（　　）

2. 确实无法偿付的应付款项，应计入资本公积，不计缴企业所得税。（　　）

3. 纳税义务人若在一个纳税年度的中间开业，或者终止经营活动，使该纳税年度的实际经营期不足12个月的，应当以其实际经营期为一个纳税年度。（　　）

4. 企业发生的符合条件的广告费和业务宣传费支出，不超过当年销售（营业）收入15%的部分，准予扣除；超过部分，准予在以后纳税年度结转扣除。（　　）

5. 企业计算应纳税所得额时，捐赠均可按年度利润总额12%的限额扣除。（　　）

6. 居民企业在一个纳税年度内，转让技术使用权所得不超过500万元的部分，免征企业所得税；超过500万元的部分，减半征收企业所得税。（　　）

7. 企业的不征税收入用于支出所形成的费用或财产，可以扣除或者计算对应的折旧、摊销扣除。（　　）

8. 企业参加财产保险，按照规定缴纳的保险费，准予扣除。但发生理赔事项后，由保险公司赔偿部分不得在所得税前扣除。（　　）

9. 已足额提取折旧的固定资产的改建支出，在不超过5年的期间内平均摊销。（　　）

10. 企业所得税实行按年计征、分期预缴，月份或者季度终了之日起十五日内预缴，年度终了之日起五个月内汇算清缴。（　　）

五、实务题

1. 某公司上年度取得收入总额为4 000万元，按照税法规定，全年准予扣除的成本、费用、损失共计3 800万元。全年上缴增值税额50万元、消费税额80万元、城市维护建设税和教育费附加13万元。

   要求： 计算该公司上年度应缴纳多少企业所得税？

2. 某公司向税务机关申报年度应税所得额为40万元，经税务机关审核，公司全年实现销售收入总额2 000万元，全年实际支付业务招待费15万元。

   要求： 根据所给资料计算公司该年度应缴纳多少企业所得税？

3. 某企业有关年度按税法规定计算的获利情况如表7-6所示。

表7-6　获利情况　　　　　　　　　　　　　　　　　　　　　　万元

年　度	1	2	3	4	5	6	7	8	9	10
盈　利	3	7	−12	−8	2	−5	8	6	10	12

   要求： 分别计算该企业各年的应纳税所得额。

4. 某公司年度生产经营收入总额为3 500万元，销售成本2 500万元，财务费用65万元，其中包括向其他企业借款100万元用于资金周转而支付的年利息9万元（商业银行贷款年利率7%）。管理费用300万元（其中含业务招待费22万元），上缴增值税90万元，消费税110万元，城市维护建设税14万元，教育费附加6万元，营业外支出账户中有违法经营被工商部门罚款5万元，计算该公司本年度应纳企业所得税。

5. 某企业年度实现会计利润8万元，申报应纳税所得额8万元，缴纳企业所得税2万元，经注册会计师年终审查，发现的问题如下。

① 国债利息收入 2 万元，国家发行的金融债券利息收入 5 万元。

② "营业外支出" 账户中，列支上交的税收滞纳金 1 万元，向关联企业赞助 3 万元。

③ "管理费用" 账户中列支全年的与生产经营有关的业务招待费 28.5 万元，核查后的全年业务收入为 6 500 万元。

④ "管理费用" 账户中列支新产品研究开发费用 6 万元。

要求：计算企业本年应纳的企业所得税。

6. 某企业境内所得为 200 万元，全年已预缴税款 50 万元，来源于境外某国税前所得 100 万元，境外实纳税款 20 万元。

要求：计算该企业当年汇算清缴应补（退）的企业所得税税款。

7. 北京市某电子设备生产企业，主要生产电脑显示器，当年发生以下业务。

① 销售显示器取得不含税销售额 7 000 万元。

② 8 月受赠原材料一批，取得捐赠方开具的普通发票，发票金额为 70.2 万元。

③ 从 1 月 1 日起将原值 300 万元的闲置车间出租给某销售公司，全年取得租金收入 120 万元。

④ 企业全年销售显示器应扣除的销售成本为 4 000 万元；全年发生销售费用 1 500 万元（其中广告费用 1 120 万元）；全年发生管理费用 700 万元（其中业务招待费用 60 万元，符合条件的新技术研究开发费用 90 万元）。

⑤ 已计入成本、费用中的实际发生的合理工资费用为 400 万元，实际拨缴的工会经费为 7 万元，实际发生的职工福利费用为 60 万元，实际发生的教育经费为 15 万元。

⑥ 销售税金 230 万元（含增值税 120 万元）。

要求：计算该企业应缴纳的企业所得税。

8. 某工业企业，全年的主营业务收入 5 000 万元，其他业务收入 600 万元，主营业务成本 2 800 万元，其他业务成本 400 万元，税金及附加 396 万元，管理费用 300 万元，销售费用 1 000 万元，财务费用 150 万元，投资收益 90 万元，营业外收入 48 万元，营业外支出 180 万元。该企业从业人数 55 人，资产总额 2 700 万元。有关经营情况如下。

① 业务招待费支出 50 万元。

② 广告费支出 850 万元。

③ 资产减值准备金 100 万元，不符合国务院财政、税务主管部门规定。

④ 工资薪金总额 800 万元，工会经费 15 万元，职工福利费 122 万元，职工教育经费 69 万元。

⑤ 通过省级国家机关向贫困地区捐赠 80 万元。

要求：根据上述资料，分析并计算该企业应缴纳的企业所得税。

第 8 章

个人所得税

【学习要求】
重点掌握： 个人所得税的纳税义务人和扣缴义务人、居民纳税义务人和非居民纳税义务人的判定标准及纳税义务的区别、个人所得税的应税项目、个人所得税的税率及计税依据的具体规定、应纳税额的计算

一般掌握： 个人所得税所得来源地的确定、个人所得税的纳税申报方式

理解： 个人所得税的特点及税收优惠、境外所得已纳税额的扣除

了解： 纳税期限及纳税地点的规定

8.1 个人所得税概述

个人所得税（individual income tax）是以个人（自然人）取得的各项应税所得为征税对象所征收的一种税。

个人所得税是国家参与纳税义务人收入分配的重要手段。新中国成立以来，我国的个人所得税大致经历了 20 世纪 50 年代个人所得税税种的设置、80 年代个人所得税税制的建立、90 年代个人所得税税制的完善，而今正面临个人所得税的渐进式的改革。

现行《中华人民共和国个人所得税法》自 1980 年 9 月开征以来已进行了六次修正。第一次修正是 1993 年 10 月 31 日第八届全国人民代表大会常务委员会第四次会议《关于修改〈中华人民共和国个人所得税法〉的决定》，对原有三种个人所得税（个人所得税、个人收入调节税、城乡个体工商户所得税）的法律、法规进行修改、合并的基础上，规定不分内、外，统一实行个人所得税，费用扣除额调整为 800 元。1999 年 8 月 30 日第九届全国人民代表大会常务委员会第十一次会议进行了第二次修正，主要规定恢复对储蓄存款利息征收个人所得税；第三次修正是 2005 年 10 月 27 日第十届全国人民代表大会常务委员会第十八次会议，主要对工资、薪金所得的费用扣除标准，以及纳税义务人和扣缴义务人的纳税申报和扣缴申报进行了修改。第四次修正是 2007 年 6 月 29 日第十届全国人民代表大会常务委员会第二十八次会议，将第十二条修改为："对储蓄存款利息所得开征、减征、停征个人所得税及其具体办法，由国务院规定。" 2007 年 12 月 29 日第十届全国人民代表大会常务委员会第三十一次会议对个人所得税法进行了第五次修正，主要调整了个人所得税的费用扣除标准。

2011 年 6 月 30 日第十一届全国人民代表大会常务委员会第二十一次会议对个人所得税法

进行了第六次修正，其中涉及工资、薪金的部分：工资、薪金所得，以每月收入额减除费用 3 500 元后的余额为应纳税所得额，工资、薪金所得，适用超额累进税率，税率为 3％ 至 45％。这是自 1994 年现行个人所得税法实施以来第 3 次提高个人所得税费用扣除标准，2006 年 1 月 1 日，费用扣除标准从每月 800 元/月提高到 1 600 元/月；2008 年 3 月 1 日，费用扣除标准从 1 600 元/月提高到 2 000 元/月；2011 年 9 月 1 日，费用扣除标准从 2 000 元/月提高到 3 500元/月。

【小资料 8 - 1】

美国个人所得税的申报

美国个人所得税法充分考虑到个人和家庭的负担情况，所以尽管收入相同，纳税额却差别很大，这充分显示了税法的公平性。

美国常规个人所得税的费用扣除标准随纳税义务人申报状态、家庭结构及个人情况的不同而不同，没有统一的标准。美国常规个人所得税共有 5 种申报状态，即单身申报、夫妻联合申报、丧偶家庭申报、夫妻单独申报及户主申报。

联邦个人所得税通过总收入扣减家庭必需的刚性支出，如合理数额的家庭生活费用支出、退休及医疗储蓄个人缴付部分、离婚或分居赡养费、高教费用、医疗费用个人负担部分、州和市个人所得税、财产税、慈善捐助、住房贷款利息、保险不赔付的家庭财产意外损失、个人职业发展费用等，以及通过总的应纳税额扣减各种必需的税收抵免，如勤劳所得抵免、抚养孩子、托儿费、收养孩子、老年与残疾、高教奖学金、终身学习等抵免，使得个人所得税制度设计充分体现了量能征税的原则。而且从 1985 年起，美国联邦个人所得税的税率表、各种扣除和抵免额等，每年均按物价指数调整，这被认为是对税法的重要创新，相当于大幅提高了费用扣除标准，降低了个税的有效税率，这对占美国家庭总数 90％ 以上的中低收入家庭非常有利。当然，量能征税使个人所得税税基减小，同时也大大增加了美国国税局的征管难度与成本。

个人所得税作为我国税制体系的主要税种，具有以下特点。

（1）实行分类征收制度

个人所得税制主要分为 3 种类型：分类所得税制、综合所得税制和混合所得税制。我国现行个人所得税采用的是分类所得税制，将个人取得的各种所得划分为 11 类，对不同的应税项目分别适用不同的费用减除规定、不同的税率和不同的计税方法。实行分类课征制度，不仅方便了征纳双方，加强税源控管；而且便于对不同所得体现国家的政策。在分项计征的同时还要求同项合并，纳税义务人在中国境内两处或两处以上取得的工资、薪金所得或个体工商户的生产、经营所得，应将同项所得合并计算纳税。

（2）采用定额和定率并用的费用扣除方式

我国个人所得税对纳税义务人的各项应税所得，视情况不同在费用扣除上分别实行定额扣除和定率扣除两种方法。在计税方法上，我国个人所得税费用扣除采用总额扣除法，从而避免了个人实际生活费用支出逐项计算的烦琐。在分类征收的制度下，各项应税所得分别按各自的税率和计征方法计算，便于掌握，有利于税务部门提高工作效率。

（3）采用累进税率和比例税率并用的税率形式

现行个人所得税根据不同的应税所得分别适用累进税率和比例税率两种形式。对工资、薪金所得，个体工商户的生产、经营所得，对企事业单位的承包、承租经营所得，采用超额累进税率，实行量能负担；而对其他八项应税所得采用比例税率，实行等比负担。

（4）采取代扣代缴和自行申报两种征纳方法

我国个人所得税法规定，对纳税义务人的应纳税额分别采取由支付单位源泉扣缴和纳税义务人自行申报两种方法。对凡是可以在应税所得的支付环节扣缴的，均由法定的扣缴义务人履行代扣代缴义务。对于没有扣缴义务人的，在两处以上取得工资、薪金所得的，以及高收入者实行由纳税义务人自行申报纳税的方法。也就是说，我国对个人所得税采用的是代扣代缴为主、自行申报为辅的征纳模式。

8.2 个人所得税纳税义务人、征税对象及税率

参照国际通行做法，我国个人所得税按照属地主义和属人主义税收管辖权确定，即包括我国的居民，也包括从我国境内取得所得的非居民。目前我国个人所得税设置11个应税项目，分别采用超额累进税率和20%的比例税率。

8.2.1 纳税义务人

个人所得税，以所得人为纳税义务人，以支付所得的单位或者个人为扣缴义务人。

个人所得税的纳税义务人是指在中国境内有住所或者虽无住所但在境内居住满1年的个人，以及无住所又不居住或居住不满1年但从中国境内取得所得的个人。包括：中国公民、个体工商业户、个人独资企业和合伙企业投资者及在中国有所得的外籍个人（包括无国籍人员）和香港、澳门、台湾同胞等。所谓中国境内，是指中国有效行使税收管辖权的地区，目前仅指中国内地地区，尚不包括香港、澳门和台湾地区。

1. 居民纳税义务人与非居民纳税义务人的判定标准

个人所得税的纳税义务人可以泛指取得所得的自然人，包括居民纳税义务人和非居民纳税义务人。居民纳税义务人与非居民纳税义务人的划分非常重要，它直接关系到个人所得税的征税范围：居民纳税义务人承担无限纳税义务，而非居民纳税义务人只承担有限的纳税义务。对于纳税义务人身份的认定，各国的税收立法和税收政策有所不同，我国采用了国际常用的住所标准和居住时间标准划分居民纳税义务人和非居民纳税义务人。

（1）住所标准

住所标准是以个人在一国境内拥有的住所确定其居民身份的判定标准。住所通常指公民实际生活和活动的主要场所。我国税法将在中国境内有住所的个人界定为："因户籍、家庭、经济利益关系而在中国境内习惯性居住的个人。"

所谓"习惯性居住"是判断居民和非居民的一个法律意义上的标准，不是指实际居住或在某一特定时期内的居住地。例如，个人因学习、工作、探亲、旅游等原因而在中国境外居住，当其在境外居住的原因消除之后，如果必须回到中国境内，则将其判定为在中国习惯性

居住。尽管该纳税义务人在一个纳税年度内，甚至连续几个纳税年度，都未在中国境内居住，他仍然是中国居民纳税义务人。

（2）居住时间标准

居住时间标准是以个人在一国境内居住的时间长短来确定其居民身份的判定标准。居住时间是指个人在一国境内实际居住的日数。各国判断居民身份的居住时间不尽一致。我国规定的时间是一个纳税年度内在中国境内住满 365 日，即以居住满一年为时间标准，达到这个标准的个人即为居民纳税义务人。在居住期间内临时离境的，即在一个纳税年度中一次离境不超过 30 日或者多次离境累计不超过 90 日的，不扣减日数，连续计算。

我国税法规定的住所标准和居住时间标准是判定居民身份的两个并列性标准，个人只要符合或达到其中任何一个标准，就可以认定为居民纳税义务人。

2. 居民纳税义务人和非居民纳税义务人的纳税义务范围

根据惯例，居民纳税义务人负担无限纳税义务，而非居民纳税义务人仅负担有限纳税义务。

1）居民纳税义务人的纳税义务范围

根据两个判定标准确定为中国居民的个人，是指在中国境内有住所或者虽无住所但在境内居住满一年的个人。居民纳税义务人，应就其来源于中国境内和境外的所得，向我国政府履行全面纳税义务，依法缴纳个人所得税。

个人所得税的居民纳税义务人包括以下两类。

① 在中国境内定居的中国公民和外国侨民，但不包括虽具有中国国籍，却并没有在中国内地定居，而是侨居海外的华侨和居住在香港、澳门和台湾的同胞。

② 从公历 1 月 1 日起至 12 月 31 日止，居住在中国境内的外国人、海外侨胞和香港、澳门、台湾同胞。

2）非居民纳税义务人的纳税义务范围

根据两个判定标准确定为非中国居民的个人，是指中国境内无住所又不居住或者无住所而在境内居住不满一年的个人。对非居民纳税义务人，只就其来源于中国境内的所得向我国政府履行有限纳税义务，依法缴纳个人所得税。

在现实生活中，习惯性居住地不在中国境内的个人只有外籍人员、华侨或香港、澳门和台湾同胞。因此，非居民纳税义务人实际上只能是在一个纳税年度内，没有在中国境内居住或者在中国境内居住不满一年的外籍人员、华侨或香港、澳门和台湾同胞。

3. 扣缴义务人

我国个人所得税实行代扣代缴和个人申报纳税相结合的征收管理制度。个人所得税采取代扣代缴办法，有利于控制税源，保证税收收入，简化征纳手续，加强个人所得税管理。税法规定，凡支付应纳税所得的单位或个人，都是个人所得税的扣缴义务人。扣缴义务人在向纳税义务人支付各项应纳税所得（个体工商户的生产、经营所得除外）时，必须履行代扣代缴税款的义务。

8.2.2 征税对象

个人所得税的征税对象为个人取得的各项应税所得，具体体现个人所得税的征税范围。《中华人民共和国个人所得税法》（以下简称《个人所得税法》）列举征税的个人所得共有 11 项。《中华人民共和国个人所得税法实施条例》（以下简称《个人所得税法实施条例》）及相关法规具体确定了各项个人所得的征税范围。

纳税义务人兼有税法所列的两项或者两项以上所得的，按项分别计算纳税；在中国境内两处或者两处以上取得工资、薪金所得，个体工商户的生产、经营所得，对企事业单位承包、承租经营所得的，同项所得应合并计算纳税。

1. 工资、薪金所得

工资、薪金所得，是指个人因任职或者受雇而取得的工资、薪金、奖金、年终加薪、劳动分红、津贴、补贴及与任职或者受雇有关的其他所得。

一般来说，工资、薪金所得属于非独立个人劳动所得。所谓非独立个人劳动，是指个人所从事的是他人指定、安排并接受管理的劳动，工作或服务于公司、工厂、行政、事业单位的人员（私营企业主除外）均为非独立个人劳动者。他们从上述单位取得的劳动报酬，是以工资、薪金的形式体现的。

不属于工资、薪金性质的补贴、津贴或者不属于纳税义务人本人工资、薪金所得项目的收入，不征税。这些项目包括：

- 独生子女补贴；
- 执行公务员工资制度未纳入基本工资总额的补贴、津贴差额和家属成员的副食品补贴；
- 托儿补助费；
- 差旅费津贴、误餐补助；

此外，对纳税义务人取得的下列各项工资性质的所得，税法作了明确的规定。

① 单位为个人通信工具负担通信费采取发放补贴形式的，应并入当月工资、薪金计征个人所得税。

② 退休人员再任职取得的收入，在减除按个人所得税法规定的费用扣除标准后，按"工资、薪金所得"应税项目缴纳个人所得税。

③ 对商品营销活动中，企业和单位对营销业绩突出人员以培训班、研讨会、工作考察等名义组织旅游活动，通过免收差旅费、旅游费对个人实行的营销业绩奖励（包括实物、有价证券等），应根据所发生费用全额计入营销人员应税所得，依法征收个人所得税，并由提供上述费用的企业和单位代扣代缴。其中，对企业雇员享受的此类奖励，应与当期的工资、薪金合并，按照"工资、薪金所得"项目征收个人所得税。对其他人员享受的此类奖励，应作为当期的劳务收入，按照"劳务报酬所得"项目征收个人所得税。

④ 公司职工取得的用于购买企业国有股的劳动分红，按照"工资、薪金所得"项目征税。

⑤ 出租汽车经营单位对出租车驾驶员采取单车承包或承租方式运营，出租车驾驶员从事客货营运取得的收入，按照"工资、薪金所得"征税。

⑥ 单位为职工个人购买商业性补充养老保险等，在办理投保手续时应作为个人所得税的"工资、薪金所得"项目，按税法规定缴纳个人所得税；因各种原因退保，个人未取得实际收入的，已缴纳的个人所得税应予以退回。

2. 个体工商户的生产、经营所得

个体工商户的生产、经营所得，是指：

① 个体工商户从事工业、手工业、建筑业、交通运输业、商业、饮食业、服务业、修理业及其他行业生产、经营取得的所得；

② 个人经政府有关部门批准，取得执照，从事办学、医疗、咨询及其他有偿服务活动取得的所得；

③ 上述个体工商户和个人取得的与生产、经营有关的各项应税所得；

④ 个人从事彩票代销业务而取得所得；

⑤ 其他个人从事个体工商业生产、经营取得的所得；

个体工商户和从事生产、经营的个人，取得与生产、经营活动无关的其他各项应税所得，应分别按照其他应税项目的有关规定，计算征收个人所得税。例如，取得银行存款的利息所得、对外投资取得的股息所得，应按"利息、股息、红利所得"税目的规定单独计征个人所得税。

⑥ 个人独资企业和合伙企业的投资者所取得的生产经营所得，参照个体工商户的生产经营所得项目征税。个人独资企业和合伙企业的个人投资者以企业资金为本人、家庭成员及其相关人员支付与企业生产经营无关的消费性支出及购买汽车、住房等财产性支出，视为企业对个人投资者的利润分配，并入投资者个人的生产经营所得计征个人所得税。

3. 对企事业单位的承包经营、承租经营所得

对企事业单位的承包经营、承租经营所得，是指个人承包经营、承租经营及转包、转租取得的所得，还包括个人按月或者按次取得的工资、薪金性质的所得。承包项目可分为多种，如生产经营、采购、销售、建筑安装等承包；转包包括全部转包或部分转包。

个人对企事业单位的承包、承租经营形式较多，分配方式也不尽相同，大体上可以分为两类。一类是个人对企事业单位承包、承租经营后，工商登记改变为个体工商户的。这类承包、承租经营所得，实际上属于个体工商户的生产、经营所得，应按"个体工商户的生产、经营所得"项目征收个人所得税，不再征收企业所得税。另一类是个人对企事业单位承包、承租经营后，工商登记仍为企业的，不论其分配方式如何，均应先按照企业所得税的有关规定缴纳企业所得税。然后根据承包、承租经营者按合同（协议）规定取得的所得，依照个人所得税法的有关规定缴纳个人所得税，具体如下。

① 承包、承租人对企业经营成果不拥有所有权，仅按合同（协议）规定取得一定所得的，应按"工资、薪金所得"项目征收个人所得税。

② 承包、承租人按合同（协议）规定只向发包方、出租人交纳一定的费用，交纳承包、承租费后企业的经营成果归承包、承租人所有的，其取得的所得，按"对企事业单位的承包经营、承租经营所得"项目征收个人所得税。

外商投资企业采取发包、出租经营且经营人为个人的，对经营人从外商投资企业分享的收益或取得的所得，亦按照个人对企事业单位的承包、承租经营所得征收个人所得税。

4. 劳务报酬所得

劳务报酬所得，是指个人独立从事设计、装潢、安装、制图、化验、测试、医疗、法律、会计、咨询、讲学、新闻、广播、翻译、审稿、书画、雕刻、影视、录音、录像、演出、表演、广告、展览、技术服务、介绍服务、经纪服务、代办服务及其他劳务取得的所得。

上述各项所得一般属于个人独立从事自由职业取得的所得或属于个人独立劳动所得。是否存在雇佣与被雇佣关系，是判断一项所得是属于劳务报酬所得还是属于工资、薪金所得的重要标准。劳务报酬所得是个人独立从事某种技艺、独立提供某种劳务而取得的所得；工资、薪金所得则是个人从事非独立劳动，是必须依附于人、受制于人的劳务活动，从其所在单位领取的报酬。后者存在雇佣与被雇佣关系，而前者则不存在这种关系。如果从事某些劳务活动取得的报酬来自其就职单位，如演员、教师从其所任职的剧团、学校领取的劳动报

酬，就属于工资、薪金所得项目。而如果从事某些劳务活动取得的报酬不是来自聘用、雇用或工作的单位，如演员自己"走穴"演出取得的报酬，教师无须经政府有关部门批准举办学习班、培训班取得的办班收入或课酬收入，属于劳务报酬所得应税项目。

5. 稿酬所得

稿酬所得，是指个人因其作品以图书、报刊形式出版、发表而取得的所得。这里所说的作品，包括文学作品、书画作品、摄影作品及其他作品。作者去世后，财产继承人取得的遗作稿酬，也应征收个人所得税。

稿酬所得具有特许权使用费、劳务报酬等的性质。个人所得税法将稿酬所得单列为一个独立征税项目，不仅因为稿酬所得有着不完全等同于特许权使用费所得和一般劳务报酬所得的特点，而且对稿酬所得单列征税，有利于单独制定征税办法，体现国家的优惠、照顾政策。

【小思考 8-1】李某为某晚报记者，某月领取工资 3 000 元，同月在晚报上发表文章取得报酬 2 000 元，报社分别将 3 000 元按"工资、薪金所得"项目、2 000 元按"稿酬所得"项目扣缴个人所得税。请问这种处理是否正确？

答：国税函（2002）46 号文件明确了对报纸、杂志、出版等单位的职员在本单位的刊物上发表作品、出版图书取得所得征税的规定：任职、受雇于报纸、杂志等单位的记者、编辑等专业人员，因在本单位的报纸、杂志上发表作品取得的所得，属于因任职、受雇而取得的所得，应与其当月工资收入合并，按"工资、薪金所得"项目征收个人所得税。除上述专业人员以外，其他人员在报纸、杂志上发表作品取得的所得，应按"稿酬所得"项目征收个人所得税。

因此，李某当月取得的 5 000 元应全部按"工资、薪金所得"项目征税。

---

6. 特许权使用费所得

特许权使用费所得，是指个人提供专利权、商标权、著作权、非专利技术及其他特许权的使用权取得的所得。

根据税法规定，提供著作权的使用权取得的所得，不包括稿酬的所得；对于作者将自己的文字作品手稿原件或复印件公开拍卖（竞价）取得的所得，属于提供著作权的使用权所得，故应按"特许权使用费所得"项目征收个人所得税。

个人取得特许权的经济赔偿收入，应按"特许权使用费所得"应税项目缴纳个人所得税，税款由支付赔款的单位或个人代扣代缴。

7. 利息、股息、红利所得

利息、股息、红利所得，是指个人拥有债权、股权而取得的利息、股息、红利所得。其中，利息是指个人拥有债权而取得的利息，包括存款、贷款和各种债券的利息。依照税法规定，个人取得的利息所得，除国债和国家发行的金融债券利息外，应当依法缴纳个人所得税。股息、红利是指个人拥有股权取得的公司、企业分红，按照一定的比率派发的每股息金，称为股息；根据公司、企业应分配的、超过股息部分的利润，按股派发的红股，称为红利。有关具体规定如下。

① 除个人独资企业、合伙企业以外的其他企业的个人投资者，以企业资金为本人、家庭成员及其相关人员支付与企业生产经营无关的消费性支出及购买汽车、住房等财产性支出，其实质为企业对投资者进行了红利性质的实物分配，应按照"利息、股息、红利所得"

项目征收个人所得税。企业的上述支出不得在所得税前扣除。

②纳税年度内个人投资者从其投资企业（个人独资企业、合伙企业除外）借款，在该纳税年度终了后既不归还又未用于企业生产经营的，其未归还的借款可视为企业对投资者的红利分配计征个人所得税。

8. 财产租赁所得

财产租赁所得，是指个人出租建筑物、土地使用权、机器设备、车船及其他财产取得的所得。

个人取得的财产转租收入，属于"财产租赁所得"的征税范围。在确定纳税义务人时，应以产权凭证为依据，对无产权凭证的，由主管税务机关根据实际情况确定；产权所有人死亡，在未办理产权继承手续期间，该财产出租而有租金收入的，以领取租金的个人为纳税义务人。

9. 财产转让所得

财产转让所得，是指个人转让有价证券、股权、建筑物、土地使用权、机器设备、车船及其他财产取得的所得。

【小思考8-2】个人转让房屋需要缴纳哪些税？

答：个人转让房屋涉及增值税、个人所得税、契税、印花税、土地增值税、城市维护建设税等税种，其中契税由买房者缴纳，印花税由买卖双方缴纳。

---

①股票转让所得。根据《个人所得税法实施条例》的规定，对股票转让所得征收个人所得税的办法，由财政部另行制定，报国务院批准施行。鉴于我国证券市场发育还不成熟，经国务院批准，对股票转让所得暂不征收个人所得税。

②量化资产股份转让。集体所有制企业在改制为股份合作制企业时，对职工个人以股份形式取得的拥有所有权的企业量化资产，暂缓征收个人所得税；待个人将股份转让时，就其转让收入额，减除个人取得该股份时实际支付的费用支出和合理转让费用后的余额，按"财产转让所得"项目计征个人所得税。

③违约金收入，属于因财产转让而产生的收入。转让方个人取得的该违约金应并入财产转让收入，按照"财产转让所得"项目计算缴纳个人所得税，税款由取得所得的转让方个人向主管税务机关自行申报缴纳。

④个人拍卖除文字作品原稿及复印件外的其他财产，按照"财产转让所得"项目缴纳个人所得税。

⑤个人以非货币性资产投资，属于个人转让非货币性资产和投资同时发生。对个人转让非货币性资产的所得，应按照"财产转让所得"项目，依法计算缴纳个人所得税。

【小资料8-2】

在我国，个人投资证券市场需要缴纳的税种

目前我国股市个人投资者缴纳的税种主要有：证券交易印花税和股息红利个人所得税两项。根据税法规定，个人取得利息、股息、红利所得，需按20%的比例缴纳个人所得税。由于企业对该项股息、红利已经缴纳了企业所得税，这样对同一所得额造成了重复课税。近年来，股票交易印花税多次调整，已由 1997 年最高时的 5‰下调至目前的 1‰。

个人投资者无论是在一级发行市场还是在二级市场购买企业债券，持有到期后取得的利息收入均应缴纳 20％的个人所得税，税款由兑付利息的机构负责代扣代缴。此外，个人投资者持有的企业债券在债券到期前转让的，根据个人所得税法的有关规定，转让产生的价差收入，应按"财产转让所得"应税项目缴纳 20％的个人所得税。

10. 偶然所得

偶然所得，是指个人得奖、中奖、中彩及其他偶然性质的所得。其中，得奖是指参加各种有奖竞赛活动，取得名次获得的奖金；中奖、中彩是指参加各种有奖活动，如有奖销售、有奖储蓄或购买彩票，经过规定程序，抽中、摇中号码而取得的奖金。偶然所得应缴纳的个人所得税税款，一律由发奖单位或机构代扣代缴。

实际上，税法列举的偶然性所得是个人在非正常情况下得到的不确定性收入。由于偶然所得的不确定性、不可预见性、偶然性和多样性，给确定征税范围带来了不少困难。因此，除了《个人所得税法实施条例》规定的得奖、中奖、中彩等所得外，其他偶然性所得的征税问题，还需要由税务机关依法具体认定。

11. 经国务院财政部门确定征税的其他所得

上述 10 项个人应税所得是根据所得的不同性质划分的。除了 10 项个人应税所得外，其他确有必要征税的个人所得及今后可能出现的需要征税的新项目，由国务院财政部门确定。难以界定应纳税项目的，由主管税务机关确定。

目前列入"其他所得"项目征税的主要有以下几种。

① 企业在业务宣传、广告等活动中，随机向本单位以外的个人赠送礼品。

② 个人为单位或他人提供担保获得报酬。

③ 单位或部门在业务往来等活动中为其他单位和部门的有关人员发放的现金、礼品或有价证券。

④ 个人因任职单位缴纳有关保险费用而获得的无赔偿优待收入，但个人自己缴纳有关商业保险费（不包括保费全部返还个人的）而获得的无赔偿优待收入除外。

⑤ 股民个人从证券公司取得的回扣收入或者交易手续费返还收入。

8.2.3　所得来源地的确定

对于非居民纳税义务人，由于只就其来源于中国境内的所得征税，因此判定所得来源地，就显得非常重要。我国的个人所得税，依据所得来源地的判断应反映经济活动的实质，要遵循方便有效征管的原则。

所得的来源地与所得的支付地并不是同一概念，有时两者是一致的，有时却不相同。下列所得，不论支付地点是否在中国境内，均为来源于中国境内的所得。

① 因任职、受雇、履约等而在中国境内提供劳务取得的所得；

② 将财产出租给承租人在中国境内使用而取得的所得；

③ 转让中国境内的建筑物、土地使用权等财产或者在中国境内转让其他财产取得的所得；

④ 许可各种特许权在中国境内使用而取得的所得；

⑤ 从中国境内的公司、企业以及其他经济组织或者个人取得的利息、股息、红利所得。

在中国境内无住所，居住一年以上五年以下的个人，其来源于中国境外的所得，经主管税务机关批准，可以只就由中国境内公司、企业以及其他经济组织或者个人支付的部分缴纳个人所得税；居住超过五年的个人，从第六年起，应当就其来源于中国境外的全部所得缴纳个人所得税。

在中国境内无住所，在一个纳税年度中在中国境内连续或者累计居住不超过90日的个人，其来源于中国境内的所得，由境外雇主支付并且不由该雇主在中国境内的机构、场所负担的部分，免予缴纳个人所得税。

8.2.4 税率

我国个人所得税按照应税项目分别规定了超额累进税率和比例税率两种形式，并有加成和减征的规定。

1. 工资、薪金所得

工资、薪金所得，适用3%～45%的七级超额累进税率，如表8-1所示。

表8-1 工资、薪金所得个人所得税税率表

级 数	全月应纳税所得额		税率/%	速算扣除数
	含税级距	不含税级距		
1	不超过1 500元的	不超过1 455元的	3	0
2	超过1 500元至4 500元的部分	超过1 455元至4 155元的部分	10	105
3	超过4 500元至9 000元的部分	超过4 155元至7 755元的部分	20	555
4	超过9 000元至35 000元的部分	超过7 755元至27 255元的部分	25	1 005
5	超过35 000元至55 000元的部分	超过27 255元至41 255元的部分	30	2 755
6	超过55 000元至80 000元的部分	超过41 255元至57 505元的部分	35	5 505
7	超过80 000元的部分	超过57 505元的部分	45	13 505

注：①本表所列含税级距与不含税级距，均为按照税法规定减除有关费用后的所得额。

②含税级距适用于由纳税人自行负担税款的工资、薪金所得；不含税级距适用于由他人（单位）代付税款的工资、薪金所得。

2. 个体工商户的生产、经营所得和对企事业单位的承包经营、承租经营所得

个体工商户的生产、经营所得和对企事业单位的承包经营、承租经营所得，适用5%～35%的五级超额累进税率，见表8-2。

表8-2 个体工商户的生产、经营所得和对企事业单位的承包经营、承租经营所得税率表

级 数	全年应纳税所得额		税率/%	速算扣除数
	含税级距	不含税级距		
1	不超过15 000元的	不超过14 250元的	5	0
2	超过15 000元至30 000元的部分	超过14 250元至27 750元的部分	10	750
3	超过30 000元至60 000元的部分	超过27 750元至51 750元的部分	20	3 750

续表

级　数	全年应纳税所得额		税率/%	速算扣除数
	含税级距	不含税级距		
4	超过 60 000 元至 100 000 元的部分	超过 51 750 元至 79 750 元的部分	30	9 750
5	超过 100 000 元的部分	超过 79 750 元的部分	35	14 750

注：①本表所列含税级距与不含税级距，均为按照税法规定以每一纳税年度的收入总额减除成本、费用以及损失后的所得额。

②含税级距适用于个体工商户的生产、经营所得和由纳税人自行负担税款的对企事业单位的承包经营、承租经营所得；不含税级距适用于由他人（单位）代付税款的对企事业单位的承包经营、承租经营所得。

3. 稿酬所得

稿酬所得适用比例税率，税率为 20%，并按应纳税额减征 30%，故实际税负为 14%。

4. 劳务报酬所得

劳务报酬所得适用比例税率，税率为 20%。对劳务报酬所得一次收入畸高的，可以实行加成征收，具体办法由国务院规定。《个人所得税法实施条例》第 11 条规定："劳务报酬所得一次收入畸高，是指个人一次取得劳务报酬，其应纳税所得额超过20 000 元。"

对应纳税所得额超过 20 000～50 000 元的部分，依照税法规定计算应纳税额后再按照应纳税额加征五成；超过 50 000 元的部分，加征十成。因此，实行加成后，劳务报酬所得实际上适用 20%、30%、40% 的三级超额累进税率，如表 8-3 所示。

表 8-3　劳务报酬所得个人所得税税率表

级数	含税级距	不含税劳务报酬收入额	税率/%	速算扣除数
1	不超过 20 000 元的部分	不超过 21 000 元的部分	20	0
2	超过 20 000 元至 50 000 元的部分	超过 21 000 元至 49 500 元的部分	30	2 000
3	超过 50 000 元的部分	超过 49 500 元的部分	40	7 000

注：① 本表所称含税级距为按个人所得税法规定减除有关费用后的所得额；不含税劳务报酬收入额为没有减除税法规定有关费用前的收入总额。

② 含税级距适用于由纳税义务人自行负担税款的劳务报酬所得；不含税劳务报酬收入额级距适用于由他人（单位）代付税款的劳务报酬所得。

5. 特许权使用费所得等项目

特许权使用费所得，利息、股息、红利所得，财产租赁所得，财产转让所得，偶然所得和其他所得适用比例税率，税率为 20%。

注意： 个人所得税的七级超额累进税率，适用于月工资、薪金所得。如果不是按月取得，一定要换算成月所得才能适用该税率。同样，五级超额累进税率适用于个体工商户、承包承租经营、个人独资和合伙企业的年所得，如果不是年所得，不能直接使用该税率，而应换算成年所得才能适用该税率。至于 20% 的比例税率，是每次所得适用的税率。

8.3 个人所得税的计税依据和应纳税额的计算

应纳税额的计算是本章的核心内容，个人所得税的计税依据是应纳税所得税额。由于每项应税所得的"次"的确定、扣除范围和扣除标准、适用税率不尽相同，因此不同应税项目应纳税额的计算方法也各有不同。

8.3.1 个人所得税计税依据

个人所得税的计税依据是纳税义务人取得的应纳税所得额。应纳税所得额是个人取得的各项收入减去税法规定的扣除项目或扣除金额之后的余额。正确计算应纳税所得额是依法征收个人所得税的基础和前提。

1. 收入的形式

个人取得的收入形式，包括现金、实物、有价证券和其他形式的经济利益。纳税义务人的所得为实物的，应当按照所取得实物凭证上所注明的价格，计算应纳税所得额；无凭证的实物或者凭证上所注明的价格明显偏低的，由主管税务机关参照市场价格核定应纳税所得额。所得为有价证券的，根据票面价格和市场价格核定应纳税所得额。所得为其他形式的经济利益的，参照市场价格核定应纳税所得额。

2. 每次收入的确定

个人所得税采用按次纳税，其中纳税义务人取得的工资、薪金所得，实行按月计征；个体工商户的生产、经营所得和对企事业单位的承包、承租经营所得，实行按年计征；纳税义务人取得的劳务报酬所得等 8 个项目，一般以每次取得的收入为一次缴纳税款。

由于个人所得税的费用扣除依据每次所得额的大小，分别规定有定额和定率两种扣除标准。因此，无论是为了维护纳税义务人的合法权益，还是为了保证国家税收收入，准确地划分"次"，都是非常重要的。对于劳务报酬所得等项目的"次"，《个人所得税法实施条例》中做出了明确的规定，下面主要涉及的是一些特殊情况。

① 劳务报酬所得。劳务报酬所得因其一般具有不固定、不经常性，不便于按月计算，故根据不同劳务项目的特点分别规定：凡属于一次性收入的，以取得该项收入为一次，按次确定应纳税所得额；凡属于同一项目连续性收入的，以一个月内取得的收入为一次，据以确定应纳税所得额。劳务报酬中的"同一项目"，是指劳务报酬所得列举的 29 项具体劳务项目的某一项，如果纳税义务人兼有不同的劳务报酬所得，应当分别计税。

例如，从事设计、安装、装潢、制图、化验等劳务，往往是接受客户的委托，按照客户的要求，完成一次劳务后取得收入，因此属于一次性的收入，应以每次提供劳务取得的收入为一次。而某小学英语教师与一所外语培训学校签约，每周六去培训学校教授剑桥少儿英语，每次课后取得课酬 500 元。在计算其劳务报酬所得时，应视为同一项目连续性收入，以 1 个月内取得的收入为一次计征个人所得税，而不能以每次取得的收入为一次。

② 稿酬所得。稿酬所得，以每次出版、发表作品取得的收入为一次，确定应纳税所得额。在实际生活中，稿酬的支付或取得形式是多种多样的，比较复杂。为了便于合理确定不

同形式、不同情况、不同条件下稿酬的税收负担，国家税务总局另有具体规定：

- 个人每次以图书、报刊方式出版、发表同一作品，不论出版单位是预付还是分笔支付稿酬，或者加印该作品后再付稿酬，均应合并为一次征税；
- 同一作品再版取得的所得，应视作另一次稿酬所得计征个人所得税；
- 同一作品在报刊上连载，应合并其因连载而取得的所得为一次；
- 同一作品在报刊上连载之后又出书取得稿酬的或先出书后连载取得稿酬的，应视同再版稿酬分次征税，即连载为一次，出版为另一次。

③ 特许权使用费所得，以某项使用权的一次转让所取得的收入为一次。一个纳税义务人，可能不仅拥有一项特许权利，每项特许权的使用权也可能不止一次转让。因此，对特许权使用费所得的"次"的界定，明确为每一项使用权的每次转让所取得的收入为一次。如果该次转让取得的收入是分笔支付的，则应将各笔收入相加为一次的收入计税。

④ 财产租赁所得，以 1 个月内取得的收入为一次。

3. 费用扣除的方法

在计算应纳税所得额时，一般允许纳税义务人从收入总额中扣除一些必要的费用，当个人收入低于费用扣除额时，不用纳税；当个人收入高于费用扣除额时，则从收入总额中减去费用扣除额后，仅就余额征税。这是征收个人所得税的一项基本原则，也是世界各国的普遍做法。

我国现行的个人所得税根据所得的不同情况分别实行定额、定率和会计核算 3 种扣除办法。

① 采取定额扣除办法。对工资、薪金所得和对企事业单位的承包经营、承租经营所得涉及的个人生计费，从 2011 年 9 月 1 日起每月定额扣除 3 500 元。

② 采取会计核算办法扣除有关成本、费用或规定的必要费用。个体工商户的生产、经营所得及财产转让所得，采取会计核算办法扣除费用。

③ 采取定额和定率两种扣除办法。劳务报酬所得、稿酬所得、特许权使用费所得、财产租赁所得，因涉及既要按一定比例合理扣除费用，又要避免扩大征税范围等需要，故采取定额和定率两种扣除办法。

④ 不得扣除任何费用。利息、股息、红利所得，偶然所得和其他所得，因不涉及必要费用的支出，所以规定不得扣除任何费用。

【小思考 8-3】 为什么我国现行个人所得税对工资、薪金所得项目采用"定额扣除法"？

答："定额扣除法"具有透明度高、便于税款计算和征管的特点，因而被世界大部分国家的个人所得税所采用，并不是我国所特有的。所不同的是由于各国个人所得税制不同，其相应的具体扣除项目和标准有所不同。我国对工资、薪金所得项目采用的是定额综合扣除费用的办法，而不是像一些国家在基本扣除的基础上，再区别纳税义务人的家庭人口、赡养、抚养、就业、教育、是否残疾等不同情况确定其他单项扣除。我国之所以采用定额综合扣除费用的办法，其主要原因：一是我国个人所得税不同于世界上大多数国家普遍实行的综合税制，而是采用了分类税制，除对工资、薪金所得规定了费用扣除标准外，还对劳务报酬、财产租赁、特许权使用费等一些所得项目分别规定了费用扣除标准；二是我国目前有关社会配套条件不具备，税收征管手段还比较落后，难以准确掌握纳税义务人家庭人口、赡养、抚养、就业、教育、是否残疾等基本情况；三是在采用定额综合扣除费用的办法时，确定扣除标准考虑了一般家庭的情况，照顾到了赡养、抚养、就业、教育等因素。当然，定额综合扣除费用的办法虽然简单明了，但是存在照顾不到单个纳税义务人具体情况的弊端。随着经济发展、社会进步、生活水平提高，以及税务机关和有关部门基本能够掌握个人及其家庭情况之后，可以考虑设计更加合理的、符合不同纳税义务人具体情况的费用扣除办法。

4. 计税依据的特殊规定

① 个人将其所得通过中国境内的社会团体、国家机关向教育和其他社会公益事业及遭受严重自然灾害地区、贫困地区的捐赠，捐赠额未超过纳税义务人申报的应纳税所得额30％的部分，可以从应纳税所得额中扣除，超过部分不得扣除。

② 个人通过非营利性的社会团体和国家机关向红十字事业的捐赠、向农村义务教育的捐赠、对公益性青少年活动场所（其中包括新建）的捐赠，在计算缴纳个人所得税时，准予在税前的所得额中全额扣除。

③ 个人的所得（不含偶然所得和经国务院财政部门确定征税的其他所得）用于对非关联的科研机构和高等学校研究开发新产品、新技术、新工艺所发生的研究开发经费的资助，可以全额在下月（工资、薪金所得）或下次（按次计征的所得）或当年（按年计征的所得）计征个人所得税时，从应纳税所得额中扣除，不足抵扣的，不得结转抵扣。

8.3.2 个人所得税应纳税额的计算

由于现行个人所得税实行分项计税的办法，不同的应税所得分别采用不同的计税方法，纳税义务人兼有税法所列的两项或者两项以上所得的，按项分别计算纳税。下面就不同应税项目，分别介绍应纳税所得额的确定和应纳所得税额的计算方法。

1. 工资、薪金所得的计税方法

工资、薪金所得实行按月计征的办法，每月取得的工资、薪金所得定额扣除费用，适用3％～45％七级超额累进税率。

1) 应纳税所得额

工资、薪金所得以个人每月收入额减除3 500元费用后的余额为应纳税所得额。其计算公式为

$$应纳税所得额＝月工资、薪金收入－3\ 500$$

【小思考8-4】我国个人所得税费用扣除中有单项扣除吗？

答： 我国现行个人所得税工薪所得扣除标准中除3 500元费用扣除额外，还有住房公积金、基本医疗保险费、基本养老保险费、失业保险费（简称"四金"）的单项扣除。

近几年来，根据我国宏观经济发展要求和国家的统一部署，各地相继进行了住房、医疗和养老保险等社会保障制度的改革。为支持和配合这些改革措施的出台，财政部和国家税务总局规定，企业和个人按照国家和地方政府规定的比例提取并向指定的金融机构实际缴付的"四金"，从纳税义务人的应纳税所得额中扣除。个人领取原提存的"四金"，免征个人所得税。目前，个人缴纳的"四金"占到个人工薪收入的20％左右。

自2017年7月1日起，我国将商业健康保险个人所得税试点政策推广到全国范围实施。

对个人购买符合规定的商业健康保险产品的支出，允许在当年（月）计算应纳税所得额时予以税前扣除，扣除限额为 2 400 元/年（200 元/月）。单位统一为员工购买符合规定的商业健康保险产品的支出，应分别计入员工个人工资薪金，视同个人购买，按上述限额予以扣除。

2）减除费用的具体规定

（1）附加减除费用

附加减除费用，是指每月在减除 3 500 元费用的基础上，再减除一定数额的费用。

依据《中华人民共和国个人所得税法实施条例》第 28 条："附加减除费用适用的范围，是指在中国境内的外商投资企业和外国企业中工作的外籍人员；应聘在中国境内的企业、事业单位、社会团体、国家机关中工作的外籍专家；在中国境内有住所而在中国境外任职或者受雇取得工资、薪金所得的个人；国务院财政、税务主管部门确定的其他人员。"此外，附加减除费用也适用于华侨和香港、澳门、台湾同胞。

附加减除费用标准为 1 300 元。其个人所得税应纳税所得额的计算公式为

$$应纳税所得额＝月工资、薪金收入－3 500－1 300$$
$$＝月工资、薪金收入－4 800$$

【小思考 8-5】在中国境内的外商投资企业和外国企业中工作的中国公民；应聘在中国境内的企业、事业单位、社会团体、国家机关中工作的外籍技术人员，是否适用附加减除费用？

答：这是个人所得税扣缴工作中常见的问题。只有在中国境内的外商投资企业和外国企业中工作的外籍人员及应聘在中国境内的企业、事业单位、社会团体、国家机关中工作的外籍专家，才能适用附加减除费用。而在外企中工作的中国公民及在境内企事业单位中工作的外籍技术人员，仅适用 3 500 元的费用扣除标准。

（2）雇佣和派遣单位分别支付工资、薪金的费用扣除

在外商投资企业、外国企业和外国驻华机构工作的中方人员取得的工资、薪金收入，凡是由雇佣单位和派遣单位分别支付的，支付单位应扣缴应纳的个人所得税，以纳税义务人每月全部工资、薪金收入减除规定费用后的余额为应纳税所得额。为了有利于征管，采取由支付者一方减除费用的方法，即只有雇佣单位在支付工资、薪金时，才可按税法规定减除费用，计算扣缴税款；派遣单位支付的工资、薪金不再减除费用，以支付全额直接确定适用税率，计算扣缴个人所得税。

（3）境内、境外分别取得工资、薪金所得的费用扣除

纳税义务人在境内、境外同时取得工资、薪金所得，应首先判断其境内、境外取得的所得是否来源于一国的所得，如果因任职、受雇、履约等而在中国境内提供劳务取得所得，无论支付地点是否在中国境内，均为来源于中国境内的所得。纳税义务人能够提供在境内、境外同时任职或者受雇及其工资、薪金标准的有效证明文件，可判定其所得是分别来自境内和境外的，应分别减除费用后计算纳税。如果纳税义务人不能提供上述证明文件，则应视为来源于一国所得。

（4）特定行业职工取得的工资、薪金所得的费用扣除

为了照顾采掘业、远洋运输业、远洋捕捞业因季节、产量等因素的影响，职工的工资、

薪金收入呈现较大幅度波动的实际情况，对这三个特定行业的职工取得的工资、薪金所得采取按年计算、分月预缴的方式计征个人所得税。年度终了后30日内，合计其全年工资、薪金所得，再按12个月平均并计算实际应纳的税款，多退少补。

（5）个人取得公务交通、通信补贴收入的扣除标准

个人因公务用车和通信制度改革而取得的公务用车、通信补贴收入，扣除一定标准的公务费用后，按照"工资、薪金所得"项目计征个人所得税。按月发放的，并入当月"工资、薪金所得"计征个人所得税；不按月发放的，分解到所属月份并与该月份"工资、薪金所得"合并后计征个人所得税。

公务费用的扣除标准，由省级地方税务局根据纳税义务人公务、交通费用的实际发生情况调查测算，报经省级人民政府批准后确定，并报国家税务总局备案。

3）应纳税额的计算方法

（1）工资、薪金所得应纳个人所得税的基本计算

工资、薪金所得适用七级超额累进税率，按每月收入定额扣除3 500元或4 800元，就其余额作为应纳税所得额，按适用税率计算应纳税额。其计算公式为

$$应纳税额＝应纳税所得额×适用税率－速算扣除数$$
$$＝（每月收入额－3 500 或 4 800）×适用税率－速算扣除数$$

在计算工资、薪金所得应纳税额时需要注意以下两点。

① 由于个人所得税适用税率中的各级距均为扣除费用后的应纳税所得额，因此在确定适用税率时，不能以每月工资、薪金所得为依据，而应该以扣除规定费用后的余额为依据，找出对应级次的税率。

② 工资、薪金所得适用超额累进税率，为了简化计算过程，可以运用速算扣除数计算法，如果忘记减去速算扣除数，则变成适用全额累进税率，增加了纳税义务人的税负。

【例 8-1】

某服装设计师为中国公民，9月份取得工资收入6 000元。计算该设计师该月应缴纳的个人所得税。

解　　　　月应纳税额＝（6 000－3 500）×10％－105＝145（元）

假定该设计师为在中国境内中美合资企业工作的美国公民，其应纳税额为

（6 000－4 800）×3％＝36(元)

（2）雇主为其雇员负担个人所得税额的计算

在实际工作中，有的雇主（单位或个人）常常为纳税义务人负担税款，即支付给纳税义务人的报酬（包括工资、薪金、劳务报酬等所得）是不含税的净所得或称为税后所得，纳税义务人的应纳税额由雇主代为缴纳。这种情况下，就不能以纳税义务人实际取得的收入确定适用税率计算应纳税额，否则就会缩小税基，降低适用税率。正确的方法是，将纳税义务人的不含税收入换算为应纳税所得额，即含税收入，然后再计算应纳税额。具体分3种情况处理。

第一种：雇主全额为雇员负担税款。应将雇员取得的不含税收入换算成应纳税所得额后，计算单位或个人应当代付的税款。计算公式为

应纳税所得额＝(不含税收入额－费用扣除标准－速算扣除数)÷(1－税率)

应纳税额＝应纳税所得额×适用税率－速算扣除数

在上式中，第一个公式中的税率，是指不含税所得按不含税级距对应的税率；第二个公式中的税率，是指应纳税所得额按含税级距对应的税率，见表 8-1。对此，在计算过程中应特别注意，不能混淆。

【例 8-2】

境内某公司代其雇员（中国居民）缴纳个人所得税，10 月份支付给王某的不含税工资为 5 400 元人民币。计算该公司为王某代付的个人所得税。

解 由于王某的工资收入为不含税收入，应换算为含税的应纳税所得额后再计算应代付的个人所得税。

应纳税所得额＝(5 400－3 500－105)/(1－10％)＝1 994.44（元）

应代付的个人所得税＝1 994.44×10％－105＝94.44（元）

第二种：雇主为其雇员负担部分税款。又可分为定额负担部分税款和定率负担部分税款两种情形。

雇主为其雇员定额负担部分税款的，计算公式为

应纳税所得额＝雇员取得的工资＋雇主代雇员负担的税款－费用扣除标准

应纳税额＝应纳税所得额×适用税率－速算扣除数

雇主为其雇员定率负担部分税款，计算公式为

应纳税所得额＝(未含雇主负担的税款的收入额－费用扣除标准－速算扣除数×
负担比例)/(1－税率×负担比例)

应纳税额＝应纳税所得额×适用税率－速算扣除数

【例 8-3】

某外商投资企业雇员(外国居民)4 月份工资收入 12 000 元,雇主负担其工资所得 30％部分的税款。计算该纳税义务人当月应纳的个人所得税。

解

应纳税所得额＝(12 000－4 800－555×30％)/(1－20％×30％)＝7 482.45(元)

应缴纳个人所得税＝7 482.45×20％－555＝941.49(元)

(3) 对个人取得全年一次性奖金等计算征收个人所得税的方法

全年一次性奖金是指行政机关、企事业单位等扣缴义务人根据其全年经济效益和对雇员全年工作业绩的综合考核情况，向雇员发放的一次性奖金。

自 2005 年 1 月 1 日起，行政机关、企事业单位向其雇员发放的一次性奖金（包括年终加薪、实行年薪制和绩效工资办法的单位根据考核情况兑现的年薪和绩效工资）可单独作为一个月工资、薪金所得计算纳税，并按以下计税办法，由扣缴义务人发放时代扣代缴。

① 先将雇员当月内取得的全年一次性奖金除以 12 个月，按其商数确定适用税率和速算

扣除数。如果在发放年终一次性奖金的当月，雇员当月工资薪金所得低于税法规定的费用扣除额，应将全年一次性奖金减除"雇员当月工资薪金所得与费用扣除额的差额"后的余额，按上述办法确定全年一次性奖金的适用税率和速算扣除数。

② 将雇员个人当月内取得的全年一次性奖金，按上述确定的适用税率和速算扣除数计算征税，计算公式如下。

如果雇员当月工资薪金所得高于（或等于）税法规定的费用扣除额的，适用公式为

$$应纳税额＝雇员当月取得全年一次性奖金×适用税率－速算扣除数$$

如果雇员当月工资薪金所得低于税法规定的费用扣除额的，适用公式为

$$应纳税额＝\left(雇员当月取得全年一次性奖金－\substack{雇员当月工资薪金所得与\\费用扣除额的差额}\right)×$$
$$适用税率－速算扣除数$$

③ 在一个纳税年度内，对每一个纳税义务人，该计税办法只允许采用一次。

④ 雇员取得除全年一次性奖金以外的其他各种名目奖金，如半年奖、季度奖、加班奖、先进奖、考勤奖等，一律与当月工资、薪金收入合并，按税法规定缴纳个人所得税。

【例 8-4】

中国公民李某 12 月除了取得当月工资 4 200 元，还取得全年一次性奖金 20 000 元，李某应如何计算个人所得税？

解 当月工资应纳税额＝（4 200－3 500）×3%＝21（元）

由于李某 12 月的工资已超过扣除费用标准，可以直接用全年一次性奖金除以 12 的商确定适用的税率和速算扣除数。

第一步：20 000/12＝1 666.67（元）

第二步：1 666.67 元适用的工资、薪金所得税率为 10%，速算扣除数为 105 元。

第三步：全年一次性奖金应纳税额＝20 000×10%－105＝1 895（元）

当月应纳个人所得税＝1 895＋21＝1 916（元）

【例 8-5】

中国公民李某 12 月除了取得当月工资 1 500 元，还取得全年一次性奖金 20 000 元，李某应如何计算个人所得税？

解 由于李某 12 月份的工资未达缴纳个人所得税标准，故 12 月取得当月工资 1 500 元无须纳税，还应将全年一次性奖金减除李某"当月工资薪金所得与费用扣除额的差额"后的余额，用余额除以 12 的商确定适用的税率和速算扣除数。

第一步：[20 000－（3 500－1 500）]/12＝1 500（元）

第二步：1 500 元适用的工资、薪金所得税率为 3%，速算扣除数为 0 元。

第三步：全年一次性奖金应纳税额＝[20 000－（3 500－1 500）]×3%＝540（元）

当月应纳个人所得税＝540＋0＝540（元）

【例8-6】

如果李某7月份取得工资4 200元和半年奖10 000元，李某应如何计算个人所得税？

解 按规定，雇员取得除全年一次性奖金以外的其他各种名目奖金，一律与当月工资、薪金收入合并，按税法规定缴纳个人所得税。故李某7月份需要缴纳的个人所得税为

$$(10\ 000+4\ 200-3\ 500)\times25\%-1\ 005=1\ 670\ (元)$$

（4）雇佣和派遣单位分别支付工资、薪金的应纳税额的计算

对于雇佣和派遣单位分别支付工资、薪金的，采取由支付者一方减除费用的方法。纳税义务人，应持两处支付单位提供的原始明细工资、薪金单（书）和完税凭证原件，选择并固定到一地税务机关申报每月工资、薪金收入，汇算清缴其工资、薪金收入的个人所得税，多退少补。

【例8-7】

王先生为一外资企业的中方雇员，10月份该外资企业支付给王先生的工资为7 900元，同月王先生还收到其所在的派遣单位发给的工资900元。计算外资企业、派遣单位如何扣缴个人所得税？王先生实际应缴的个人所得税为多少？

解 外资企业（雇佣单位）在支付工资、薪金时，可按税法规定减除费用，计算扣缴税款；而派遣单位以支付全额直接确定适用税率，计算扣缴个人所得税；另外，王先生需要汇算清缴其工资、薪金收入的个人所得税。

外资企业应为王先生扣缴的个人所得税为

$$(7\ 900-3\ 500)\times10\%-105=335\ (元)$$

派遣单位应扣缴的个人所得税为

$$900\times3\%=27\ (元)$$

王某实际应缴的个人所得税为

$$(7\ 900+900-3\ 500)\times20\%-555=505\ (元)$$

王某到税务机关申报时，还应补缴143元（505−335−27）。

（5）企业年金、职业年金的计算方法

企业年金、职业年金，是指根据《企业年金试行办法》《事业单位职业年金试行办法》等国家相关政策规定，企业、事业单位及其职工在依法参加基本养老保险的基础上，建立的补充养老保险制度。

目前，年金缴费环节和年金基金投资收益环节暂不征收个人所得税，将纳税义务递延到个人实际领取年金的环节。

① 在年金缴费环节，对单位根据国家有关政策规定为职工支付的企业年金或职业年金

缴费，在计入个人账户时，个人暂不缴纳个人所得税；个人根据国家有关政策规定缴付的年金个人缴费部分，在不超过本人缴费工资计税基数的 4% 标准内的部分，暂从个人当期的应纳税所得额中扣除。

② 在年金基金投资环节，年金基金投资运营收益分配计入个人账户时，暂不征收个人所得税。

③ 在年金领取环节，个人达到国家规定的退休年龄领取的年金，按照"工资、薪金所得"项目适用的税率，计征个人所得税。

（6）企事业单位将自建住房以低于购置或建造成本价格销售给职工的计税方法

根据住房制度改革政策的有关规定，国家机关、企事业单位及其他组织在住房制度改革期间，按照所在地县级以上人民政府规定的房改成本价格向职工出售公有住房，职工因支付的房改成本价格低于房屋建造成本价格或市场价格而取得的差价收益，免征个人所得税。

除上述规定的情形外，根据《个人所得税法》及其实施条例的有关规定，单位按低于购置或建造成本价格出售住房给职工，职工因此而少支出的差价部分，属于个人所得税应税所得，应按照"工资、薪金所得"项目缴纳个人所得税。对职工取得的上述应税所得（差价部分），比照全年一次性奖金的征税办法，计算征收个人所得税。

例如，某单位买房（或建房）成本是 2 500 元/m²，卖给职工是 2 000/m²。如果张先生得到的房屋是 100 m²，那么张先生因此而少支出的差价部分为 50 000 元，比照全年一次性奖金的征税办法，张先生应纳个人所得税 4 895 元。

2. 个体工商户的生产、经营所得的计税方法

个体工商户的生产、经营所得实行按年计征的办法，其计税方法与企业所得税类似，分为查账征收和核定征收，所不同的是采用五级超额累进税率。

1）应纳税所得额

对于实行查账征收的个体工商户，其生产、经营所得或应纳税所得额是每一纳税年度的收入总额，减除成本、费用及损失后的余额。这是采用会计核算办法归集或计算得出的应纳税所得额。计算公式为

$$应纳税所得额＝收入总额－（成本＋费用＋损失＋准予扣除的税金）$$

（1）收入总额

个体工商户的收入总额，是指个体工商户从事生产经营以及与生产经营有关的活动取得的货币形式和非货币形式的各项收入，包括：销售货物收入、提供劳务收入、转让财产收入、利息收入、租金收入、接受捐赠收入、其他收入。

（2）准予扣除的项目

在计算应纳税所得额时，准予从收入总额中扣除的项目包括成本、费用、损失和准予扣除的税金。

成本、费用，是指个体工商户从事生产、经营所发生的各项直接支出和分配计入成本的间接费用，以及销售费用、管理费用、财务费用。

损失，是指个体工商户在生产、经营过程中发生的各项营业外支出。包括：固定资产盘亏、报废、毁损和出售的净损失，自然灾害或意外事故损失，公益救济性捐赠、赔偿金，违约金等。

① 个体工商户、个人独资企业和合伙企业向其从业人员实际支付的合理的工资、薪金

支出，允许在税前据实扣除。

② 个体工商户、个人独资企业和合伙企业拨缴的工会经费、发生的职工福利费、职工教育经费支出分别在工资薪金总额2%、14%、2.5%的标准内据实扣除。

③ 个体工商户、个人独资企业和合伙企业每一纳税年度发生的广告费和业务宣传费用不超过当年销售（营业）收入15%的部分，可据实扣除；超过部分，准予在以后纳税年度结转扣除。

④ 个体工商户、个人独资企业和合伙企业每一纳税年度发生的与其生产经营业务直接相关的业务招待费支出，按照发生额的60%扣除，但最高不得超过当年销售（营业）收入的5‰。

自2011年9月1日起，个体工商户业主、个人独资企业和合伙企业投资者本人的费用扣除标准统一确定为42 000元/年（3 500元/月）。

纳税义务人不能提供有关的收入、成本、费用、损失等的完整、准确的纳税资料，不能正确计算应纳税所得额的，应由主管税务机关核定其应纳税所得额。

2）应纳税额的计算方法

个体工商户的生产、经营所得适用五级超额累进税率，以其应纳税所得额按适用税率计算应纳税额。其计算公式为

$$应纳税额＝应纳税所得额×适用税率－速算扣除数$$

3）个人独资企业和合伙企业生产经营所得应纳税额的计算

对个人独资企业和合伙企业生产经营所得，其个人所得税应纳税额的计算有两种方法：查账征收和核定征收。

（1）查账征收

个人独资企业的投资者以全部生产经营所得为应纳税所得额；合伙企业的投资者按照合伙企业的全部生产经营所得和合伙协议约定的分配比例确定应纳税所得额，合伙协议没有约定分配比例的，以全部生产经营所得和合伙人数量平均计算每个投资者的应纳税所得额。

凡实行查账征税办法的，生产经营所得比照《个体工商户个人所得税计税办法（试行）》的规定确定。

（2）核定征收

核定征收方式，包括定额征收、核定应税所得率征收及其他合理的征收方式。

应税所得率应按表8-4规定的标准执行。

表8-4 个人所得税应税所得率表

行 业	应税所得率/%	行 业	应税所得率/%
工业、交通运输业、商业	5～20	娱乐业	20～40
建筑业、房地产开发业	7～20	其他行业	10～30
饮食服务业	7～25		

企业经营多业的，无论其经营项目是否单独核算，均应根据其主营项目确定其适用的应税所得率。

实行核定征收的投资者，不能享受个人所得税的优惠政策。

【例8-8】

某个人独资企业全年销售收入为 980 万元；销售成本和期间费用为 870 万元，其中业务招待费 12 万元、广告费 8 万元、业务宣传费 3 万元、投资者工资 5.5 万元；销售税金及附加 48.4 万元。计算该独资企业当年应缴纳的个人所得税。

(1) 业务招待费可以扣除 4.9 万元

$$标准一 \quad 980 \times 5‰ = 4.9 （万元）$$

$$标准二 \quad 12 \times 60\% = 7.2 （万元）$$

(2) 广告费和业务宣传费可以据实扣除

$$广告费扣除限额 = 980 \times 15\% = 147 （万元）$$

(3) 投资者的工资税前不可以扣除，投资者每月的费用扣除标准为 3 500 元

(4) 应纳税所得额 = 980 − 870 + (12 − 4.9 + 5.5) − 48.4 − 0.35 × 12 = 70 （万元）

(5) 应纳税额 = 70 × 10 000 × 35% − 14 750 = 230 250 （元）

3. 对企事业单位承包、承租经营所得的计税方法

对企事业单位承包、承租经营所得，采取扣除定额费用，适用五级超额累进税率，实行按年计征的办法。

1) 应纳税所得额

对企事业单位的承包经营、承租经营所得，以每一纳税年度的收入总额，减除必要费用后的余额，为应纳税所得额。

每一纳税年度的收入总额，是指纳税义务人按照承包经营、承租经营合同规定分得的经营利润和工资、薪金性质的所得；所说的减除必要费用，是指按月减除 3 500 元。其计算公式为

$$应纳税所得额 = 个人承包、承租经营收入总额 − 3 500$$

2) 应纳税额的计算方法

对企事业单位承包经营、承租经营所得，其应纳税额的计算公式为

$$应纳税额 = 应纳税所得额 \times 适用税率 − 速算扣除数$$

实行承包、承租经营的纳税义务人，应以每一纳税年度的承包、承租经营所得计算纳税。纳税义务人在一个年度内分次取得承包、承租经营所得的，应在每次取得承包、承租经营所得后，先预缴税款，年终汇算清缴，多退少补。如果纳税义务人的承包、承租期，在一个纳税年度内，经营不足 12 个月的，应以其实际承包、承租经营的期限为一个纳税年度计算纳税。

【例8-9】

王某承包本单位的招待所，承包期为 1 年，年终分得承包利润 83 600 元，每月王某从单位领取工资 3 000 元。计算王某当年应缴纳的个人所得税。

解 应纳税所得额 = (83 600 + 3 000 × 12) − 3 500 × 12 = 77 600 （元）

应纳税额 = 77 600 × 30% − 9 750 = 13 530 （元）

4. 劳务报酬所得的计税方法

劳务报酬所得实行按次计征，采用定额、定率扣除费用，适用 20％的比例税率，并有加成的规定。

1）应纳税所得额

劳务报酬所得以个人每次取得的收入，定额或定率减除规定费用后的余额为应纳税所得额。每次收入不超过 4 000 元的，定额减除费用 800 元；每次收入在 4 000 元以上的，定率减除 20％的费用，其计算公式如下。

每次收入不超过 4 000 元的

$$应纳税所得额＝每次收入额－800$$

每次收入在 4 000 元以上的

$$应纳税所得额＝每次收入额×(1－20％)$$

如果个人兼有劳务报酬所得列举的 29 项具体劳务项目中的不同项目，应当分别按不同的项目所得定额或定率减除费用。

2）应纳税额的计算方法

劳务报酬所得适用 20％的比例税率，其应纳税额的计算公式为

$$应纳税额＝应纳税所得额×适用税率$$

如果纳税义务人的每次应税劳务报酬所得的应纳税所得额超过 20 000 元，应实行加成征税，其应纳税总额应依据相应税率和速算扣除数计算。计算公式为

$$应纳税额＝应纳税所得额×适用税率－速算扣除数$$

【小思考 8－6】如果某人取得劳务报酬 22 000 元，是否适用加成征收？

答：由于劳务报酬所得 22 000 元扣除 20％的费用后得到的应纳税所得额为 17 600 元，低于 20 000 元，因此不适用加成征收。只有当应纳税所得额超过 20 000 元，换算成每次劳务报酬所得超过 25 000 元时，才适用加成征收。

【例 8-10】

王某给一家酒店装修，共获得劳务报酬所得 30 000 元，其中包括设计费 8 000 元，装修费 22 000 元，计算王某应纳个人所得税额。

解 王某取得的 30 000 元所得属于劳务报酬所得中的两个具体项目——"设计"和"装潢"，可以分别减除费用、分别计算。由于两项所得的应纳税所得额均低于 20 000 元，故无须加成征税。

应纳个人所得税＝[8 000×(1－20％)＋22 000×(1－20％)]×20％＝4 800（元）

如果王某取得的 30 000 元为设计费，则由于应纳税所得额超过 20 000 元，应实行加成征税。

$$应纳税所得额＝30\ 000×(1－20\%)＝24\ 000\ (元)$$
$$应纳税额＝24\ 000×30\%－2\ 000＝5\ 200\ (元)$$

或

$$应纳税额＝20\ 000×20\%＋4\ 000×30\%＝5\ 200\ (元)$$

3）为纳税义务人代付税款的计算方法

如果单位或个人为纳税义务人代付税款的，应当将纳税义务人取得的不含税收入额换算为应纳税所得额，然后按规定计算应代付的个人所得税款，计算公式如下。

不含税收入额不超过 3 360 元（即含税收入额 4 000 元）的

$$应纳税所得额＝(不含税收入额－800)÷(1－税率)$$
$$应纳税额＝应纳税所得额×适用税率$$

不含税收入额超过 3 360 元的

$$应纳税所得额＝\frac{(不含税收入额－速算扣除数)×(1－20\%)}{1－税率×(1－20\%)}$$
$$应纳税额＝应纳税所得额×适用税率－速算扣除数$$

4）保险营销员（非雇员）取得的佣金计税方法

依据国家税务总局《关于保险营销员取得佣金收入免征个人所得税问题的通知》（国税函〔2006〕454 号），保险营销员的佣金由展业成本和劳务报酬构成。自 2006 年 6 月 1 日起，将佣金收入的 40% 作为展业成本，不征收个人所得税。佣金收入的 60% 部分扣除实际缴纳的销售税金及附加后，按照"劳务报酬所得"项目的费用扣除标准和税率计算缴纳个人所得税。证券经纪人从证券公司取得的佣金收入，比照上述计税方法缴纳个人所得税。

5. 稿酬所得的计税方法

稿酬所得的计税方法与劳务报酬所得相同，只是按规定对应纳税额减征 30%，即实际缴纳税额是应纳税额的 70%，其计算公式为

$$应纳税额＝应纳税所得额×适用税率$$
$$实际缴纳税额＝应纳税额×(1－30\%)$$

【例 8-11】

某教师的专著于 2 月份出版，获得稿酬 27 000 元，当年 9 月份因专著加印又得到稿酬 3 000 元。计算该教师缴纳的所得税。

解 个人因加印作品后再付稿酬，应合并为一次征税。

$$应纳税所得额＝(27\ 000＋3\ 000)×(1－20\%)＝24\ 000\ (元)$$
$$应纳税额＝24\ 000×20\%×(1－30\%)＝3\ 360\ (元)$$
$$第一次实际缴纳税额＝27\ 000×(1－20\%)×20\%×(1－30\%)＝3\ 024\ (元)$$
$$第二次实际缴纳税额＝3\ 360－3\ 024＝336\ (元)$$

注意：只有劳务报酬所得适用加成征收。

6. 特许权使用费所得的计税方法

特许权使用费所得的计税方法与劳务报酬所得相同，其中每次收入是指一项特许权的一次许可使用所取得的收入。对个人从事技术转让中所支付的中介费，若能提供有效合法凭证，允许从其所得中扣除。

特许权使用费所得适用20%的比例税率，其应纳税额的计算公式为

$$应纳税额＝应纳税所得额×适用税率$$

7. 利息、股息、红利所得的计税方法

1）应纳税所得额

利息、股息、红利所得，以个人每次取得的收入额为应纳税所得额，不得从收入额中扣除任何费用。

2）应纳税额的计算方法

利息、股息、红利所得适用20%的比例税率，其应纳税额的计算公式为

$$应纳税额＝应纳税所得额（每次收入额）×适用税率$$

【小思考8－7】随着"零钱宝"和"余额宝"等理财产品上线，越来越多的人通过这种新型渠道进行理财，对此有人会产生疑问，从类似"余额宝"产品中取得的收益是否应缴纳个人所得税？

答：类似"余额宝"等理财产品都是与相关基金挂钩，即用户在其网站直接购买基金等理财产品。例如购买"余额宝"产品，就相当于购买天弘基金管理公司的货币基金产品。根据《关于开放式证券投资基金有关税收问题的通知》（财税〔2002〕128号）的规定，对个人投资者申购和赎回基金单位取得的差价收入，在对个人买卖股票的差价收入未恢复征收个人所得税以前，暂不征收个人所得税。

---

8. 财产租赁所得的计税方法

1）应纳税所得额

在确定财产租赁所得的应纳税所得额时，纳税义务人在出租财产过程中缴纳的税金和教育费附加，可持完税（缴款）凭证，从其财产租赁收入中扣除。准予扣除的项目除了规定费用和有关税、费外，还准予扣除能够提供有效、准确凭证，证明由纳税义务人负担的该出租财产实际开支的修缮费用。允许扣除的修缮费用，以每次800元为限。一次扣除不完的，准予在下一次继续扣除，直到扣完为止。

个人出租财产取得的财产租赁收入，在计算缴纳个人所得税时，应依次扣除以下费用：

① 财产租赁过程中缴纳的税费；

② 由纳税义务人负担的该出租财产实际开支的修缮费用；

③ 税法规定的费用扣除标准。

应纳税所得额的计算公式如下。

每次（月）收入不超过4 000元的

应纳税所得额＝每次（月）收入额－准予扣除项目－修缮费用(800 元为限)－800

每次（月）收入超过 4 000 元的

应纳税所得额＝[每次（月）收入额－准予扣除项目－修缮费用(800 元为限)]×(1－20%)

2）应纳税额的计算方法

财产租赁所得适用 20% 的比例税率。但对个人按市场价格出租的居民住房取得的所得，自 2001 年 1 月 1 日起暂减按 10% 的税率征收个人所得税。其应纳税额的计算公式为

$$应纳税额＝应纳税所得额×适用税率$$

【例 8-12】

赵某将自用房屋从 1 月份开始出租，租期一年，每月租金收入为 2 000 元，年租金收入 24 000 元。赵某每月缴纳有关税费 300 元。计算赵某全年租金收入应缴纳的个人所得税。

个人按市场价出租居民住房取得的所得减按 10% 的税率征收个人所得税。

每月应纳税额＝（2 000－300－800）×10%＝90（元）

全年应纳税额＝90×12＝1 080（元）

如果 7 月份因阳台漏雨支付修理费用 1 800 元，由赵某承担，有维修部门的正式收据，则

7、8 月份应纳税额＝（2 000－300－800－800）×10%＝10（元）

9 月份应纳税额＝（2 000－300－200－800）×10%＝70（元）

全年应纳税额＝90×9＋10×2＋70＝900（元）

9. 财产转让所得的计税方法

1）应纳税所得额

财产转让所得以个人每次转让财产取得的收入额减除财产原值和合理费用后的余额为应纳税所得额。其中，"每次"是指以一件财产的所有权一次转让取得的收入为一次。

财产转让所得中允许减除的财产原值是指：

① 有价证券，其原值为买入价及买入时按规定交纳的有关费用；

② 建筑物，其原值为建造费或者购进价格及其他有关税费；

③ 土地使用权，其原值为取得土地使用权所支付的金额，开发土地的费用及其他有关税费；

④ 机器设备、车船，其原值为购进价格、运输费、安装费，以及其他有关费用；

⑤ 其他财产，其原值参照以上方法确定。

如果纳税义务人未提供完整、准确的财产原值凭证，不能正确计算财产原值的，由主管税务机关核定其财产原值。财产转让所得中允许减除的合理费用，是指卖出财产时按照规定支付的有关费用。

财产转让所得应纳税所得额的计算公式为

$$应纳税所得额＝每次收入额－财产原值－合理税费$$

2）应纳税额的计算方法

财产转让所得适用 20％的比例税率，其应纳税额的计算公式为

$$应纳税额＝应纳税所得额×适用税率$$

【例 8-13】

一居民将自有的已居住 3 年的一套住房转让，取得转让收入 60 万元，转让过程中按规定交纳各种税费 3 万元，支付中介机构介绍费 0.8 万元，经有关机构评估，该房屋的原值为 45 万元。计算该居民转让住房应纳的个人所得税。

解 应纳税所得额＝财产转让收入－财产原值－合理税费
　　　　　　＝600 000－450 000－30 000－8 000＝112 000（元）
应纳税额＝112 000×20％＝22 400（元）

10. 偶然所得的计税方法

偶然所得以个人每次取得的收入额为应纳税所得额，不扣除任何费用。除有特殊规定外，每次收入额就是应纳税所得。偶然所得适用 20％的比例税率。其应纳税额的计算公式为

$$应纳税额－应纳税所得额（每次收入额）×适用税率$$

【例 8-14】

甲、乙二人购买体育彩票，分别中奖 20 000 元和 8 000 元。请问二人实际能领取多少奖金。

解 甲应纳税额＝20 000×20％＝4 000（元）
乙免交个人所得税。则甲、乙实际能领取 16 000 元和 8 000 元。

11. 其他所得计税方法

其他所得计税方法与偶然所得的计税方法相同，其应纳税额的计算公式为

$$应纳税额＝应纳税所得额（每次收入额）×适用税率$$

8.3.3　个人所得税的特殊计税方法

如何正确、合理地确定和计算应纳税所得额及应纳所得税额是一个比较复杂的问题。除了上述 11 种应税项目的计税方法以外，税法还针对计税过程中涉及的一些带普遍性的问题和特殊问题，单独规定有专门的计税方法。

1. 扣除捐赠款的计税方法

税法规定，个人将其所得对教育事业和其他公益事业捐赠的部分，允许从应纳税所得额中扣除。上述捐赠是指个人将其所得通过中国境内的社会团体、国家机关向教育和其他社会公益事业及遭受严重自然灾害地区、贫困地区的捐赠。

我国个人所得税的捐赠扣除分为全额扣除和限额扣除，一般捐赠额的扣除以不超过纳税义务人申报应纳税所得额的 30％为限。计算公式为

$$捐赠扣除限额＝应纳税所得额×30％$$

允许扣除的捐赠额＝实际捐赠额≤捐赠扣除限额的部分；如果实际捐赠额大于捐赠扣除限额时，只能按捐赠扣除限额扣除。

应纳税额＝（应纳税所得额－允许扣除的捐赠额）×适用税率－速算扣除数

【例 8-15】

某歌星 6 月参加某地区庆典，取得劳务报酬 30 000 元，计算该歌星应纳个人所得税。

解 应纳税所得额＝30 000×（1－20%）＝24 000（元）

应纳税额＝24 000×30%－2 000＝5 200（元）

允许扣除捐赠的限额＝24 000×30%＝7 200（元）

如果该歌星从报酬中拿出 2 000 元通过民政局捐赠给受灾地区，由于 2 000＜7 200，则

应纳税额＝（24 000－2 000）×30%－2 000＝4 600（元）

如果捐赠额超过 7 200 元，则应纳税额均为 3 360 元，即

应纳税额＝（24 000－7 200）×20%＝3 360（元）

---

2. 境外缴纳税额抵免的计税方法

在中国境内有住所或者虽无住所，但在中国境内居住满一年以上的个人，为我国个人所得税的居民纳税义务人，其从中国境内和境外取得的所得，都应缴纳个人所得税。实际上，纳税义务人的境外所得一般均已在来源国家或地区缴纳了所得税。为了避免发生国家间对同一所得的重复征税，同时维护我国的税收权益，我国在对纳税义务人的境外所得行使税收管辖权时，对该所得在境外已纳税额采取了分不同情况从应征税额中予以扣除的做法。

税法规定，纳税义务人从中国境外取得的所得，准予其在应纳税额中扣除已在境外实缴的个人所得税税款，但扣除额不得超过该纳税义务人境外所得依照本法规定计算的应纳税额。具体规定及计税方法如下。

（1）实缴境外税款

即实际已在境外缴纳的税额，是指纳税义务人从中国境外取得的所得，依照所得来源国或地区的法律应当缴纳并且实际已经缴纳的税额。

（2）抵免限额

准予抵免（扣除）的实缴境外税款最多不能超过境外所得按我国税法计算的抵免限额（应纳税额或扣除限额）。我国个人所得税的抵免限额采用分国限额法。即分别来自不同国家或地区和不同应税项目，依照税法规定的费用减除标准和适用税率计算抵免限额。对于同一国家或地区的不同应税项目，以其各项的抵免限额之和作为来自该国或该地区所得的抵免限额。其计算公式为

$$来自某国或地区的抵免限额 = \sum（来自某国或地区的某一应税项目的所得 -$$
$$费用减除标准）×适用税率 - 速算扣除数$$

$$或 = \sum（来自某国或地区的某一种应税项目的净所得 + 境外实缴税款 -$$
$$费用减除标准）×适用税率 - 速算扣除数$$

上式中的费用减除标准和适用税率，均指我国个人所得税法及其实施条例规定的有关费用减除标准和适用税率。不同的应税项目减除不同的费用标准，计算出的单项抵免限额相加后，求得来自一国或地区所得的抵免限额，即分国的抵免限额。

（3）允许抵免额

允许抵免额是指允许在纳税义务人应纳我国个人所得税税额中扣除的税额。允许抵免额要分国确定，即在计算出的来自一国或地区所得的抵免限额与实缴该国或地区的税款之间相比较，以数额较小者作为允许抵免额。

（4）超限额与不足限额结转

在某一纳税年度，如发生实缴境外税款超过抵免限额，即发生超限额时，超限额部分不允许在应纳税额中抵扣，但可以在以后纳税年度仍来自该国家或地区的不足限额，即实缴境外税款低于抵免限额的部分中补扣。这一做法称为限额的结转或轧抵。下一年度结转后仍有超限额的，可继续结转，但每年发生的超限额结转期最长不得超过 5 年。

（5）申请抵免

境外缴纳税款的抵免必须由纳税义务人提出申请，并提供境外税务机关填发的完税凭证原件。

（6）应纳税额的计算

在计算出抵免限额和确定了允许抵免额之后，便可对纳税义务人的境外所得计算应纳税额。其计算公式为

$$应纳税额 = \sum(来自某国或地区的所得 - 费用减除标准) \times 适用税率 - 速算扣除数 - 允许抵免额$$

【例 8-16】

某中国公民 3 月从 A 国取得特许权使用费收入 12 000 元，并缴纳了 2 000 元的个人所得税；同月从 B 国取得利息收入 6 000 元，缴纳了 1 000 元的个人所得税。计算该公民 3 月份应纳个人所得税。

解　来自 A 国特许权使用费所得的抵免限额为

$$12\,000 \times (1 - 20\%) \times 20\% = 1\,920（元）$$

该公民已在 A 国缴纳个人所得税 2 000 元，大于抵免限额，不需要补税，其超过限额的 80 元不能在本年度抵扣，但可在以后 5 个纳税年度 A 国扣除限额的余额中补减。

来自 B 国利息所得的抵免限额为

$$6\,000 \times 20\% = 1\,200（元）$$

该公民已在 B 国缴纳个人所得税 1 000 元，低于抵免限额，可以全额抵扣，并需要在我国补缴个人所得税 200 元（1 200 - 1 000）。

3. 两个以上的纳税义务人共同取得同一项目所得的计税方法

两个或两个以上的个人共同取得同一项目所得的，如共同编著一本书而取得的稿酬、参加同一场演出取得的报酬等，应当对每个人取得的收入分别按照税法规定减除费用后计算纳

税，即实行"先分、后扣、再税"的办法。

【例8-17】

甲、乙两人合作的一篇论文在学术期刊上发表，取得稿酬2 000元。甲分得1 400元，乙分得600元。计算甲、乙分别应缴纳的个人所得税。

解 甲应纳所得税＝(1 400－800)×20％×(1－30％)＝84（元）

乙由于所得600元低于800元的费用扣除标准，不需要缴纳个人所得税。

同一纳税义务人同时兼有两项或两项以上应税所得时，按照税法的规定，应按项分别计算纳税。

【例8-18】

某工程师（中国公民）12月份取得收入情况如下。

① 取得月工资5 200元，取得年终奖金36 000元。

② 与同事合作出版一本书，稿酬共计9 000元，工程师分得3 000元。

③ 为其他单位提供一次工程设计，取得收入25 000元，将其中10 000元通过民政部门捐给了灾区。

④ 取得国家发行的金融债券利息收入2 000元，本单位集资的利息收入3 000元。

⑤ 取得股息5 000元。

⑥ 在境外某杂志上刊登论文一篇，取得稿酬3 200元，已在境外缴纳了300元的所得税。

⑦ 将私房出租，每月租金收入2 000元。

⑧ 私有财产受损，取得保险公司赔款4 000元。

要求： 计算该工程师12月份应缴纳的个人所得税。

解 (1) 工资性收入应纳个人所得税

$$(5\ 200－3\ 500)×10％－105＋36\ 000×10％－105＝3\ 560（元）$$

(2) 稿酬收入应纳个人所得税

$$境内：(3\ 000－800)×14％＝308（元）$$

$$境外：抵免限额＝(3\ 200－800)×14％＝336（元）$$

$$合计：308＋(336－300)＝344（元）$$

(3) 劳务报酬收入应纳税

$$应纳税所得额＝25\ 000×(1－20％)＝20\ 000（元）$$

$$捐赠扣除限额＝20\ 000×30％＝6\ 000（元）$$

$$应纳税额＝(20\ 000－6\ 000)×20％＝2\ 800（元）$$

(4) 利息、股息收入应纳税

$$(3\ 000＋5\ 000)×20％＝1\ 600（元）$$

（5）租金收入应纳税

$$(2\,000-800)\times20\%=240\,（元）$$

该工程师 12 月份共计应缴纳的所得税 $=3\,560+344+2\,800+1\,600+240=8\,544\,（元）$

注： 国家发行的金融债券利息和保险公司赔款免征个人所得税。

8.3.4 个人所得税的税收优惠

个人所得税既是一种分配手段，也是体现国家政策的重要工具。为了鼓励科学发明，支持社会福利、慈善事业和照顾某些纳税义务人的实际困难，《个人所得税法》及其实施条例和财政部、国家税务总局的有关规定等，都对个人所得项目给予了减免税的优惠。这些优惠主要分为：免税项目、减税项目和暂免征税项目。

1. 免税项目

《中华人民共和国个人所得税法》第 4 条规定，下列各项个人所得，免纳个人所得税。

① 省级人民政府、国务院部委和中国人民解放军军以上单位，以及外国组织、国际组织颁发的科学、教育、技术、文化、卫生、体育、环境保护等方面的奖金。

② 国债和国家发行的金融债券利息。这里所说的国债利息，是指个人持有中华人民共和国财政部发行的债券而取得的利息所得；所说的国家发行的金融债券利息，是指个人持有经国务院批准发行的金融债券而取得的利息所得。

③ 按照国家统一规定发给的补贴、津贴。这里所说的补贴、津贴，是指按照国务院规定发给的政府特殊津贴、院士津贴、资深院士津贴，以及国务院规定免纳个人所得税的其他补贴、津贴。

④ 福利费、抚恤金、救济金。

⑤ 保险赔款。

⑥ 军人的转业费、复员费。

⑦ 按照国家统一规定发给干部、职工的安家费、退职费、退休工资、离休工资、离休生活补助费。

⑧ 依照我国有关法律规定应予免税的各国驻华使馆、领事馆的外交代表、领事官员和其他人员的所得。

⑨ 中国政府参加的国际公约、签订的协议中规定免税的所得。

⑩ 经国务院财政部门批准免税的所得。

2. 减税项目

有下列情形之一的，经批准可以减征个人所得税：

① 残疾、孤老人员和烈属的所得；

② 因严重自然灾害造成重大损失的；

③ 其他经国务院财政部门批准减税的。

3. 暂免征税项目

根据财政部、国家税务总局《关于个人所得税若干政策问题的通知》的规定，对下列所得暂免征收个人所得税。

① 个人举报、协查各种违法、犯罪行为而获得的奖金。

② 个人办理代扣代缴税款手续，按规定取得的扣缴手续费。

③ 个人转让自用达 5 年以上且是唯一的家庭居住用房取得的所得。

④ 达到离休、退休年龄，但确因工作需要，适当延长离休、退休年龄的高级专家（指享受国家发放的政府特殊津贴的专家、学者），其在延长离休、退休期间的工资、薪金所得，视同离休、退休工资免征个人所得税。

⑤ 对个人购买福利彩票、体育彩票，一次中奖收入在 1 万元以下的（含 1 万元）暂免征收个人所得税；超过 1 万元的，全额征收个人所得税。

⑥ 企业依照国家有关法律规定宣告破产，企业职工从该破产企业取得的一次性安置费收入，免征个人所得税。

⑦ 对被拆迁人按照国家有关城镇房屋拆迁管理办法规定的标准取得的拆迁补偿款，免征个人所得税。

⑧ 个人取得单张有奖发票奖金所得不超过 800 元（含 800 元）的，暂免征收个人所得税；超过 800 元的，应全额按照个人所得税法规定的"偶然所得"项目征收个人所得税。

⑨ 自 2015 年 9 月 8 日起，个人从公开发行和转让市场取得的上市公司股票，持股期限在 1 个月以内（含 1 个月）的，其股息红利所得全额计入应纳税所得额；持股期限在 1 个月以上至 1 年（含 1 年）的，暂减按 50% 计入应纳税所得额；持股期限超过 1 年的，股息红利所得暂免征收个人所得税。

8.4　个人所得税的申报缴纳

个人所得税税源分散，流动性大，时间性强，相对其他税种征管难度较大。目前我国居民收入来源具有多元化、隐形化和非规范化特点。为了实现有效征管，个人所得税采用了以源泉扣缴为主、纳税义务人自行申报纳税为辅的征收方式。在我国，代扣代缴个人所得税收入占个人所得税收入的 75% 以上。

8.4.1　源泉扣缴

代扣代缴，是指按照税法规定负有扣缴税款义务的单位或个人，在向个人支付应税所得时，代扣其应纳的个人所得税税款并代为上缴国库，同时向税务机关报送扣缴个人所得税报告表的一种纳税方式。

自 1995 年 4 月 1 日起执行的《个人所得税代扣代缴暂行办法》，对扣缴义务人和代扣代缴的范围、扣缴义务人的义务及应承担的责任、代扣代缴的期限等作了明确的规定。

1. 扣缴义务人

《个人所得税法》第 8 条规定：个人所得税，以所得人为纳税义务人，以支付所得的单位或者个人为扣缴义务人。

凡支付个人应税所得的企业（公司）、事业单位、机关、社会团体、军队、驻华机构、个体户等单位或者个人，为个人所得税的扣缴义务人。

2. 代扣代缴的范围

除"个体工商户的生产、经营所得"外，扣缴义务人在向个人支付税法列举的 10 项应税所得时，不论纳税义务人是否属于本单位人员，均应代扣代缴其应纳的个人所得税税款。

3. 扣缴义务人的法定义务

《个人所得税法实施条例》第 35 条规定：扣缴义务人在向个人支付应税款项时，应当依照税法规定代扣税款，按时缴库，并专项记载备查。这里所说的支付，包括现金支付、汇拨支付、转账支付和以有价证券、实物及其他形式的支付。

扣缴义务人（企业、单位）应该指定支付应税所得的财务会计部门或其他有关部门的人员为办税人员，由办税人员具体办理个人所得的代扣代缴工作。扣缴义务人在代扣税款时应主动向税务机关申领代扣代收税款凭证，据以向纳税义务人扣税。

4. 扣缴义务人的法律责任

扣缴义务人应该设立代扣代缴税款账簿，正确反映个人所得税的扣缴情况，并如实填写《扣缴个人所得税报告表》及其他有关资料。

扣缴义务人对纳税义务人的应扣未扣的税款，其应纳税款仍然由纳税义务人缴纳，扣缴义务人应承担应扣未扣税款的 50％以上至 3 倍的罚款。

5. 代扣代缴期限

扣缴义务人每月所扣的税款，应当在次月 15 日内缴入国库，并向主管税务机关报送《扣缴个人所得税报告表》、代扣代收税款凭证等有关资料。

8.4.2 自行申报

自行申报纳税，是指纳税义务人在税法规定的纳税期限内，自行向税务机关申报取得的应税所得项目和数额，如实填写纳税申报表，计算应纳税额，并据此缴纳个人所得税的一种方法。

《个人所得税法实施条例》第 36 条规定，纳税义务人有下列情形之一的，应当按照规定到主管税务机关办理纳税申报：①年所得 12 万元以上的；②从中国境内两处或者两处以上取得工资、薪金所得的；③从中国境外取得所得的；④取得应纳税所得，没有扣缴义务人的；⑤国务院规定的其他情形。

2006 年 11 月 6 日国家税务总局制定下发了《个人所得税自行纳税申报办法（试行）》，分别从制定办法的依据、申报对象、申报内容、申报地点、申报期限、申报方式、申报管理、法律责任、执行时间等方面，明确了自行纳税申报的具体操作方法。

1. 自行申报范围具体规定

《办法》规定，符合第①种情形的纳税义务人，即纳税义务人在一个纳税年度内取得的全部应税所得达到 12 万元，不论取得的各项所得是否已足额缴纳了个人所得税，年度终了后都应当再自行向税务机关办理纳税申报。但是年所得 12 万元以上的纳税义务人，不包括在中国境内无住所，且在一个纳税年度中在中国境内居住不满 1 年的个人。年所得 12 万元以上情形的纳税申报，自 2006 年 1 月 1 日起执行。

符合第②至第④种情形的纳税义务人，要进行日常申报纳税，即在取得应税所得时，就应当按照《办法》的相关规定，在规定的期限内向主管税务机关办理纳税申报并缴纳税款。

第③种情形所称从中国境外取得所得的纳税义务人，是指在中国境内有住所或者无住所而在一个纳税年度中在中国境内居住满1年的个人。第②至第④种情形的纳税申报规定，自2007年1月1日起执行。

2. 申报内容

年所得12万元以上的纳税义务人，在纳税年度终了后，应当填写《个人所得税纳税申报表（适用于年所得12万元以上的纳税义务人申报）》，并在办理纳税申报时报送主管税务机关，同时报送个人有效身份证件复印件，以及主管税务机关要求报送的其他有关资料。有效身份证件，包括纳税义务人的身份证、护照、回乡证、军人身份证件等。

申报的"年所得"包含个人所得税法规定的11个应税所得项目。同时明确，在计算年所得时，可以剔除三类免税所得，即《个人所得税法》规定的免税所得；《个人所得税法实施条例》第6条规定可以免税的来源于中国境外的所得；《个人所得税法实施条例》第25条规定的按照国家规定单位为个人缴付和个人缴付的基本养老保险费、基本医疗保险费、失业保险费、住房公积金。

除"个体工商户的生产、经营所得"和"财产转让所得"以应纳税所得额计算"年所得"外，其他各项所得均以毛收入额来计算"年所得"。

例如，某纳税义务人全年取得工资收入144 000元，国务院颁发的政府特殊津贴2 400元，国债利息10 000元，企业债券利息5 000元，稿酬所得6 000元，保险赔款3 500元，房屋出租收入12 000元，个人按照规定缴纳了"三费一金"14 000元。单位也按照规定为个人缴付"三费一金"28 000元，则该纳税义务人应申报的年所得为153 000元，具体计算过程如下。

（工资收入）144 000元－（个人按照规定缴纳的"三费一金"）14 000元＋（企业债券利息）5 000元＋（稿酬所得）6 000元＋（房屋出租收入）12 000元。

其中，国务院颁发的政府特殊津贴2 400元、国债利息10 000元、保险赔款3 500元、单位为个人缴付的"三费一金"28 000元（未计入个人工资收入）不需计入年所得，个人按照规定缴纳的"三费一金"14 000元可以从工资收入中剔除。

3. 申报地点

个人所得税的申报纳税地点一般应为收入来源地的税务机关。

年所得12万元以上的纳税义务人，纳税申报地点分别为：

① 在中国境内有任职、受雇单位的，向任职、受雇单位所在地主管税务机关申报；

② 在中国境内有两处或者两处以上任职、受雇单位的，选择并固定向其中一处单位所在地主管税务机关申报；

③ 在中国境内无任职、受雇单位，年所得项目中有个体工商户的生产、经营所得或者对企事业单位的承包经营、承租经营所得的，向其中一处实际经营所在地主管税务机关申报；

④ 在中国境内无任职、受雇单位，年所得项目中无生产、经营所得的，向户籍所在地主管税务机关申报。在中国境内有户籍，但户籍所在地与中国境内经常居住地不一致的，选择并固定向其中一地主管税务机关申报。在中国境内没有户籍的，向中国境内经常居住地主管税务机关申报。

取得第②至第④种情形所得的纳税义务人，纳税申报地点分别为：

① 从两处或者两处以上取得工资、薪金所得的，选择并固定向其中一处单位所在地主管税务机关申报；

② 从中国境外取得所得的，向中国境内户籍所在地主管税务机关申报；

③ 个体工商户向实际经营所在地主管税务机关申报；

④ 个人独资、合伙企业投资者兴办两个或两个以上企业的，区分不同情形确定纳税申报地点：

- 兴办的企业全部是个人独资性质的，分别向各企业的实际经营管理所在地主管税务机关申报；
- 兴办的企业中含有合伙性质的，向经常居住地主管税务机关申报；
- 兴办的企业中含有合伙性质，个人投资者经常居住地与其兴办企业的经营管理所在地不一致的，选择并固定向其参与兴办的某一合伙企业的经营管理所在地主管税务机关申报。

⑤ 除以上情形外，纳税义务人应当向取得所得所在地主管税务机关申报。

4. 申报期限

① 年所得 12 万元以上的纳税义务人，在纳税年度终了后 3 个月内向主管税务机关办理纳税申报。

② 个体工商户和个人独资、合伙企业投资者取得的生产、经营所得应纳的税款，分月预缴的，纳税义务人在每月终了后 15 日内办理纳税申报；分季预缴的，纳税义务人在每个季度终了后 15 日内办理纳税申报。纳税年度终了后，纳税义务人在 3 个月内进行汇算清缴。

③ 纳税义务人年终一次性取得对企事业单位的承包经营、承租经营所得的，自取得所得之日起 30 日内办理纳税申报；在 1 个纳税年度内分次取得承包经营、承租经营所得的，在每次取得所得后的次月 7 日内申报预缴，纳税年度终了后 3 个月内汇算清缴。

④ 从中国境外取得所得的纳税义务人，在纳税年度终了后 30 日内向中国境内主管税务机关办理纳税申报。

⑤ 纳税义务人取得其他各项所得须申报纳税的，在取得所得的次月 15 日内向主管税务机关办理纳税申报。

5. 申报方式

为了方便纳税义务人自行申报，《办法》规定，纳税义务人可以采取多种方式进行纳税申报，既可以采取数据电文方式（如网上申报）、邮寄申报方式，也可以直接到主管税务机关申报或者采取符合主管税务机关规定的其他方式申报。同时规定，纳税义务人可以委托有税务代理资质的中介机构或者他人代理申报。

为了进一步加强和规范税务机关对个人所得税的征收管理，促进个人所得税征管的科学化、精细化，不断提高征管效率和质量，国家税务总局在 2005 年 7 月 6 日印发了《个人所得税管理办法的通知》（国税发〔2005〕120 号）明确：自 2005 年 10 月 1 日起，加强和规范个人所得税征管，要突出管理重点，即要建立个人收入档案管理制度、代扣代缴明细账制度、纳税义务人与扣缴义务人向税务机关双向申报制度、与社会各部门配合的协税制度；尽快研发应用统一的个人所得税管理信息系统，充分利用信息技术手段加强个人所得税管理；切实加强高收入者的重点管理、税源的源泉管理及全员全额管理。

本 章 小 结

　　个人所得税是对个人取得的各项应税所得征收的一种税。我国的个人所得税课征制度虽然与企业所得税有所区别（企业所得税是综合征收，即将纳税义务人的所有应税收入综合在一起征税；而个人所得税是分类课征，即将个人的应税所得按其性质的不同分别采取不同的办法计算征税），但个人所得税的应纳税额的计算在许多方面与企业所得税相似，如应纳税所得额的确定、境外所得已纳税额的扣除等。

　　我国现行的分类所得税模式，由于应税所得的确定涉及按月、按次或按年度计算扣除额的问题，同时又涉及税率不同的问题，这就要求既要严格区分所得的性质以便归类，又要解决同类收入中"次"的确定问题。

征税对象、费用减除和税率的关系

适用税率	应税所得	费用减除方法
3%～45%七级超额累进税率	工资、薪金所得	每月扣3 500元（4 800元）
5%～35%五级超额累进税率	个体工商户的生产、经营所得	扣成本、费用、税金、损失
	承包经营、承租经营所得	每月扣3 500元
比例税率20%	劳务报酬所得 稿酬所得 特许权使用费所得 财产租赁所得	每次所得≤4 000元，扣800元 每次所得＞4 000元，扣20%
	财产转让所得	扣财产原值、合理费用
	利息、股息、红利所得 偶然所得 其他所得	没有扣除项目

主要法律依据

[1] 中华人民共和国个人所得税法．中华人民共和国主席令第48号．成文日期：2011年6月30日．

[2] 中华人民共和国个人所得税法实施条例．中华人民共和国国务院令第600号．成文日期：2011年7月19日．

[3] 国家税务总局关于调整个人取得全年一次性奖金等计算征收个人所得税方法问题的通知．国税发〔2005〕9号．成文日期：2005年1月21日．

[4] 财政部 国家税务总局关于个人股票期权所得征收个人所得税问题的通知．财税〔2005〕35号．成文日期：2005年3月28日．

[5] 国家税务总局关于印发《个人所得税管理办法》的通知．国税发〔2005〕120号．成文日期：2005年7月6日．

[6] 国家税务总局关于印发《个人所得税全员全额扣缴申报管理暂行办法的通知》．国

税发〔2005〕205 号．成文日期：2005 年 12 月 23 日．

[7] 国家税务总局关于印发《个人所得税自行纳税申报办法（试行）》的通知．国税发〔2006〕162 号．成文日期：2006 年 11 月 6 日．

[8] 国家税务总局关于进一步推进个人所得税全员全额扣缴申报管理工作的通知．国税发〔2007〕97 号．成文日期：2007 年 8 月 14 日．

[9] 财政部 国家税务总局关于个人无偿受赠房屋有关个人所得税问题的通知．财税〔2009〕78 号．成文日期：2009 年 5 月 25 日．

[10] 国家税务总局关于明确个人所得税若干政策执行问题的通知．国税发〔2009〕121号．成文日期：2009 年 8 月 17 日．

[11] 国家税务总局关于证券经纪人佣金收入征收个人所得税问题的公告．国家税务总局公告 2012 年第 45 号．成文日期：2012 年 9 月 12 日．

[12] 财政部 人力资源社会保障部 国家税务总局关于企业年金职业年金个人所得税有关问题的通知．财税〔2013〕103 号．成文日期：2013 年 12 月 6 日．

[13] 国家税务总局个体工商户个人所得税计税办法．国家税务总局令第 35 号．成文日期：2014 年 12 月 27 日．

[14] 财政部 国家税务总局关于个人非货币性资产投资有关个人所得税政策的通知．财税〔2015〕41 号．成文日期：2015 年 3 月 30 日．

[15] 财政部 国家税务总局 证监会关于上市公司股息红利差别化个人所得税政策有关问题的通知．财税〔2015〕101 号．成文日期：2015 年 9 月 7 日．

[16] 财政部 国家税务总局 保监会关于将商业健康保险个人所得税试点政策推广到全国范围实施的通知．财税〔2017〕39 号．成文日期：2017 年 4 月 28 日．

习　　题

一、思考题

1. 个人所得税的纳税义务人有哪些？怎样判定居民纳税义务人和非居民纳税义务人？

2. 怎样确定所得来源地？

3. 个人所得税的应税项目有哪些？如何确定个人所得税的"次"？

4. 试比较工资、薪金所得与劳务报酬所得和稿酬所得的关系。

5. 个人所得税的税率是如何设置的？

6. 加成征收的实质是什么？如何避免加成征收？

7. 个人所得税应纳税所得额、应纳税额分别是怎样计算的？

8. 个人所得税的纳税方法有哪两种？

二、单项选择题

1. 演员参加任职单位组织的演出取得的报酬，应如何纳税（　　　）。

　　A. 不纳税

　　B. 应按工资、薪金所得项目，按月计算纳税

　　C. 应按劳务报酬所得按次纳税

　　D. 应按劳务报酬所得，一个月合计纳税一次

2. 下列所得中，哪一项所得不属于稿酬所得（　　）。

    A. 文学作品发表取得的所得　　　　B. 书画作品发表取得的所得

    C. 摄影作品发表取得的所得　　　　D. 文学作品手稿原件公开拍卖所得

3. 下列各项所得中，哪一项适用于减征规定（　　）。

    A. 特许权使用费所得　　　　　　　B. 劳务报酬所得

    C. 稿酬所得　　　　　　　　　　　D. 工资、薪金所得

4. 个人所得税法规定，对一次劳务报酬收入畸高的应实行加成征收，所谓"一次劳务报酬收入畸高"是指（　　）。

    A. 一次取得的劳务报酬的应纳税所得额超过 10 000 元

    B. 一次取得的劳务报酬收入超过 10 000 元

    C. 一次取得的劳务报酬的应纳税所得额超过 20 000 元

    D. 一次取得的劳务报酬收入超过 20 000 元

5. 下列叙述错误的是（　　）。

    A. 对工资、薪金所得涉及的个人生计费用采取定额扣除的办法

    B. 劳务报酬所得、稿酬所得、特许权使用费所得必要费用的扣除采取定额和定率两种扣除方法

    C. 个体工商户的生产经营所得采用会计核算办法扣除规定的必要费用

    D. 股息、利息、红利所得采用定额和定率两种方法扣除必要费用

6. 在中国境内无住所而在中国境内取得工资、薪金所得的纳税义务人和在中国境内有住所而在中国境外取得工资、薪金所得的纳税义务人附加减除费用标准为（　　）。

    A. 每月 3 500 元　　　　　　　　　B. 每月 1 300 元

    C. 每月 4 800 元　　　　　　　　　D. 每年 1 300 元

7. 某人某年取得特许权使用费两次，一次收入为 3 000 元，另一次收入为 4 500 元，该人两次特许权使用费所得应纳的个人所得税为（　　）。

    A. 1 160 元　　　　B. 1 200 元　　　　C. 1 340 元　　　　D. 1 500 元

8. 利息、股息、红利所得以（　　）为应纳税所得额。

    A. 每年收入额　　　　　　　　　　B. 每季度收入额

    C. 每次收入额　　　　　　　　　　D. 每月收入额

9. 依据个人所得税法规定，计算财产转让所得时，下列各项准予扣除的是（　　）。

    A. 财产原值和合理费用　　　　　　B. 财产净值

    C. 定额 800 元或定率 20%　　　　D. 定额 800 元

10. 下列项目中，可以免征个人所得税的有（　　）。

    A. 民间借贷利息

    B. 个人举报、协查各种违法犯罪行为而获得的奖金

    C. 在商店获得的中奖收入

    D. 本单位自行规定发给的补贴、津贴

三、多项选择题

1. 工资、薪金所得包括（　　）。

    A. 年终加薪　　　B. 劳动分红　　　C. 误餐补助　　　D. 独生子女补贴

2. 下列各项所得适用超额累进税率的有（　　　）。
   A. 工资、薪金所得　　　　　　　　　B. 个体工商户生产经营所得
   C. 财产转让所得　　　　　　　　　　D. 承包、承租经营所得

3. 个人所得税居民纳税义务人与非居民纳税义务人的判定标准有（　　　）。
   A. 时间标准　　　　　　　　　　　　B. 住所标准
   C. 公民标准　　　　　　　　　　　　D. 经营、工作地标准

4. 下列各项中，以取得的收入为应纳税所得额直接计征个人所得税的有（　　　）。
   A. 股息所得　　　　　　　　　　　　B. 稿酬所得
   C. 劳务报酬所得　　　　　　　　　　D. 偶然所得

5. 下列个人所得在计算应纳税所得额时，每月减除费用3 500元的有（　　　）。
   A. 对企事业单位的承包、承租经营所得　B. 工资薪金所得
   C. 财产转让所得　　　　　　　　　　D. 财产租赁所得

6. 享受附加减除费用的个人包括（　　　）。
   A. 华侨和港澳台同胞　　　　　　　　B. 在国外取得工薪所得的中国居民
   C. 在我国应聘工作的外籍专家　　　　D. 在我国境内外企工作的中方人员

7. 下列利息中哪些属于应征税利息（　　　）。
   A. 国家发行的金融债券利息　　　　　B. 公司债券利息
   C. 企业集资利息　　　　　　　　　　D. 国债利息

8. 个人所得税自行申报纳税的纳税义务人有（　　　）。
   A. 从两处或两处以上取得工资、薪金所得的个人
   B. 取得了应税所得，没有扣缴义务人的
   C. 年所得12万元以上的
   D. 从中国境外取得所得的

9. 下列各项中对"次"表述正确的是（　　　）。
   A. 只有一次性收入的，以取得该项收入为一次
   B. 属于同一事项连续取得的收入，以每次支付收入为一次
   C. 特许权使用费所得，以某项使用权的一次转让所取得的收入为一次
   D. 财产租赁所得，以一个月取得的收入为一次

10. 实行查账征税办法的个人独资企业和合伙企业生产经营所得，确定个人所得税应纳税所得额时不准予扣除的项目有（　　　）。
    A. 投资者的工资
    B. 投资者及投资者家庭发生的生活费用
    C. 企业计提的各种准备金
    D. 企业从业人员合理的工资支出

四、判断题

1. 个人通过中国境内的社会团体、国家机关，将其所得捐赠给教育和其他公益事业，以及遭受严重自然灾害地区、贫困地区的，在计算个人所得税时不受比例限制，可在税前据实扣除。（　　　）

2. 从两处或两处以上取得工资、薪金所得的个人，需选择并固定在其中一处地税机关

自行申报纳税。（　　）

3. 凡向个人支付应纳税所得（包括现金、实物和有价证券）的单位个人，不论是向本单位人员支付的，还是向其他人员支付的，均应在支付时代扣代缴其应纳的个人所得税税款。（　　）

4. 凡在我国境内无住所的个人，均为个人所得税非居民纳税义务人。（　　）

5. 偶然所得、特许权使用费所得，以取得的收入为应纳税所得额直接计征个人所得税。（　　）

6. 张某为某企业雇员，本月工资 3 000 元，为本单位职工培训取得培训费 2 000 元，则 3 000 元按"工资、薪金所得"项目征税，2 000 元按"劳务报酬"项目征税。（　　）

7. 劳务报酬所得、稿酬所得、特许权使用费所得、财产租赁所得，减除 20％的费用，其余额为应纳税所得额。（　　）

8. 实行查账征收方式的个人独资企业和合伙企业改为核定征收方式后，在查账征收方式下认定的年度经营亏损未弥补完的部分，继续在规定期限内弥补。（　　）

9. 对于个体工商户在从事生产经营时，取得的联营企业分回的利润，应将其并入个体工商业户的生产经营所得缴纳个人所得税。（　　）

10. 对个人转让自用达 5 年以上的家庭居住用房取得的所得，可以免征个人所得税。（　　）

五、实务题

1. 某中国公民 4 月份取得工资收入 7 600 元，因购买企业债券当月收到利息 1 000 元；在该月卖掉三年前购置的房子一处，取得转让收入 1 200 000 元，而该房屋原价为 900 000 元，卖房时支付有关税费 50 000 元，广告费 3 000 元。

要求：计算该公民 4 月份应纳个人所得税。

2. 一位美国专家，3 月 1 日至 10 月 31 日在我国境内的一家外资企业中工作。在我国境内期间，企业每月支付其工资 30 000 元人民币；曾为当地的一所大学演讲，获得报酬 10 000 元；为一家内资企业进行设计，获得报酬 50 000 元。

要求：计算该专家在我国境内工作期间共应缴纳的个人所得税。

3. 中国公民李某为一文工团演员，12 月取得的收入如下：当月工资 6 400 元，当年的年终奖 24 000 元；利用周末参加演出，取得收入 5 000 元，并将其中的 2 000 元通过民政局向灾区捐赠；在某期刊上发表了一篇文章，取得稿酬 1 600 元；取得国债利息收入 50 元、股息 200 元；当月还取得了股票转让净收益 4 000 元。

要求：计算李某 12 月份应缴纳的个人所得税。

4. 我国公民张先生为国内某企业高级技术人员，全年收入情况如下。

① 每月取得工薪收入 8 400 元。

② 3 月转让三年前购买的三居室精装修房屋一套，售价 230 万元，转让过程中支付的相关税费为 13.8 万元。该套房屋的购进价为 100 万元，购房过程中支付的相关税费为 3 万元。所有税费支出均取得合法凭证。

③ 6 月因提供重要线索，协助公安部门侦破某重大经济案件，获得省公安部门奖金 2 万元，已取得省公安部门提供的获奖证明材料。

④ 9 月在参加某商场组织的有奖销售活动中，中奖所得共计价值 30 000 元。将其中的 10 000 元通过市教育局用于公益性捐赠。

⑤ 10 月将自有的一项非职务专利技术提供给境外某公司使用，一次性取得特许权使用费收入 60 000 元，该项收入已在境外缴纳个人所得税 7 800 元。

要求： 根据上述资料，计算张先生各项所得全年应缴纳的个人所得税。

5. 李先生经营一家个体超市，当年申报的商品销售收入为 400 万元，利润为－12 万元，税务机关经审查后核实以下几项支出。

① 李先生每月工资 5 000 元。

② 经营场所月租金支出为 20 000 元，李先生家庭生活居住占用 1/5 的面积，税务部门允许李先生私人使用和经营使用的分摊比例为 1:4。

③ 全年发生业务招待费 10 万元。

④ 发生违法经营处以罚款 5 万元。

要求： 计算该个体超市当年应缴纳的个人所得税。

6. 赵女士是一家化妆品公司的高级主管。8 月份赵女士取得的收入如下。

① 月工资收入 18 000 元。

② 购买国债，取得利息收入 3 500 元；购买企业债券，取得利息收入 15 400 元。

③ 为其他企业进行销售培训，取得课酬 8 000 元。

④ 出售一套住房，转让收入 189 万元，该房产购进价为 112 万元，支付相关税费 8.4 万元，所有税费支出均取得合法凭证。

要求： 计算赵女士 8 月份应缴纳的个人所得税。

7. 张先生任职于国内某咨询公司，1 月份取得收入项目如下。

① 当月工资收入 6 000 元，按所在省人民政府规定比例提取并缴付"三险一金" 780 元。

② 上一年的年终奖 58 500 元。

③ 在某刊物上发布文章，取得收入 3 000 元。

④ 上一年 7 月份出租自有房屋一套，一次性收取 1 年房租 24 000 元，11 月份因墙面开裂发生维修费用 1 800 元，取得装修公司出具的发票。

⑤ 转让在上海证券交易所上市的某公司股票，扣除印花税和交易手续费等净盈利 11 260 元。

要求： 计算张先生 1 月份取得的各项所得应缴纳的个人所得税。

8. 张女士是一家咨询公司的高级主管。张女士全年取得的收入如下。

① 每月工资收入 22 000 元，其中个人上缴的"三费一金"为 2 150 元；年终奖 65 000 元。

② 出租一套公寓，每月租金 6 000 元。

③ 2 月份，购买福利彩票，一次中奖 13 000 元，通过市民政局将 5 000 元用于公益性捐赠。

④ 6 月份，为本企业职工进行培训，取得课酬 7 000 元。

⑤ 11 月份，在境外出版了一本学术专著，共获得报酬 15 000 元，已在境外缴纳个人所得税折合人民币 868 元并取得完税凭证。

要求： 计算当年张女士在我国共应缴纳的个人所得税。

第9章

资源课税

资源课税是以自然资源为课税对象的税类。我国现行资源课税有资源税、城镇土地使用税、耕地占用税等。

9.1 资源课税概述

9.1.1 资源课税的理论基础

自然资源是指未经人类加工而可以利用的天然物质资源。其范围很广，包括土地、矿藏、水流、森林、草原、野生生物、海洋，以及阳光、空气、风能等地面、地下、海底和空间等的一切资源。一般来说，作为课税对象的是那些具有交换价值和使用价值的自然资源，世界各国对资源的征税都是有选择的，而不是对所有资源都征税。

资源课税可分为一般资源税和级差资源税两种类型。一般资源税是以自然资源的开发和利用为前提，无论该资源的好坏及能带来收益的多少都一律征税，其课征对象是绝对地租收入。这种税体现了普遍征收、有偿开采的原则，既有受益税的性质又有资源补偿性质；级差资源税是根据开发使用的自然资源的等级及收益的多少而进行的课征，其课税对象是由于资源条件的差异而带来的级差地租收入。这种征收，有利于促进企业合理利用自然资源。实际应用中，世界各国大都将这两种类型的资源税结合在一起征收，使其既有普遍征收的特点，又能调节级差收入。

地租理论是征收资源税的基本理论依据。由于矿产等资源具有不可再生性的特征，国家凭借对自然资源的所有权垄断，使资源产生地租。任何单位和个人取得的是矿产资源开采权，实际上是国家对矿产资源所有权的部分让渡。

我国征收资源税的具体理论依据是受益原则、公平原则和效率原则。所谓受益原则，指的是国家是资源的所有者，开采者因开采国有资源而受益，有责任向所有者支付其地租；所谓公平原则，指的是自然资源级差地租收入的存在影响开采者利润的真实性，将级差收入收归国家，可以合理调节资源级差地租收入，使企业的利润水平能真实反映其经营成果，创造公平竞争环境；所谓效率原则，指的是为了防止对资源的掠夺性开采及浪费行为，就应当由社会净效率高的企业来开采稀缺资源，国家开征资源税正是为了加强资源管理，促进资源的合理开发和有效使用。

而在当今经济社会条件下，对资源课税的动机除财政原因之外，主要是为了运用税收经济杠杆调节纳税义务人的收入，为企业间开展公平竞争创造外部条件，并诱导纳税义务人节约、合理地开发利用自然资源，以促进经济社会可持续发展。

9.1.2 资源课税的发展

我国对资源占用行为课税历史悠久，周代的"山泽之赋"，就是对伐木、采矿、狩猎、捕鱼、煮盐等开发利用自然资源的生产活动课征的赋税。此后，我国历代王朝及辛亥革命后的旧中国政府，均对矿冶资源、山林资源、盐业资源课税。

新中国成立后，我国颁布的《全国税政实施要则》明确了对盐的生产、运销征收盐税。但对矿产资源的开采如何课税并没有规定，造成在长达 30 多年的时间内我国实行的是资源无偿开采的制度。

1984 年 9 月国务院发布《中华人民共和国资源税条例（草案）》并于当年 10 月 1 日开始施行，这表明我国开始对自然资源征税，但当时的征税范围仅限于级差收入多、产量大且易于管理的原油、天然气、煤炭这 3 种特定资源，后来又增加了铁矿石等资源，目的仅仅是调节级差收益，只要没有获得 12% 以上的利润，企业和个人就可以无偿开采国有矿产资源。

1993 年全国财税体制改革，12 月国务院发布《中华人民共和国资源税暂行条例》（以下简称《资源税暂行条例》），财政部发布《中华人民共和国资源税暂行条例实施细则》，并于 1994 年 1 月 1 日起开始施行，形成了第二代资源税制度。新资源税取消了盐税税种，把盐税并到资源税中，将资源税征收范围进一步扩大，增加了其他非金属矿原矿、黑色金属矿原矿、有色金属矿原矿和盐，并且不再按超额利润征税，而是按矿产品销售量征税。按照"普遍征收、级差调节"的原则，就资源赋税情况、开采条件、资源等级、地理位置等客观条件的差异规定了幅度税额，为每一个课税矿区规定了适用税率。这一规定考虑了资源条件优劣的差别，对级差收益进行了有效调节。

2011 年 9 月 21 日，国务院常务会议通过《国务院关于修改〈中华人民共和国资源税暂行条例〉的决定》，并于当年 11 月 1 日起施行。修改后的《资源税暂行条例》在现有资源税从量定额计征基础上增加从价定率的计征办法，调整原油、天然气等品目资源税税率，并进一步明确了资源税管辖区域、税额确定依据。《资源税暂行条例》的修改对于完善税制、推动节能减排、扩大财政收入、促进地方经济发展等方面有积极意义。

根据党中央、国务院决策部署，自 2016 年 7 月 1 日起全面推荐资源税改革，资源税的计税依据为应税产品的销售额或销售量。同时在河北省开征水资源税试点工作，实行从量定额计征。2017 年 11 月 24 日，财政部、国家税务总局和水利部联合发布了关于印发《扩大水资源税改革试点实施办法》的通知，决定自 2017 年 12 月 1 日起在北京、天津、山西、内蒙古、山东、河南、四川、陕西、宁夏等 9 个省（自治区、直辖市）扩大水资源税改革试点。

9.2 资 源 税

9.2.1 资源税概述

1. 资源税的概念

资源税（resource tax）是对在中华人民共和国领域及管辖海域从事应税矿产品开采和生产盐的单位和个人课征的一种税，属于对自然资源占用课税的范畴。

我国现行资源税法的基本法律规范是 2011 年 9 月 30 日国务院公布的《中华人民共和国资源税暂行条例》（以下简称《资源税暂行条例》）及 2011 年 10 月 28 日财政部、国家税务总局公布的《中华人民共和国资源税暂行条例实施细则》（以下简称《资源税实施细则》）。

2. 资源税的特点

（1）资源税只对特定的资源征税

如前所述，自然资源的范围十分广泛，但我国现行资源税只选择部分资源进行征税，有原油、天然气、煤炭、金属矿、其他非金属矿、水资源六个税目。

（2）全面推开从价计征方式

资源税的课税对象主要是矿产资源，其计量单位比较标准，此前资源税一般采用从量定额的征收方法。定额征收的优点是计算简单，便于计征和缴纳，缺点是税额与价格脱节，难以体现级差征税政策，尤其当资源价格波动比较大时，不能做到随价格提高而相应提高资源税额，不利于资源的合理开采和利用。2016 年 5 月 10 日，财政部和国家税务总局联合发布《关于全面推进资源税改革的通知》，除了在河北省开征水资源税试点工作之外，对绝大部分矿产品开始实施从价计征。

（3）体现"级差调节"原则，实行差别税额

各种自然资源在客观上都存在着好坏、贫富、开采条件、地理位置等种种差异，这些差异必然导致各种资源开发和使用者的收益悬殊。为了调节资源开发取得的级差收入，资源税根据纳税义务人开采资源条件的优劣、资源级差收入大小，分等、分档差别征税。

【小资料 9 - 1】

近代中国的盐税

民国时期政府对盐的产制运销所征的捐税，是历届政府主要财政收入之一，又称"盐课"。1913 年北洋政府与英、法、德、俄、日五国银行团签订善后借款，以盐税抵押，中国政府仅能使用盐税收入抵债后的余款（即盐余）。北洋政府为增加盐税收入，乃筹议改良，而盐商群起阻挠，广行贿赂，使盐制积弊日深。1913 年 12 月，北洋政府颁布《盐税条例》，规定每百斤征税 2.5 元（后改为 3 元），此外不得以其他名目征税，从此各种不同税率得以逐渐趋于划一。据盐务稽核所统计，1914 年全国盐税收入为 6 686 万元，至 1919 年增为 8 750 万元。1927 年南京国民政府成立，着手改革盐政。1931 年 5 月公布的《新盐法》，以"就场征税，任人民自由买卖"为原则，规定每百公斤征税 5 元，渔盐征税 0.3 元，工业、农业用盐一律免税。此立法有利于减轻人民的负担，但由于专商暗中阻挠，加之财政当局深恐改革后税收减少，迟迟不予实施。直至 1934 年 12 月国民党五中全会决定，

限于1936年底完全施行。后因时势及抗日战争爆发，新盐法仍未实行，然而盐税收入已很可观。据统计，1927年全国盐税收入为8 524万元；到1937年全国（东北未在内）已达22 863万元，占财政总收入的22.9%。抗日战争期间，国民政府为了筹措军费，于1942年1月1日起停征盐税，实行食盐专卖，后因成绩不佳，于1945年又改专卖为征税。

9.2.2　资源税的纳税义务人和征税范围

1. 资源税的纳税义务人

资源税的纳税义务人是指在中华人民共和国领域及管辖海域开采应税资源的矿产品或者生产盐的单位和个人。所谓单位具体包括开采矿产品和生产盐的国有企业、集体企业、私营企业、股份制企业、外商投资企业、外国企业和行政单位、事业单位、军事单位、社会团体及其他单位；个人是指个体经营者和其他个人，包括中国公民和在中国境内的外籍人员。根据《扩大水资源税改革试点实施办法》，取用地表水、地下水的单位和个人，为水资源税纳税人。

矿产品资源以独立矿山、联合企业和其他收购未税矿产品的单位或个人为扣缴义务人；盐资源税以运销单位或公收单位为扣缴义务人。

需要注意的是，中外合作开采石油、天然气，按照现行规定只征收矿区使用费，暂不征收资源税。因此，中外合作开采石油、天然气的企业暂不是资源税的纳税义务人。

2. 资源税的税目及税率

资源税现有6大类税目，在6个税目下又设有若干个子目。现行资源税的税目及子目主要是根据资源税应税产品和纳税义务人开采资源的行业特点设置的。

① 原油。开采的天然原油征税，人造石油不征税。税率为6%。

② 天然气。专门开采和与原油同时开采的天然气征税，对地面抽采煤层气（煤矿瓦斯）暂不征税。税率为6%。

③ 煤炭。原煤和以未税原煤加工的洗选煤征税，税率为销售额的2%～10%。

④ 金属矿。包括铁矿、金矿、铜矿、铝土矿、铅锌矿、镍矿、锡矿、钨、钼矿在内的金属矿，税率为1%～9%。未列举名称的其他金属矿，税率不超过20%。

⑤ 其他非金属矿。包括石墨、硅藻土、高岭土、萤石、石灰石、硫铁矿、磷矿、氯化钾、硫酸钾、井矿盐、湖盐、提取地下卤水晒制的盐、煤层（成）气、海盐、稀土、在内的非金属矿，税率为1%～22%。黏土、砂石从量计征，每吨或立方米0.1～5元。未列举名称的其他非金属矿，从量税率每吨或立方米不超过30元，从价税率不超过20%。

⑥ 水资源。包括地表水和地下水。水资源税实行从量计征，适用税额取决于试点省份水资源税最低平均税额。

下列情形，不缴纳水资源税。

① 农村集体经济组织及其成员从本集体经济组织的水塘、水库中取水的。

② 家庭生活和零星散养、圈养畜禽饮用等少量取用水的。

③ 水利工程管理单位为配置或者调度水资源取水的。

④ 为保障矿井等地下工程施工安全和生产安全必须进行临时应急取用（排）水的。

⑤ 为消除对公共安全或者公共利益的危害临时应急取水的。

⑥ 为农业抗旱和维护生态与环境必须临时应急取水的。

纳税义务人在开采主矿产品的过程中伴采的其他应税矿产品，凡未单独规定适用税额的，一律按主矿产品或视同主矿产品税目征收资源税。

未列举名称的其他非金属矿原矿和其他有色金属矿原矿，由省、自治区、直辖市人民政府决定征收或暂缓征收资源税，并报财政部和国家税务总局备案。

对于划分资源等级的应税产品，如果在《几个主要品种的矿山资源等级表》中未列举名称的纳税人适用的税率，由省、自治区、直辖市人民政府根据纳税义务人的资源状况，参照《资源税税目税额明细表》和《几个主要品种的矿山资源等级表》中确定的邻近矿山或者资源状况、开采条件相近矿山的税率标准，在浮动30%的幅度内核定，并报财政部和国家税务总局备案。

纳税人义务开采或者生产不同税目应税产品的，应当分别核算不同税目应税产品的销售额或者销售数量；未分别核算或者不能准确提供不同税目应税产品的销售额或者销售数量的，从高适用税率。

3. 扣缴义务人适用的税额

① 独立矿山、联合企业收购未税矿产品的单位，按照本单位应税产品税额、税率标准，依据收购的数量代扣代缴资源税。

② 其他收购单位收购的未税矿产品，按税务机关核定的应税产品税额、税率标准，依据收购的数量代扣代缴资源税。

【小思考9-1】请问伴生矿、伴采矿、伴选矿如何缴纳资源税？

答：（1）伴生矿

伴生矿是指在同一矿床内，除主要矿种外，并含有多种可供工业利用的成分，这些成分即称为伴生矿产。确定资源税税额的时候，以作为主产品的元素成分开采为目的的，作为定额的主要考虑依据，同时也考虑作为副产品的元素成分及有关因素，但以主产品的矿石名称作为应税品目。例如某地开采的钒钛磁铁矿，它是以铁矿石作为主要产品的元素成分开采为目的的，其钒钛是作为副产品伴选而出的，因此只以铁矿石作为应税品目。在确定铁矿石的资源税等级高低和相适应税额时，只考虑铁矿石资源的级差程度情况，也考虑了钒钛作为副产品的附加值的情况。

（2）伴采矿

伴采矿是指开采单位在同一矿区内开采主产品时，伴采出来非主产品元素的矿石。例如，铜矿山在同一矿区内开采铜矿石原矿时，伴采出铁矿石原矿，则伴采出的铁矿石原矿就是伴采矿。伴采矿量大的，由省、自治区、直辖市人民政府根据规定对其核定资源税单位税额标准；量小的，在销售时按国家对收购单位规定的相应品目的单位税额标准缴纳资源税。

（3）伴选矿

伴选矿是指对矿石原矿中所含主产品进行选精矿的加工过程中，以精矿形式伴选出的副产品。对于以精矿形式选出的副产品不征收资源税。

9.2.3 资源税应纳税额的计算

1. 计税依据

（1）从价定率征收的计税依据

实行从价定率征收的以销售额作为计税依据。销售额是指纳税义务人销售应税产品向购买方收取的全部价款和价外费用，但不包括收取的增值税销项税额和运杂费用。

价外费用，包括价外向购买方收取的手续费、补贴、基金、集资费、返还利润、奖励费、违约金、滞纳金、延期付款利息、赔偿金、代收款项、代垫款项、包装费、包装物租金、储备费、优质费、运输装卸费以及其他各种性质的价外收费。但下列项目不包括在内。

① 同时符合以下条件的代垫运输费用：承运部门的运输费用发票开具给购买方的；纳税义务人将该项发票转交给购买方的。

② 同时符合以下条件代为收取的政府性基金或者行政事业性收费：由国务院或者财政部批准设立的政府性基金，由国务院或者省级人民政府及其财政、价格主管部门批准设立的行政事业性收费；收取时开具省级以上财政部门印制的财政票据；所收款项全额上缴财政。

另外，纳税义务人以人民币以外的货币结算销售额的，应当折合成人民币计算。其销售额的人民币折合率可以选择销售额发生的当天或者当月 1 日的人民币汇率中间价。纳税义务人应在事先确定采用何种折合率计算方法，确定后 1 年内不得变更。

运杂费用是指应税产品从坑口或洗选（加工）地到车站、码头或购买方指定地点的运输费用、建设基金以及随运销产生的装卸、仓储、港杂费用。运杂费用应与销售额分别核算，凡未取得相应凭据或不能与销售额分别核算的，应当一并计征资源税。

（2）从量定额征收的计税依据

实行从量定额征收的以销售数量作为计税依据。销售数量的具体规定为：

① 销售数量，包括纳税义务人开采或者生产应税产品的实际销售数量和视同销售的自用数量。

② 纳税义务人不能准确提供应税产品销售数量的，以应税产品的产量或者主管税务机关确定的折算比换算成的数量为计征资源税的销售数量。

2. 应纳税额的计算

资源税的应纳税额，按照从价定率或者从量定额的办法，分别以应税产品的销售额乘以纳税义务人具体适用的比例税率或者以应税产品的销售数量乘以纳税义务人具体适用的定额税率计算。

（1）从价定率征收的计算

实行从价定率征收的，根据应税产品的销售额和规定的适用税率计算应纳税额，具体计算公式为：

$$应纳税额＝销售额×适用税率$$

【例 9-1】

当年 4 月东北某油田销售原油 20 000 吨，开具增值税专用发票取得销售额 10 000 万元、增值税额 1 600 万元，按《资源税税目税率表》的规定，其适用的税率为 8%。请计算该油田 4 月应缴纳的资源税。

$$应纳税额＝销售额×适用税率$$
$$＝10\,000×8\%＝800（万元）$$

（2）从量定额征收的计算

实行从量定额征收的，根据应税产品的课税数量和规定的单位税额计算应纳税额，具体计算公式为：

$$应纳税额＝课税数量×单位税额$$
$$代扣代缴应纳税额＝收购未税矿产品的数量×适用的单位税额$$

【例 9-2】

某企业当年 4 月销售砂石 3 000 m³。该砂石适用 2 元/m³ 的单位税额，计算该企业当月应纳的资源税税额。

$$应纳税额＝课税数量×单位税额＝3\,000×2$$
$$＝6\,000（元）$$

特殊的，水资源也实行从量计征，除水力发电和火力发电贯流式（不含循环式）冷却取用水外，水资源税应纳税额的计算公式为

$$应纳税额＝实际取用水量×适用税额$$

城镇公共供水企业实际取用水量应当考虑合理损耗因素。

疏干排水的实际取用水量按照排水量确定。疏干排水是指在采矿和工程建设过程中破坏地下水层、发生地下涌水的活动。

水力发电和火力发电贯流式（不含循环式）冷却取用水应纳税额的计算公式为

$$应纳税额＝实际发电量×适用税额$$

火力发电贯流式冷却取用水，是指火力发电企业从江河、湖泊（含水库）等水源取水，并对机组冷却后将水直接排入水源的取用水方式。火力发电循环式冷却取用水，是指火力发电企业从江河、湖泊（含水库）、地下等水源取水并引入自建冷却水塔，对机组冷却后返回冷却水塔循环利用的取用水方式。

9.2.4 资源税税收优惠

1. 减税、免税项目

现行《资源税暂行条例》规定有下列情形之一的，可减征或免征资源税。

① 开采原油过程中用于加热、修井的原油免税。

② 纳税义务人开采或者生产应税产品过程中，因意外事故或者自然灾害等原因遭受重大损失的，由省、自治区、直辖市人民政府酌情决定减税或者免税。

③ 自2007年2月1日起，北方海盐资源税暂减按每吨15元征收，南方海盐、湖盐、井矿盐资源税暂减按每吨10元征收，液体盐资源税暂减按每吨2元征收。

④ 国务院规定的其他减税、免税项目。纳税义务人的减税、免税项目，应当单独核算课税数量；未单独核算或者不能准确提供课税数量的，不予减税或者免税。

⑤ 从2007年1月1日起，对地面抽采煤层气暂不征收资源税。煤层气是指赋存于煤层及其围岩中与煤炭资源伴生的非常规天然气，也称煤矿瓦斯。

⑥ 自2010年6月1日起，纳税义务人在新疆开采的原油、天然气，自用于连续生产原油、天然气的，不缴纳资源税；自用于其他方面的，视同销售，依照规定计算缴纳资源税。有下列情形之一的，免征或者减征资源税。

⑦ 油田范围内运输稠油过程中用于加热的原油、天然气，免征资源税；稠油、高凝油和高含硫天然气资源税减征40%；三次采油资源税减征30%；低丰度油气田资源税暂减征20%；深水油气田资源税减征30%；实际开采年限在15年以上的衰竭期矿山开采的矿产资源，资源税减征30%；依法在建筑物下、铁路下、水体下通过充填开采方式采出的矿产资源，资源税减征50%。

⑧ 规定限额内的农业生产取用水，免征水资源税；取用污水处理再生水，免征水资源税；除接入城镇公共供水管网以外，军队、武警部队通过其他方式取用水的，免征水资源税；抽水蓄能发电取用水，免征水资源税；采油排水经分离净化后在封闭管道回注的，免征水资源；财政部、税务总局规定的其他免征或者减征水资源税情形。

2. 出口应税产品不退（免）资源税的规定

资源税规定仅对在中国境内开采或生产应税产品的单位和个人征收，进口的矿产品和盐不征收资源税。由于对进口应税产品不征收资源税，相应的，对出口应税产品也不免征或退还已纳资源税。

9.2.5 资源税的征收管理

1. 纳税环节

根据矿产品和盐的流通去向和使用方向，国家对资源税的纳税环节确定如下。

① 纳税义务人直接对外销售的矿产品和盐在销售环节纳税。

② 纳税义务人自产自用的矿产品和盐在移送环节纳税。

③ 扣缴义务人代扣代缴的资源税在收购未税矿产品的环节纳税。

④ 纳税人在取用应税水资源的环节纳税。

2. 纳税义务发生时间

① 纳税义务人销售应税产品，其纳税义务发生时间是：纳税义务人采取分期收款结算方式的，其纳税义务发生时间为销售合同规定的收款日期的当天；纳税义务人采取预收货款结算方式的，其纳税义务发生时间为发出应税产品的当天；纳税义务人采取其他结算方式的，其纳税义务发生时间为收讫销售款或者取得索取销售款凭据的当天。

② 纳税义务人自产自用应税产品的纳税义务发生时间为移送使用应税产品的当天。

③ 扣缴义务人代扣代缴税款的纳税义务发生时间为支付首笔货款或首次开具支付货款

凭据的当天。

④ 水资源税的纳税义务发生时间为纳税人取用水资源的当日。

3. 纳税期限

纳税义务人的纳税期限为 1 日、3 日、5 日、10 日、15 日或者 1 个月，由主管税务机关根据实际情况具体核定。不能按固定期限计算纳税的，可以按次计算纳税。纳税义务人以 1 个月为一期纳税的，自期满之日起 10 日内申报纳税；以 1 日、3 日、5 日、10 日或者 15 日为一期纳税的，自期满之日起 5 日内预缴税款，于次月 1 日起 10 日内申报纳税并结清上月税款。扣缴义务人的解缴税款期限比照上述规定执行。

除农业生产取用水外，水资源税按季或者按月征收，由主管税务机关根据实际情况确定。对超过规定限额的农业生产取用水水资源税可按年征收。不能按固定期限计算纳税的，可以按次申报纳税。水资源纳税人应当自纳税期满或者纳税义务发生之日起 15 日内申报纳税。

水资源纳税人应当向生产经营所在地的税务机关申报缴纳水资源税。在试点省份内取用水，其纳税地点需要调整的，由省级财政、税务部门决定。

4. 纳税地点

纳税义务人应纳的资源税，应当向应税产品的开采或者生产所在地主管税务机关缴纳。纳税义务人在本省、自治区、直辖市范围内开采或者生产应税产品，其纳税地点需要调整的，由所在地省、自治区、直辖市税务机关决定。跨省、自治区、直辖市开采资源税应税产品的单位，其下属生产单位与核算单位不在同一省、自治区、直辖市的，对其开采的产品，一律在开采地纳税，其应纳税款由独立核算、自负盈亏的单位，按照开采地实际销售量（或者自用量）及适用的单位税额计算划拨。

扣缴义务人代扣代缴的资源税，应当向收购地主管税务机关缴纳。

9.3　城镇土地使用税

9.3.1　城镇土地使用税概述

1. 城镇土地使用税的概念及特点

城镇土地使用税是以国有土地为征税对象，对拥有土地使用权的单位和个人征收的一种税。其特点如下。

（1）征税对象是国有土地

在我国，城镇土地的所有权归国家，开征城镇土地使用税，实质上是运用国家政治权力，对土地使用者进行征税。农业土地因属于集体所有，故未纳入征税范围。

（2）征税范围广

现行城镇土地使用税对在我国境内使用土地的单位和个人征收，征收范围较广，有利于筹集地方财政资金、调节土地使用和收益分配。

（3）实行差别幅度税额

城镇土地使用税实行差别幅度税额，对不同的城镇适用不同的税额，对同一城镇的不同地段，根据市政建设状况和经济繁荣程度也确定不等的负担水平。差别幅度税额可以达到调节土地级差收入的目的。

开征城镇土地使用税使得我国土地由原来的无偿使用变为有偿使用，有利于合理、节约使用土地，提高土地使用效益，避免土地资源的浪费；有利于调节土地级差收入、筹集地方财政资金。

2. 我国城镇土地使用税的发展

在 1950 年 1 月政务院颁布的《全国税收实施要则》中，规定全国统一征收地产税；同年 6 月，调整税收，将地产税和房产税合并为房地产税。1951 年 8 月，政务院颁布《城市房地产税暂行条例》，在全国范围内执行房地产税。1973 年简化税制时，把对国内企业征收的房地产税合并到工商税中，使该税的征收范围缩小到只对房产管理部门、有房产的个人和海外侨胞征收。随着改革的深化，这一状况越来越不符合实际。1984 年 10 月，在进行第二步"利改税"改革时国家决定把原城市房地产税分为房产税和土地使用税两个税种。房产税已于 1986 年 10 月 1 日开征，土地使用税则由于当时的条件不成熟，未与房产税同步开征。1988 年 9 月，国务院发布了《中华人民共和国城镇土地使用税暂行条例》，于同年 11 月 1 日起执行。该税属于地方税，其收入全部归地方所有。2006 年 12 月 31 日国务院发布了《关于修改〈中华人民共和国城镇土地使用税暂行条例〉的决定》（国务院令第 483 号），对 1988 年制定的《中华人民共和国城镇土地使用税暂行条例》的部分内容作了修改，提高了城镇土地使用税税额标准，将城镇土地使用税的征收范围扩大到外商投资企业和外国企业，并重新公布，该条例自 2007 年 1 月 1 日起施行。2013 年 12 月 4 日国务院第 32 次常务会议对《中华人民共和国城镇土地使用税暂行条例》做出了部分修改，于 2013 年 12 月 7 日起实施。

【小资料 9 - 2】

历代政府课征的土地税

中国田赋起源于夏、商、周之"贡、助、彻"三法，而战国时代鲁国的"初税亩"（公元前 594 年）和秦简公"初租禾"的实行（公元前 408 年）奠定了封建社会的田赋制度。"田"是指按田地征收的田租；"赋"是由军赋代金转变成的人头税，叫口赋。秦统一中国后，建立了一整套赋役制度，形成田有租、人有赋、力有役的局面。《汉书·食货志》记载，秦朝"田租、口赋、盐铁之利二十倍于古"，既说明当时的田赋叫田租，也反映秦王朝赋税负担的沉重。中国历史上对田亩征收的土地税（田赋），名称不尽相同，从秦汉到魏、晋、南北朝称田租，后来官田称租，私田称税。宋有"官田之赋"和"私田之赋"，这是不分官田、私田，统称田赋之始。元至明初，叫税粮。明推行"一条鞭法"以后，至中华人民共和国成立前，叫田赋。田赋是国家财政收入的重要来源，历代政府都十分重视田赋制度的改革，如唐初的"租庸调"和唐中期的"两税法"，明朝的"一条鞭法"和清朝的"摊丁入地""地丁合一"，对后世有重大影响。

9.3.2 城镇土地使用税的纳税义务人和征税范围

1. 城镇土地使用税的纳税义务人

城镇土地使用税的纳税义务人，是指在我国境内的城市、县城、建制镇、工矿区范围内使用土地的单位和个人。单位包括国有企业、集体企业、私营企业、股份制企业、外商投资企业、外国企业及其他企业和事业单位、社会团体、国家机关、军队及其他单位；个人包括个体工商户及其他个人。具体如下。

① 拥有土地使用权的单位和个人。

② 拥有土地使用权的单位和个人不在土地所在地的，其土地的实际使用人和代管人为纳税义务人。

③ 土地使用权未确定或权属纠纷未解决的，其实际使用人为纳税义务人。

④ 土地使用权共有的，共有各方都是纳税义务人，由共有各方分别纳税。

【小思考 9 - 2】 如果土地使用权属于多方共有的，如何缴纳城镇土地使用税？

答： 按城镇土地使用税法的规定，如果土地使用权为多方共有，应按各方分配拥有的土地面积，分别计算缴纳城镇土地使用税。多层或高层建筑物的土地使用税，按各个单位、个人享有的使用权，即以拥有或使用的建筑面积占总建筑面积（含公共绿地、道路、车棚、水池等区间配套设施面积）的比例来分别确定计算缴纳土地使用税。

---

2. 城镇土地使用税的征税范围

城镇土地使用税的征税范围，包括在城市、县城、建制镇和工矿区内的国家所有和集体所有的土地。城市是指经国务院批准设立的市。县城是指县人民政府所在地。建制镇是指经省、自治区、直辖市人民政府批准设立的建制镇。工矿区是指工商业比较发达，人口比较集中，符合国务院规定的建制镇标准，但尚未设立建制镇的大中型工矿企业所在地。

上述城镇土地使用税的征税范围中，城市的土地包括市区和郊区的土地，县城的土地是指县人民政府所在地的城镇的土地，建制镇的土地是指镇人民政府所在地的土地。

建立在城市、县城、建制镇和工矿区以外的工矿企业则不需缴纳城镇土地使用税。

9.3.3 城镇土地使用税应纳税额的计算

1. 城镇土地使用税的税率

城镇土地使用税采用定额征收，即按照大、中、小城市及县城、建制镇和工矿区规定幅度差别税额计算征收。

根据《城镇土地使用税暂行条例》第四条规定，土地使用税每平方米年税额为：

- 大城市 1.5～30 元；
- 中等城市 1.2～24 元；
- 小城市 0.9～18 元；
- 县城、建制镇、工矿区 0.6～12 元。

大、中、小城市以公安部门登记在册的非农业正式户口人数为依据，按照国务院颁布的《城市规划条例》中规定的标准划分。人口在 50 万以上者为大城市；人口在 20 万至 50 万之间者为中等城市；人口在 20 万以下者为小城市。

各省、自治区、直辖市人民政府可根据市政建设情况和经济繁荣程度在规定税额幅度内，确定所辖地区的适用税额幅度。经济落后地区，土地使用税的适用税额标准可适当降低，但降低额不得超过上述规定最低税额的 30%；经济发达地区的适用税额标准可以适当提高，但须报财政部批准。

2. 城镇土地使用税的计税依据

城镇土地使用税实行从量定额征收，其计税依据是纳税义务人实际占用的土地面积，土地面积的计量标准为每平方米。纳税义务人实际占用的土地面积是指由省、自治区、直辖市人民政府确定的单位组织测定的土地面积，具体分以下几种情况。

① 凡有由省、自治区、直辖市人民政府确定的单位组织测定土地面积的，以测定的面积为准。

② 尚未组织测量，但纳税义务人持有政府部门核发的土地使用证书的，以证书确认的土地面积为准。

③ 尚未核发出土地使用证书的，应由纳税义务人申报土地面积据以纳税，待核发土地使用证以后再作调整。

④ 对在城镇土地使用税征税范围内单独建造的地下建筑用地，按规定暂按应征税款的50％征收城镇土地使用税。

【小思考9-3】纳税义务人实际占用土地面积与《土地使用证书》所载面积不一致的，如何计算城镇土地使用税？

答： 城镇土地使用税以纳税义务人实际占用的土地面积为计税依据。纳税义务人实际占用面积与《土地使用证书》所载面积不一致的，主管税务机关可以据实核定实际占用土地面积计算应纳税款。实际占用面积按上述办法确定。

------

3. 城镇土地使用税应纳税额的计算

城镇土地使用税应纳税额的计算公式如下。

$$全年应纳税额＝实际占用应税土地面积（平方米）\times 适用税额$$

【例9-3】

星华制药公司坐落在某县城，当年占用土地面积共计25 000平方米，其中幼儿园占地1 000平方米、子弟学校占地1 500平方米、厂区绿化占地2 000平方米、厂区外绿化地1 800平方米；其中当年4月购进非耕地2 000平方米，耕地1 500平方米，该地每平方米征收城镇土地使用税3元。计算该公司当年应缴纳的城镇土地使用税。

解 厂区内的绿化用地需要缴纳城镇土地使用税；企业办的学校、幼儿园，其用地能与企业其他用地明确区分的，免征土地使用税；凡是缴纳了耕地占用税的，从批准征用之日起满一年后征收土地使用税；征用非耕地因不需要缴纳耕地占用税，应从批准征用之次月起征收土地使用税。

$$当年应缴纳的土地使用税＝（25\ 000－1\ 000－1\ 500－1\ 800－1\ 500－2\ 000）\times$$
$$3＋2\ 000\times 3\times 8/12＝51\ 600＋4\ 000＝55\ 600（元）$$

9.3.4 城镇土地使用税的减免

《城镇土地使用税暂行条例》和《关于土地使用税若干具体问题的解释和暂行规定》规

定了城镇土地使用税的税收优惠。

（1）免征项目

为满足某些特殊用地的需要，下列用地免征城镇土地使用税。

① 国家机关、人民团体、军队自用的土地。这部分土地是指这些单位本身的办公用地和公务用地，如国家机关、人民团体的办公楼用地，军队的训练场用地等。

② 由国家财政部门拨付事业经费的单位自用的土地。这部分土地是指这些单位本身的业务用地，如学校的教学楼、操场、食堂等占用的土地。

③ 宗教寺庙、公园、名胜古迹自用的土地。需要注意的是，以上单位的生产、经营用地和其他用地不属于免税范围，应按规定缴纳土地使用税，如公园、名胜古迹中附设的营业单位如影剧院、饮食部、茶社、照相馆等使用的土地。

④ 直接用于农、林、牧、渔业的生产用地。需要注意的是，这部分土地是指直接从事于种植养殖、饲养的专业用地，不包括农副产品加工场地和生活办公用地。

⑤ 市政街道、广场、绿化地带等公共用地。

⑥ 经批准开山填海整治的土地和改造的废弃土地，从使用的月份起免缴土地使用税5～10年。具体免税期限由各省、自治区、直辖市地方税务局在《城镇土地使用税暂行条例》规定的期限内自行确定。

⑦ 对非营利性医疗机构、疾病控制机构和妇幼保健机构等卫生机构自用的土地，免征城镇土地使用税。

⑧ 企业办的学校、医院、托儿所、幼儿园，其用地能与企业其他用地明确区分的，免征城镇土地使用税。

⑨ 对行使国家行政管理职能的中国人民银行总行（含国家外汇管理局）所属分支机构自用的土地，免征城镇土地使用税。

⑩ 免税单位无偿使用纳税单位的土地（如公安、海关等单位使用铁路、民航等单位的土地），免征城镇土地使用税。纳税单位无偿使用免税单位的土地，纳税单位应照章缴纳城镇土地使用税。纳税单位与免税单位共同使用、共有使用权的土地上的多层建筑，对纳税单位可按其占用的建筑面积占建筑总面积的比例计征城镇土地使用税。

⑪ 为了体现国家的产业政策，支持重点产业的发展，对石油、电力、煤炭等能源用地，民用港口、铁路等交通用地和水利设施用地，三线调整企业、盐业、采石场、邮电等一些特殊用地划分了征免税界限和给予政策性减免税照顾。

⑫ 自2016年1月1日至2018年12月31日，对专门经营农产品的农产品批发市场、农贸市场使用的房产、土地，暂免征收房产税和城镇土地使用税。对同时经营其他产品的农产品批发市场和农贸市场使用的房产、土地，按其他产品与农产品交易场地面积的比例确定征免房产税和城镇土地使用税。

（2）减征项目

下列土地由省、自治区、直辖市地方税务局确定减免土地使用税。

① 个人所有的居住房屋及院落用地。

② 房产管理部门在房租调整改革前经租的居民住房用地。

③ 免税单位职工家属的宿舍用地。

④ 民政部门举办的安置残疾人占一定比例的福利工厂用地。

⑤ 集体和个人办的各类学校、医院、托儿所、幼儿园用地。

⑥ 对基建项目在建期间使用的土地，原则上应照章征收城镇土地使用税。但对有些基建项目，特别是国家产业政策扶持发展的大型基建项目占地面积大，建设周期长，在建期间又没有经营收入，为照顾其实际情况，对纳税义务人纳税确有困难的，可由各省、自治区、直辖市地方税务局根据具体情况予以免征或减征土地使用税。

⑦ 城镇内的集贸市场（农贸市场）用地，按规定应征收城镇土地使用税。为了促进集贸市场的发展及照顾各地的不同情况，各省、自治区、直辖市地方税务局可根据具体情况自行确定对集贸市场用地征收或者免征城镇土地使用税。

⑧ 房地产开发公司建造商品房的用地，原则上应按规定计征城镇土地使用税。但在商品房出售之前纳税确有困难的，其用地是否给予缓征或减征、免征照顾，可由各省、自治区、直辖市地方税务局根据从严的原则结合具体情况确定。

⑨ 原房管部门代管的私房，落实政策后，有些私房产权已归还给房主，但由于各种原因，房屋仍由原住户居住，并且住户仍是按照房管部门在房租调整改革之前确定的租金标准向房主交纳租金。对这类房屋用地，房主缴纳土地使用税确有困难的，可由各省、自治区、直辖市地方税务局根据实际情况，给予定期减征或免征城镇土地使用税的照顾。

⑩ 对于各类危险品仓库、厂房所需的防火、防爆、防毒等安全防范用地，可由省、自治区、直辖市地方税务局确定，暂免征收城镇土地使用税。

⑪ 企业搬迁后原场地不使用的、企业范围内荒山等尚未利用的土地，免征城镇土地使用税。免征税额由企业在申报缴纳城镇土地使用税时自行计算扣除，并在申报表附表或备注栏中作相应说明。

对搬迁后原场地不使用的和企业范围内荒山等尚未利用的土地，凡企业申报暂免征收城镇土地使用税的，应事先向土地所在地的主管税务机关报送有关部门的批准文件或认定书等相关证明材料，以备税务机关查验。具体报送材料由各省、自治区、直辖市和计划单列市地方税务局确定。

企业按上述规定暂免征收城镇土地使用税的土地开始使用时，应从使用的次月起自行计算和申报缴纳城镇土地使用税。

⑫ 经贸仓库、冷库均属于征税范围，因此不宜一律免征城镇土地使用税。对纳税确有困难的企业，可根据《城镇土地使用税暂行条例》第七条的规定，向企业所在地的地方税务机关提出减免税申请，由省、自治区、直辖市地方税务局审核后，报国家税务总局批准，享受减免城镇土地使用税的照顾。

⑬ 对房产管理部门在房租调整改革前经租的居民住房用地，考虑到在房租调整改革前房产管理部门经租居民住房收取的租金标准一般较低，许多地方纳税确有困难的实际情况而确定的一项临时性照顾措施。房租调整改革后，房产管理部门经租的居民住房用地（不论是何时经租的），都应缴纳城镇土地使用税。至于房租调整改革后，有的房产管理部门按规定缴纳城镇土地使用税确有实际困难的，可按税收管理体制的规定，报经批准后再给予适当的减征或免征土地使用税的照顾。

⑭ 考虑到中国物资储运总公司所属物资储运企业经营状况，对中国物资储运总公司所属的物资储运企业的露天货场、库区道路、铁路专用线等非建筑用地免征城镇土地使用税问题，可由省、自治区、直辖市地方税务局按照下述原则处理：对经营情况好、有负税能力的

企业，应恢复征收城镇土地使用税；对经营情况差、纳税确有困难的企业，可在授权范围内给予适当减免城镇土地使用税的照顾。

⑮ 向居民供热并向居民收取采暖费的供热企业暂免征收城镇土地使用税。"供热企业"包括专业供热企业、兼营供热企业、单位自供热及为小区居民供热的物业公司等，不包括从事热力生产但不直接向居民供热的企业。

对于免征城镇土地使用税的"生产占地"，是指上述企业为居民供热所使用的土地。对既向居民供热又向非居民供热的企业，可按向居民供热收取的收入占其总供热收入的比例划分征免税界限；对于兼营供热的企业，可按向居民供热收取的收入占其生产经营总收入的比例划分征免税界限。

⑯ 对核电站的核岛、常规岛、辅助厂房和通信设施用地（不包括地下线路用地），生活、办公用地按规定征收城镇土地使用税，其他用地免征城镇土地使用税。同时，对核电站应税土地在基建期内减半征收城镇土地使用税。

⑰ 在城镇土地使用税征收范围内经营采摘、观光农业的单位和个人，其直接用于采摘、观光的种植、养殖、饲养的土地，根据《中华人民共和国城镇土地使用税暂行条例》第六条中"直接用于农、林、牧、渔业的生产用地"的规定，免征城镇土地使用税。但在城镇土地使用税征收范围内，利用林场土地兴建度假村等休闲娱乐场所的，其经营、办公和生活用地，应按规定征收城镇土地使用税。

【小思考 9 - 4】 企业的绿化用地可否免征城镇土地使用税？

答： 按《国家税务局关于印发〈关于土地使用税若干具体问题的补充规定〉的通知》（国税地字〔1989〕140 号）的规定，对企业厂区（包括生产、办公及生活区）以内的绿化地，应照章征收土地使用税；对厂区以外的公共绿化用地和向社会开放的公园用地，暂免征收土地使用税。

9.3.5　城镇土地使用税的征收管理

1. 纳税义务发生的时间

① 纳税义务人购置新建商品房，自房屋交付使用之次月起，缴纳城镇土地使用税。

② 纳税义务人购置存量房，自办理房屋权属转移、变更登记手续，房地产权属登记机关签发房屋权属证书之次月起，缴纳城镇土地使用税。

③ 纳税义务人出租、出借房产，自交付出租、出借房产之次月起，缴纳城镇土地使用税。

④ 以出让或转让方式有偿取得土地使用权的，应由受让方从合同约定交付土地时间的次月起缴纳城镇土地使用税；合同未约定交付时间的，由受让方从合同签订的次月起缴纳城镇土地使用税。

⑤ 纳税义务人新征用的耕地，自批准征用之日起满一年时开始缴纳土地使用税。

⑥ 纳税义务人新征用的非耕地，自批准征用次月起缴纳土地使用税。

⑦ 自 2009 年 1 月 1 日起，纳税义务人因土地的权利发生变化而依法终止城镇土地使用税纳税义务的，其应纳税款的计算应截止到土地权利发生变化的当月末。

2. 纳税期限

城镇土地使用税实行按年计算、分期缴纳的征收方法，具体纳税期限由省、自治区、直辖市人民政府确定。一般是根据纳税义务人不同的经济性质和应纳税额的多少，分别确定为按月、季或半年等不同的期限缴纳。

3. 纳税地点和征收机构

城镇土地使用税在土地所在地缴纳。纳税义务人使用的土地不属于同一省、自治区、直辖市管辖的，由纳税义务人分别向土地所在地的税务机关缴纳土地使用税；在同一省、自治区、直辖市管辖范围内，纳税义务人跨地区使用的土地，其纳税地点由各省、自治区、直辖市地方税务局确定。

土地使用税由土地所在地的地方税务机关征收，其收入纳入地方财政预管理。土地使用税征收工作涉及面广，政策性较强，在税务机关负责征收的同时，还必须注意加强同国土管理、测绘等有关部门的联系，及时取得土地的权属资料，沟通情况，共同协作把征收管理工作做好。

9.4　耕地占用税

9.4.1　耕地占用税概述

1. 耕地占用税的概念及特点

耕地占用税（farmland conversion tax）是对占用耕地建房或从事其他非农业建设的单位和个人，就其实际占用的耕地面积征收的一种税。它是出于特定目的、对特定土地资源占用所进行的课税。与其他税种相比，耕地占用税具有鲜明的特点。

（1）兼具资源税与特定行为税的性质

耕地占用税以占用农用耕地建房或从事其他非农用建设的行为为征税对象，以约束纳税义务人占用耕地的行为、促进土地资源的合理运用为课征目的，除具有资源税的属性外，还具有明显的特定行为税的特点。

（2）采用地区差别税率

我国地域辽阔，各地区之间耕地质量差别较大，人均占有耕地面积相差悬殊，为此，耕地占用税采用地区差别税率，根据不同地区的具体情况，分别制定差别税额。

（3）在占用耕地环节一次性课征

耕地占用税在纳税义务人获准占用耕地的环节征收，除对获准占用耕地后超过 2 年来使用者须加征耕地占用税外，此后不再征收耕地占用税。因而，耕地占用税具有一次性征收的特点。

（4）税收收入专项用于耕地开发与改良

耕地占用税实行专款专用，其税款收入主要用于开展宜耕土地开发和改良现有耕地之用，并设立发展农业专项基金，具有"取之于地、用之于地"的补偿性特点。

（5）以人均占用耕地数额确定税收负担

即以县为单位，以人均占用耕地面积为标准确定税收负担，人均占用耕地越少，税负越重。

2. 我国耕地占用税的发展

耕地是最重要的土地资源，是最基本的农业生产资料。我国人口众多，耕地资源相对较少。自 20 世纪 80 年代以来，我国非农业用地和人口急剧增加，又由于过去长期实行非农业用地无偿使用制度，助长了乱占耕地的行为，人均耕地面积大幅减少，加剧了人多地少的矛盾。为了保护土地资源，国务院在 1987 年 4 月 1 日发布了《中华人民共和国耕地占用税暂行条例》，并于发布之日起施行，开始在全国开征耕地占用税。耕地占用税是国家税收的重要组成部分，开征目的是合理利用土地资源，加强土地管理，保护农用耕地，限制非农业建设占用耕地，建立发展农业专项资金，促进农业生产的全面协调发展。

条例实施 20 年来，对保护耕地、促进合理利用土地资源起到了积极的作用。但随着经济的发展，1987 年的条例越来越不适应形势的发展，保护耕地的作用日益弱化。为进一步通过税收手段调节占地，加大保护耕地的力度，2006 年 8 月国务院下发《国务院关于加强土地调控有关问题的通知》（国发〔2006〕31 号），提出要提高耕地占用税征收标准，加强征管，严格控制减免税。党的十七大也提出要严格保护耕地。为此，财政部、国家税务总局拟订了《中华人民共和国耕地占用税暂行条例（修订草案）》报国务院审批，国务院法制办与财政部、国家税务总局共同对《草案》进行了反复研究、修改和完善，报请国务院审批同意后，于 2007 年 12 月 1 日以国务院令形式重新颁布《中华人民共和国耕地占用税暂行条例》，并自 2008 年 1 月 1 日起施行，1987 年 4 月 1 日国务院发布的《中华人民共和国耕地占用税暂行条例》同时废止。

相比旧条例，新条例主要作了四个方面的修改。一是提高了税额标准，税额的上、下限都提高 4 倍左右，占用基本农田的再提高 50%；二是统一了内、外资企业耕地占用税的税收负担；三是从严规定了减免税项目，取消了对铁路线路、飞机场跑道、停机坪、炸药库占地免税的规定；四是加强了征收管理，明确了耕地占用税的征收管理适用《中华人民共和国税收征收管理法》。

开征耕地占用税，有利于政府运用税收经济杠杆调节占用耕地建房及从事其他非农业建设的单位和个人的经济利益，限制乱占滥用耕地，引导节约、合理使用耕地资源，补偿占用耕地造成的农业生产力的损失，为大规模农业综合开发提供必要的资金来源。这对于保护国土资源、促进农业可持续发展、强化耕地管理、保护农民切身利益等都具有十分重要的意义。

9.4.2　耕地占用税的纳税义务人和征税范围

1. 耕地占用税的纳税义务人

《中华人民共和国耕地占用税暂行条例》规定，凡在我国境内占用耕地建房或从事其他非农业建设的单位和个人，都是耕地占用税的纳税义务人。

2. 耕地占用税的征税范围

耕地占用税的征税范围包括纳税义务人为建房或从事其他非农业建设而占用的国家所有和集体所有的耕地。

所称耕地是指种植农业作物的土地，包括菜地、园地。其中，园地包括花圃、苗圃、茶园、果园、桑园和其他种植经济林木的土地。占用鱼塘及其他农用土地建房或从事其他非农业建设，也视同占用耕地，必须依法征收耕地占用税。

9.4.3 耕地占用税应纳税额的计算

1. 计税依据及税率

《中华人民共和国耕地占用税暂行条例》（以下简称《条例》）规定，耕地占用税以纳税义务人实际占用的耕地面积为计税依据，按照规定的适用税额一次性征收。

我国不同地区之间人口和耕地资源的分布极不均衡，各地区之间的经济发展水平也有较大差异。考虑到不同地区之间客观条件的差别，以及与此相关的税收调节力度和纳税人负担能力方面的差别，耕地占用税在税率设计上采用了地区差别定额税率。《条例》对耕地占用税税额的规定如下。

① 人均耕地不超过1亩的地区（以县级行政区域为单位，下同），每平方米为10元至50元。

② 人均耕地超过1亩但不超过2亩的地区，每平方米为8元至40元。

③ 人均耕地超过2亩但不超过3亩的地区，每平方米为6元至30元。

④ 人均耕地超过3亩的地区，每平方米为5元至25元。

国务院财政、税务主管部门根据人均耕地面积和经济发展情况确定各省、自治区、直辖市的平均税额。

各地适用税额，由省、自治区、直辖市人民政府在《条例》规定的税额幅度内，根据本地区情况核定。各省、自治区、直辖市人民政府核定的适用税额的平均水平，不得低于《条例》规定的平均税额。

经济特区、经济技术开发区和经济发达且人均耕地特别少的地区，适用税额可以适当提高，但是提高的部分最高不得超过《条例》规定的当地适用税额的50%。各省、自治区、直辖市耕地占用税平均税额见表9-1所示。

表9-1　各省、自治区、直辖市耕地占用税平均税额

地　　区	每平方米平均税额/元
上海	45
北京	40
天津	35
江苏、浙江、福建、广东	30
辽宁、湖北、湖南	25
河北、安徽、江西、山东、河南、重庆、四川	22.5
广西、海南、贵州、云南、陕西	20
山西、吉林、黑龙江	17.5
内蒙古、西藏、甘肃、青海、宁夏、新疆	12.5

2. 应纳税额的计算

耕地占用税计算公式为

$$应纳税额＝实际占用耕地面积（平方米）×适用定额税率$$

【例9-4】

甲公司坐落在某县城，当年为扩大生产规模占用农民土地面积共计10 000平方米，其中耕地5 000平方米，果园2 500平方米，棉田2 500平方米，该地每平方米征收耕地

占用税 10 元。计算该公司应缴纳的耕地占用税。

$$应缴纳的耕地占用税 = 10\ 000 \times 10 = 100\ 000（元）$$

9.4.4　耕地占用税税收优惠

1. 免征耕地占用税

下列经批准征用的耕地，免征耕地占用税：军事设施占用耕地；学校、幼儿园、养老院、医院占用耕地。

2. 减征耕地占用税

① 铁路线路、公路线路、飞机场跑道、停机坪、港口、航道占用耕地，减按每平方米 2 元的税额征收耕地占用税。

根据实际需要，国务院财政、税务主管部门商国务院有关部门并报国务院批准后，可以对前款规定的情形免征或者减征耕地占用税。

② 农村居民占用耕地新建住宅，按照当地适用税额减半征收耕地占用税。

农村烈士家属、残疾军人，鳏寡孤独及革命老根据地、少数民族聚居区和边远贫困山区生活困难的农村居民，在规定用地标准以内新建住宅缴纳耕地占用税确有困难的，经所在地乡（镇）人民政府审核，报经县级人民政府批准后，可以免征或者减征耕地占用税。

免征或者减征耕地占用税后，纳税义务人改变原占地用途，不再属于免征或者减征耕地占用税情形的，应当按照当地适用税额补缴耕地占用税。

9.4.5　征收管理

耕地占用税由地方税务机关负责征收。土地管理部门在通知单位或者个人办理占用耕地手续时，应当同时通知耕地所在地同级地方税务机关。获准占用耕地的单位或者个人应当在收到土地管理部门的通知之日起 30 日内缴纳耕地占用税。土地管理部门凭耕地占用税完税凭证或者免税凭证和其他有关文件发放建设用地批准书。

纳税义务人临时占用耕地，应当依照《条例》的规定缴纳耕地占用税。纳税义务人在批准临时占用耕地的期限内恢复所占用耕地原状的，全额退还已经缴纳的耕地占用税。

占用林地、牧草地、农田水利用地、养殖水面及渔业水域滩涂等其他农用地建房或者从事非农业建设的，比照《条例》的规定征收耕地占用税。建设直接为农业生产服务的生产设施占用前款规定的农用地的，不征收耕地占用税。

【小思考 9-5】纳税义务人按有关规定向土地管理部门办理退还耕地的，已纳税款是否退还？

答：按《中华人民共和国耕地占用税暂行条例》（2008 年 1 月 1 日，国务院令第 511 号）的规定，纳税义务人在批准临时占用耕地的期限内恢复所占用耕地原状的，全额退还已经缴纳的耕地占用税。

本 章 小 结

　　本章主要讲述了资源课税的概念、作用等。资源课税主要包括资源税、城镇土地使用税、耕地占用税等。本章主要从各个税种的概念、纳税义务人、纳税范围、税率、计税依据、税收的减免及税收的征收管理等几个方面分别对资源课税的几个主要税种进行了详细的阐述。

主要法律依据

[1] 国务院关于修改《中华人民共和国资源税暂行条例》的决定. 国务院令第 605 号. 成文日期：2011 年 9 月 30 日.

[2] 中华人民共和国资源税暂行条例实施细则. 财政部、国家税务总局令第 66 号. 成文日期：2011 年 10 月 28 日.

[3] 中华人民共和国资源税代扣代缴管理办法. 国税发〔1998〕49 号. 成文日期：1998 年 4 月 15 日.

[4] 财政部 国家税务总局关于印发《新疆原油天然气资源税改革若干问题的规定》的通知. 财税〔2010〕54 号. 成文日期：2010 年 6 月 1 日

[5] 财政部 国家税务总局关于全面推进资源税改革的通知. 财税〔2016〕53 号. 成文日期：2016 年 5 月 9 日.

[6] 关于印发《扩大水资源税改革试点实施办法》的通知. 财税〔2017〕80 号. 成文日期：2017 年 11 月 24 日.

[7] 中华人民共和国城镇土地使用税暂行条例. 中华人民共和国国务院令第 483 号，成文日期：2006 年 12 月 31 日.

[8] 财政部 国家税务总局关于房产税城镇土地使用税有关问题的通知，财税〔2009〕128 号. 成文日期：2009 年 11 月 22 日.

[9] 中华人民共和国耕地占用税暂行条例. 国务院令第 511 号. 成文日期：2008 年 1 月 1 日.

[10] 中华人民共和国耕地占用税暂行条例实施细则. 中华人民共和国财政部国家税务总局令第 49 号. 成文日期：2008 年 2 月 26 日.

习　题

一、思考题

1. 什么是资源课税？资源课税有哪些作用？
2. 资源税有哪些特点？
3. 资源税的纳税义务人有哪些？
4. 简述资源税的征收范围及计税依据。
5. 简述城镇土地使用税的征收范围和计税依据。
6. 简述耕地占用税的征收范围。

二、单项选择题

1. 下列单位和个人的生产经营行为不缴纳资源税的是（　　）。

    A. 个体矿主开采铁矿石　　　　　　　B. 县食品公司开采锡矿石

    C. 国有企业开采金矿　　　　　　　　D. 境内单位和境外组织合作开采石油

2. 某油田开采原油80万吨，当年销售原油70万吨，非生产性自用5万吨，另有2万吨采油过程中用于加热和修理油井，3万吨待售。已知该油田每吨原油售价为5 000元，适用的税率为6%，则该油田当年应纳资源税税额为（　　）万元。

    A. 17 500　　　　　B. 19 250　　　　　C. 22 500　　　　　D. 20 000

3. 河南一煤矿企业属于省大型法人企业。下属一生产单位在青海开采一煤田，当月开采原煤10万吨，销售额7 000万元；河南境内开采原煤47万吨，当月销售额32 900万元。青海原煤资源税率为6%，河南境内原煤税率为2%，则该企业本月在河南境内应纳资源税为（　　）万元。

    A. 225.5　　　　　B. 658　　　　　C. 420　　　　　D. 250

4. 某油田2月份生产销售人造石油1万吨，取得不含增值税销售收入10万元；销售与原油同时开采的天然气2 000万立方米，取得不含增值税销售收入20万元。已知该油田适用的原油、天然气资源税税率为6%。则该油田2月份应缴纳的资源税税额为（　　）万元。

    A. 1.2　　　　　B. 1.5　　　　　C. 2　　　　　D. 0

5. 甲企业与乙企业按3∶2的占用比例共用一块土地，该土地面积为1 000平方米，该土地所属地区城镇土地使用税为每平方米年税额3元，该地区城镇土地使用税分上半年、下半年两次缴纳，则甲企业上半年应纳城镇土地使用税（　　）。

    A. 900元　　　　　B. 1 500元　　　　　C. 1 800元　　　　　D. 3 000元

6. 某公司与政府机关共同使用一栋共有土地使用权的建筑物。该建筑物占用土地面积为2 000平方米，建筑物面积为10 000平方米（公司与机关的占用比例为4∶1），该公司所在市城镇土地使用税单位税额为每平方米5元。则该公司应纳城镇土地使用税（　　）。

    A. 0元　　　　　B. 2 000元　　　　　C. 8 000元　　　　　D. 10 000元

7. 城镇土地使用税适用地区幅度差别定额税率，经济落后地区税额可适当降低，但降低额不得超过税率表中规定的最低税额的（　　）。

    A. 10%　　　　　　B. 20%　　　　　　C. 30%　　　　　　D. 40%

8. 在同一省、自治区、直辖市管辖范围内，纳税义务人跨区域使用土地，其纳税地点是（　　）。

    A. 在纳税义务人注册地纳税

    B. 在土地所在地纳税

    C. 纳税义务人选择纳税地点

    D. 由省、自治区、直辖市地方税务局确定

三、多项选择题

1. 资源税的课税数量可以是（　　）。

    A. 销售数量　　　　　　　　　　　B. 移送使用量

    C. 产量　　　　　　　　　　　　　D. 按折算比换算的数量

2. 下列关于资源税纳税地点陈述正确的是（　　）。

    A. 跨省开采资源税的单位，其资源税一律在机构地税务机关计算缴纳

    B. 资源税的扣缴义务人代扣代缴的资源税，应当向收购地主管税务机关缴纳

    C. 总机构和分支机构跨省共同开采应税产品的，资源税一律就地在开采地计算缴纳

    D. 在一省区域内开采应税资源产品的，其资源税一律在开采地或生产地计算缴纳

3. 下列属于资源税的应税产品是（　　）。

    A. 自巴西进口铁矿石　　　　　　　B. 境内开采井矿盐

    C. 境内煤矿伴采的天然气　　　　　D. 境内开采花岗岩

4. 下列单位和个人开采应税资源产品，缴纳资源税的是（　　）。

    A. 中外合资企业开采原油　　　　　B. 中外合作企业开采天然气

    C. 政府机关开采金矿石　　　　　　D. 个体户开采煤矿

5. 资源税的纳税义务人销售应税产品的，采取除分期收款和预收货款以外计算方式的，其纳税义务发生时间为（　　）。

    A. 收讫销售款的当天　　　　　　　B. 发出应税产品的当天

    C. 取得索取销售款凭据的当天　　　D. 销售合同规定的收款日期当天

6. 下列符合资源税现行规定的是（　　）。

    A. 个体户也可收购未税矿产品

    B. 资源税实行的是差别税率

    C. 扣缴义务人代扣税款时间为收购矿产品的当天

    D. 对独立矿山企业的铁矿石减征60%

7. 关于资源税计税依据的下列说法中，正确的有（　　）。

    A. 纳税义务人自产自用的天然气，以实际销售数量为计税依据

    B. 纳税义务人对外销售的原煤，以销售数量为计税依据

    C. 纳税义务人以自产原盐加工精制后销售的，以销售数量为计税依据

    D. 纳税义务人自产自用的铁矿石，以实际移送使用数量为计税依据

8. 下列在开征区使用城镇土地者应属于城镇土地使用税的纳税义务人的有（　　）。

    A. 使用国有土地的国有企业   B. 使用集体土地的国有企业

    C. 使用国有土地的外商投资企业   D. 使用集体土地的集体企业

9. 纳税义务人实际占用的土地面积规定如下（   ）。

    A. 凡由省、自治区、直辖市人民政府确定的单位组织测定土地面积的，以测定的面积为准

    B. 尚未组织测量，但纳税义务人持有政府部门核发的土地使用证书的，以证书确认的土地面积为准

    C. 尚未核发出土地使用证书的，应由纳税义务人申报土地面积，据以纳税，待核发土地使用证以后再作调整

    D. 没有土地使用证书的，由税务机关核定纳税义务人的实际占用面积

10. 下列税收优惠规定中税法条例明确规定应减免的优惠政策有（   ）。

    A. 举办宗教仪式用地   B. 市政广场公共用地

    C. 纳税单位无偿使用免税单位的土地   D. 个人所有的居住房屋和院落用地

四、判断题

1. 纳税义务人不能准确提供应税产品销售数量或移送使用数量的，应以主管税务机关核定的数量为课税数量。（   ）

2. 纳税义务人开采或者生产应税产品过程中，因意外事故或者自然灾害等原因受重大损失的，由省、自治区、直辖市地方税务机关酌情决定减税或者免税。（   ）

3. 纳税义务人的减税、免税项目，应当单独核算课税数量；未单独核算或者不能准确提供课税数量的，不予减税或者免税。（   ）

4. 在中华人民共和国境内开采矿产品或者生产盐的单位和个人，为资源税的纳税义务人。（   ）

5. 纳税义务人销售应税产品，纳税义务发生时间为收讫销售或者取得索取销售款凭据的当天；自产用于连续生产的，纳税义务发生时间为移送使用的当天。（   ）

6. 纳税义务人在本省、自治区、直辖市范围内开采或者是生产应税产品，其纳税地点需要调整的，由省、自治区、直辖市税务机关决定。（   ）

7. 拥有土地使用权的单位和个人不在土地所在地的，其土地的实际使用人和代管人为纳税义务人。（   ）

8. 城镇土地使用税的征税范围是市区县政府所在城镇的土地，不包括市郊、农村土地。（   ）

9. 纳税义务人计算缴纳城镇土地使用税的土地面积由税务机关确定。（   ）

10. 纳税义务人使用的土地不属于同一省、自治区、直辖市管辖的，纳税义务人跨地区使用的土地，其纳税地点由各省、自治区、直辖市地方税务局确定。（   ）

五、实务题

1. 某油田原油价格每吨 6 000 元（不含增值税，下同），天然气每立方米 2 元。当年 4 月，该企业生产原油 25 万吨，当月销售 20 万吨，加热、修井用原油 2 万吨，将 3 万吨原油赠送给协作单位；开采天然气 700 万立方米，当月销售 600 万立方米，待售 100 万立方米，原油、天然气的税率均为 6%。

    要求：计算该油田当年 4 月应纳资源税。

2. 某煤矿10月份对外销售原煤4 000万元,销售伴采天然气800万元。本月后勤部门领用原煤价值1 000万元,另使用本矿生产的原煤加工洗煤价值800万元,已知该矿加工产品的综合回收率为80%,原煤适用资源税税率为6%,天然气适用的资源税税率为6%。

要求: 计算该煤矿10月份应纳的资源税。

3. 某供热企业当年结算向居民供热收入300万元,向非居民供热收入100万元,其供热厂房占地2 000平方米,当地城镇土地使用税年税额5元。

要求: 计算该供热企业当年应缴纳的城镇土地使用税。

4. 甲企业(国有企业)生产经营用地分布于A、B、C三个地域,A的土地使用权属于甲企业,面积为10 000平方米,其中幼儿园占地1 000平方米,厂区绿化占地2 000平方米;B的土地使用权属甲企业与乙企业共同拥有,面积为5 000平方米,实际使用面积各半;C面积为3 000平方米,甲企业一直使用但土地使用权未确定。假设A、B、C的城镇土地使用税的单位税额为每平方米5元。

要求: 计算甲企业全年应纳的城镇土地使用税。

5. A公司为位于某城市郊区的一国有企业,某年土地使用的相关资料如下。

① A公司提供的政府部门核发的土地使用证书显示:A公司实际占用的土地面积中,企业内托儿所和厂医院共占地1 000平方米;厂区以外的公用绿化用地为2 000平方米。

② 本年1月1日将一块100平方米的土地无偿借给某国家机关作公务使用。

③ 本年1月1日从某公园无偿借到一块50平方米的土地作为办公室。

④ 某外商投资企业与A公司拥有同一办公楼,该办公楼建筑面积为5 000平方米,其中A公司实际使用2 000平方米,其余归外商投资企业使用。该办公楼占用土地3 000平方米。

⑤ 除上述土地外,其余土地10 000平方米,均为A公司生产经营用地。

要求: 假设当地的城镇土地使用税每年征收一次,该地每平方米土地年税额为1元,请根据上述资料,分析计算A公司当年应缴纳的城镇土地使用税。

6. 某企业占用耕地100 000平方米建设住宅,其中10 000平方米作为学校和幼儿园用地。

要求: 该地区的耕地占用税税率为8元/平方米,计算该企业应缴纳的耕地占用税。

第10章

财 产 课 税

【学习要求】

重点掌握： 财产税各税种的征税范围、纳税义务人和税率

一般掌握： 财产税各税种计税依据的确定及应纳税额的计算

理解： 财产课税的基本概念和特点

了解： 财产税各税种的有关减免规定及征收管理

财产课税是以纳税义务人所拥有或支配的财产为课税对象的一类税。我国财产课税设立的税种很少，目前开征的只有房产税、契税和车船税。

10.1　财产课税概述

10.1.1　财产税的概念

财产税（property tax），是以财产为征税对象，并由对财产进行占有、使用或收益的主体缴纳的一类税。财产税的征税对象是财产，这里的财产是指经过人类劳动所创造的物质财富，包括不动财产和可动财产两类。不动财产是指不能移动或移动后会损失其经济价值的财产，如土地上的各种设施、建筑物。可动财产是指不动产以外的、可以移动的财产，包括有形动产和无形动产两类。作为财产税征税对象的财产并不是广义上的全部财产，而只能是某些特定的财产。从世界各国税收实践来看，无形动产因无法查实而一般不予征税或不经常征税（或只在发生变动和转移时征税）。

10.1.2　财产税的特点

财产税有着悠久的历史，虽然在现代各国的税制结构中并不占主导地位，但它能起到其他税种难以达到的调节作用。对财产征税，一是可以调节财产拥有人的收入，特别是调节因占有财产数量、质量的不同而形成的级差收入；二是限制不必要的财产占用，提高财产使用效果，特别是促进土地资源的合理利用；三是增加国家财政收入，加强国家对财产的监督和管理。财产课税与其他税类比较，其主要特点如下。

① 征税对象是财产。这是财产税与流转税、所得税的最根本的区别，由此引出了财产

税的其他特点。

② 征税范围难以普及到全部财产。由于财产的种类繁多，各国都很难做到对全部财产征税，通常各国都是有选择地开征特种财产税。财产税的税收收入比较少，而且缺乏弹性，不能随着财政的需要提供资金。

③ 属于直接税，税负不易转嫁。财产税由对财产进行占有、使用或收益的主体直接承担，并且由于财产税主要是对使用、消费过程中的财产征收，而不是对生产、流通领域的财产征收，因而其税负很难转嫁。

④ 财产税的征收管理比较困难。第一，估价难以确定。财产税一般都是从价计征，而这一价值是估定的。估定价值的工作是很困难的，往往出现随意估断，而且会出现徇私舞弊等现象。第二，不同类型的财产为了征税而分为不同的级次。税率和估价比率（估价对市价的比率）可以随着分级不同而改变。如果估价比率不等，在每个财产等级之内，就会出现税收的不平等待遇；如果估价比率随财产的价值、年龄、类型等而变化，这会不符合纵向公平准则。

⑤ 财产税是辅助性税种。尽管财产税历史十分悠久，财产税在现代税制中不宜作为主体税。由于各国以流转税、所得税为主体税种，因而财产税在各国税制体系中多为辅助性税种，不占有重要地位，多被划为地方税，从而成为地方财政收入的主要来源。

财产税与所得税相比，有以下几点区别：从课税对象看，虽然都表现为收入，但财产税的课税对象是收入的存量，而所得税的课税对象却是收入的流量；从纳税义务人看，财产税的纳税义务人是财产税的所有者、使用者、继承者等，而所得税的纳税义务人是各项所得的所得者；从计税依据看，财产税是对财产的本身或价值征税，而所得税则是对财产产生的收益征税。

10.1.3 财产税的分类

依据不同的标准，可以对财产税进行不同的分类。

（1）一般财产税和特别财产税

依据征税范围的不同，财产税可分为一般财产税和特别财产税两类，两类财产税的课征方式并不相同。

所谓一般财产税，也称综合财产税，它是对纳税义务人的全部财产进行综合计征的财产税。但在现实中，一般财产税并非以全部财产额为计税依据，而是要规定一定的减免额或扣除额。例如，美国的财产税名为一般财产税，而实为有选择的财产税，并非对全部财产征税；德国等国的一般财产税则规定了免税扣除项目以减少税基；印度等国的一般财产税则以应税财产总价值额减去负债后的净值额为计税依据。

所谓特别财产税，也称个别财产税或特种财产税，是对纳税义务人的一种或几种财产单独或合并课征的财产税。例如对土地课征的土地税，对房产课征的房产税，对土地和房产合并课征的房地产税等，均属个别财产税。个别财产税是财产税最早存在的形式，它在课征时一般不需要考虑免税和扣除。

（2）静态财产税和动态财产税

所谓静态财产税，是指以一定时点的纳税义务人所拥有或支配的财产占用额为课税对象的税收，是对在一定时期内权利未发生变动的财产征收的一种财产税。

所谓动态财产税，是以财产所有权或使用权等其他权益发生转移时，以财产或财产权益的转移价值或增值额为课税对象的税收。也有学者把动态财产税限定为对无偿转移所有权的财产征收的财产税。动态财产税最为典型的形式是继承税或称遗产税和赠与税等。

除上述分类以外，还有学者做出了其他的一些分类。例如，有人按课税环节的不同，把财产税分为三类：第一类是在财产持有或使用环节课征的一般财产税，如房产税、土地使用税；第二类是在财产转让环节课征的财产转让税，如资本转让税、注册登记税等；第三类是在财产收入环节课征的财产收益税，如土地增值税、不动产增值税等。此外，还有人把财产税分为经常财产税和临时财产税、从量财产税和从价财产税等。

尽管理论上的分类多样繁复，但世界各国在现实中征收的财产税大略均有土地税、房产税、房地产税、不动产税、车辆税、财产净值税、遗产税等几种。我国现行征收的财产税类有房产税、车船税、契税等，本书把对土地课税归入资源税类。

【小资料 10-1】
美国财产税制的演变

美国早期的财产税是以土地为主的个别财产税。到 18 世纪，随着经济的发展，财产种类日益增多，一般财产税取代了原来的个别财产税，对纳税义务人拥有的所有不动产和动产课税。18 世纪末，美国纽约州率先征收一般财产税，随后美国南部、西部等地相继推行。19 世纪中期，美国各州已普遍征收一般财产税。19 世纪末，不动产种类和数量的快速增长使得一般财产税的征收变得越来越困难。20 世纪初，美国许多州将无形财产排除在一般财产税课税范围之外。

由于财产税的税基是财富存量，对财产价值的评估方法和程序也就构成了财产税制的重要组成部分。根据美国法律规定，财产评估按市场价值的一定比例，即评估率原则。财产税的计税依据是房地产等财产的评估价值。在美国，有 18 个州实行的是分类财产税，即对不同类型的财产适用不同的评估比率，从而不同类型财产的实际税率不同。

美国财产税最重要的课税对象是非农业地区的居民住宅和非农业的工商业财产，主要是对土地和建筑物等不动产征收。但就各州来说，由于各州经济状况的差别及对征税财产种类和评估方法规定的不同，不同类型的应税不动产在地方评估的应税不动产中所占比重在各州间有着很明显的差异。

10.2 房 产 税

10.2.1 房产税概述

1. 房产税的概念及特点

房产税是以房屋为征税对象，按照房屋的计税余值或租金收入，向产权所有人征收的一种财产税。房产税具有如下特点。

（1）房产税属于财产税中的个别财产税

我国现行房产税的征税对象只是房屋，属于个别财产税。

（2）征税范围限于城镇的经营性房屋

房产税的征税范围是在城市、县城、建制镇和工矿区。农村的房屋没有纳入征税范围。另外，对某些拥有房屋但自身没有纳税能力的单位，如国家拨付行政经费、事业经费和国防经费的单位自用的房产，税法也通过免税的方式将这类房屋排除在征税范围之外。因为这些单位本身没有经营收入，若对其征税，就要相应增加财政拨款，征税也就失去意义。

（3）区别房屋的经营使用方式规定征税办法

拥有房屋的单位和个人，既可以自己使用房屋，又可以把房屋用于出租、出典。对于自用的房屋按房产计税余值征收，对于出租、出典的房屋按租金收入征税。这样征税符合纳税义务人的经营特点，便于平衡税收负担和征收管理。

2. 我国房产税的发展

1950 年 1 月，中央人民政府政务院颁布的《全国税政实施要则》中把房产税和地产税列为两个独立的税种，1951 年 8 月政务院颁布《城市房地产税暂行条例》，将房产税和地产税合并为一个税种，定名为城市房地产税，规定只在核准征收的城市征收。1973 年进行税制改革，在简化税制的原则下，试行工商税，将企业缴纳的城市房地产税并入工商税，对企业不再单独征收，但保留城市房产税这一税种，只对居民个人和房产管理部门及外侨的房屋继续征收。1984 年，国家改革工商税制，决定恢复征收房地产税，将房地产税分为房产税和城镇土地使用税两个税种。1986 年 9 月 15 日，国务院发布《中华人民共和国房产税暂行条例》，并从当年 10 月 1 日起施行，但对住宅免征。各省、自治区、直辖市人民政府根据暂行条例规定，先后制定了施行细则。至此，房产税又在全国范围内全面征收。该条例至今仍在执行。

【小资料 10 - 2】

我国"房产税"溯源

房产税在我国是一个古老的税种，最早可追溯到周代的廛布。廛在古代是指一户人家所住的房屋，而布是古代的一种钱币。《周礼》载"掌敛廛布而入于泉府"就是指市邸房舍之税。

到了唐朝德宗建中四年（783 年），朝廷在全国开征"间架税"，即房产税，规定房屋每两架为一间，房屋分三等征税。上等每间收税两千文，中等一千文，下等五百文。每隐瞒一间的杖打六十。严厉的刑罚曾引得人民怨声载道。

清朝的房产税称为市廛输钞、计檩输税；到清末和民国时期则称为房捐。清光绪二十四年（1898 年），订有《房捐章程》，按租价征收十分之一的税，房主、租户负担各半。若房屋为房主自住，无租价可用于计算的，则按邻近相仿房屋的租价计征。该税后来因人民反对而被停征。光绪二十七年（1901 年），清政府在签订《辛丑条约》后，由于巨额赔款而国库日空，于是重又开征房捐。这次仅对店铺房征税，而且月租价在三千文以内的可以免征。民国四年（1915 年）10 月，国民政府制定了《宅地税征收条例》，各省根据该条例再制定细则，将征收地分为省会、商埠和县镇 3 等，每等税率各分 5 级，3 等共分 15 级税率，最高为每平方弓（合 1.6 平方米）4 元，最低为每平方弓 0.6 元。分级标准以房屋所处地段的繁僻与房屋价值而定。

10.2.2 房产税的纳税义务人与征税对象

1. 纳税义务人

房产税以在征税范围内的房屋产权所有人为纳税义务人。

① 产权属国家所有的，由经营管理单位纳税；产权属集体和个人所有的，由集体单位和个人纳税。

② 产权出典的，由承典人纳税。所谓产权出典，是指产权所有人将房屋、生产资料等的产权在一定期限内典当给他人使用而取得资金的一种融资业务。

③ 产权所有人、承典人不在房屋所在地的，由房屋代管人或者使用人纳税。

④ 产权未确定及租典纠纷未解决的，亦由房产代管人或者使用人纳税。所谓租典纠纷，是指产权所有人在房产租典和租赁关系上，与承典人、租赁人发生各种争议，特别是权利和义务的争议悬而未决的。此外还有一些产权归属不清的问题，也都属于租典纠纷。对租典纠纷尚未解决的房产，规定由代管人或使用人为纳税义务人，主要目的在于加强征收管理，保证房产税及时入库。

⑤ 无租使用其他房产的问题。纳税单位和个人无租使用房产管理部门、免税单位及纳税单位的房产，应由使用人代为缴纳房产税。

自 2009 年 1 月 1 日起，外商投资企业、外国企业和组织及外籍个人，依照《中华人民共和国房产税暂行条例》缴纳房产税。

2. 征税对象

房产税的征税对象是房产。所谓房产，是指有屋面和围护结构（有墙或两边有柱），能够遮风避雨，可供人们在其中生产、学习、工作、娱乐、居住或储藏物资的场所。

房地产开发企业建造的商品房，在出售前不征收房产税；但对出售前房地产开发企业已使用或出租、出借的商品房应按规定征收房产税。

10.2.3 征税范围

房产税的征税范围是城市、县城、建制镇和工矿区。城市是指国务院批准设立的市。县城是指县人民政府所在地的地区。建制镇是指经省、自治区、直辖市人民政府批准设立的建制镇。工矿区是指工商业比较发达、人口比较集中、符合国务院规定的建制镇标准但尚未设立建制镇的大中型工矿企业所在地。开征房产税的工矿区须经省、自治区、直辖市人民政府批准。

农村的房屋不纳入房产税征税范围，是为了减轻农民负担，有利于农业发展，繁荣农村经济。因为农村的房屋，除农副业生产用房外，大部分是农民居住用房。

10.2.4 房产税应纳税额的计算

1. 房产税的计税依据

房产税以房产的计税价值或房产的租金收入为计税依据。按房产计税价值征税，称为从价计征；按房产租金收入征税，称为从租计征。

1）从价计征

从价计征的房产税，以房产原值一次减除 10%～30% 后的余值为计税依据计算缴纳，具体减除幅度由当地所属的省、自治区、直辖市人民政府确定。

① 房产原值，是指纳税义务人按照会计制度规定，在账簿"固定资产"科目中记载的房屋原价。凡按会计制度规定在账簿中记载有房屋原价的，应以房屋原价按规定减除一定比例后作为房产余值计征房产税；没有记载房屋原价的，按照上述原则，并参照同类房屋确定房产原值，计征房产税；房产原值明显不合理的，应重新予以评估。

值得注意的是，自 2009 年 1 月 1 日起，对依照房产原值计税的房产，不论是否记载在会计账簿固定资产科目中，均应按照房屋原价计算缴纳房产税。房屋原价应根据国家有关会计制度规定进行核算。对纳税义务人未按国家会计制度规定核算并记载的，应按规定予以调整或重新评估。

自 2010 年 12 月 21 日起，对按照房产原值计税的房产，无论会计上如何核算，房产原值均应包含地价，包括为取得土地使用权支付的价款、开发土地发生的成本费用等。宗地容积率低于 0.5 的，按房产建筑面积的 2 倍计算土地面积并据此确定计入房产原值的地价。

② 房产原值包括与房屋不可分割的各种附属设备或一般不单独计算价值的配套设施，主要有：暖气、卫生、通风、照明、煤气等设备；各种管线，如蒸汽、压缩空气、石油、给水排水等管道及电力、电信、电缆导线；电梯、升降机、过道、晒台等。属于房屋附属设备的水管、下水道、暖气管、煤气管等应从最近的探视井或三通管起，计算原值；电灯网、照明线从进线盒连接管起计算原值。

③ 纳税义务人对原有房屋进行改建、扩建的，要相应增加房屋的原值。

④ 对投资联营的房产，在计征房产税时应予以区别对待。对于以房产投资联营，投资者参与投资利润分红，共担风险的，按房产余值作为计税依据计征房产税；对以房产投资，收取固定收入，不承担联营风险的，实际是以联营名义取得房产租金，应根据《房产税暂行条例》的有关规定由出租方按租金收入计缴房产税。

⑤ 对融资租赁房屋的情况，由于租赁费包括购进房屋的价款、手续费、借款利息等，与一般房屋出租的"租金"内涵不同，且租赁期满后，当承租方偿还最后一笔租赁费时，房屋产权要转移到承租方。这实际上是一种变相的分期付款买卖固定资产的形式，所以在计征房产税时应以房产余值计算征收；至于租赁期间内房产税的纳税义务人，则由当地税务机关根据实际情况确定。

⑥ 房屋附属设备和配套设施的计税规定。2006 年 1 月 1 日起，房屋附属设备和配套设施计征房产税按以下规定执行：凡以房屋为载体，不可随意移动的附属设备和配套设施，如给排水、采暖、消防、中央空调、电气及智能化楼宇设备等，无论在会计核算中是否单独记账与核算，都应计入房产原值计征房产税；对于更换房屋附属设备和配套设施的，在将其价值计入房产原值时，可扣减原来相应设备和设施的价值；对附属设备和配套设施中易损坏、需要经常更换的零配件，更新后不再计入房产原值。

⑦ 从 2007 年 1 月 1 日起，对居民住宅区内业主共有的经营性房产，由实际经营（包括自营和出租）的代管人或使用人缴纳房产税。其中自营的，依照房产原值减除 10％至 30％后的余值计征，没有房产原值或不能将业务共有房产与其他房产的原值准确划分开的，由房产所在地地方税务机关参照同类房产核定房产原值；出租的，依照租金收入计征。

⑧ 为完善房产税、城镇土地使用税政策，堵塞税收征管漏洞，自 2009 年 12 月 1 日起有关问题明确如下：

关于无租使用其他单位房产的房产税问题：无租使用其他单位房产的应税单位和个人，依照房产余值代缴纳房产税。

关于出典房产的房产税问题：产权出典的房产，由承典人依照房产余值缴纳房产税。

关于融资租赁房产的房产税问题：融资租赁的房产，由承租人自融资租赁合同约定开始日的次月起依照房产余值缴纳房产税。合同未约定开始日的，由承租人自合同签订的次月起依照房产余值缴纳房产税。

2）从租计征

从租计征的房产税，以房屋出租取得的租金收入为计税依据。租金收入就是房屋产权所有人出租房产使用权所得的报酬，包括货币收入和实物收入。对以劳务或其他形式为报酬抵付房租收入的，应根据当地同类房产的租金水平，确定一个标准租金额从租计征。

纳税义务人对个人出租房屋的租金收入申报不实或申报数与同一地段同类房屋的租金收入相比明显不合理的，税务部门可以按照《中华人民共和国税收征收管理法》的有关规定，采取科学合理的方法核定其应纳税款，具体办法由各省、自治区、直辖市地方税务机关结合当地实际情况制定。

2. 房产税的税率

房产税采用比例税率。由于房产税的计税依据分为从价计征和从租计征两种形式，房产税的税率也有两种：一是按房产原值一次减除10％～30％后的余值计征，税率为1.2％；二是按房产出租的租金收入计征的，税率为12％。从2001年1月1日起，对个人按市场价格出租居民住房，用于居住的，可暂减按4％的税率征收房产税。

3. 房产税应纳税额的计算

房产税从价计征应纳税额公式为

$$应纳税额＝应税房产原值×（1－扣除比例）×1.2％$$

房产税从租计征应纳税额公式为

$$应纳税额＝租金收入×12％$$

【例 10-1】

某企业上半年企业共有房产原值4 000万元，6月底办理移交手续，将原值200万元、占地面积400平方米的一栋仓库出租给某商场存放货物，7月1日起计租，租期1年，每月租金收入1.5万元。8月10日对委托施工单位建设的生产车间办理验收手续，由在建工程转入固定资产原值500万元。

要求：计算该企业当年应缴纳的房产税（房产税计算余值的扣除比例为20％）。

（1）经营自用房产应缴纳的房产税

$$（4\ 000－200）×（1－20％）×1.2％＝36.48（万元）$$
$$[200×（1－20％）×1.2％/12]×6＝0.96（万元）$$

（2）出租房产应缴纳的房产税

$$1.5×6×12％＝1.08（万元）$$

（3）在建工程转入房产应缴纳的房产税

$$[500×（1－20％）×1.2％/12]×4＝1.6（万元）$$

（4）应缴纳房产税＝36.48＋0.96＋1.08＋1.6＝40.12（万元）

10.2.5　房产税的减免

房产税的税收优惠是根据国家政策需要和纳税义务人的负担能力制定的。由于房产税属地方税，因此给予地方一定的减免权限，这样有利于地方因地制宜处理问题。

目前，房产税的税收优惠政策主要如下。

① 国家机关、人民团体、军队自用的房产免征房产税。但上述免税单位的出租房产及非自身业务使用的生产、营业用房，不属于免税范围。对企事业单位、社会团体及其他组织按市场价格向个人出租用于居住的住房，减按 4% 的税率征收房产税。

② 由国家财政部门拨付事业经费的单位，如学校、医疗卫生单位、托儿所、幼儿园、敬老院、文化、体育、艺术这些实行全额或差额预算管理的事业单位所有的，本身业务范围内使用的房产免征房产税。为了鼓励事业单位经济自立，由国家财政部门拨付事业经费的单位，其经费来源实行自收自支后，从事业单位实行自收自支的年度起免征房产税 3 年。上述单位所属的附属工厂、商店、招待所等不属于单位公务、业务的用房，应照章纳税。

③ 宗教寺庙、公园、名胜古迹自用的房产免征房产税。宗教寺庙、公园、名胜古迹中附设的营业单位所使用及出租的房产不属于免税范围，应照章纳税。

④ 个人所有的非营业用的房产免征房产税。

⑤ 对行使国家行政管理职能的中国人民银行总行（含国家外汇管理局）所属分支机构自用的房产，免征房产税。

⑥ 对廉租住房经营管理单位按照政府规定价格、向规定保障对象出租廉租住房的租金收入，免征房产税。

⑦ 经财政部批准免税的其他房产。主要有：

- 损坏不堪使用的房屋和危险房屋，经有关部门鉴定，在停止使用后可免征房产税；
- 纳税义务人因房屋大修导致连续停用半年以上的，在房屋大修期间免征房产税，免征收额由纳税义务人在申报缴纳房产税时自行计算扣除，并在申报表附表或备注栏中作相应说明；
- 在基建工地为基建工地服务的各种工棚、材料棚、休息棚和办公室、食堂、茶炉房、汽车房等临时性房屋，在施工期间一律免征房产税；
- 为鼓励利用地下人防设施，暂不征收房产税；
- 对非营利性医疗机构、疾病控制机构和妇幼保健机构等卫生机构自用的房产，免征房产税；
- 老年服务机构自用的房产；
- 从 2001 年 1 月 1 日起，对按政府规定价格出租的公有住房和廉租住房，包括企业和自收自支事业单位向职工出租的单位自有住房，房管部门向居民出租的公有住房，落实私房政策中带户发还产权并以政府规定的租金标准向居民出租的私有住房等，暂免征收房产税；
- 对邮政部门坐落在城市、县城、建制镇、工矿区范围内的房产，应当依法征收房产税；对坐落在城市、县城、建制镇、工矿区范围以外的尚在县邮政局内核算的房产，在单位财务账中划分清楚的，从 2001 年 1 月 1 日起不再征收房产税；

● 向居民供热并向居民收取采暖费的供热企业暂免征收房产税。

⑧ 自 2016 年 1 月 1 日至 2018 年 12 月 31 日，对专门经营农产品的农产品批发市场、农贸市场使用的房产，免征收房产税。

10.2.6 房产税的征收管理

1. 房产税纳税义务发生时间

① 纳税义务人将原有房产用于生产经营，从生产经营之月起，缴纳房产税。

② 纳税义务人自行新建房屋用于生产经营，从建成之次月起，缴纳房产税。

③ 纳税义务人委托施工企业建设的房屋，从办理验收手续之次月起，缴纳房产税。

④ 纳税义务人购置新建商品房，从房屋交付使用之次月起，缴纳房产税。

⑤ 纳税义务人购置存量房，自办理房屋权属转移、变更登记手续，房地产权属登记机关签发房屋权属证书之次月起，缴纳房产税。

⑥ 纳税义务人出租、出借房产，自交付出租、出借房产之次月起，缴纳房产税。

⑦ 房地产开发企业自用、出租、出借本企业建造的商品房，自房屋使用或交付之次月起，缴纳房产税。

⑧ 纳税义务人因房产的实物或权利状态发生变化而依法终止房产税纳税义务的，其应纳税款的计算应截止到房产的实物或权利状态发生变化的当月末。

2. 房产税的纳税期限

房产税实行按年计算、分期缴纳的征收方法，具体纳税期限由省、自治区、直辖市人民政府确定。

3. 房产税的纳税地点

房产税在房产所在地缴纳。房产不在同一地方的纳税义务人，应按房产的坐落地点分别向房产所在地的税务机关纳税。

10.3 契　　税

10.3.1 契税概述

1. 契税的概念及特点

契税（contract tax）是以在中华人民共和国境内转移土地、房屋权属为征税对象，向产权承受人征收的一种财产税。

契税按财产转移价值征税，税源较为充足，能够增加地方财政收入。随着市场经济的发展和房地产交易的活跃，契税的财政作用将日益显著。契税对于保护合法产权、避免产权纠纷也具有重要意义。不动产所有权和使用权的转移形式多种多样，对承受人征收契税，有利于通过法律形式确定产权关系，维护公民合法利益，避免产权纠纷。契税具有如下特点。

① 契税属于财产转移税。它以权属发生转移的土地和房屋为征税对象，具有对财产转移课税的性质。

② 契税由财产承受人纳税。一般税种在税制中确定纳税义务人，都确定销售者为纳税义务人，即卖方纳税。对买方征税的主要目的，在于承认不动产转移生效，承受人纳税以后，便可拥有转移过来的不动产的产权或使用权，法律保护纳税义务人的合法权益。

2. 我国契税的发展

契税是一个历史悠久的税种，最早起源于东晋时期的"估税"。新中国成立后，政务院于 1950 年 4 月颁布了《契税暂行条例》，规定：凡土地、房屋之买卖、典当、赠与和交换均应凭土地、房屋的产权证明，在当事人双方订立契约时由产权承受人缴纳契税。1954 年 6 月，财政部对该条例进行了部分修改，修改的主要内容是：对公有制单位的买卖、典当、赠与和交换土地、房屋的行为，免征契税。契税的征税对象是土地和房屋，但由于我国的土地是属于国家和集体公有的公有制制度，不能自由买卖，因此很长时间以来我国的契税实际上仅就房屋征收。契税的征收对加强土地、房屋权属转移的管理，增加财政收入等方面发挥了积极作用。但是，随着我国市场经济的不断发展，房地产市场越来越活跃，交易的形式更加多样、灵活，原有契税的规定已不适应社会经济发展的需要。1981 年和 1990 年财政部分别发出了《关于改进和加强契税征收管理工作的通知》和《关于加强契税工作的通知》，对契税政策进行了一些补充和调整。1997 年 7 月 7 日，国务院重新制定颁布了《中华人民共和国契税暂行条例》，再次明确规定了契税的征收范围包括土地和房屋两部分，并对契税税率等作了新的具体规定。该条例于同年 10 月 1 日起施行。

10.3.2 契税的纳税义务人和征税范围

1. 契税的纳税义务人

契税的纳税义务人是在中华人民共和国境内转移土地、房屋权属，承受的单位和个人。"土地、房屋权属"是指土地使用权和房屋所有权；"承受"是指以受让、购买、受赠、交换等方式取得的土地、房屋权属的行为。"单位"是指企业单位、事业单位、国家机关、军事单位和社会团体及其他组织。"个人"是指个体经营者及其他个人，包括中国公民、外籍人员。

- -

【小思考 10-1】为什么契税的纳税义务人是承受人而不是受让人？

答：法律保护纳税义务人的合法权益，对承受人征税其目的在于承认不动产转移生效，承受人纳税后便可拥有转移过来的不动产或使用权。

- -

2. 契税的征税范围

契税的征税对象是在境内发生土地使用权、房屋所有权权属转移的土地和房屋。具体范围如下。

① 国有土地使用权出让。国有土地使用权出让是指土地使用者向国家支付土地使用权出让费用，国家将国有土地使用权在一定年限内让与土地使用人的行为。

② 土地使用权转让。土地使用权转让是指土地使用者以出售、赠与、交换或者其他方式将土地使用权转移给其他单位和个人的行为。土地使用权转让不包括农村集体土地承包经营权的转移。土地使用权出售，是指土地使用者以土地使用权作为交易条件，取得货币、实物、无形资产或者其他经济利益的行为。土地使用权赠与，是指土地使用者将其土地使用权无偿转让给受赠者的行为。土地使用权交换，是指土地使用者之间互相交换土地使用权的行为。

③ 房屋买卖。房屋买卖是指房屋所有者将其房屋出售，由承受人交付货币、实物、无形资产或者其他经济利益的行为。以下几种特殊情况，视同买卖房屋：以房产抵债或实物交换房屋；以房产作投资或作股权转让；买房拆料或翻建新房，应照章征收契税。

④ 房屋赠与。房屋赠与是指房屋所有者将其房屋无偿转让给受赠者的行为。房屋赠与的前提是：产权无纠纷，赠与双方自愿。房屋赠与应有书面合同（契约），并到有关部门办理登记过户手续。如果房屋赠与行为涉及涉外关系，还需公证处证明和外事部门认证，才能生效。房屋的受赠者应按规定缴纳契税。

⑤ 房屋交换。房屋交换是指房屋所有者之间互相交换房屋的行为。

根据税法的规定，土地、房屋权属以下列方式转移的，视同土地使用权转让、房屋买卖或者房屋赠与征税，具体如下：

- 以土地、房屋权属作价投资、入股；
- 以土地、房屋权属抵债；
- 以获奖方式承受土地、房屋权属；
- 以预购方式或者预付集资建房款方式承受土地、房屋权属。

⑥ 承受国有土地使用权支付的土地出让金。对承受国有土地使用权所应支付的土地出让金，要计征契税；不得因减免土地出让金而减免契税。

【小思考 10－2】继承房屋是否需要缴纳契税？

答： 遗嘱继承是我国继承法规定的种类之一，对于继承房屋是否征税，《关于继承土地、房屋权属有关契税问题的批复》（国税函〔2004〕1036 号）中明确规定：对于《中华人民共和国继承法》规定的法定继承人（包括配偶、子女、父母、兄弟姐妹、祖父母、外祖父母）继承土地、房屋权属，不征契税；按照《中华人民共和国继承法》规定，非法定继承人根据遗嘱承受死者生前的土地、房屋权属，属于赠与行为，应征收契税。由此可以看出，对于继承房屋是否征收契税需要视法定继承和遗嘱继承两种情况分别予以确定。

10.3.3 契税应纳税额的计算

1. 契税的税率

契税实行 3%～5% 的幅度税率。具体执行税率由各省、自治区、直辖市人民政府在税法规定的 3%～5% 幅度内根据本地区的实际情况确定，并报财政部和国家税务总局备案。

2. 契税的计税依据

契税的计税依据为不动产的价格。2016 年 5 月 1 日全面"营改增"后，计征契税的成交价格不含增值税。按照土地、房屋权属转移的不同情况，具体如下。

① 国有土地使用权出让、土地使用权出售、房屋买卖，以成交价格为计税依据。成交价格是指土地、房屋权属转移合同确定的价格，包括承受者应支付的货币、实物、无形资产或者其他经济利益。合同确定的成交价格中所包含的所有价款都属于计税依据的范围，成交价格中所包含的行政事业性收费，不得从中剔除。

② 土地使用权交换、房屋交换，计税依据为所交换的土地使用权、房屋的价格差额。即交换价格不相等的，由多交付货币、实物、无形资产或者其他经济利益的一方缴纳契税；

交换价格相等的，免征契税。

③ 土地使用权赠与、房屋赠与，由征收机关参照土地使用权出售、房屋买卖的市场价格核定。

④ 以划拨方式取得土地使用权，经批准转让房地产时，由房地产转让者补缴契税，其计税依据为补缴的土地使用权出让费或者土地收益。

需注意的是：税法规定，上述成交价格明显低于市场价格并且无正当理由的，或者所交换土地使用权、房屋的价格的差额明显不合理并且无正当理由的，由征收机关参照市场价格核定计税依据。

⑤ 房屋附属设施征收契税的依据：采取分期付款方式购买房屋附属设施土地使用权、房屋所有权的，应按合同规定的总价款计征契税；承受的房屋附属设施权属如果为单独计价的，按照当地确定的适用税率征收契税；如果与房屋统一计价的，适用与房屋相同的契税税率。

⑥ 个人无偿捐赠与不动产行为（法定继承人除外），应对受赠人全额征收契税。在缴纳契税时，纳税义务人需提交经税务机关审核并签字盖章的《个人无偿赠与不动产登记表》，税务机关（或其他征收机关）应在纳税义务人的契税完税凭证上加盖"个人无偿赠与"印章，在《个人无偿赠与不动产登记表》中签字并将表格留存。

3. 契税应纳税额的计算

契税应纳税额的计算公式如下。

$$应纳税额＝计税依据×税率$$

应纳税额以人民币计算。转移土地、房屋权属以外汇结算的，按照纳税义务发生之日中国人民银行公布的人民币市场汇率的中间价折合成人民币计算。

【例 10-2】

居民甲从某房地产开发公司购买了一套商品房，价格为 100 万元，双方签订了购买合同。当地政府规定的契税税率为 5%。计算该居民应缴纳的契税税额。

解 该居民应缴纳的契税税额为

$$100×5\%＝5（万元）$$

10.3.4 契税的减免

根据税法的规定，有下列情形之一的，减征或者免征契税。

① 国家机关、事业单位、社会团体、军事单位承受土地、房屋用于办公、教学、医疗、科研和军事设施的，免征契税。

② 城镇职工按规定第一次购买公有住房的，免征契税。对各类公有制单位集资建房建成的普通住房或由本单位购买的普通商品住房，经当地县级以上人民政府房改部门批准、按照国家房改政策出售给本单位职工的，如属职工首次购买住房，免征契税。城镇职工享受免征契税，仅限于第一次购买的公有住房，超过国家标准面积的部分，仍应按照规定缴纳契税。对个人购买家庭唯一住房（家庭成员范围包括购房人、配偶以及未成年子女，下同），面积为 90 平方米及以下的，减按 1% 的税率征收契税；面积为 90 平方米以上的，减按

1.5％的税率征收契税。对个人购买家庭第二套改善性住房，面积为90平方米以下的，减按1％的税率征收契税；面积为90平方米以上的，减按2％的税率征收契税。

③ 因不可抗力灭失住房而重新购买住房的，酌情减免契税。不可抗力是指自然灾害、战争等不能预见、不可避免并不能克服的客观情况。

④ 土地、房屋被县级以上人民政府征用、占用后，重新承受土地、房屋权属的，是否减征或者免征，由各省、自治区、直辖市人民政府确定。

⑤ 承受荒山、荒沟、荒丘、荒滩土地使用权并用于农、林、牧、渔业生产的，免征契税。

⑥ 依照我国有关法律规定及我国缔结或参加的双边和多边条约或协定应当予以免税的外国驻华使馆、领事馆、联合国驻华机构及其外交代表、领事官员和其他外交人员承受土地、房屋权属的，经外交部确认，可以免征契税。

⑦ 企业公司制改造。非公司制企业，按照《中华人民共和国公司法》的规定，整体改建为有限责任公司（含国有独资公司）或股份有限公司，或者有限责任公司整体改建为股份有限公司的，对改建后的公司承受原企业土地、房屋权属，免征契税。非公司制国有独资企业或国有独资有限责任公司，以其部分资产与他人组建新公司，且该国有独资企业（公司）在新设公司中所占股份超过50％的，对新设公司承受该国有独资企业（公司）的土地、房屋权属，免征契税。

⑧ 企业合并。两个或两个以上的企业，依据法律规定、合同约定，合并改建为一个企业，对合并后的企业承受原合并各方的土地、房屋权属，免征契税。

⑨ 企业股权重组。在股权转让中，单位、个人承受企业股权，企业土地、房屋权属不发生转移，不征收契税。国有、集体企业实施"企业股份合作制改造"，由职工买断企业产权，或向其职工转让部分产权，或者通过其职工投资增资扩股，将原企业改造为股份合作制企业的，对改造后的股份合作制企业承受原企业的土地、房屋权属，免征契税。

为了进一步支持国有企业改制重组，国有控股公司投资组建新公司有关契税政策规定如下：对国有控股公司以部分资产投资组建新公司，且该国有控股公司占新公司股份85％以上的，对新公司承受该国有控股公司土地、房屋权属免征契税。上述所称国有控股公司，是指国家出资额占有限责任公司资本总额50％以上，或国有股份占股份有限公司股本总额50％以上的国有控股公司，以出让方式承受原国有控股公司土地使用权的，不属于本规定的范围。

⑩ 债权人承受注销、破产企业土地、房屋权属。企业，按照有关法律、法规的规定实施注销、破产后，债权人（包括注销、破产企业职工）承受注销、破产企业土地、房屋权属以抵偿债务的，免征契税。对非债权人承受注销、破产企业土地、房屋权属的，凡妥善安置原企业30％以上职工的，减半征收契税；安置原企业全部职工的，免征契税。妥善安置是指与职工签订服务年限不少于3年的劳动用工妥善合同。

⑪ 对廉租住房经营管理单位购买住房作为廉租住房、经济适用住房，经营管理单位回购经济适用住房继续作为经济适用住房房源的，免征契税。对个人购买经济适用住房，在法定税率基础上减半征收契税。

⑫ 对于《中华人民共和国继承法》规定的法定继承人（包括配偶、子女、父母、兄弟姐妹、祖父母、外祖父母）继承土地、房屋权属，不征契税。按照《中华人民共和国继承法》规定，非法定继承人根据遗嘱承受死者生前的土地、房屋权属，属于赠与行为，应征收契税。

⑬ 财政部规定的其他减征、免征契税的项目。

10.3.5 契税的征收管理

1. 纳税义务发生的时间

契税的纳税义务发生时间，为纳税义务人签订土地、房屋权属转移合同的当天，或者纳税义务人取得其他具有土地、房屋权属转移合同性质凭证的当天。这里所说的"其他具有土地、房屋权属转移合同性质凭证"是指具有合同性质的契约、协议、合约、单据、确认书及由各省、自治区、直辖市人民政府确定的其他凭证。

纳税义务人因改变土地、房屋用途应当补缴已经减征或者免征契税的，其纳税义务发生时间为改变土地、房屋用途的当天。

2. 纳税期限

纳税义务人应当自纳税义务发生之日起 10 日内，向土地、房屋所在地的契税征收机关办理纳税申报，并在契税征税机关核定的期限内缴纳税款。

纳税义务人符合减征或者免征契税规定的，应当在签订土地、房屋权属转移合同后 10 日内，向土地、房屋所在地的契税征收机关办理减征或者免征契税手续。

3. 纳税地点

契税在土地、房屋所在地的征收机关缴纳。

4. 契税的征收管理

契税的征收机关为土地、房屋所在地的财政机关或者地方税务机关，具体征收机关由各省、自治区、直辖市人民政府确定。土地管理部门、房产管理部门应当向契税征收机关提供有关材料，并协助契税征收机关依法征收契税。

自 2005 年 1 月 1 日起，各级征收机关一律不得委托其他单位代征契税。

纳税义务人办理纳税事宜后，征收机关应向纳税义务人开具契税完税凭证。纳税义务人应当持契税完税凭证和其他规定的文件材料，依法向土地管理部门、房产管理部门办理有关土地、房屋的权属变更登记手续。纳税义务人未出具契税完税凭证的，土地管理部门、房产管理部门不予办理有关土地、房屋的权属变更登记手续。

【小资料 10 - 3】

古檗山庄的"契税石碑"税收史话

1912 年，福建省晋江侨商巨贾黄秀烺先生按周礼族葬之法，于当地蘖谷村营建家族陵园古檗山庄。山庄内一块反映清代契税情况的石碑是珍贵的历史遗迹。

为修建山庄，黄秀烺先生向蘖谷村的村民购买了大量土地，他将所购每块土地的地契，包括土地的契税税号、契约号、价款等内容，都刻在一块石碑上。石碑现在就立在古檗山庄的蘖谷村内。石碑保持了"以文证史"和"文史互证"的风格，成为珍贵的历史遗迹。通过这块石碑的石刻图像、铭文提供的文献资料，我们能够管窥清代契税的情况。

据记载，清末契税采取"卖九典六"制度，即采用从价计征，卖契按 9%、典契按 6% 计征。由此可见，清末时契税分类较细，实行从价计征比较合理。这一税制一直沿用至民国初期。

　　山庄内除了有石碑外，还有许多有名的牌匾。据记载，山庄完工后，黄秀烺先生遍请海内外名流俊彦为山庄撰文题墨，刊石嵌壁，并于民国 21 年刊印成书，名为《古檗山庄题咏集》。其中包括清光绪时期的状元张謇、武状元黄培松等社会名流为古檗山庄的题字。

10.4　车　船　税

　　车船税法是指国家制定的用以调整车船税征收与缴纳之间权利及义务关系的法律规范。现行车船税法的基本法律规范自 2012 年 1 月 1 日起，实行 2011 年 2 月 25 日公布的《中华人民共和国车船税法》和 2011 年 12 月 5 日国务院颁布的《中华人民共和国车船税法实施条例》。

10.4.1　车船税概述

1. 车船税的概念

车船税（vehicle and ship tax）是对在我国境内拥有车船的单位和个人所征收的一种税。

2. 我国车船税的发展

1951 年 9 月政务院发布了《车船使用牌照税暂行条例》，开始征收车船使用牌照税。1986 年 9 月国务院发布了《中华人民共和国车船使用税暂行条例》，开始征收车船使用税，按有关规定，该暂行条例不适用于外商投资企业和外国企业。因此，对外商投资企业和外国企业仍依照《车船使用牌照税暂行条例》的规定征收车船使用牌照税。

　　以上两个税种自开征以来，在组织地方财政收入、调节和促进经济发展方面发挥了积极作用。但随着社会主义市场经济体制的建立和完善，尤其是我国加入 WTO 后，两个暂行条例在实施中遇到了一些问题。一是内外两个税种，不符合税收统一、简化税制的要求；二是缺乏必要的税源监控手段，不利于征收管理；三是车船使用牌照税税额 55 年没有调整，车船使用税税额也已 20 年没有调整，随着经济的发展，两个税种的税额标准已明显偏低。基于这种情况，2006 年 12 月 27 日国务院决定合并两个暂行条例，制定《中华人民共和国车船税暂行条例》，开征车船税以取代原车船使用牌照税和车船使用税，该条例自 2007 年 1 月 1 日起施行。1951 年 9 月 13 日政务院发布的《车船使用牌照税暂行条例》和 1986 年 9 月 15 日国务院发布的《中华人民共和国车船使用税暂行条例》同时废止。2011 年 2 月 25 日，第十一届全国人民代表大会常务委员会第十九次会议通过了《中华人民共和国车船税法》（以下简称《车船税法》）。同日，国家主席胡锦涛签署第 43 号主席令予以公布，自 2012 年 1 月 1 日起施行。

10.4.2　车船税的纳税义务人和征税对象

1. 车船税的纳税义务人

在中华人民共和国境内属于《车船税法》所附《车船税税目税额表》规定的车辆、船舶的所有人或者管理人，为车船税的纳税义务人，应当依法缴纳车船税。所称管理人，是指对车船具有管理权或者使用权，不具有所有权的单位和个人。

从事机动车第三者责任强制保险业务的保险机构为机动车车船税的扣缴义务人，应当在收取保险费时依法代收车船税，并出具代收税款凭证。

2. 车船税的征税对象

① 依法应当在车船管理部门登记的机动车辆和船舶。

② 依法不需要在车船管理部门登记、在单位内部场所行驶或者作业的机动车辆和船舶。

车船管理部门，是指公安、交通运输、农业、渔业、军队、武装警察部队等依法具有车船登记管理职能的部门；单位，是指依照中国法律、行政法规规定，在中国境内成立的行政机关、企业、事业单位、社会团体及其他组织。

10.4.3　车船税应纳税额的计算

1. 车船税的税率

车船的适用定额税率，依照《中华人民共和国车船税法》规定的《车船税税目税额表》执行，如表 10 - 1 所示。

表 10 - 1　车船税税目税额表

税　目		计税单位	年基准税额	备　注
乘用车［（按发动机汽缸容量（排气量）分档］	1.0 升（含）以下的	每　辆	60 至 360 元	核定载客人数 9 人（含）以下
	1.0 升以上至 1.6 升（含）的		300 元至 540 元	
	1.6 升以上至 2.0 升（含）的		360 元至 660 元	
	2.0 升以上至 2.5 升（含）的		660 元至 1 200 元	
	2.5 升以上至 3.0 升（含）的		1 200 元至 2 400 元	
	3.0 升以上至 4.0 升（含）的		2 400 元至 3 600 元	
	4.0 升以上的		3 600 元至 5 400 元	
商用车	客　车	每　辆	480 元至 1 440 元	核定载客人数 9 人以上，包括电车
	货　车	整备质量每吨	16 元至 120 元	包括半挂牵引车、三轮汽车和低速载货汽车等
挂　车		整备质量每吨	按照货车税额的 50% 计算	
其他车辆	专用作业车	整备质量每吨	16 元至 120 元	不包括拖拉机
	轮式专用机械车		16 元至 120 元	
摩托车		每　辆	36 元至 180 元	
船　舶	机动船舶	净吨位每吨	3 元至 6 元	拖船、非机动驳船分别按照机动船舶税额的 50% 计算
	游　艇	艇身长度每米	600 元至 2 000 元	

注：该车船税税目税额表自 2012 年 1 月 1 日起施行。

机动船舶具体适用税额为：

① 净吨位不超过 200 吨的，每吨 3 元；

② 净吨位超过 200 吨但不超过 2 000 吨的，每吨 4 元；

③ 净吨位超过 2 000 吨但不超过 10 000 吨的，每吨 5 元；

④ 净吨位超过 10 000 吨的，每吨 6 元。

拖船按照发动机功率每 1 千瓦折合净吨位 0.67 吨计算征收车船税。

游艇具体适用税额为：

① 艇身长度不超过 10 米的，每米 600 元；

② 艇身长度超过 10 米但不超过 18 米的，每米 900 元；

③ 艇身长度超过 18 米但不超过 30 米的，每米 1 300 元；

④ 艇身长度超过 30 米的，每米 2 000 元；

⑤ 辅助动力帆艇，每米 600 元。

2. 车船税应纳税额的计算

【例 10-3】

某航运公司拥有机动船 15 艘（其中净吨位为 600 吨的 10 艘，1 520 吨的 5 艘），拥有非机动驳船 6 艘（其中净吨位为 30 吨的 1 艘，300 吨的 5 艘）。请计算该航运公司年应纳车船税税额。

答：

按净吨位计算机动船的应纳税额＝10×600×4＋5×1 520×4＝54 400（元）

按净吨位计算非机动驳船的应纳税额＝（1×30×3＋5×300×4）×50％＝3 045（元）

该公司年应纳车船使用税＝54 400＋3 045＝57 445（元）

10.4.4　车船税的减免

下列车船免征车船税：捕捞、养殖渔船；军队、武装警察部队专用的车船；警用车船；依照法律规定应当予以免税的外国驻华使领馆、国际组织驻华代表机构及其有关人员的车船。

对节约能源、使用新能源的车船可以减征或者免征车船税；对受严重自然灾害影响纳税困难的，以及有其他特殊原因确需减税、免税的，可以减征或者免征车船税。具体办法由国务院规定，并报全国人民代表大会常务委员会备案。

省、自治区、直辖市人民政府根据当地实际情况，可以对公共交通车船，农村居民拥有并主要在农村地区使用的摩托车、三轮汽车和低速载货汽车定期减征或者免征车船税。

10.4.5　车船税征收管理

车船税的纳税地点为车船的登记地或者车船税扣缴义务人所在地。依法不需要办理登记的车船，车船税的纳税地点为车船的所有人或者管理人所在地。

车船税纳税义务发生时间为取得车船所有权或者管理权的当月。

车船税按年申报，分月计算，一次性缴纳。纳税年度为公历 1 月 1 日至 12 月 31 日，具体申报纳税期限由省、自治区、直辖市人民政府规定。

车船税的征收管理，依照《车船税法》和《中华人民共和国税收征收管理法》的规定执行。

本 章 小 结

本章主要讲述了财产税的发展、特点、种类等。我国现行征收的财产税主要有房产税、契税和车船税等，本章主要从财产税的主要税种的概念、纳税义务人、纳税范围、税率、计税依据、税收的减免及税收的征收管理等几个方面进行了阐述。

主要法律依据

[1] 中华人民共和国房产税暂行条例. 国发〔1986〕90 号. 成文日期：1986 年 9 月 15 日.

[2] 财政部 国家税务总局关于房产税若干具体问题的解释和暂行规定. 财税地字〔1986〕8 号. 条款失效. 成文日期：1986 年 9 月 25 日.

[3] 国家税务总局关于进一步明确房屋附属设备和配套设施计征房产税有关问题的通知. 国税发〔2005〕173 号. 成文日期：2005 年 10 月 21 日.

[4] 财政部 国家税务总局关于房产税城镇土地使用税有关问题的通知. 财税〔2009〕128 号. 成文日期：2009 年 11 月 22 日.

[5] 中华人民共和国契税暂行条例. 国务院令第 224 号发布. 成文日期：1997 年 7 月 7 日.

[6] 中华人民共和国契税暂行条例实施细则. 财法字〔1997〕52 号. 成文日期：1997 年 10 月 28 日.

[7] 财政部 国家税务总局关于企业改制重组若干契税政策的通知. 财税〔2008〕175 号. 成文日期：2008 年 12 月 29 日.

[8] 中华人民共和国车船税法. 中华人民共和国主席令第 43 号. 成文日期：2011 年 2 月 25 日.

[9] 中华人民共和国车船税实施条例. 中华人民共和国国务院令第 611 号. 成文日期：2011 年 12 月 5 日.

[10] 财政部 国家税务总局关于营改增后契税 房产税 土地增值税 个人所得税计税依据问题的通知. 财税〔2016〕43 号. 成文日期：2016 年 4 月 25 日.

习 题

一、思考题

1. 什么是财产税？财产税有哪些特点？

2. 房产税的纳税义务人有哪些？

3. 房产税的纳税义务发生时间是什么？

4. 2012 年 1 月 1 日开始实行的《中华人民共和国车船税法》有哪些特点？

5. 简述契税的征收范围及计税依据。

二、单项选择题

1. 纳税义务人自行新建房屋用于生产经营，从（　　）起，缴纳房产税。
   A. 生产经营之月　　　B. 生产经营之次月　　　C. 建成之月　　　D. 建成之次月

2. 按照从价计征的办法，房产税应依（　　）计算征税。
   A. 房产原值　　　　　B. 房产余值　　　　　　C. 房产净值　　　D. 房产市价

3. 按现行房产税的有关规定，对个人按市场价格出租的居民住房，其应缴纳的房产税暂减按（　　）的税率征收。
   A. 4%　　　　　　　　B. 5%　　　　　　　　　C. 10%　　　　　D. 3%

4. 下列项目中应当缴纳房产税的有（　　）。
   A. 高校后勤实体自用房产
   B. 事业单位（自收自支已经两年）办公用房
   C. 中外合资生产企业
   D. 百货商场用房

5. 某大型企业，其生产用房原值 8 000 万元，还拥有一个内部职工医院、一个幼儿园、一个超市和一个学校，房产的原值分别为 280 万元、100 万元、100 万元和 120 万元。已知当地政府规定的扣除比例为 20%，则该企业缴纳的房产税为（　　）万元。
   A. 76.8　　　　　　　B. 77.76　　　　　　　C. 78.72　　　　D. 82.56

6. 某企业有一处房产原值 1 000 万元，当年 7 月 1 日用于投资联营（收取固定收入，不承担联营风险），投资期为 5 年。已知该企业当年取得固定收入 50 万元，当地政府规定的扣除比例为 20%，则该企业当年应缴纳房产税（　　）。
   A. 6.0 万元　　　B. 9.6 万元　　　　　C. 10.8 万元　　　D. 15.6 万元

7. 按照车船税有关规定，下列车船免征车船税的是（　　）。
   A. 拖拉机　　　B. 非机动驳船　　　C. 摩托车　　　D. 载货汽车

8. 纳税义务发生时间是（　　）。
   A. 纳税义务人签订土地、房屋权属转移合同的当天
   B. 纳税义务人办妥土地、房屋权属变更登记手续的当天
   C. 纳税义务人签订土地、房屋权属变更登记手续的 10 日内
   D. 房屋、土地移交的当天

9. 下列行为不征收契税的是（　　）。
   A. 以房抵债　　　　　　　B. 以房产对外投资
   C. 房屋赠与　　　　　　　D. 房屋使用权交换

三、多项选择题

1. 按房产税暂行条例，下列属于房产税征税对象的是（　　）。
   A. 工厂围墙　　　　　　　B. 企业职工宿舍
   C. 宾馆的室外游泳池　　　D. 房地产公司出租的写字楼

2. 按照房产税暂行条例的规定，房产税以在征税范围内的房屋产权所有人为纳税义务

人。下列各项表述中，不正确的有（　　）。

　　A. 房屋产权出典的，以出典人为纳税义务人

　　B. 产权属于集体和个人所有的，以集体单位和个人为纳税义务人

　　C. 房屋产权所有人不在房屋所在地的，以代管人或使用人为纳税义务人

　　D. 房屋产权未确定及租典纠纷未解决的，以购房人为纳税义务人

3. 下列各项中，暂免征收房产税的有（　　）。

　　A. 房管部门向居民出租的公有住房

　　B. 文化体育单位出租的公有住房

　　C. 企业向职工出租的单位自有住房

　　D. 个人对外出租经营的自有住房

4. 房产税的计税依据可以是（　　）。

　　A. 融资租赁房屋的，以房产原值计税

　　B. 联营投资房产，共担投资风险的，以房产余值计税

　　C. 出租房屋的，以租金计税

　　D. 租入房产的，以租金计税

5. 房产税纳税义务发生时间为（　　）。

　　A. 购置新建商品房，从房屋交付使用次月起

　　B. 出租出借原有房产，自交付出租、出借房产之月起

　　C. 原有房产用于生产经营，从生产经营之月起

　　D. 自建新房用于生产经营，从建成之次月起

6. 按照车船税有关规定，下列以"辆"为计税单位的是（　　）。

　　A. 载客汽车　　　　　B. 载货汽车　　　　　C. 摩托车　　　　　D. 三轮汽车

7. 下列有关契税的说法中正确的是（　　）。

　　A. 契税的纳税义务人是我国境内土地、房屋权属的承受者

　　B. 契税的征税对象是我国境内产权发生转移的不动产

　　C. 契税实行差别比例税率

　　D. 契税纳税义务人不包括国有经济单位

8. 甲厂与乙厂互换房屋产权，甲厂房屋价格100万元，乙厂房屋价格为120万元。成交后，甲厂支付乙厂20万元的房屋差价款。该省规定契税税率为5%。此项业务，下列项目中正确的有（　　）。

　　A. 甲厂是纳税义务人　　　　　　　　B. 乙厂是纳税义务人

　　C. 应纳契税1万元　　　　　　　　　D. 应纳契税5万元

四、判断题

1. 新建房屋及旧房安装的空调设备都应计入房产原值计征房产税。（　　）

2. 融资租赁房屋的，由于租赁期内房屋产权没有发生转移，房产税应由出租方以租金为依据计算缴纳房产税。（　　）

3. 房产不在同一地方的纳税义务人，以纳税义务人机构所在地为房地产税纳税地点。（　　）

4. 农民李某当年将他在本村价值10万元的楼房出租，取得租金收入2 000元。按照房产税从租计征的规定计算，李某当年应缴纳房产税240元。（　　）

5. 房产税从价计税时，房产原值应包括与房屋不可分割的各种附属设备价值。（　　）

6. 按照车船税暂行条例规定，从事机动车交通事故责任强制保险业务的保险机构为机动车车船税的扣缴义务人，应当依法代收代缴车船税。（　　）

7. 车船税的纳税义务发生时间，为车船管理部门核发的车船登记证书或者行驶证书所记载日期的当月。（　　）

8. 车船的所有人或者管理人未缴纳车船税的，使用人可以不代为缴纳车船税。（　　）

9. 不动产成交价格明显低于市场价格且无正当理由的，税收机关可参照市场价格核定契税的计税依据。（　　）

10. 甲乙双方发生房屋交换行为，当交换价格相等时，契税由甲乙双方各缴一半。（　　）

五、实务题

1. 某国有饭店房产原值 2 000 万元，该饭店委托专修公司为饭店进行内装修，6 月份装修完毕办理竣工结算，装修支出 250 万元（包括中央空调更换支出），均计入固定资产原值。

   要求： 计算该企业应纳房产税（该地规定允许按原值一次扣除 20%）。

2. 某交通运输企业拥有 10 辆载客汽车，15 辆整备质量 3.2 吨的载货汽车。按当地政府规定，载客汽车每辆每年税额为 300 元，载货汽车按整备质量每吨每年税额 80 元。

   要求： 计算该企业全年应纳车船税。

3. 甲企业与乙企业协商交换房产，甲企业换出房产的价值为 600 万元，乙企业换出房产的价值为 900 万元，甲企业另向乙企业支付银行存款 300 万元。已知当地政府规定的契税税率为 3%。问：是否应该缴纳契税，由谁缴，应缴纳契税的金额是多少？

第 11 章

行为目的课税

【学习要求】
  重点掌握：行为目的税类各税种的征税范围、纳税义务人和税率
  一般掌握：行为目的税类各税种计税依据的确定及应纳税额的计算
  理解：行为目的课税的基本概念和特点
  了解：行为目的税类各税种的有关减免规定、征收管理

行为目的税又称行为税，是指国家为了实现某种特定目的，以纳税义务人的某些特定行为目的为课税对象的一类税收。我国现行行为目的课税有印花税、土地增值税、城市维护建设税、车辆购置税、环境保护税等。

11.1 行为目的课税概述

11.1.1 行为目的税的概念

行为目的税是一个集合概念，它因行为目的的不同而不同。行为有广义与狭义之分，由于行为目的的多样性，从广义上讲，几乎所有的税种都可以划归行为目的税类。例如，对流转税、所得税、财产税和资源税的征收都可以理解为是对经营者产品生产和经营行为、营利目的、财产和资源的占有及转移行为而征税。本章所述行为目的税所涉及的行为目的是狭义的特定行为目的，是指除正常的营利目的、商品流转行为、财产资源的占有和转移行为之外的依法应当进行纳税的行为目的。行为目的税体现了国家在一定时期对其管辖范围内的自然人或法人某些特定行为的奖限政策。

11.1.2 行为目的税的产生和发展

世界上对行为目的税的征收历史已有多年，欧洲早在中世纪就有行为税。荷兰在 1624 年开始征收印花税，广泛课及纳税义务人书立、领受经济凭证的各种行为，随后逐渐推广到许多国家和地区。俄国彼得一世时期征收的胡须税、德国和日本等国的登记税、美国的赌博税、瑞典的彩票税，以及其他一些国家征收的狩猎税、养狗税等，均属此类。

我国对特定行为征税的历史也很悠久。战国时期，楚国对牲畜交易行为征税。此后，在历代的工商税和杂税类中，都有对行为征税的税种。北洋政府时期，1912 年公布《印花税法》，1913 年首先在北京开征，以后陆续在各省推行。国民政府时期也有属于行为税的税

种，如印花税、屠宰税、筵席税及娱乐税等。

1950 年 1 月 30 日，中央政府政务院颁布《全国税政实施要则》，所规定的 14 个税种中，属于行为税的有印花税、交易税、屠宰税、特种消费行为税和车船使用牌照税五个税种。1958 年税制改革，印花税并入工商统一税中，1973 年简并税制后，保留的行为目的税仅剩牲畜交易税、屠宰税、集市交易税三种。

随着经济的发展，1978 年税制改革后，行为目的税的征税范围不断扩大，税种不断增多，1982 年 7 月和 1983 年 10 月，相继开征了烧油特别税和建筑税，1984 年后陆续开征或恢复征收了奖金税、工资调节税、车船使用税、印花税、筵席税、城镇土地使用税、耕地占用税、城市维护建设税等行为税。1991 年又将建筑税改为固定资产投资方向调节税。

1994 年的税制改革，对工商税制做了结构性的重大改革，简并或取消了一些税种，又对行为目的税进行了调整。2016 年 12 月 25 日，十二届全国人大常委会第二十五次会议表决通过了《中华人民共和国环境保护税法》，将于 2018 年 1 月 1 日起实施。我国现行征收的行为目的税主要有印花税、土地增值税、城市维护建设税、车辆购置税、环境保护税等。

11.1.3 行为目的税的特点

行为目的税是国家根据宏观经济调控的需要，运用税收杠杆的调节作用，为国家的特别经济和政策目标服务而设立的税种。其特点如下。

① 征纳行为的发生具有偶然性或一次性。

② 政策目的性强。行为目的税通常具有明确的调节范围，有较强的政策性，体现国家特定的政策意图。

③ 具有较强的时效性，收入稳定性差。由于行为税中很多税种是国家根据一定时期的客观需要，大部分是为了限制某种特定的行为而开征的，当某种行为的调节已达到预定的目的时即可取消，税收收入不稳定。

④ 税种较多，有比较明显的选择性。行为目的税大都选择某些特定的征税对象，通过单设税种的方法来达到某种特定目的，因此税种比较多。

⑤ 税负不容易转嫁。行为目的税的纳税义务人与负税人相一致，税负不容易转嫁。

11.2 印 花 税

印花税（stamp duty）是对经济活动和经济交往中书立、使用、领受具有法律效力的应税凭证的行为征收的一种税，因其采用在应税凭证上粘贴印花税票作为完税的标志而得名。印花税的应税凭证是指单位或个人在经济活动和经济交往等过程中所领取或填制、书立的，用以证明其活动，反映其经济内容，明确其权利和义务的书面证明。

我国现行印花税的基本规范，是 1988 年 8 月 6 日国务院发布并于同年 10 月 1 日实施的《中华人民共和国印花税暂行条例》（以下简称《印花税暂行条例》）。

11.2.1 印花税概述

1. 印花税的发展

印花税历史悠久，1624 年首创于荷兰，后为世界各国普遍采用。中国真正执行印花税始于北洋政府时期的 1913 年，直至 1949 年，印花税一直是一个重要税种。新中国政务院于

1950 年发布的《全国税政实施要则》规定，印花税是全国统一开征的税种之一，并发布实施《印花税暂行条例》，在全国范围内开征印花税。1958 年简化税制时，印花税并入工商统一税，印花税不再单设税种征收。20 世纪 80 年代，由于我国商品经济迅速发展，在经济活动中依法书立、领受各种经济凭证成为普遍现象，有必要重新开征印花税，而且当时也具备了开征的条件。因此，国务院于 1988 年 8 月发布《中华人民共和国印花税暂行条例》，于同年 10 月 1 日起施行。1988 年 9 月 29 日财政部发布《中华人民共和国印花税暂行条例实行细则》（以下简称《实施细则》）。之后，国家税务总局相继公布了一系列有关规定，具体有：《关于印花税票管理暂行规定的通知》《关于印花税暂行条例实施前书立、领受的凭证贴花问题的规定》《关于对印花税若干具体问题的规定》《关于对金融系统营业账簿贴花问题的具体规定》《关于对借款合同贴花问题的具体规定》《关于对保险公司征收印花税有关问题的通知》《关于对技术合同征收印花税问题的通知》。印花税由中央立法解释，收入归地方，属地方税种。

2. 印花税的特点

① 征税范围广。印花税的征税范围十分广泛，表现在两个方面：一是印花税的征税对象是经济活动和经济交往中书立、领受应税凭证的行为，这些行为在经济生活中经常发生；二是涉及的应税凭证范围广泛，凡是在我国境内具有法律效力，受中国法律保护的凭证，无论是在中国境内还是境外书立，都应依照税法规定缴纳印花税。这些凭证包括各类经济合同、营业账簿、权利许可证照等，这些凭证在经济生活中被广泛使用。现行印花税的应税凭证共有五大类 13 个税目，涉及经济活动的各个方面。随着经济的发展和经济法制的日益完善，印花税的应税行为和应税凭证将会越来越普遍，征税范围也会更加广阔。

② 低税率、低税负。印花税税率较低，纳税义务人的税负较轻。其税率或税额都低于其他税种，最低比例税率为应税凭证所载金额的万分之零点五，一般都为万分之几或千分之几；按定额税率征税的，每件应税凭证 5 元。

③ 纳税义务人自行贴花纳税。印花税的纳税方法不同于其他税种，它采取纳税义务人自行计算应纳税额、自行购买印花税票、自行贴花、自行对已粘贴的印花税票进行注销或划销的纳税方法。

④ 多缴不退不抵。我国印花税条例规定，凡多贴印花税票者，不得申请退税或者抵用。这与其他税种多缴税款可以申请退税或抵缴的规定不同。

【小资料 11-1】

印花税起源趣谈

从税史学理论上讲，任何一种税种的"出台"都离不开当时的政治与经济的需要，印花税的产生也是如此。其间有不少趣闻。公元 1624 年，荷兰政府发生经济危机，财政困难。当时执掌政权的统治者摩里斯（Maurs）为了解决财政上的需要，拟提出要用增加税收的办法来解决支出的困难，但又怕人民反对，便要求政府的大臣们出谋献策。众大臣议来议去，就是想不出两全其美的妙法来。于是，荷兰的统治阶级就采用公开招标办法，以重赏来寻求新税设计方案，谋求敛财之妙策，印花税就是从千万个应征者设计的方案中精选出来的"杰作"。可见，印花税的产生较之其他税种，更具有传奇色彩。印花税的设计者可谓独具匠心。他观察到人们在日常生活中使用契约、借贷凭证之类的单据很多，连绵不断，所以一旦征税，税源将很大；而且，人们还有一个心理，认为凭证单据上由政府盖个印，就成为合法凭证，在诉讼时可以有法律保障，因而对交纳印花税也乐于接受。正是这样，印花税被资产阶级经济学家誉为税负轻微、税源畅旺、手续简便、成本低廉的"良税"。英国的哥尔柏（Kolebe）说过："税收这种技术，就是拔最多的鹅毛，听最少的鹅叫"。印花税就是具有"听最少鹅叫"的税种。从 1624 年世界上第一次在荷兰出现印花税后，由于印花税"取微用宏"，简便易行，欧美各国竞相效法。丹麦在 1660 年、法国在 1665 年、美国在 1671 年、奥地利在 1686 年、英国在 1694 年先后开征了印花税。它在不长的时间内就成为世界上普遍采用的一个税种，在国际上盛行。

11.2.2　印花税的纳税义务人、征税范围及税率

1. 印花税的纳税义务人

按照我国现行《印花税暂行条例》，印花税的纳税义务人，是指在中国境内书立、使用、领受印花税法所列举的凭证并应依法履行纳税义务的单位和个人。所称单位和个人，是指国内各类企业、事业、机关、团体、部队，以及中外合资企业、合作企业、外资企业、外国公司和其他经济组织及其在华机构等单位和个人。

上述单位和个人，按照书立、使用、领受应税凭证的不同，可以分别确定为立合同人、立据人、立账簿人、领受人、使用人和各类电子应税凭证的签订人。

① 立合同人。是指合同的当事人。所谓当事人，是指对凭证有直接权利义务关系的单位和个人，不包括合同的担保人、证人、鉴定人。各类合同的纳税义务人是立合同人。各类合同，包括购销、加工承揽、建设工程承包、财产租赁、货物运输、仓储保管、借款、财产保险、技术合同或者具有合同性质的凭证。有关合同的法律依据可参考《中华人民共和国合同法》的规定。

当事人的代理人有代理纳税的义务，他与纳税义务人负有同等的税收法律义务和责任。

② 立据人。产权转移书据的纳税义务人是立据人，是指土地、房屋权属转移过程中买卖双方的当事人。如果立据人未贴或者少贴印花，书据的持有人应负责补贴印花。所立书据以合同方式签订的，应由持有书据的各方分别按全额贴花。

③ 立账簿人。营业账簿的纳税义务人是立账簿人。所谓立账簿人，是指设立并使用营业账簿的单位和个人。如企业单位因生产、经营需要，设立了营业账簿，该企业即为纳税义务人。

④ 领受人。权利、许可证照的纳税义务人是领受人。领受人是指领取或接受并持有该项凭证的单位和个人。例如，某企业发明一项新技术，经申请依法取得国家专利机关颁发的专利证书，该企业即为纳税义务人。

⑤ 使用人。在国外书立、领受，但在国内使用的应税凭证，其纳税义务人是使用人。

⑥ 各类电子应税凭证的签订人，即以电子形式签订的各类应税凭证的当事人。

需要注意的是对同一应税凭证，凡由两方或两方以上当事人共同书立并各执一份的，其当事人各方都是印花税的纳税义务人，应由各方就其所持凭证的计税金额各自履行纳税义务。

2. 印花税的征税范围

我国现行印花税法明确规定了印花税应当纳税的项目，具体划定了印花税的征税范围。印花税共有 13 个税目，包括以下各种凭证。

① 购销合同。包括供应、预购、采购、购销结合及协作、调剂、补偿、贸易等合同。此外，还包括出版单位与发行单位之间订立的图书、报纸、期刊和音像制品的应税凭证，如订购单、订数单等。还包括发电厂与电网之间、电网与电网之间（国家电网公司系统、南方电网公司系统内部各级电网互供电量除外）签订的购售电合同。但是，电网与用户之间签订的供用电合同不属于印花税列举征税的凭证，不征收印花税。

② 加工承揽合同。包括加工、定做、修缮、修理、印刷、广告、测绘、测试等合同。

③ 建设工程勘察设计合同。包括勘察、设计合同。

④ 建筑安装工程承包合同。包括建筑、安装工程承包合同。承包合同，包括总承包合同、分包合同和转包合同。

⑤ 财产租赁合同。包括租赁房屋、船舶、飞机、机动车辆、机械、器具、设备等合同，还包括企业、个人出租门店、柜台等签订的合同。

⑥ 货物运输合同。包括民用航空、铁路运输、海上运输、公路运输和联运合同，以及作为合同使用的单据。

⑦ 仓储保管合同。包括仓储、保管合同，以及作为合同使用的仓单、栈单等。

⑧ 借款合同。银行及其他金融组织与借款人（不包括银行同业拆借）所签订的合同，以及只填开借据并作为合同使用、取得银行借款的借据。银行及其他金融机构经营的融资租赁业务，是一种以融物方式达到融资目的的业务，实际上是分期偿还的固定资金借款，因此融资租赁合同也属于借款合同。

⑨ 财产保险合同。包括财产、责任、保证、信用保险合同，以及作为合同使用的单据。财产保险合同，分为企业财产保险、机动车辆保险、货物运输保险、家庭财产保险和农牧业保险五大类。"家庭财产两全保险"属于家庭财产保险性质，其合同在财产保险合同之列，应照章纳税。

⑩ 技术合同。包括技术开发、转让、咨询、服务等合同，以及作为合同使用的单据。

⑪产权转移书据。包括财产所有权和版权、商标专用权、专利权、专有技术使用权等转移书据和土地使用权出让合同、土地使用权转让合同、商品房销售合同等权力转移合同。所称产权转移书据，是指单位和个人产权的买卖、继承、赠与、交换、分割等所立的书据。"财产所有权"转换书据的征税范围，是指经政府管理机关登记注册的动产、不动产的所有权转移所立的书据，以及企业股权转让所立的书据，并包括个人无偿赠送不动产所签订的"个人无偿赠与不动产登记表"。当纳税义务人完税后，税务机关（或其他征收机关）应在纳税义务人印花税完税凭证上加盖"个人无偿赠与"印章。

⑫营业账簿。指单位或者个人记载生产经营活动的财务会计核算账簿。营业账簿按其反映内容的不同，可分为记载资金的账簿和其他账簿。

⑬权利、许可证照。包括政府部门发给的房屋产权证、工商营业执照、商标注册证、专利证、土地使用证。

【小思考 11 - 1】 企业订立电子合同是否属于《中华人民共和国印花税暂行条例》列举的合同，是否需要缴纳印花税？

答： 企业订立电子合同属于《中华人民共和国印花税暂行条例》列举的合同，需缴印花税。根据我国《合同法》规定："书面形式"是指合同书、信件和数据电文（包括电报、电传、传真、电子数据交换和电子邮件）等可以有形表现所载内容的形式。同时，我国《电子签名法》规定，当事人约定使用电子签名、数据电文的文书，不得仅因为其采用电子签名、数据电文的形式而否定其法律效力。因此，《合同法》和《电子签名法》明确了电子合同的书面凭证性，符合《中华人民共和国印花税暂行条例》所规定的应纳税合同要求，应按规定缴纳印花税。

3. 印花税的税率

印花税有两种税率形式，即比例税率和定额税率。比例税率适用于各类合同及具有合同性质的凭证（含以电子形式签订的各类应税凭证）、产权转移书据、营业账簿中记载资金的账簿，并分 4 个档次，分别是 1‰、0.5‰、0.3‰、0.05‰。定额税率均为按件贴花，税额为 5 元。适用于"权利、许可证照"和"营业账簿"税目中的其他账簿，这样规定，是因为这些应税凭证比较特殊，有的是无法计算金额的凭证，如权利、许可证照；有的虽记载有金额，但以其作为计税依据又明显不合理的凭证，如其他账簿。采用定额税率，规定按件定额纳税，可以方便纳税义务人纳税，便于税务机关征管。印花税税目税率见表 11-1。

表 11-1　印花税税目税率表

税　目	范　围	计税依据	税　率	纳税义务人	说　明
1. 购销合同	包括供应、预购、采购、购销结合及协作、调剂、补偿、易货等合同	购销金额	0.3‰	立合同人	
2. 加工承揽合同	包括加工、定做、修缮、修理、印刷广告、测绘、测试等合同	加工或承揽收入	0.5‰	立合同人	
3. 建设工程勘察设计合同	包括勘察、设计合同	收取费用	0.5‰	立合同人	
4. 建筑安装工程承包合同	包括建筑、安装工程承包合同	承包金额	0.3‰	立合同人	
5. 财产租赁合同	包括租赁房屋、船舶、飞机、机动车辆、机械、器具、设备等合同	租赁金额	1‰	立合同人	税额不足 1 元的，按 1 元贴花
6. 货物运输合同	包括民用航空运输、铁路运输、海上运输、内河运输、公路运输和联运合同	运输费用	0.5‰	立合同人	单据作为合同使用的，按合同贴花
7. 仓储保管合同	包括仓储、保管合同	仓储保管费用	1‰	立合同人	仓单或栈单作为合同使用的，按合同贴花
8. 借款合同	银行及其他金融组织和借款人（不包括银行同业拆借）所签订的借款合同	借款金额	0.05‰	立合同人	单据作为合同使用的，按合同贴花
9. 财产保险合同	包括财产、责任、保证、信用等的保险合同	保险费用	1‰	立合同人	单据作为合同使用的，按合同贴花
10. 技术合同	包括技术开发、转让、咨询、服务等合同	记载金额	0.3‰	立合同人	

续表

税 目	范 围	计税依据	税 率	纳税义务人	说 明
11. 产权转移书据	包括财产所有权和版权、商标专用权、专利权、专有技术使用权等转移书据、土地使用权出让合同、土地使用权转让合同、商品房销售合同	记载金额	0.5‰	立据人	
12. 营业账簿	记载资金的账簿	实收资本与资本公积的合计金额	0.5‰	立账簿人	
	其他账簿	按件	5元		
13. 权利、许可证照	包括政府部门发给的房屋产权证、工商营业执照、商标注册证、专利证、土地使用证	按件	5元	领受人	

11.2.3 印花税应纳税额的计算

1. 印花税计税依据的一般规定

税法规定印花税以各种应税凭证的金额或数量为计税依据。以下凭证以应税凭证计税金额为计税依据缴纳印花税。

① 购销合同的计税依据为合同记载的购销金额。

② 加工承揽合同的计税依据为加工或承揽收入的金额。如果由受托方提供原材料的，原材料金额可以不并入计税金额，原材料应按购销合同另交印花税，但是受托方提供辅助材料的金额应并入计税金额。

③ 建设工程勘察设计合同的计税依据为勘察、设计收取的费用。

④ 建筑安装工程承包合同的计税依据为承包金额。

⑤ 财产租赁合同的计税依据为租赁金额。经计算，税额不足1元的按1元贴花。

⑥ 货物运输合同的计税依据为取得的运输费用金额（即运输收入），但不包括所运输货物的金额、装卸费和保险费等。

⑦ 仓储保管合同的计税依据为所收取的仓储保管费用。

⑧ 借款合同的计税依据为借款金额。

⑨ 财产保险合同的计税依据为支付（收取）的保险费，但不包括所保财产的金额。

⑩ 技术合同的计税依据为合同所载的价款、报酬或使用费。为了鼓励技术研究开发，对技术开发合同只就合同所载的报酬金额计税，研究开发费用不作为计税依据。但是单对合同约定按研究开发经费一定比例作为报酬的，应按一定比例的报酬金额贴花。

⑪ 产权转移书据的计税依据为所载金额。

⑫ 营业账簿中记载资金的账簿的计税依据为实收资本和资本公积的合计金额。

⑬ 股权转让书据的计税依据为实际成交价格。

以下凭证应纳印花税以应税凭证数量为计税依据：

● 营业账簿中除记载金额的账簿以外的其他账簿的计税依据为应税凭证的件数。

● 权利、许可证照的计税依据为应税凭证的件数。

2. 印花税计税依据的特殊规定

① 有关凭证以"金额""收入""费用"作为计税依据的，应当全额计税，不得作任何扣除。

② 对同一凭证因记载有两个或两个以上经济事项而适用不同的税目税率，如果分别记载金额的，应分别计算应纳税额，计税额相加后贴花；如果未分别记载金额的，按税率高的计税贴花。

③ 根据税法的规定，适用比例税率的应税凭证，以凭证所记载金额为计税依据。应税凭证未标明金额的，应按凭证所记载数量及国家牌价计算金额；没有国家牌价的，按市场价格计算金额，然后按规定税率计算应纳税额。

④ 应税凭证所记载金额是外国货币的，应按凭证书立当天国家外汇管理局公布的外汇牌价折合成人民币并计税。

⑤ 有些合同在签订时无法确定计税金额，如技术转让合同中的转让收入，是按销售收入的一定比例收取或是按实现利润分成的；财产租赁合同只是规定了月（天）租金标准却无租赁期限的，对此类合同可在签订时先按定额 5 元贴花，以后结算时再按实际金额计税，补贴印花。

⑥ 纳税义务人在签订应税合同时纳税义务即已发生，应计算应纳税额并贴花。因此，不论合同是否兑现或是否按期兑现，均应贴花。对于已履行并已贴花的合同，所载金额与合同履行后实际结算金额不一致的，只要双方未修改合同金额，一般不再办理完税手续。

⑦ 商品购销活动中，采用以货易货方式进行商品交易签订的合同，应按合同所载的购、销合计金额计税贴花。

⑧ 对国内各种形式的货物联运，凡在起运地统一结算全程运费的，应以全程运费为计税依据，由起运地运费结算双方缴纳印花税；凡分程结算运费的，应以分程的运费作为计税依据，分别由办理运费结算的各方缴纳印花税。

对国际货运，凡由我国运输企业运输的，不论在我国境内、境外起运或中转分程运输，我国运输企业所持的一份运费结算凭证均按本程运费计算应纳税额；托运方所持的一份运费结算凭证，按全程运费计算应纳税额。由外国运输企业运输进出口货物的，外国运输企业所持的一份运费结算凭证免纳印花税；托运方所持的一份运费结算凭证应缴纳印花税。国际货运运费结算凭证在国外办理的，应在凭证转回我国境内时按规定缴纳印花税。

⑨ 施工单位将自己承包的建设项目分包或者转包给其他施工单位所签订的分包合同或者转包合同，应按新的分包合同或者转包合同所记载金额计算应纳税额，另行贴花。

⑩ 按比例税率计算纳税但是应纳税额不足 1 角的，免纳印花税；应纳税额在 1 角以上的，其税额尾数不满 5 分的不计，满 5 分的按 1 角计算缴纳。

⑪ 对于有经营收入的事业单位，凡属由国家财政拨付事业经费、实行差额预算管理的单位，其记载经营业务的账簿，按其他账簿定额贴花，不记载经营业务的账簿不贴花；凡属经费来源实行自收自支的单位，其营业账簿，应对记载资金的账簿和其他账簿分别计算应纳税额。

跨地区经营的分支机构使用的营业账簿，应由各分支机构于其所在地计算贴花。对上级单位核拨资金的分支机构，其记载资金的账簿按核拨的账面资金额计税贴花，其他账簿按定额贴花；对上级单位不核拨资金的分支机构，只就其他账簿按件定额贴花。为避免对同一资金重复计税贴花，上级单位记载资金的账簿应按扣除拨给下属机构资金数额后的其余部分计税贴花。

⑫ 对股票交易征收印花税。现行印花税法规定，股份制试点企业向社会公开发行的股票，因购买、继承、赠与所书立的股权转让书据，均依书立时证券市场当日实际成交价格计算的金额，由立据双方当事人分别按 1‰ 的税率缴纳印花税。

3. 印花税应纳税额的计算

印花税的应纳税额根据应纳凭证的性质，分别按比例税率或者定额税率计算，计算公式如下。

采用比例税率计算应纳税额的公式为

$$应纳税额＝应税凭证计税金额×适用税率$$

采用定额税率计算应纳税额的公式为

$$应纳税额＝应税凭证数量×单位税额$$

【例 11-1】

某企业于 7 月 1 日开业经营，领受工商执照、房产证、土地使用证、商标注册证各一件；注册资本 400 万元，实收资本 300 万元，除记载资金的账簿外，另有其他营业账簿 8 本；当年签订购销合同 2 份，所载金额 400 万元；与银行签订借款合同一份，借款金额 100 万元；与其他企业签订技术转让合同一份，金额为 50 万元；与运输公司签订货物运输合同一份，支付运费 5 万元，装卸费 5 000 元。试计算该企业应缴纳的印花税税额。

解　领受权利、许可证照应纳税额＝4×5＝20（元）

记载资金的账簿应纳税额＝3 000 000×0.5‰＝1 500（元）

其他营业账簿应纳税额＝8×5＝40（元）

签订购销合同应纳税额＝4 000 000×0.3‰＝1 200（元）

签订借款合同应纳税额＝1 000 000×0.05‰＝50（元）

技术转让合同应纳税额＝500 000×0.3‰＝150（元）

货物运输合同应纳税额＝50 000×0.5‰＝25（元）

企业当年应纳印花税税额＝20＋1 500＋40＋1 200＋50＋150＋25＝2 985（元）

11.2.4　印花税的减免

根据《印花税暂行条例》及其《实施细则》的规定，减免印花税的凭证主要有以下几类。

① 已缴纳印花税的凭证的副本或者抄本免征印花税。凭证的正式签署本已按规定缴纳了印花税，其副本或者抄本对外不发生权利义务关系，仅作留存备查用，因此不需要另行缴纳印花税。但是如果以副本或者抄本视同正本使用的，应另行缴纳印花税。

② 财产所有人将财产赠给政府、社会福利单位、学校所立的书据免征印花税。这里所说的"社会福利单位"，是指抚养孤老伤残的社会福利单位。

③ 国家指定的收购部门与村民委员会、农民个人书立的农副产品收购合同免征印花税。

④ 无息、贴息贷款合同免征印花税。

⑤ 外国政府或者国际金融组织向我国政府及国家金融机构提供优惠贷款所书立的合同免征印花税。

⑥ 房地产管理部门与个人签订的用于生活居住的租赁合同免征印花税。

⑦ 农牧业保险合同免征印花税。

⑧ 特殊货运凭证免征印花税。这类凭证包括：军事物资运输凭证、抢险救灾物资运输凭证及新建铁路的工程临管线运输凭证。

⑨ 企业改制过程中有关印花税征免规定。

- 关于资金账簿的印花税。实行公司制改造的企业在改制过程中成立的新企业（重新办理法人登记的），其新启动的资金账簿记载的资金或因企业建立资本纽带关系而增加的资金，凡原已贴花的部分可不再贴花，未贴花的部分和以后新增加的资金按规定贴花。以合并或分立方式成立的新企业，其新启用的资金账簿记载的资金，凡原已贴花的部分可不再贴花，未贴花部分和以后新增加的资金按规定贴花。企业债权转股权新增的资金、改制中经评估新增资金按规定贴花，其他会计科目记载的资金转为实收资本或资本公积的资金按规定贴花。
- 企业改制前签订但尚未履行完的各类应税合同，改制后需变更执行主体的，对仅改变执行主体、其余条款未作变动且改制前已贴花的，不再贴花。
- 企业因改制签订的产权转移书据免予贴花。
- 股权分置改革过程中因非流通股股东向流通股股东支付对价而发生的股权转让，暂免征收印花税。

⑩ 对与高校学生签订的高校学生公寓租赁合同免征印花税。2011年1月1日文到之日已征的应予免征的印花税，可从纳税人以后应纳的印花税税额中抵减或者予以退税。

⑪ 对中国联合网络通信集团有限公司转让CDMA网及其用户资产企业合并资产整合过程中涉及的印花税。

- 对中国联合网络通信集团有限公司吸收合并中国网络通信集团公司，中国联合网络通信有限公司吸收合并中国网通（集团）有限公司过程中，新增加的资本金，凡原已贴花的部分不再贴花。
- 对中国联合网络通信集团有限公司吸收合并中国网络通信集团公司，中国联合网络通信有限公司吸收合并中国网通（集团）有限公司过程中，所签订的产权转移书据涉及的印花税，予以免征。
- 对中国联合通信有限公司、联通新时空移动通信有限公司、联通兴业科贸有限公司向中国电信集团公司转让CDMA资产、股权，中国联通有限公司、中国联通股份有限公司、联通国际通信有限公司向中国电信股份有限公司转让CDMA业务、股权过程中所签订的协议涉及的印花税，予以免征。
- 对中国联合网络通信集团有限公司、中国网络通信集团公司向中国联合通信股份有限公司转让相关电信业务、资产及股权，中国联合通信股份有限公司向中国联合网络通信有限公司转让相关电信业务、资产及股权，联通新国信通信有限公司向中国联合通信有限公司转让资产，联通新国信通信有限公司向联通新时空移动通信有限公司转让股权过程中，所签订的协议涉及的印花税，予以免征。
- 对联通新时空移动通信有限公司接受中国联合网络通信集团有限公司南方21省、自治区、直辖市的固定通信网络资产而增加资本金涉及的印花税，予以免征。

⑫ 为鼓励金融机构对小型、微型企业提供金融支持，促进小型、微型企业发展，自

2011年11月1日起至2020年12月31日止，对金融机构与小型、微型企业签订的借款合同涉及的印花税，予以免征。

11.2.5　印花税征收管理

1. 纳税方法

现行印花税法根据税额的大小、贴花次数的多少及税收征管的需要，分别采用以下三种不同的纳税办法。

（1）自行贴花的纳税办法

纳税义务人书立、领受或者使用印花税法列举的应税凭证的同时，纳税义务即已产生，应当根据应纳税凭证的性质和适用的税目税率，自行计算应纳税额，自行购买印花税票，自行一次贴足印花税票并加以注销或划销，纳税义务才算全部履行完毕。应注意，纳税义务人购买了印花税票，支付了税款，国家就取得了财政收入。但就印花税来说，纳税义务人支付了税款并不等于已履行了纳税义务。纳税义务人必须自行贴花并注销或划销，这样才算完整地完成了纳税义务。这也就是通常所说的"三自"纳税办法。

对已贴花的凭证，修改后所载金额增加的，其增加部分应当补贴印花税票。凡多贴印花税票者，不得申请退税或者抵用。这种办法一般适用于应税凭证较少或者贴花次数较少的纳税义务人。

（2）汇贴或汇缴的纳税办法

汇贴的纳税办法是指一份凭证的应纳税额超过500元的，应该向当地税务机关申请填写缴款书或者完税证，将其中的一联粘贴在凭证上或者由税务机关在凭证上加注完税标记代替贴花。

汇缴的纳税办法是指根据税法规定，同一种应纳税凭证，需要频繁贴花的，应该向当地税务机关申请按期汇总缴纳印花税。税务机关对核准汇总缴纳印花税的单位，应发给汇缴许可证。汇总缴纳的限期限额由当地税务机关确定，但是最长期限不得超过一个月。凡是汇总缴纳印花税的凭证，应加注税务机关指定的汇缴戳记，编号并装订成册后，将已贴印花或者缴款书的一联粘附册后，盖章注销，保存备案。各级地方税务机关应加强对按期汇总缴纳印花税单位的纳税管理，应要求纳税义务人定期报送汇总缴纳印花税情况报告，并定期对纳税义务人汇总缴纳印花税情况进行检查。

汇贴或汇缴的纳税办法一般适用于应纳税额较大或者贴花次数频繁的纳税义务人。

（3）委托代征的纳税办法

委托代征是指通过税务机关的委托，经由发放或者办理应税凭证的单位代为征收印花税款。税务机关应与代征单位签订代征委托书。这里所说的发放或者办理应税凭证的单位，是指发放权利、许可证照的单位和办理凭证的签证、公证及其他有关事项的单位。这类单位有监督纳税义务人依法纳税的义务。

2. 纳税环节

印花税应当在书立或领受时贴花，具体是指在合同签订时、账簿启用时和证照领受时贴花。如果合同是在国外签订，并且不便在国外贴花的，应在将合同带入境时办理贴花纳税手续。

3. 纳税地点

印花税一般实行就地纳税。对于全国性商品物资订货会（包括展销会、交易会等）上所签订合同应纳的印花税，由纳税义务人回其所在地后及时办理贴花完税手续；对地方主办、不涉及省际关系的订货会、展销会上所签合同的印花税，其纳税地点由各省、自治区、直辖市人民政府自行确定。

4. 纳税申报

印花税的纳税义务人应按照条例的有关规定及时办理纳税申报，并如实填写《印花税纳税申报表》。

5. 管理与处罚

（1）对印花税应税凭证的管理

各级地方税务机关应加强对印花税应税凭证的管理，要求纳税义务人统一设置印花税应税凭证登记簿，保证各类应税凭证及时、准确、完整地进行登记；应税凭证数量多或内部多个部门对外签订应税凭证的单位，要求其制定符合本单位实际的应税凭证登记管理办法。有条件的纳税义务人应指定专门部门、专人负责应税凭证的管理。印花税应税凭证应按照《税收征收管理法实施细则》的规定保存10年。

（2）完善按期汇总缴纳办法

各级地方税务机关应加强对按期汇总缴纳印花税单位的纳税管理，对核准实行汇总缴纳的单位，应发给汇缴许可证，核定汇总缴纳的限期；同时应要求纳税义务人定期报送汇总缴纳印花税情况报告，并定期对纳税义务人汇总缴纳印花税情况进行检查。

（3）加强对印花税代售人的管理

各级税务机关应加强对印花税代售人代售税款的管理，根据本地代售情况进行一次清理检查，对代售人违反代售规定的，可视其情节轻重，取消代售资格，发现代售人各种影响印花税票销售的行为要及时纠正。

税务机关要根据本地情况，选择制度比较健全、管理比较规范、信誉比较可靠的单位或个人委托代售印花税票，并应对代售人经常进行业务指导、检查和监督。

（4）核定征收印花税

根据《税收征收管理法》第三十五条规定和印花税的税源特征，为加强印花税征收管理，纳税义务人有下列情形的，地方税务机关可以核定纳税义务人印花税计税依据：未按规定建立印花税应税凭证登记簿或未如实登记和完整保存应税凭证的；拒不提供应税凭证或不如实提供应税凭证致使计税依据明显偏低的；采用按期汇总缴纳办法的，未按地方税务机关规定的期限报送汇总缴纳印花税情况报告，经地方税务机关责令限期报告，逾期仍不报告的或者地方税务机关在检查中发现纳税义务人有未按规定汇总缴纳印花税情况的。

地方税务机关核定征收印花税，应向纳税义务人发放核定征收印花税通知书，注明核定征收的计税依据和规定的税款缴纳期限。

地方税务机关核定征收印花税，应根据纳税义务人的实际生产经营收入，参考纳税义务人各期印花税纳税情况及同行业合同签订情况，确定科学合理的数额或比例作为纳税义务人印花税计税依据。

（5）违章处罚

印花税纳税义务人有下列行为之一的，由税务机关根据情节轻重予以处罚。

① 在应纳税凭证上未贴或者少贴印花税票的或者已粘贴在应税凭证上的印花税票未注销或者未划销的，由税务机关追缴其不缴或者少缴的税款、滞纳金，并处不缴或者少缴的税

款 50%以上 5 倍以下的罚款。

② 已贴用的印花税票揭下重用造成未缴或少缴印花税的，由税务机关追缴其不缴或者少缴的税款、滞纳金，并处不缴或者少缴的税款 50%以上 5 倍以下的罚款；构成犯罪的，依法追究刑事责任。

③ 伪造印花税票的，由税务机关责令改正，处以 2 000 元以上 1 万元以下的罚款；情节严重的，处以 1 万元以上 5 万元以下的罚款；构成犯罪的，依法追究刑事责任。

④ 按期汇总缴纳印花税的纳税义务人，超过税务机关核定的纳税期限，未缴或少缴印花税款的，由税务机关追缴其不缴或者少缴的税款、滞纳金，并处不缴或者少缴的税款 50%以上 5 倍以下的罚款；情节严重的，同时撤销其汇缴许可证；构成犯罪的，依法追究刑事责任。

⑤ 纳税义务人违反以下规定的，由税务机关责令限期改正，可处以 2 000 元以下的罚款；情节严重的，处以 2 000 元以上 1 万元以下的罚款：凡汇总缴纳印花税的凭证，应加注税务机关指定的汇缴戳记，编号并装订成册后，将已贴印花或者缴款书的一联粘附册后，盖章注销，保存备查；纳税义务人对纳税凭证应妥善保存。凭证的保存期限，凡国家已有明确规定的，按规定办；没有明确规定的其余凭证均应在履行完毕后保存 1 年。

⑥ 代售户对取得的税款逾期不缴或者挪作他用，或者违反合同将所领印花税票转托他人代售或者转全其他地区销售，或者未按规定详细提供领、售印花税票情况的，税务机关可视其情节严重，给予警告或者取消其代售资格的处罚。

11.3 土地增值税

11.3.1 土地增值税概述

1. 土地增值税的概念

土地增值税（land value increment tax）是对有偿转让国有土地使用权及地上建筑物和其他附着物产权，取得增值收入的单位和个人征收的一种税。

土地属于不动产，对土地课税是一种古老的税收形式，也是当代各国普遍征收的一种财产税。有些国家和地区将土地单列出来征收，如土地税、地价税、农地税、未开发土地税、荒地税、城市土地税、土地登记税、土地转让税、土地增值税、土地租金税、土地发展税，等等。有些国家和地区鉴于土地与地面的房屋、建筑物及其他附着物的密不可分性，对土地征税往往未予单独列名，而统称为房地产税、不动产税、财产税等。

对土地征税，不论是单列税种，还是未单列税种，也不论其冠以何种名称，依据征税的税基不同，大致可以分为两大类：一类是财产性质的土地税，以土地的数量或价值为税基，或实行从量计税，或采取从价计税，前者如我国封建社会时期的田赋、地亩税等，后者如地价税等，这种土地税的历史悠久，属于原始的直接税或财产税；另一类是收益性质的土地税，它实质上是对土地收益或地租的征税。

2. 我国土地增值税的特点

① 征收面较广。凡在我国境内转让房地产并取得收入的单位和个人，除税法规定免税

的以外，均应依照土地增值税条例规定缴纳土地增值税。

② 以转让房地产的增值额为计税依据。增值额为纳税义务人转让房地产的收入，减除税法规定应予扣除的项目金额后的金额。

③ 实行超率累进税率。以转让房地产增值率的高低为依据来确认，实行分级计税。

④ 实行按次征收。每发生一次转让行为，则根据每次取得的增值额征一次税。

3. 我国土地增值税的发展

中华人民共和国成立以来，我国长期对国有土地采用行政划拨的无偿占用方式，对土地、房屋等不动产的征税制度比较薄弱，先后开征过的税种如契税、城市房地产税、房产税、城镇土地使用税等，但这些税种都不属于对土地增值额或土地收益额的征税。这种土地使用制度不利于提高土地资源的有效使用。

1987 年起我国开始对土地使用制度进行改革，1988 年国务院颁布了《城镇土地使用权暂行条例》，改变了过去对城镇土地无偿划拨和无限期使用的传统规定。1990 年 5 月国务院发布了《中华人民共和国城镇国有土地使用权的出让和转让暂行条例》，对国有土地使用权的出让和转让作了界定，从而确立了土地有偿使用、允许出让和转让使用权的新制度。1993 年 12 月 13 日国务院发布了《中华人民共和国土地增值税暂行条例》（以下简称《土地增值税暂行条例》），自 1994 年 1 月 1 日起在我国开征土地增值税，1995 年 1 月 27 日财政部颁布了《中华人民共和国土地增税暂行条例实施细则》（以下简称《土地增值税暂行条例实施细则》），进一步细化了土地增值税征收管理办法。

土地增值税是国家为加强宏观经济调控、规范和发展房地产产业政策而设置的税种。我国开征土地增值税的目的主要是规范土地、房地产市场交易秩序，适当调节土地增值收益，增加国家财政收入，维护国家权益。

11.3.2 土地增值税的纳税义务人和征税范围

1. 土地增值税的纳税义务人

《土地增值税暂行条例》第二条规定，凡转让国有土地使用权、地上建筑物及其附着物（简称转让房地产）并取得收入的单位和个人，为土地增值税的纳税义务人。这里所说的单位是指各类企业单位、事业单位、国家机关和社会团体及其他组织；个人包括个体经营者。另外，单位和个人还包括外商投资企业、外国企业及外国机构、华侨、港澳台同胞及外国公民等。

2. 土地增值税的征税范围

土地增值税的征税范围包括：转让国有土地使用权并取得收入；地上的建筑物及其附着物连同国有土地使用权一并转让并取得收入；存量房地产买卖收入。这里所说的"转让"是指以出售或者其他方式有偿转让房地产的行为，不包括以继承、赠与等方式无偿转让房地产的行为。"国有土地"是指按国家法律规定属于国家所有的土地。"地上建筑物"是指建于地上的一切建筑物，包括地上地下的各种附属设施。"附着物"是指建于地上不能移动或一经移动即遭损坏的种植物、养殖物及其他物品。

从土地增值税的征税范围可以看出，征税范围的判断标准主要有三条，具体如下。

① 以转让土地使用权是否为国家所有作为界定其是否属于土地增值税征税范围的标准。土地增值税只对转让国有土地使用权的行为征税，不包括转让非国有土地使用权和出让国有土地使用权的行为。对属于集体所有的土地，应先到有关部门办理（补办）土地征用或出让

手续，使之变成国家所有才能转让。

② 以房地产权是否发生转让作为界定其是否属于土地增值税征税范围的标准。土地增值税只对转让房地产权（包括土地使用权、地上的建筑物及其附着物的产权）的行为征税，不包括未转让房地产权的行为。对未发生房地产权的转让不征收土地增值税。例如，房地产的出租；双方合作建房，建成后自用的房产；房地产的代建房；以房地产抵押贷款在抵押期间的房地产等，均未发生房地产权属的转让，因此不征收土地增值税。

需注意的是，国有土地使用权的转让和出让是两个不同的概念，其征免税的规定也不一样。国有土地使用权出让是指国家以土地所有者的身份将土地使用权在一定年限内让与土地使用者，并由土地使用者向国家支付土地出让金的行为。而国有土地使用权转让是指土地使用者通过出让等形式取得土地使用权后，将土地使用权再转让的行为。国家出让土地的行为及取得的出让金收入不属于土地增值税的征税范围，而国有土地使用权的转让属于土地增值税的征税范围。

③ 以转让房地产权是否取得收入作为界定是否属于土地增值税征税范围的标准。土地增值税只对有偿转让房地产权的行为征税，不包括以继承、赠与等方式无偿转让房地产权的行为。这里所说的"赠与"是指：房产所有人、土地使用权所有人将房屋产权、土地使用权赠与直系亲属或承担直接赡养义务人的行为；房产所有人、土地使用权所有人通过中国境内非营利的社会团体、国家机关将房屋产权、土地使用权赠与教育、民政和其他社会福利、公益事业的行为。

需注意的是，无论是单独转让国有土地使用权，还是房屋产权与国有土地使用权一并转让，只要取得收入，均属于土地增值税的征税范围，应征收土地增值税。

【小思考 11-2】《土地增值税暂行条例实施细则》规定，赠与、继承等无偿转让不动产的行为，不属于土地增值税的征税范围，是否所有赠与都不缴纳土地增值税？

答： 不是所有赠与都不产生土地增值税的纳税义务，不产生纳税义务的赠与有严格的适用条件。根据《财政部 国家税务总局关于土地增值税一些具体问题规定的通知》（财税字〔1995〕48号）规定，只有符合上文条件的赠与无须缴纳土地增值税。

11.3.3　土地增值税的税率和计税依据

1. 土地增值税的税率

根据《土地增值税暂行条例》第七条的规定，土地增值税税率实行四级超率累进税率，具体如下。

① 增值额未超过扣除项目金额50%的部分，税率为30%。

② 增值额超过扣除项目金额50%的部分、未超过扣除项目100%的部分，税率为40%。

③ 增值额超过扣除项目金额100%的部分、未超过扣除项目200%的部分，税率为50%。

④ 增值额超过扣除项目金额200%的部分，税率为60%。

土地增值税税率表如表11-2所示。

表 11-2　土地增值税税率表

级数	增值额与扣除项目金额的比率/%	税率/%	速算扣除数/%
1	不超过 50% 的部分	30	0
2	超过 50%～100% 的部分	40	5
3	超过 100%～200% 的部分	50	15
4	超过 200% 的部分	60	35

2. 土地增值税的计税依据

土地增值税的计税依据是纳税义务人转让房地产所取得的增值额。增值额即是指纳税义务人转让房地产所取得的收入额减除国家规定的各项扣除项目金额后的余额。2016 年 5 月 1 日全面营改增后，纳税人转让房地产的土地增值税应税收入不含增值税。

纳税义务人转让房地产所取得的收入是指转让房地产的全部价款及有关的经济收益，包括货币收入、实物收入和其他收入。其中，实物形态的财产应进行估价，其他收入，如专利权、商标权等的价值需要进行专门的评估。

税法规定，准予从转让房地产所取得的收入额中扣除的项目主要包括以下几项。

（1）取得土地使用权所支付的金额

取得土地使用权所支付的金额是指纳税义务人为取得土地使用权所支付的地价款和按国家统一规定缴纳的有关费用。其中，"为取得土地使用权所支付的地价款"是指：

① 以协议、招标、拍卖等出让方式取得土地使用权的，地价款为纳税义务人所支付的土地出让金；

② 以行政划拨方式取得土地使用权的，地价款为按照国家有关规定补交的土地出让金；

③ 以转让方式取得土地使用权的，地价款为向原土地使用权人实际支付的地价款。

"按国家统一规定交纳的有关费用"是指纳税义务人在取得土地使用权过程中为办理有关手续，按国家统一规定缴纳的有关登记、过户手续费。

（2）房地产开发成本

房地产开发成本是指纳税义务人房地产开发项目实际发生的成本，包括土地征用及拆迁补偿费、前期工程费、建筑安装工程费、基础设施费、公共配套设施费、开发间接费用等。

① 土地征用及拆迁补偿费包括土地征用费、耕地占用税、劳动力安置费，以及有关地上、地下附着物拆迁补偿的净支出、安置动迁用房支出等。

② 前期工程费包括规划、设计、项目可行性研究和水文、地质、勘察、测绘、"三通一平"等支出。

③ 建筑安装工程费是指以出包方式支付给承包单位的建筑安装工程费、以自营方式发生的建筑安装工程费。

④ 基础设施费包括开发小区内道路、供水、供电、供气、排污、排洪、通信、照明、环卫、绿化等工程的支出。

⑤ 公共配套设施费包括不能有偿转让的开发小区内公共配套设施发生的支出。

⑥ 开发间接费用是指直接组织、管理开发项目发生的费用，包括工资、职工福利费、折旧费、修理费、办公费、水电费、劳动保护费、周转房摊销费等。

（3）房地产开发费用

房地产开发费用是指与房地产开发项目有关的销售费用、管理费用、财务费用。根据现行财务制度的规定，上述三项费用作为期间费用直接计入当期损益，不按成本核算对象进行分摊。因此，作为土地增值税扣除项目的房地产开发费用，并不是按纳税义务人房地产开发项目实际发生的费用进行扣除，而是按照税法实施细则规定的标准进行扣除，具体如下。

① 财务费用中的利息支出，凡能够按转让房地产项目计算分摊并能够提供金融机构贷款证明的，允许据实扣除，但最高不能超过按商业银行同类同期贷款利率计算的金额。其他房地产开发费用，按取得土地使用权所支付的金额和房地产开发成本两项金额之和的 5% 以内计算扣除，其允许扣除的房地产开发费用为：利息＋（取得土地使用权所支付的金额＋房地产开发成本）×5% 以内。

② 财务费用中的利息支出，凡不能按转让房地产项目计算分摊利息支出或不能提供金融机构贷款证明的，利息支出应并入房地产开发费用中一并计算扣除，不得单独计算扣除。其允许扣除的房地产开发费用为：（取得土地使用权所支付的金额＋房地产开发成本）×10% 以内。

上述计算扣除的具体比例由各省、自治区、直辖市人民政府规定。利息的上浮幅度按国家的有关规定执行，超过上浮幅度的部分不允许扣除；对于超过贷款期限的利息部分和加罚的利息也不允许扣除。

房地产开发企业既向金融机构借款，又有其他借款的，其房地产开发费用计算扣除时不能同时适用上述①、②项所述两种办法。也就是说，房地产开发企业多渠道借款，部分借款能取得金融机构借款利息证明，但是部分其他借款不能取得金融机构借款证明，只能使用上述①或②的公式计算开发费用，不能把不同借款分开来分别运用公式计算可扣除的开发费用。

（4）旧房及建筑物的评估价格

旧房及建筑物的评估价格是指转让已使用的房屋及建筑物时，由政府批准设立的房地产评估机构评定的重置成本乘以成新度折扣率后的价格，评估价格须经当地税务机关确认。

根据税法的规定，纳税义务人转让旧房及建筑物时因计算纳税的需要而对房地产进行评估，其支付的评估费用允许在计算增值额时予以扣除，但对纳税义务人隐瞒、虚报房地产成交价格等情形而按房地产评估价格计算征收土地增值税所发生的评估费用，不允许在计算土地增值税时予以扣除。

纳税义务人转让旧房及建筑物，凡不能取得评估价格，但能提供购房发票的，经当地税务部门确认，根据取得土地使用权所支付的金额、新建房及配套设施的成本、费用，或者旧房及建筑物的评估价格，可按发票所载金额并从购买年度起至转让年度止每年加计 5% 计算扣除。计算扣除项目时"每年"按购房发票所载日期起至售房发票开具之日止，每满 12 个月计一年；超过一年，未满 12 个月但超过 6 个月的，可以视同为一年。

对纳税义务人购房时缴纳的契税，凡能提供契税完税凭证的，准予作为"与转让房地产有关的税金"予以扣除，但不作为加计 5% 的基数。

对于转让旧房及建筑物，既没有评估价格，又不能提供购房发票的，地方税务机关可以根据《中华人民共和国税收征收管理法》第 35 条的规定，实行核定征收。

（5）与转让房地产有关的税金

与转让房地产有关的税金是指转让房地产时缴纳的城市维护建设税、教育费附加、印花税。

需注意的是，计算增值额时扣除已缴纳印花税是指在转让房地产时缴纳的印花税。房地产开发企业按照《施工、房地产开发企业财务制度》的有关规定，其缴纳的印花税列入管理费用，已相应予以扣除，故在此不允许单独再扣除。其他的土地增值税纳税义务人在计算土地增值税时允许扣除在转让时缴纳的印花税。

对于个人购入房地产再转让的，其在购入时已缴纳的契税，在旧房及建筑物的评估价中已包含了此项因素，在计征土地增值税时不另作为与转让房地产有关的税金予以扣除。

(6) 财政部规定的其他扣除项目

对从事房地产开发的纳税义务人可按取得土地使用权时所支付的金额和房地产开发成本两项计算的金额之和，加计 20% 扣除。此项优惠只适用于从事房地产开发的纳税义务人，除此之外的其他纳税义务人则不适用。

对于取得土地使用权后，未进行开发即转让的，在计算应纳土地增值税时，只允许扣除取得土地使用权时支付的地价款、按国家统一规定交纳的有关费用，以及转让房地产有关的税金。

11.3.4 土地增值税应纳税额的计算

土地增值税以纳税义务人转让房地产所取得的增值额为计税依据，按照超率累进税率计算应纳税额。

1. 计算方法

土地增值税应纳税额有以下两种计算方法。

1) 分步计算法

计算公式为

$$应纳税额 = \sum(每级距的土地增值额 \times 适用的税率)$$

分步计算法的计算过程比较烦琐，实际工作中一般很少使用。

2) 速算扣除法

计算公式为

(1) 增值额未超过扣除项目金额 50%

$$土地增值税额 = 增值额 \times 30\%$$

(2) 增值额超过扣除项目金额 50%，未超过 100%

$$土地增值税额 = 增值额 \times 40\% - 扣除项目金额 \times 5\%$$

(3) 增值额超过扣除项目金额 100%，未超过 200%

$$土地增值税额 = 增值额 \times 50\% - 扣除项目金额 \times 15\%$$

(4) 增值额超过扣除项目金额 200%

$$土地增值税额 = 增值额 \times 60\% - 扣除项目金额 \times 35\%$$

2. 计算步骤（速算扣除法）

① 计算扣除项目金额。

② 计算增值额。

$$增值额＝收入额－扣除项目金额$$

③ 计算增值率（即增值额占扣除项目金额的比例）。

$$增值率＝（增值额/扣除项目金额）×100\%$$

④ 确定适用的税率。依据计算的增值率，按其税率表确定适用的税率。

⑤ 依据适用的税率计算应纳税额。

$$应纳税额＝增值额×适用税额－扣除项目金额×速算扣除系数$$

3. 应用举例

【例 11-2】

某房地产开发公司出售一栋商品房，取得收入 5 000 万元，并按税法规定缴纳了有关税费共 275 万元。该公司为建此楼支付的地价款和按国家统一规定交纳的有关费用为 500 万元；房地产的开发成本为 1 500 万元；因该公司同时建造多处房产，不能按该楼计算分摊银行贷款利息支出；该公司所在地政府规定的费用扣除比例为 5%。试计算该公司出售房地产应缴纳的土地增值税税额。

解

（1）出售收入额为 5 000 万元。

（2）扣除项目金额。

① 支付的地价款和按国家统一规定交纳的有关费用为 500 万元。

② 房地产的开发成本为 1 500 万元。

③ 房地产的开发费用为

$$（500＋1 500）×5\%＝100（万元）$$

④ 缴纳的有关税金为 275 万元。

⑤ 房地产开发的加计扣除为

$$（500＋1 500）×20\%＝400（万元）$$

⑥ 扣除项目金额为

$$500＋1 500＋100＋275＋400＝2 775（万元）$$

（3）出售房产的增值额为

$$5 000－2 775＝2 225（万元）$$

（4）增值率为

$$（2 225/2 775）×100\%＝80.18\%$$

（5）应纳土地增值税税额为

$$2 225×40\%－2 775×5\%＝751.25（万元）$$

11.3.5 土地增值税的减免

根据《土地增值税暂行条例》的规定，土地增值税的减免主要有以下几种。

① 纳税义务人建造普通标准住宅出售，增值额未超过扣除项目金额之和20%的，免征土地增值税；增值额超过扣除项目金额之和20%的，应就其全部增值额按规定计征。所谓"普通标准住宅"，是指按所在地一般民用住宅标准建造的居民用住宅，不包括高级公寓、别墅、度假村等住宅。

对于纳税义务人既建普通标准住宅又搞其他房地产开发的，应分别核算增值额。不能分别核算增值额或不能准确核算增值额的，其建造的普通标准住宅不能适用这一免税规定。

② 因国家建设需要依法征用、收回的房地产，免征土地增值税。这里所说的"因国家建设需要依法征用、收回的房地产"，是指因城市实施规划、国家建设的需要而被政府批准征用的房产或收回的土地使用权。因城市实施规划、国家建设的需要而搬迁，由纳税义务人自行转让原房地产的，比照本规定免征土地增值税。符合上述免征规定的单位和个人，须向房地产所在地税务机关提出免税申请，经税务机关审核后，免予征收土地增值税。

11.3.6 土地增值税的征收管理

1. 纳税申报

土地增值税的纳税义务人应在转让房地产合同签订后的7日内，到房地产所在地主管税务机关办理纳税申报，并向税务机关提交房屋及建筑物产权、土地使用权证书，土地转让、房产买卖合同，房地产评估报告及其他转让房地产的有关资料。

纳税义务人因经常发生房地产转让而难以在每次转让后申报的，经税务机关审核同意后，可以定期进行纳税申报，具体期限由税务机关根据情况确定。

根据《土地增值税暂行条例实施细则》的规定，对纳税义务人在项目全部竣工结算前转让房地产取得的收入可以预征土地增值税。当地税务机关规定预征的，纳税义务人应当到主管税务机关办理纳税申报，并按比例预交，待该项目全部竣工、办理决算后再进行清算，多退少补。当地税务机关规定不预征的，纳税义务人也应在取得收入时先到税务机关登记或备案。具体办法由各省、自治区、直辖市地方税务局根据当地情况制定。

2010年11月1日起，符合下列条件之一的，土地增值税实行核定征收。

① 依照法律、行政法规的规定应当设置但未设置账簿的。

② 擅自销毁账簿或者拒不提供纳税资料的。

③ 虽设置账簿，但账目混乱或者成本资料、收入凭证、费用凭证残缺不全，难以确定转让收入或扣除项目金额的。

④ 符合土地增值税清算条件，未按照规定的期限办理清算手续，经税务机关责令限期清算，逾期仍不清算的。

⑤ 申报的计税依据明显偏低，又无正当理由的。

为了规范核定工作，核定征收率原则上不得低于5%，各省级税务机关要结合本地实际，区分不同房地产类型制定核定征收率。

房地产开发企业以商品房转让收入（含预售收入）为计税依据，普通住房核定征收率为

5%，除普通住房以外的其他开发品核定征收率为 6%。个人转让非住宅旧房取得收入，核定征收率为 6%。

2. 纳税地点

土地增值税的纳税义务人应向房地产所在地主管税务机关办理纳税申报，并按税务机关核定的期限缴纳税款。"房地产所在地"是指房地产的坐落地。纳税义务人转让的房地产坐落在两个或两个以上地区的，应按房地产所在地分别申报纳税。

在实际工作中，纳税地点的确定可分为纳税义务人是法人或自然人两种情况。

（1）纳税义务人是法人

当转让的房地产坐落地与法人机构所在地或经营所在地一致时，可在办理税务登记的原管辖税务机关申报纳税；如果转让的房地产坐落地与其机构所在地或经营所在地不一致时，则应在房地产坐落地的主管税务机关申报纳税。

（2）纳税义务人是自然人

当转让的房地产坐落地与其居住所在地一致时，则在其住所所在地税务机关申报纳税；如果转让的房地产坐落地与其居住所在地不一致时，则在办理过户手续所在地的税务机关申报纳税。

11.4 城市维护建设税及教育费附加

城市维护建设税法是指国家制定的用以规范和调整城市维护建设税征收与缴纳权利及义务关系的法律规范的总称。现行的城市维护建设税的基本法律规范是 1985 年 2 月 8 日国务院发布，并于同年 1 月 1 日实施的《中华人民共和国城市维护建设税暂行条例》（以下简称《城市维护建设税暂行条例》）。

11.4.1 城市维护建设税概述

1. 城市维护建设税的概念

城市维护建设税（city maintenance and construction tax）简称城建税，是国家对从事工商经营，缴纳增值税、消费税的单位和个人就其实际缴纳的增值税、消费税税额为计税依据而征收的一种税。城建税属于特定目的税，是国家为加强城市的维护建设，扩大和稳定城市维护建设资金的来源而采取的一项税收措施。

2. 城市维护建设税的特点

城市维护建设税具有以下几个特点。

① 具有特定目的。城建税是一种具有受益性质的特定目的税，其税款专款专用。城建税的税款专门用于城市的公用事业和公共设施的维护建设。

② 属于一种附加税。城建税以纳税义务人实际缴纳的增值税、消费税税额为计税依据，其本身并没有特定的、独立的征税对象，而是附加于增值税、消费税税额。

③ 根据城镇规模设计税率。城建税按照纳税义务人所在地的不同，分别设置了 7%、5%、1% 三档地区差别比例税率。

3. 我国城市维护建设税的发展

城建税是为了筹集城市的公用事业和公共设施的维护建设资金而征收的一种税。新中国成立以来，为解决城市维护和建设资金，国家曾在一些大城市试行从工商利润中提取 5% 作为城市维护费，但是由于征收范围小、税率低，提取的资金有限，不能解决城市维护建设的需要。1985 年 2 月，国务院发布了《城市维护建设税暂行条例》并于同年 1 月 1 日实施，开始开征城市维护建设税。城建税的征收，大大缓解了我国城市维护建设资金短缺的局面，促进了城市维护建设工作的开展。1994 年税制改革，又对城建税的征收范围、征收办法及税率等方面作了调整。

11.4.2 城市维护建设税的纳税义务人和征税范围

1. 城市维护建设税的纳税义务人

城建税的纳税义务人是指负有缴纳增值税、消费税义务的单位和个人。

这里所说的"单位和个人"包括国有企业、集体企业、私营企业、股份制企业、其他企业和行政单位、事业单位、军事单位、社会团体、其他单位，以及个体工商户及其他个人。海关对进口货物或物品代征增值税、消费税的，不再征收城建税。

增值税、消费税的代扣代缴、代收代缴义务人同时也是城市维护建设税的代扣代缴、代收代缴义务人。

自 2010 年 12 月 1 日起，对外商投资企业、外国企业及外籍个人（以下简称"外资企业"）开始征收城市维护建设税。对外资企业 2010 年 12 月 1 日（含）之后发生纳税义务的增值税、消费税征收城建税和教育费附加；对外资企业 2010 年 12 月 1 日之前发生纳税义务的增值税、消费税，不征收城建税和教育费附加。

2. 城市维护建设税的征税范围

城市维护建设税的征收范围包括：城市、县城、建制镇、工矿区及税法规定征收增值税、消费税的其他地区。

【小思考 11-3】 如何界定城市、县城、建制镇？

答：一般按如下标准界定：城市是指经过国务院批准建立的市，从税务管理的角度讲，征税的范围包括市区、郊区和市辖县县城，不包括农村；县城是指未设立建制镇的县人民政府所在地；建制镇是指经省、自治区、直辖市人民政府批准设立的建制镇，征税的范围只限于镇人民政府所在地，不包括所辖的行政村。

11.4.3 城市维护建设税应纳税额的计算

1. 城市维护建设税的税率

城建税按照纳税义务人所在地的不同，分别设置了三档地区差别比例税率，具体如下。

① 纳税义务人所在地为市区的，税率为 7%。

② 纳税义务人所在地为县城、建制镇的，税率为 5%。

③ 纳税义务人所在地不在市区、县城、建制镇的，税率为 1%。

城建税的适用税率，一般应按纳税义务人所在地的规定税率执行。但是对下列两种情况，可按缴纳增值税、消费税所在地的规定税率就地缴纳城建税：一是由受托方代扣代缴、代收代缴增值税、消费税的单位和个人，其代扣代缴、代收代缴的城建税按受托方所在地适用税率执行；二是流动经营等无固定纳税地点的单位和个人，在经营地缴纳增值税、消费税的，其城建税的缴纳按经营地适用税率执行。

【小思考 11－4】 某公司生产经营地在乡村，有一部分办公生活场所在城市，该单位如何缴纳城市维护建设税？

答： 以登记的生产经营地适用税率计算缴纳城建税。

---

2. 城市维护建设税的计税依据

城建税的计税依据是纳税义务人实际缴纳的增值税、消费税税额，不包括非税款项目。

① 城建税的计税依据为增值税、消费税的税额总和，不包括纳税义务人违反有关税法规定而必须上缴的滞纳金和罚款。滞纳金和罚款是税务机关对纳税义务人违法行为的经济制裁，不能作为城建税的计税依据。但是纳税义务人在被查补增值税、消费税和被处以罚款时，应同时对其偷漏的城建税进行补税、征收滞纳金和罚款。

② 城建税以增值税、消费税的税额总和为计税依据并同时缴纳，因此当增值税、消费税免征或者减征时城建税也应同时免征或者减征。

③ 对出口产品退还增值税、消费税的，不退还已缴纳的城建税。进口产品需征收增值税、消费税，但不征收城建税，即"进口不征，出口不退"。

④ 从 1997 年 1 月 1 日起，供货企业向出口企业和市县外贸企业销售出口产品时，以增值税当期销项税额抵扣进项税额后余额，计算缴纳城建税。

⑤ 从 2005 年 1 月 1 日起，经国家税务总局正式审核批准的当期免抵的增值税税额应纳入城市维护建设税和教育费附加的计征范围，分别按规定的税（费）率征收城市维护建设税和教育费附加。2005 年 1 月 1 日前，已按抵免的增值税税额征收的城市维护建设税和教育费附加不再退还，未征的不再补征。

3. 城市维护建设税应纳税额的计算

城建税应纳税额的计算公式如下。

$$应纳税额＝(实际缴纳的增值税税额＋消费税税额)×适用税率$$

【例 11-3】

A 企业设在某市区，当年 4 月份缴纳增值税 50 万元，缴纳消费税 20 万元。计算该企业当年 4 月份应缴纳的城市维护建设税。

解 该企业设在市区，适用的税率为 7%。

$$应纳城建税税额＝(50＋20)×7\%＝4.9（万元）$$

11.4.4　城市维护建设税的减免

原则上，城建税不单独减免，但因城建税具有附加税性质，当主税（增值税、消费税）

发生减免时，城建税也相应发生税收减免。城建税的税收减免主要有以下几种情形。

① 海关对进口产品代征增值税、消费税的，不征收城市维护建设税。

② 对出口产品退还增值税、消费税的，不退还已缴纳的城市维护建设税。

③ 对增值税、消费税补罚，城建税也要补罚，但增值税、消费税的滞纳金和罚款不作为城建税的计税依据。

④ 对于因减免税而需要进行增值税、消费税退库的，城市维护建设税也可同时退库。

⑤ 对增值税、消费税实行先征后返、先征后退、即征即退办法的，除另有规定外，对随增值税、消费税附征的城市维护建设税和教育费附加，一律不予退（返）还。

⑥ 对国家重大水利建设基金免征城市维护建设税。

11.4.5　城市维护建设税的纳税申报

1. 纳税环节

城建税是增值税、消费税的附加税，因此城建税的纳税环节与纳税义务人缴纳增值税、消费税的纳税环节相同。

2. 纳税期限

城建税的纳税期限和增值税、消费税的纳税期限相一致。根据税法的规定，增值税和消费税的纳税期限均分别为 1 日、3 日、5 日、10 日、15 日或者 1 个月。纳税义务人的增值税、消费税的具体纳税期限，由主管税务机关根据纳税义务人应纳税额的大小分别核定，不能按照固定期限纳税的，可以按次纳税。

3. 纳税地点

城建税的纳税地点和增值税、消费税的纳税地点一样。纳税义务人缴纳增值税、消费税的纳税地点也就是城建税的纳税地点。

此外，对城建税的纳税地点还有一些特殊规定，具体如下。

① 代扣代缴、代收代缴增值税、消费税的单位和个人，同时也是城建税的代扣代缴、代收代缴义务人，其城建税的纳税地点在代扣代收地。

② 对流动经营等无固定纳税地点的单位和个人，应随同增值税、消费税在经营地按适用税率缴纳。

③ 对管道局输油部分的收入，由取得收入的各管道局于所在地缴纳增值税，因此其应缴纳的城建税也应由取得收入的各管道局于所在地缴纳增值税时一并缴纳。

④ 跨省开采的油田，下属生产单位与核算单位不在同一省的，其生产的原油在油井所在地缴纳增值税，其应纳税款由核算单位按照各油井的产量和规定税率计算汇拨各油井缴纳。因此，各油井应缴纳的城建税，也应由核算单位计算并随同增值税一并汇拨油井所在地，由油井在缴纳增值税的同时，一并缴纳城建税。

11.4.6　教育费附加

1. 教育费附加概述

教育费附加（tax for education）是对缴纳增值税、消费税的单位和个人，就其实际缴纳的税额为计税依据而征收的一种附加费。

教育费附加是为发展教育事业而征收的一种专项资金。1984 年，国务院颁布了《关于筹措农村学校办学经费的通知》，开始征收农村教育事业经费附加。为加快发展地方教育事业，扩大地方教育经费的资金来源，1986 年 4 月 28 日国务院颁布了《征收教育费附加的暂行规定》并于同年 7 月 1 日起实施，在全国范围内征收教育费附加。其中，规定教育费附加率为 1％。1990 年 6 月 7 日，国务院对《征收教育费附加的暂行规定》进行了修改，规定教育费附加率为 2％。1994 年 2 月 7 日《国务院关于教育费附加征收问题的紧急通知》中又将教育费附加率改为 3％。

2. 教育费附加的征收范围

教育费附加的征收范围是缴纳增值税、消费税的单位和个人，不包括缴纳农村教育事业费附加的单位。

3. 教育费附加的计税依据

教育费附加以纳税义务人实际缴纳的增值税、消费税的税额为计征依据，并分别与增值税、消费税同时缴纳。

4. 教育费附加的计征比率

教育费附加的计征比率从 1986 年至今经历了 4 次变化。1986 年 4 月 28 日，国务院颁布的《征收教育费附加的暂行规定》中规定教育费附加率为 1％，并对从事生产卷烟和经营烟叶产品的单位，减半征收教育费附加。1990 年 5 月《国务院关于修改〈征收教育费附加的暂行规定〉的决定》中将教育费附加率改为 2％，保留对从事生产卷烟和经营烟叶产品的单位减半征收教育费附加的规定。1994 年 2 月 7 日《国务院关于教育费附加征收问题的紧急通知》中又将教育费附加率改为 3％。因烟草行业负担的税率较高，国家仍保留了对从事生产卷烟和经营烟叶产品的单位减半征收教育费附加的规定。2005 年 8 月 20 日国务院公布并于同年 10 月 1 日实施的《国务院关于修改〈征收教育费附加的暂行规定〉的决定》中，规定教育费附加率为 3％，并对卷烟生产企业依法全额征收教育费附加。

5. 教育费附加的计算

教育费附加的计算公式如下。

$$应纳教育费附加＝（实际缴纳增值税＋消费税）\times 征收比率 3％$$

6. 教育费附加的减免

教育费附加的减免规定具体如下。

① 对海关进口的产品征收的增值税、消费税，不征收教育费附加。

② 对由于减免增值税、消费税而发生退税的，可同时退还已征收的教育费附加。但对出口产品退还增值税、消费税的，不退还已征收的教育费附加。

③ 对国家重大水利工程建设基金免征教育费附加。

11.5　车辆购置税

车辆购置税法是指调整车辆购置税征纳关系的法律规范的总称。现行车辆购置税的基本法律规范是 2000 年 10 月 22 日国务院颁布并于 2001 年 1 月 1 日起施行的《中华人民共和国车辆购置税暂行条例》。

11.5.1 车辆购置税概述

1. 车辆购置税的概念

车辆购置税（vehicle purchase tax）是对在我国境内购置应税车辆的单位和个人，按其购置车辆的价格的一定比率征收的一种税。这里所称的"购置"，包括购买、进口、自产、受赠、获奖或者以其他方式取得并自用应税车辆的行为。所称"车辆"包括汽车、摩托车、电车、挂车、农用运输车。

2. 车辆购置税的特点

车辆购置税具有以下几个特点。

① 兼有财产税和行为目的税的性质。车辆购置税的征收范围单一，它不是对所有的财产，而只对应税车辆征税；其征税具有特定目的，征收环节为购车之后、办理车辆登记注册手续之前。因此，车辆购置税既可以看作是对财产征税又可以看作是对车辆购置行为征税，具有财产税和行为目的税双重性质。

② 车辆购置税是价外税。因其是价外征收，因此不易转嫁税负。

③ 车辆购置税是属于费改税。车辆购置税是从 2001 年 1 月 1 日起新开征的税种，是由车辆购置费改制而来。

3. 我国车辆购置税的发展

车辆购置税是由原来的车辆购置费转化而来的。1985 年，国务院规定对所有购置车辆的单位和个人一律征收车辆购置附加费，作为由中央调控用于公路建设的专项资金，由交通部负责安排使用。作为在全国范围内普遍强制征收的专项政府基金，由于管理规范、操作简便，车辆购置费已具有明显的税收特征。于是，1998 年根据国务院部署，财政部、国家计委会同国务院有关部门草拟了《关于规范道路和车辆收费管理的改革实施方案（草案）》明确将车辆购置费改为车辆购置税。车辆购置税与车辆购置附加费相比，主要变化是：名称由费改为税，征收部门由交通系统改为由国家税务系统征收，征收的钱款由过去交通系统逐级解缴国库改为税务系统缴入中央国库。2000 年 10 月 22 日国务院颁布了《中华人民共和国车辆购置税暂行条例》（以下简称《车辆购置税暂行条例》）并于 2001 年 1 月 1 日起开始实施。

随着我国改革开放的不断深入，社会经济迅速发展，人民的生活水平有了很大提高，单位和个人购置车辆的数量也急剧增加。征收车辆购置税，一方面可以通过税收杠杆，增加购置车辆的经济成本，在社会范围内调控购置车辆的比例，防止和抑制盲目购置车辆的行为；另一方面，我国交通基础设施建设还比较薄弱，而此项税收收入可以增加政府财力，在满足基础设施建设、改善公共道路等方面能够起到积极作用。

【小思考 11-5】开征车辆购置税会引起车价上涨吗？

答：开征车辆购置税不会引起车价上涨，也不会增加消费者负担。与车辆购置附加费相比，车辆购置税的税率是 10%，跟车辆购置附加费的征收率一样，征收环节也一样。不同的是，一个是收费，一个是收税；一个是由交通部门征收，一个是由税务机关征收。因此，开征车辆购置税不会增加消费者负担。此外，车辆购置税是价外税，汽车的价格在开征车辆购置税之前就已经确定，购车人在购置车辆以后再纳税，因此开征车辆购置税也不会引起车价上涨。

11.5.2　车辆购置税的纳税义务人和征税范围

1. 车辆购置税的纳税义务人

车辆购置税的纳税义务人，是在中华人民共和国境内购买、进口、自产、受赠、获奖或者以其他方式取得并自用应税车辆的单位和个人。这里所说的"单位"，包括国有企业、集体企业、私营企业、股份制企业、外商投资企业、外国企业及其他企业和事业单位、社会团体、国家机关、部队及其他单位；"个人"包括个体工商户及其他个人。

2. 车辆购置税的征税范围

根据《车辆购置税暂行条例》的规定，凡是在中华人民共和国境内购置应税车辆的，应当缴纳车辆购置税。应税车辆，包括汽车、摩托车、电车、挂车、农用运输车。具体征收范围如下。

① 汽车。包括各类汽车。

② 摩托车。

- 轻便摩托车：最高设计时速不大于 50 千米/时，发动机气缸总排量不大于 50 立方厘米的两个或者三个车轮的机动车；

- 二轮摩托车：最高设计车速大于 50 千米/时或者发动机气缸总排量大于 50 立方厘米的两个车轮的机动车；

- 三轮摩托车：最高设计车速大于 50 千米/时，发动机气缸总排量大于 50 立方厘米，空车重量不大于 400 千克的三个车轮的机动车。

③ 电车。

- 无轨电车：以电能为动力，由专用输电电缆线供电的轮式公共车辆；

- 有轨电车：以电能为动力，在轨道上行驶的公共车辆。

④ 挂车。

- 全挂车：无动力设备，独立承载，由牵引车辆牵引行驶的车辆；

- 半挂车：无动力设备，与牵引车辆共同承载，由牵引车辆牵引行驶的车辆。

⑤ 农用运输车。

- 三轮农用运输车：柴油发动机，功率不大于 7.4 千瓦，载重量不大于 500 千克，最高车速不大于 40 千米/时的三个车轮的机动车；

- 四轮农用运输车：柴油发动机，功率不大于 28 千瓦，载重量不大于 1 500 千克，最高车速不大于 50 千米/时的四个车轮的机动车。

【小资料 11 - 2】

国外买车缴什么税

韩国：1977 年，韩国政府针对汽车消费推出了"差别化"的特别消费税制度。所谓"差别化"是指根据汽车型号的不同给予不同的课税，所购汽车的排气量越大，消费税率就越高。目前，韩国针对汽车实行的特别消费税分为三个档次：排气量 1.5 升以下的小型车为 10%，1.5 升至 2.0 升的中型车为 15%；2.0 升以上的大型车为 20%。

新加坡：在新加坡，一辆进口车要征收 31% 的关税、140% 的附加注册税，还有其他牌照税等小金额手续费。与此同时，政府还要征收汽油税、路税、停车费等税费。

　　阿联酋：阿联酋汽车进口关税定为 4% 的低关税，除此之外，再没有设置任何其他的附加税种。

　　保加利亚：保加利亚人在购新车时，应交 20% 的增值税（增值税额直接打入小轿车的零售价格之中）。此外，还应交纳所有权税和养路税。购买旧车时，也应交纳当年的所有权税和养路税，如果该车已经交纳这两项税，则买方无须交纳。购置旧车时，还应交纳成交价格 7% 的公证费。

　　越南：在越南购买一辆新车，只需向当地税务部门缴纳车价 2% 的购置税（过去为 4%），接着要去当地的交警部门缴纳 150 000 盾（1 美元约合 15 000 越南盾）的登记费，便可获得牌照，然后到当地的车检部门验车，费用是 140 000 盾，获得车检合格证后，则只需购买最低 300 000 盾的车辆保险即可。

　　印度尼西亚：在印度尼西亚买车需缴纳汽车购置税、增值税和奢侈品税，这些税收为车价的 10%～15% 不等。奔驰等高档车的税收比例较高，在 25%～30% 之间。印度尼西亚民众在购车后的唯一一次性付费项目是到交管部门办理拥车证（证明车为车主所有），费用约 2 000 美元。

　　南非：在南非市场上买车时，只需一次性支付 14% 的增值税和 950 兰特的注册、牌照费，无须再缴纳其他任何费用。

　　俄罗斯：在莫斯科购买俄产私家车，商家只收 20% 的增值税，而且免费为顾客办理注册、上牌照等手续，这些手续费总计不过 15 美元，保险费可交可不交。购买外国进口车要比国产车多交 25% 的进口关税。

11.5.3　车辆购置税应纳税额的计算

1. 车辆购置税的税率

我国车辆购置税的税率实行统一比例税率，税率为 10%。

2. 车辆购置税的计税依据

车辆购置税以纳税义务人所购置车辆的价格为计税依据。车辆购置税的计税价格根据不同情况，按照下列规定确定。

① 纳税义务人购买自用的应税车辆的计税价格，为纳税义务人购买应税车辆而支付给销售方的全部价款和价外费用，不包括增值税税款。这里所说的价外费用，是指销售方价外向购货方收取的手续费、基金、违约金、包装费、运输费、保管费、代收款项、代垫款项和其他各种性质的价外收费。如果含有增值税应换算为不含增值税的销售价格。主管税务机关在计征车辆购置税确定计税依据时，计算不含增值税价格的计算方法与增值税相同，即

$$不含税价 = (全部价款 + 价外费用) / (1 + 增值税率或征收率)$$

② 纳税义务人进口自用应税车辆以组成计税价格为计税依据。组成计税价格的计算公式为

$$组成计税价格 = 关税完税价格 + 关税 + 消费税$$

③ 纳税义务人自产、受赠、获奖或者以其他方式取得并自用的应税车辆的计税价格，由主管税务机关参照最低计税价格核定。国家税务总局参照应税车辆市场平均交易价格，规定不同类型应税车辆的最低计税价格。

④ 纳税义务人购买自用或者进口自用应税车辆，申报的计税价格低于同类型应税车辆的最低计税价格，又无正当理由的，按照最低计税价格征收车辆购置税。

根据纳税义务人购置应税车辆的不同情况，国家税务总局对以下几种情况应税车辆的最低计税价格规定如下。

- 对已缴纳车辆购置税并办理了登记注册手续的车辆，其底盘和发动机同时发生更换，其最低计税价格按同类型新车最低计税价格的 70％ 计算。
- 免税、减税条件消失的车辆，其最低计税价格的确定方法为

$$最低计税价格＝同类型新车最低计税价格×$$
$$[1－（已使用年限/规定使用年限）]×100％$$

其中规定使用年限：国产车辆按 10 年计算；进口车辆按 15 年计算。超过使用年限的车辆，不再征收车辆购置税。

- 非贸易渠道进口车辆的最低计税价格，为同类型新车最低计税价格。

⑤ 已使用未完税车辆计税依据的确定规定如下：

- 对已使用未完税车辆，主管税务机关应按照上述原则确定计税价格。
- 对于已使用未完税的免税车辆，免税条件消失后，纳税义务人依照《车辆购置税征收管理办法》的规定，重新办理纳税申报时，其提供的《机动车行驶证》上标注的车辆登记日期视同初次办理纳税申报日期。主管税务机关据此确定车辆使用年限和计税依据。
- 对于国家授权的执法部门没收的走私车辆、被司法机关和行政执法部门依法没收并拍卖的车辆，其库存（或使用）年限超过 3 年或行驶里程超过 8 万公里以上的，主管税务机关依据纳税义务人提供的统一发票或有效证明注明的价格确定计税依据。

3. 车辆购置税应纳税额的计算

车辆购置税实行从价定率的办法计算应纳税额。应纳税额的计算公式为

$$应纳税额＝计税价格×适用税率（10％）$$

① 纳税义务人购买自用车辆的计税公式为

$$应纳税额＝（支付的全部价款＋价外费用）×适用税率$$

② 纳税义务人进口自用车辆的计税公式为

$$应纳税额＝（关税完税价格＋关税＋消费税）×适用税率$$

③ 纳税义务人自产、受赠、获奖或以其他方式取得的自用车辆的计税公式为

$$应纳税额＝规定的最低计税价格×适用税率$$

④ 特殊情况，减税、免税条件消失的车辆的计税公式为

$$应纳税额＝同类型新车最低价税价格×[1－（已使用年限/规定使用年限）]$$
$$×100％×适用税率$$

【例 11-4】

某企业进口的一部免税车辆现因改变用途需依法缴纳车辆购置税，已知该车原价 50 万元，同类型新车最低计税价格为 40 万元，该车已使用 5 年，规定使用年限为 20 年，车辆购置税税率为 10％。计算该公司应缴纳的车辆购置税税额。

解 本题必须先求出最低计税价格，如果最低计税价格公式不会，则无法求出应缴纳的车辆购置税税额。

最低计税价格＝同类型新车最低计税价格×[1－（已使用年限/规定使用年限）]×100％

即

$$最低计税价格＝40×[1－（5/20）]×100％＝30（万元）$$
$$应缴纳的车辆购置税税额＝30×10％＝3（万元）$$

11.5.4 车辆购置税的减免及退税

1. 车辆购置税的减税、免税

我国车辆购置税实行法定减、免税。减税、免税范围的具体规定如下。

① 外国驻华使馆、领事馆和国际组织驻华机构及其外交人员自用车辆免税。

② 中国人民解放军和中国人民武装警察部队列入军队武器装备订货计划的车辆免税。

③ 设有固定装置的非运输车辆免税。设有固定装置的非运输车辆是指挖掘机、平地机、叉车、装载车（铲车）、起重机（吊车）、推土机等工程机械。

④ 有国务院规定予以免税或者减税的其他情形的，按照规定免税或者减税。根据现行政策规定，上述"其他情形"的车辆，目前主要有以下几种：

- 防汛部门和森林消防部门用于指挥、检查、调度、报汛（警）、联络的设有固定装置的指定型号的车辆；
- 回国服务的在外留学人员用现汇购买 1 辆自用国产小汽车；
- 长期来华定居专家进口 1 辆自用小汽车。

⑤ 城市公交企业自 2016 年 1 月 1 日起至 2020 年 12 月 31 日止，购置的公共汽车电车辆免征车辆购置税。

2. 车辆购置税的退税

纳税义务人已经缴纳车辆购置税但是在办理车辆登记注册手续前，因下列原因需要办理退还车辆购置税的，由纳税义务人申请，原代征机构审查后办理退还车辆购置税手续。

① 公安机关车辆管理机构不予办理车辆登记注册手续的，凭公安机关车辆管理机构出具的证明办理退税手续。

② 已经缴纳车辆购置税的车辆，因质量等原因发生退回所购车辆的，凭经销商的退货证明办理退税手续。

11.5.5 车辆购置税的征收管理

1. 纳税环节

车辆购置税是对应税车辆的购置行为课征的，因此征税环节应选择在使用环节（即最终消费环节)。现行政策规定,纳税义务人应当在向公安机关等车辆管理机构办理车辆登记注册手续前,缴纳车辆购置税。即车辆购置税是在应税车辆上牌登记注册前的使用环节征收。

2. 纳税期限

按照《车辆购置税暂行条例》的规定,纳税义务人购买自用应税车辆的,应当自购买之日起60日内申报纳税;进口自用应税车辆的,应当自进口之日起60日内申报纳税;自产、受赠、获奖或者以其他方式取得应税车辆的,应当自取得之日起60日内申报纳税。免税、减税车辆因转让、改变用途等原因不再属于免税、减税范围的,应当在办理车辆过户手续前或者办理变更车辆登记注册手续前缴纳车辆购置税。

车辆购置税税款应当一次缴清。

3. 纳税地点

根据《车辆购置税暂行条例》的规定,纳税义务人购置应税车辆,应当向车辆登记注册地的主管税务机关申报纳税;购置不需要办理车辆登记注册手续的应税车辆,应当向纳税义务人所在地主管税务机关申报纳税。"车辆登记注册地",是指车辆的上牌落籍地或落户地。

4. 征收机关

按照《车辆购置税暂行条例》的规定,车辆购置税由国家税务局征收。

【小思考11-6】购置已征车辆购置税的车辆,还要缴纳车辆购置税吗?

答: 车辆购置税实行一次征收制度。购置已征车辆购置税的车辆,不再征收车辆购置税。

11.6 环境保护税

为了保护和改善环境,减少污染物排放,推进生态文明建设,对在中华人民共和国领域和中华人民共和国管辖的其他海域,直接向环境排放应税污染物的企业事业单位和其他生产经营者为环境保护税的纳税人,依法征收环境保护税。现行环境保护税的基本法律规范是2016年12月25日国务院颁布并于2018年1月1日施行的《中华人民共和国环境保护税法》(以下简称《环境保护税法》)。

11.6.1 环境保护税概述

1. 环境保护税的概念

环境保护税(environmental protection tax)是对在中华人民共和国领域和中华人民共和国管辖的其他海域,直接向环境排放应税污染物的企业事业单位和其他生产经营者进行征收的一种税。这里所称的"应税污染物",是指《环境保护税税目税额表》《应税污染物和当量值表》规定的大气污染物、水污染物、固体废物和噪声。依照《环境保护税法》规定征收环境保护税，不再征收排污费。

2. 环境保护税的特点

① 实现税负平移。我国在 1979 年确立了排污收费制度，对防治环境污染起到了重要作用。由于在实际执行中存在执法刚性不足、地方政府和部门干预等行为，影响了排污收费制度功能的充分发挥。环保税法遵循排污费制度向环保税制度平稳转移原则，将排污费的缴纳人作为环保税的纳税人，且增加了纳税人减排的税收减免档次。

② 体现绿色税制功能。环境保护税法符合税制改革的方向，能够有效保护和改善环境，减少污染物排放，推进生态文明建设。今后可根据新情况、新形势，对环境保护税的征收范围进行调整和细化，不排除未来把二氧化碳排放和光污染征税植入环境保护税，充分体现其"绿色税制"功能。

③ 具有地域特色。由于污染对环境的不同影响会产生不同成本，单个企业所应承担的最优税负水平也因地域不同而有所差异，因此不同地区根据地域特点依据《环境保护税法》制定符合地域特点的环境保护税额。

3. 我国环境保护税的发展

环境保护税是由排污费制度发展而来。我国 1979 年开始确立排污费制度，排污费制度对于防止环境污染发挥了重要作用，但与税收制度相比，排污费制度存在执法刚性不足、地方政府和部门干预等问题，因此有必要进行环境保护费改税。2016 年 12 月 25 日，十二届全国人大常委会第二十五次会议表决通过了《环境保护税法》，将于 2018 年 1 月 1 日起实施。环境保护税施行之日起，不再征收排污费。

这是中央提出落实"税收法定"原则要求后，全国人大常委会审议通过的第一部单行税法。《环境保护税法》的实施，是落实十九大提出"坚持节约资源和保护环境的基本国策"的重大举措。环境保护税的开征有利于全国企业加快转型升级和转变发展方式，有利于推进全国生态环境保护和生态文明先行区建设，实现人与自然和谐的可持续发展。

11.6.2 环境保护税的纳税义务人和征税范围

1. 环境保护税的纳税义务人

在中华人民共和国领域和中华人民共和国管辖的其他海域，直接向环境排放应税污染物的企业事业单位和其他生产经营者为环境保护税的纳税人，应当依照《环境保护税法》规定缴纳环境保护税。

2. 环境保护税的征税范围

环境保护税征税范围的选择立足我国当前的经济结构调整状况、生产和消费方式的变化、污染排放的规模等，适当借鉴国外征收环境保护税的成功经验和国际惯例。我国环境保护税目前征税的范围主要包括直接向环境排放大气污染物、水污染物、固体废物和噪声的单位和其他生产经营者。

有下列情形之一的，不属于直接向环境排放污染物，不缴纳相应污染物的环境保护税：

① 企业事业单位和其他生产经营者向依法设立的污水集中处理、生活垃圾集中处理场所排放应税污染物的。

② 企业事业单位和其他生产经营者在符合国家和地方环境保护标准的设施、场所贮存或者处置固体废物的。

11.6.3　环境保护税应纳税额的计算

1. 环境保护税的税目和税额

表 11 - 3　环境保护税税目税额表

税目		计税单位	税额	备注
大气污染物		每污染当量	1.2 元至 12 元	①一个单位边界上有多处噪声超标，根据最高一处超标声级计算应纳税额；当沿边界长度超过 100 米有两处以上噪声超标，按照两个单位计算应纳税额。②一个单位有不同地点作业场所的，应当分别计算应纳税额，合并计征。③昼、夜均超标的环境噪声，昼、夜分别计算应纳税额，累计计征。④声源一个月内超标不足 15 天的，减半计算应纳税额。⑤夜间频繁突发和夜间偶然突发厂界超标噪声，按等效声级和峰值噪声两种指标中超标分贝值高的一项计算应纳税额。
水污染物		每污染当量	1.4 元至 14 元	
固体废物	煤矸石	每吨	5 元	
	尾矿	每吨	15 元	
	危险废物	每吨	1 000 元	
	冶炼渣、粉煤灰、炉渣、其他固体废物（含半固态、液态废物）	每吨	25 元	
噪声	工业噪声	超标 1~3 分贝	每月 350 元	
		超标 4~6 分贝	每月 700 元	
		超标 7~9 分贝	每月 1 400 元	
		超标 10~12 分贝	每月 2 800 元	
		超标 13~15 分贝	每月 5 600 元	
		超标 16 分贝以上	每月 11 200 元	

2. 环境保护税的计税依据

环境保护税法属于从量计征，即直接按征税对象的自然单位计算。

1）环境保护税法的应税污染物的一般计税依据

（1）应税大气污染物按照污染物排放量折合的污染当量数确定；

① 应税大气污染物的污染当量数，以该污染物的排放量除以该污染物的污染当量值计算。每种应税大气污染物的具体污染当量值，依照《环境保护税法》所附《应税污染物和当量值表》执行。

② 每一排放口或者没有排放口的应税大气污染物，按照污染当量数从大到小排序，对前三项污染物征收环境保护税。

（2）应税水污染物按照污染物排放量折合的污染当量数确定；

① 应税水污染物的污染当量数，以该污染物的排放量除以该污染物的污染当量值计算。每种应税水污染物的具体污染当量值，依照《环境保护税法》所附《应税污染物和当量值表》执行。

② 每一排放口的应税水污染物，按照《环境保护税法》所附《应税污染物和当量值表》，区分第一类水污染物和其他类水污染物，按照污染当量数从大到小排序，对第一类水污染物按照前五项征收环境保护税，对其他类水污染物按照前三项征收环境保护税。

（3）应税固体废物按照固体废物的排放量确定；

（4）应税噪声按照超过国家规定标准的分贝数确定。

2）环境保护税法的应税污染物的计税依据特殊规定

应税大气污染物、水污染物、固体废物的排放量和噪声的分贝数，按照下列方法和顺序计算。

① 纳税人安装使用符合国家规定和监测规范的污染物自动监测设备的，按照污染物自动监测数据计算。

② 纳税人未安装使用污染物自动监测设备的，按照监测机构出具的符合国家有关规定和监测规范的监测数据计算。

③ 因排放污染物种类多等原因不具备监测条件的，按照国务院环境保护主管部门规定的排污系数、物料衡算方法计算。

④ 不能按照第一项至第三项规定的方法计算的，按照省、自治区、直辖市人民政府环境保护主管部门规定的抽样测算的方法核定计算。

核定计算污染物排放量的，由税务机关会同环境保护主管部门核定污染物排放种类、数量和应纳税额。

3）应税污染物项目数的增加权限规定

省、自治区、直辖市人民政府根据本地区污染物减排的特殊需要，可以增加同一排放口征收环境保护税的应税污染物项目数，报同级人民代表大会常务委员会决定，并报全国人民代表大会常务委员会和国务院备案。

3. 环境保护税应纳税额的计算

环境保护税应纳税额按照下列方法计算。

① 应税大气污染物的应纳税额为污染当量数乘以具体适用税额，其中按照污染物排放量折合的污染当量数。

污染当量数＝该污染物的排放量（单位）/该污染物的污染当量值（单位）

② 应税水污染物的应纳税额为污染当量数乘以具体适用税额，其中按照污染物排放量折合的污染当量数。

污染当量数＝该污染物的排放量（单位）/该污染物的污染当量值（单位）

● 一般污染物的污染当量数计算

某污染物的污染当量数＝该污染物的排放量（千克）/该污染物的污染当量值（千克）

● pH 值、大肠菌群数、余氯量的污染当量数计算

某污染物的污染当量数＝污水排放量（吨）/该污染物的污染当量值（吨）

● 色度的污染当量数计算

色度的污染当量数＝污水排放量（吨）×色度超标倍数

● 禽畜养殖业、小型企业和第三产业的污染当量数计算

污染当量数＝污染排放特征值/污染当量值

③ 应税固体废物的应纳税额为固体废物排放量乘以具体适用税额。

④ 应税噪声的应纳税额为超过国家规定标准的分贝数对应的具体适用税额。

【例 11-5】

某纳税人当月排放汞及其化合物 1 000 千克，查询《应税污染物和当量值表》，汞及其化合物污染当量值（千克）为 0.000 1，适用税额为 12 元每污染当量，则：

$$污染当量数＝1\,000/0.000\,1＝10\,000\,000$$

$$应纳税额＝10\,000\,000×12＝120\,000\,000（元）$$

备注：以上污染当量数计算方法参考《排污费征收标准管理办法》相关规定，如有《环境保护税法》实施细则有变动，按照《环境保护税法》实施细则计算污染当量数。

11.6.4　环境保护税的减免及优惠

（1）暂予免征环境保护税

① 农业生产（不包括规模化养殖）排放应税污染物的。

② 机动车、铁路机车、非道路移动机械、船舶和航空器等流动污染源排放应税污染物的。

③ 依法设立的城乡污水集中处理、生活垃圾集中处理场所排放相应应税污染物，不超过国家和地方规定的排放标准的。

④ 纳税人综合利用的固体废物，符合国家和地方环境保护标准的。

⑤ 国务院批准免税的其他情形，由国务院报全国人民代表大会常务委员会备案。

（2）部分减免环境保护税

① 纳税人排放应税大气污染物或者水污染物的浓度值低于国家和地方规定的污染物排放标准百分之三十的，减按百分之七十五征收环境保护税。

② 纳税人排放应税大气污染物或者水污染物的浓度值低于国家和地方规定的污染物排放标准百分之五十的，减按百分之五十征收环境保护税。

11.6.5　环境保护税的征收管理

1. 纳税时间

环境保护税的纳税义务发生时间为纳税人排放应税污染物的当日。

2. 纳税期限

① 环境保护税按月计算，按季申报缴纳。不能按固定期限计算缴纳的，可以按次申报缴纳。

纳税人申报缴纳时，应当向税务机关报送所排放应税污染物的种类、数量，大气污染物、水污染物的浓度值，以及税务机关根据实际需要要求纳税人报送的其他纳税资料。

② 纳税人按季申报缴纳的，应当自季度终了之日起十五日内，向税务机关办理纳税申报并缴纳税款。纳税人按次申报缴纳的，应当自纳税义务发生之日起十五日内，向税务机关办理纳税申报并缴纳税款。

纳税人应当依法如实办理纳税申报，对申报的真实性和完整性承担责任。

3. 纳税地点

环境保护税纳税人应当向应税污染物排放地的税务机关申报缴纳环境保护税。

本 章 小 结

　　本章主要讲述了行为目的税的发展、特点、种类等。行为目的税主要包括印花税、土地增值税、城市维护建设税、车辆购置税、环境保护税等。本章主要从各个税种的概念、纳税义务人、纳税范围、税率、计税依据、税收的减免及税收的征收管理等几个方面分别对行为目的税的几个主要税种进行了详细的阐述。

主要法律依据

[1] 中华人民共和国印花税暂行条例. 国务院令第 11 号发布. 成文日期：1988 年 8 月 6 日.

[2] 中华人民共和国印花税暂行条例实施细则.（1988）财税字第 255 号. 成文日期：1988 年 9 月 29 日.

[3] 国家税务总局关于印花税违章处罚有关问题的通知. 国税发〔2004〕15 号. 成文日期：2004 年 1 月 29 日.

[4] 国家税务总局关于进一步加强印花税征收管理有关问题的通知. 国税函〔2004〕150 号. 成文日期：2004 年 1 月 30 日.

[5] 中华人民共和国土地增值税暂行条例. 国务院令第 138 号发布. 成文日期：1993 年 12 月 13 日.

[6] 中华人民共和国土地增值税暂行条例实施细则. 财法字〔1995〕006 号. 成文日期：1995 年 1 月 27 日.

[7] 国家税务总局、建设部关于土地增值税征收管理有关问题的通知. 国税发〔1996〕048 号. 成文日期：1996 年 4 月 5 日.

[8] 中华人民共和国城市维护建设税暂行条例. 国发〔1985〕19 号. 成文日期：1985 年 2 月 8 日.

[9] 国家税务总局关于城市维护建设税征收问题的通知. 国税发〔1994〕051 号. 成文日期：1994 年 3 月 12 日.

[10] 财政部 国家税务总局关于生产企业出口货物实行免抵退税办法后有关城市维护建设税、教育费附加政策的通知. 财税〔2005〕25 号. 成文日期：2005 年 2 月 25 日.

[11] 财政部 国家税务总局关于增值税、消费税、营业税实行先征后返等办法有关城市维护建设税、教育费附加政策的通知. 财税〔2005〕72 号. 成文日期：2005 年 5 月 25 日.

[12] 中华人民共和国车辆购置税暂行条例. 国务院令第 294 号. 成文日期：2000 年 10 月 22 日.

[13] 车辆购置税征收管理办法．国家税务总局令第 33 号．成文日期：2014 年 12 月 2 日．

[14] 中华人民共和国环境保护税法．主席令第 61 号．成文日期：2017 年 12 月 25 日．

[15] 中华人民共和国环境保护税法实施条例．国务院令第 693 号．成文日期：2017 年 12 月 25 日．

习　题

一、思考题

1. 什么是行为目的税？行为目的税有哪些特点？

2. 什么是印花税？印花税有哪些特点？

3. 印花税的纳税义务人有哪些？

4. 土地增值税征收范围的判断标准有哪些？

5. 简述城市维护建设税的税率。

6. 简述车辆购置税的计税依据。

7. 什么是环境保护税？环境保护税有哪些特点？

二、单项选择题

1. 下列项目中，属于缴纳印花税的凭证是（　　）。

　　A. 家庭财产两全保险合同　　　　　B. 专利证书副本

　　C. 劳务输出合同　　　　　　　　　D. 向学校捐赠财产所立书据

2. 在确定合同计税依据时应当注意，有时合同在签订时无法确定计税金额，对于此类合同，一般按（　　）贴花，以后结算时，再予以补贴印花。

　　A. 定额 10 元　　　　　　　　　　B. 预期金额 5 元

　　C. 定额 15 元　　　　　　　　　　D. 定额 5 元

3. 甲、乙签订一份商品购销合同，甲要求乙提供商品的鉴定，丙愿意为该种商品提供鉴定，丁为甲的业务代理人，并代表甲与乙签订了经济合同。这一事项中，属于印花税纳税义务人的是（　　）。

　　A. 甲、乙　　　　　　　　　　　　B. 甲、乙、丁

　　C. 乙、丁　　　　　　　　　　　　D. 甲、乙、丙、丁

4. 对于房地产开发公司，可以作为加计 20% 扣除的基数的是（　　）。

　　A. 销售费用　　　　　　　　　　　B. 与房地产开发相关的财务费用

　　C. 建筑工程安装费　　　　　　　　D. 与房地产开发相关的管理费用

5. 纳税义务人申报缴纳土地增值税时，须向主管税务机关提供（　　）。

　　A. 工商执照原件　　　　　　　　　B. 税务登记证原件

　　C. 所得税完税凭证　　　　　　　　D. 土地使用权证书

6. 城市维护建设税的计税依据（　　）。

　　A. 是应缴纳的消费税和增值税税额

　　B. 是实际缴纳的消费税和增值税税额

　　C. 包括消费税和增值税加收的滞纳金

D. 包括消费税和增值税的罚款

7. 位于市区的某企业3月份共缴纳增值税、消费税和关税562万元，其中关税102万元、进口环节缴纳的增值税和消费税260万元。该企业3月份应缴纳的城市维护建设税为（　　）万元。

A. 39.34　　B. 32.2　　C. 18.2　　D. 14

8. 我国车辆购置税实行法定减免税，下列不属于车辆购置税减免税范围的是（　　）。

A. 外国驻华使馆、领事馆和国际组织驻华机构及其外交人员日用车辆

B. 回国服务的留学人员用人民币现金购买1辆个人自用国产小汽车

C. 设有固定装置的非运输车辆

D. 长期来华定居专家进口1辆自用小汽车

9. 环境保护税的纳税地点正确的是（　　）。

A. 应税污染物排放地　　　　B. 机构所在地

C. 收入来源地　　　　　　　D. 纳税人居住地

三、多项选择题

1. 下列应税凭证中，可免纳印花税的有（　　）。

A. 无息、贴息贷款合同

B. 已缴纳印花税的凭证副本或抄本

C. 外国政府或国际金融组织向我国政府及国家金融机构提供的优惠贷款所书立的合同

D. 国家指定收购部门与村民委员会书立的农产品收购合同

2. 下列合同中，应作为印花税征税对象的包括（　　）。

A. 仓储、保管合同或作为合同使用的入库单

B. 银行同业拆借所签订的借款合同

C. 企业和个人出租门店柜台所签订的租赁合同

D. 会计师事务所签订的会计咨询合同

3. 印花税税率形式有（　　）。

A. 定额税率　　B. 超额累进税率　　C. 比例税率　　D. 全额累进税率

4. 下列房地产转让行为中，需缴纳土地增值税的是（　　）。

A. 某国家机关将房产无偿拨给下属事业单位

B. 税务机关拍卖扣押的欠税单位的房产

C. 某国有企业以房产对外投资，参股分红

D. 某国有企业与一外国企业合作建房后出售

5. 下列项目中，属于土地增值税免税项目的是（　　）。

A. 国家机关转让自用的房产

B. 因国家建设需要而被政府征用、收回的房地产

C. 个人因改善居住条件而转让居住满5年的自用住房

D. 建造普通标准住宅出售增值额未超过扣除项目金额之和的20%

6. 某日化厂生产销售化妆品和护肤护发品，取得的收入应纳（　　）。

A. 增值税　　B. 消费税　　C. 土地增值税　　D. 城市维护建设税

7. 下列关于城建税的说法正确的是（　　）。

A. 对出口产品退还增值税的，应退还已缴的城建税

B. 对出口产品退还消费税的，不退还已缴的城建税

C. 对出口产品退还消费税的，应退还已缴的城建税

D. 对于减免税而需要进行消费税和增值税退库的，城建税可同时退库

8. 纳税义务人购买自用的应税车辆的计税价格的组成包括（　　　）。

A. 应税车辆价款　　　　　　　　B. 价外费用

C. 含增值税　　　　　　　　　　D. 不含增值税

9. 下列环境保护税减免政策中，正确的是（　　　）。

A. 低于国家标准30％，减按75％征收

B. 低于国家标准30％，减按80％征收

C. 低于国家标准50％，减按50％征收

D. 低于国家标准50％，减按60％征收

四、判断题

1. 对没有履行的已签合同，合同失效，合同已缴纳的印花税应在今后应纳印花税时扣除。（　　　）

2. 印花税的税率有两种形式，即比例税率和定额税率。加工承揽合同适用比例税率，税率为5‰；营业账簿适用定额税率，税率为每件5元。（　　　）

3. 甲乙双方签订一份仓储保管合同，合同上注明货物金额500万元，保管费用10万元。则甲乙双方共应缴纳印花税200元。（　　　）

4. 土地增值税的纳税义务人为转让土地使用权、地上的建筑物及其附着物并取得收入的单位和个人。（　　　）

5. 取得土地使用权的某房地产企业，未经任何开发就将土地使用权转让，计算土地增值税时不允许扣除20％的费用。（　　　）

6. 依照税法，除另有规定者外，对出口商品退还增值税、消费税的，不得退还已缴纳的城建税。（　　　）

7. 由受托方代收代缴消费税的，应代收代缴的城建税按委托方所在地的适用税率计算。（　　　）

8. 李某购买一辆小汽车自用，在购车之日起60日内，他可以在办理车辆登记注册前缴纳车辆购置税，也可以在办理车辆登记注册后缴纳车辆购置税。（　　　）

9. 企业事业单位和其他生产经营者向依法设立的污水集中处理、生活垃圾集中处理场所排放应税污染物的，无须缴纳环境保护税。（　　　）

五、实务题

1. 甲企业和乙企业签订了购销合同，甲企业向乙企业出售一批材料，市场价格为20万元，同时乙企业向甲企业出售A产品，市场价格为15万元，货物的价格差异由乙企业以银行存款支付，已知购销合同的印花税税率为0.3‰。

要求：计算甲、乙两企业各自应纳的印花税税额。

2. 甲企业签订了以下几个合同。

① 与乙企业签订了租赁合同，将企业的生产设备1台出租给乙企业，设备价值为10万元，每年租金为4万元，租期为2年。

② 与丙企业签订了一份工程承包合同，合同金额为50万元，后又将其中的10万元分包给其下属的某建筑子公司，并签订了分包合同。

③ 与丁企业签订加工承揽合同，合同规定，甲企业负责为丁企业加工材料一批，由丁企业提供80万元的主要材料，并支付加工费15万元，甲企业提供辅助材料20万元。

④ 与戊运输公司签订运输合同，合同记载的运输费和仓储保管费用共3万元。

要求：试计算甲企业应缴纳的印花税税额。

3. 某房地产开发公司转让一幢写字楼取得收入为1 000万元。已知该公司为取得土地使用权所支付的金额为50万元，房地产开发成本为200万元，房地产开发费用为40万元，与转让房地产有关的税金为60万元。

   要求：计算该公司应缴纳的土地增值税。

4. 某工业企业转让一幢新建办公楼取得收入5 000万元，该办公楼的建造成本和相关费用为3 700万元，缴纳与转让办公楼相关的税金为277.5万元（其中印花税税金为2.5万元）。

   要求：计算该企业应缴纳的土地增值税税额。

5. 某公司转让一幢旧办公楼，原造价500万元，经房地产评估机构评定其重置成本为1 200万元，成新折扣率为八成。转让价格为1 800万元，并已按规定缴纳了转让环节的有关税金100万元，并支付房地产评估费用5万元。

   要求：计算该公司转让办公楼应缴纳的土地增值税税额。

6. 甲企业设在某市市区，12月份应缴纳的增值税为20万元，消费税为8万元，已在规定的纳税时间内缴纳。但税务机关在对其年度纳税情况检查时发现，该企业11月份一笔销售货物业务因货款未收到而未办理纳税申报，经税务机关核定应补交的增值税税额为5 000元，按规定加收滞纳金和罚款共6 000元。

   要求：计算该企业应缴纳及应补缴的城市维护建设税。

7. 某县城一生产企业为增值税一般纳税义务人。5月进口原材料一批，向海关缴纳进口环节增值税10万元；5月份在国内销售甲产品缴纳增值税30万元、消费税50万元，由于缴纳消费税超过纳税期限10天，被罚滞纳金1万元；5月份出口乙产品一批，按规定退回增值税5万元。

   要求：计算该企业5月份应缴纳的城市维护建设税税额。

8. 某汽车制造企业是增值税一般纳税义务人，9月份将自产轿车3辆作为本企业固定资产使用，将自产轿车2辆作为专车配给对企业发展有特殊贡献的专家。该企业生产的上述轿车不含税价格为20万元/辆，国家税务总局核定的同类型轿车的最低计税价格为20万元。

   要求：计算该企业应缴纳的车辆购置税。

9. 1月，刘某从某汽车销售公司购买一辆轿车供自己使用，支付含增值税的价款550 000元，另支付购置工具件和零配件价款5 000元，车辆装饰费20 000元，销售公司代收保险费等10 000元，支付的各项价款均由销售公司开具统一发票。

   要求：计算刘某应缴纳的车辆购置税税额。

10. 2月份，某煤矿当月排放煤矸石及尾矿各300吨，查询《应税污染物和当量值表》，煤矸石每吨税额为5元，尾矿每吨税额为15元。

    要求：计算该煤矿当月应缴纳的环境保护税税额。

习题参考答案

第1章 概　　论

二、单项选择题

1. B　2. D　3. A　4. A　5. A　6. A　7. A　8. B　9. A　10. A

三、多项选择题

1. ABC　2. ABC　3. AB　4. ABC　5. ABC　6. ABC　7. AD　8. ABCD

9. ABC　10. ABC

第2章 流 转 税 制

二、单项选择题

1. D　2. D　3. C　4. A　5. B　6. C　7. C　8. A

三、多项选择题

1. ABCD　2. ABD　3. CD　4. ABCD　5. BCD　6. ABCD　7. ABD　8. BC

第3章 增　值　税

二、单项选择题

1. A　2. A　3. C　4. C　5. A　6. A　7. A　8. D　9. A　10. D　11. D　12. A

13. B　14. B　15. D

三、多项选择题

1. ABC　2. ABCD　3. BD　4. ABCD　5. AB　6. ABC　7. ACD　8. BD　9. BC

10. AD　11. ABCD　12. ABCD　13. ACD　14. ABCD　15. ABC　16. ABC

四、判断题

1. ×　2. ×　3. √　4. √　5. ×　6. ×　7. ×　8. √　9. ×　10. √

五、实务题

1. 应纳税额＝9 920（元）

2. 应纳税额＝773 376（元）

3. 当月销项税额＝355.03（万元）

　　当月进项税额＝282.24（万元）

4. 应纳增值税＝35.8（万元）

5. 应纳税额＝14.92（万元）

6. 应纳税额＝1 807.57（元）

7. 销项税额＝16 484.14（元）

8. 应纳税额＝16 790（元）

9.（1）应退的增值税为 26 万元。

（2）留抵的税额＝4.8（万元）

（3）进口原材料应缴纳的增值税＝25.344（万元）

（4）进口机械应缴纳的增值税＝12.496（万元）

10. 应纳增值税＝1（万元）

第4章 消 费 税

二、单项选择题

1. A　2. D　3. D　4. B　5. C　6. D　7. A　8. D　9. C　10. C　11. B　12. B

三、多项选择题

1. BC　2. AB　3. ACD　4. ABC　5. AC　6. ABD　7. ABC　8. ABCD　9. BCD

10. ACD

四、判断题

1. √　2. √　3. ×　4. ×　5. ×　6. √　7. √　8. ×　9. ×　10. ×

五、实务题

1.（1）D

（2）C

（3）B

（4）A

2. A

3.（1）C

（2）B

4.（1）A 厂代收消费税＝1.265（万元）

（2）B 厂应纳消费税：0.028 1（万元）

本月 B 厂共负担消费税＝1.293 1（万元）

5. 应纳消费税＝40.5（万元）

6.（1）进口小轿车、修理设备和进口卷烟应缴纳的关税＝538 000（元）

（2）小轿车进口环节应缴纳的消费税＝51 130.43（元）

（3）进口卷烟应纳消费税税额＝1 560 000（元）

（4）小轿车进口环节应缴纳的增值税＝102 260.87（元）

卷烟进口环节应缴纳的增值税＝672 000（元）

7.（1）①计算的增值税、消费税有误。

②计算的增值税、消费税有误。

③计算的增值税、消费税有误。

④正确。

⑤正确。

⑥正确。

⑦正确。

（2）12 月应缴纳的增值税＝81.02（万元）

应补缴增值税＝3.94（万元）

（3）12月应缴纳的消费税＝133.36（万元）

应补缴消费税＝5.20（万元）

第5章 关　　税

二、单项选择题

1. C　2. D　3. D　4. D　5. A　6. C　7. D　8. D　9. D　10. C

三、多项选择题

1. ABC　2. ABD　3. ABC　4. ABCD　5. ABCD　6. ABCD　7. AD　8. AD

9. AC　10. ABCD

四、判断题

1. ×　2. √　3. ×　4. √　5. √　6. ×　7. √　8. ×　9. ×　10. ×

五、实务题

1. 关税＝40万元；消费税＝188.57万元；增值税＝100.57万元；滞纳金＝0.3万元

2. 进口关税＝69.057（万元）

进口环节小轿车应缴纳的消费税＝46.038（万元）

进口环节小轿车应缴纳增值税＝92.076（万元）

第6章 所得税制

二、单项选择题

1. D　2. C　3. A　4. A　5. A　6. C　7. C　8. D

三、多项选择题

1. AC　2. ACD　3. ABCD　4. ABCD　5. BC　6. ABC　7. ABD　8. BCD

四、判断题

1. ×　2. ×　3. √　4. √　5. ×　6. √　7. ×　8. √

第7章 企业所得税

二、单项选择题

1. B　2. C　3. A　4. C　5. D　6. B　7. D　8. B　9. A　10. C

三、多项选择题

1. ABCD　2. ABD　3. ABC　4. ACD　5. ABC

6. ABC　7. ABCD　8. ABD　9. ABC　10. BC

四、判断题

1. ×　2. ×　3. √　4. √　5. ×　6. ×　7. ×　8. √　9. ×　10. √

五、实务题

1. 应纳企业所得税＝（4 000－3 800－80－13）×25％＝26.75（万元）

2. 应纳企业所得税＝46×25％＝11.5（万元）

3.

年　　度	1	2	3	4	5	6	7	8	9	10
应纳税所得额	3	7	0	0	0	0	0	0	1	12

4. 会计利润＝3 500－2 500－65－300－110－14－6－5＝500（万元）

应纳税所得额＝500＋2＋8.8＋5＝515.8（万元）

应纳税额 515.8×25％＝128.95（万元）

5. 应纳税所得＝8－2＋4＋11.4－3＝18.4（万元）

应纳税额＝18.4×25％＝4.6（万元）

6. 境内、外所得应纳税总额＝（200＋100）×25％＝75（万元）

境外所得税扣除限额＝75×100÷（200＋100）＝25（万元）

本年度该企业应缴纳企业所得税＝75－20－50＝5（万元）

7. ① 会计利润总额＝7 000＋70.2＋120－4 000－1 500－700－110＝880.2（万元）

② 业务招待费应调增的应纳税所得额：

限额：60×60％＝36＞（7 000＋120）×5‰＝35.6（万元）

应调增的所得额：60－35.6＝24.4（万元）

③ 广告费应调增的应纳税所得额：1 120－7 120×15％＝52（万元）

④ 新技术研发费应调减的所得额：90×50％＝45（万元）

⑤ 三费应调增的应纳税所得额：9 万元

工会经费：400×2％＝8（万元）

福利费：400×14％＝56（万元），应调增：60－56＝4（万元）

教育经费：400×2.5％＝10（万元），应调增：15－10＝5（万元）

应纳税所得额：880.2＋24.4＋52－45＋9＝920.6（万元）

应纳所得税：920.6×25％＝230.15（万元）

8. 应纳税所得额：512＋22＋10＋100＋10＋15＋18.56＝687.56（万元）

应纳企业所得税：687.56×25％＝171.89（万元）

第 8 章　个人所得税

二、单项选择题

1. B　2. D　3. C　4. C　5. D　6. B　7. A　8. C　9. A　10. B

三、多项选择题

1. AB　2. ABD　3. AB　4. AD　5. AB　6. ABC　7. BC　8. ABCD

9. ACD　10. ABC

四、判断题

1. ×　2. √　3. √　4. ×　5. ×　6. ×　7. ×　8. ×　9. ×　10. ×

五、实务题

1. 应纳税额 49 905 元

2. 应纳税额 53 960 元

3. 应纳税额 3 192 元

4. (1) 3～12月工资所得应纳税额 4 250 元

   (2) 转让房屋应纳税额 226 400 元

   (3) 中奖所得应纳税额 4 200 元

   (4) 从境外取得的特许权使用费在我国应补税 1 800 元

5. 应纳个人所得税 13 050 元

6. 应纳个人所得税 144 180 元

7. (1) 月工资应纳税 67 元

   (2) 年终奖应纳税 11 145 元

   (3) 稿酬所得应纳税 308 元

   (4) 财产租赁所得应纳税 100 元

8. 共缴纳个人所得税 58 972.2 元

第9章　资源课税

二、单项选择题

1. D　2. C　3. C　4. A　5. A　6. C　7. C　8. D

三、多项选择题

1. ABCD　2. BCD　3. BD　4. ACD　5. AC　6. ABD　7. ABD　8. ABCD

9. ABC　10. AB

四、判断题

1. ×　2. ×　3. √　4. ×　5. ×　6. √　7. √　8. ×　9. ×　10. ×

五、实务题

1. 应纳资源税额 8 352 万元

2. 应纳资源税额 360 万元

3. 应纳城镇土地使用税 2 500 元

4. 应纳城镇土地使用税 72 500 元

5. A 公司本年应纳土地使用税 11 250 元

6. 应纳耕地占用税＝（100 000－10 000）×8＝720 000（元）

第10章　财产课税

二、单项选择题

1. D　2. B　3. A　4. D　5. B　6. C　7. A　8. A　9. D

三、多项选择题

1. BD　2. AD　3. AC　4. BC　5. ACD　6. AC　7. AB　8. AC

四、判断题

1. ×　2. ×　3. ×　4. ×　5. √　6. √　7. √　8. ×　9. √　10. ×

五、实务题

1. 该企业应纳房产税＝20.4 万元

2. 该企业全年应纳车船税＝3 000＋3 840＝6 840（元）

3. 9 万元

第 11 章　行为目的课税

二、单项选择题

1. A　2. D　3. C　4. C　5. D　6. B　7. D　8. B　9. A

三、多项选择题

1. ABC　2. ACD　3. AC　4. BD　5. BCD　6. ABD　7. BD　8. ABD　9. AC

四、判断题

1. ×　2. ×　3. √　4. ×　5. √　6. √　7. ×　8. ×　9. √

五、实务题

1. 甲企业为 105 元，乙企业为 105 元。

2. 465 元

3. 240 万

4. 306.75 万元

5. 240.75 万元

6. 应缴城建税 19 600 元，应补缴的城建税税额 350 元

7. 4 万元

8. 10 万元

9. 50 431.03 元

10. 6 000 元

参 考 文 献

[1] 中国注册会计师协会主编．税法．北京：经济科学出版社，2017.

[2] 全国注册税务师执业资格考试教材编写组．税法（Ⅰ）．北京：中国税务出版社，2017.

[3] 全国注册税务师执业资格考试教材编写组．税法（Ⅱ）．北京：中国税务出版社，2017.

[4] 薛荣久．国际贸易．6版．北京：对外经贸大学出版社，2016.

[5] 陈共．财政学（第八版）．北京：中国人民大学出版社，2015.

[6] 胡怡建．税收学（第三版）．上海：上海财经大学出版社，2012.

[7] 黄桦．税收学．2版．北京：中国人民大学出版社，2011.

[8] 李平．国际贸易规则与进出口业务操作实务．2版．北京：北京大学出版社，2011.

[9] 邓子基．财政学．2版．北京：中国人民大学出版社，2010.

[10] 马海涛，杨虹，邢俊英．中国税制．北京：中国人民大学出版社，2010.

[11] 杨秀琴．国家税收．2版．北京：中央广播电视大学出版社，2008.

[12] 李友元．税收经济学．北京：光明日报出版社，2003.

[13] http：//www.chinatax.gov.cn/

[14] http：//www.chinaacc.com/